König Abdullah II. von Jordanien

# Die letzte Chance

König Abdullah II. von Jordanien

# Die letzte Chance

Mein Kampf für Frieden
im Nahen Osten

Aus dem Englischen von
Karola Bartsch, Gabriele Gockel
und Barbara Steckhan

Deutsche Verlags-Anstalt

Die Originalausgabe erschien 2011
unter dem Titel *Our Last Best Chance. The Pursuit of Peace in Times of Peril*
bei Viking/Penguin Group (USA).

Autorenhonorar aus dem Verkauf dieses Buches
kommt der Königlichen Akademie zugute
zur Unterstützung des Stipendiumfonds
für bedürftige Studenten.

MIX
Papier aus verantwortungsvollen Quellen
FSC® C014496

Verlagsgruppe Random House FSC-DEU-0100
Das für dieses Buch verwendete FSC®-zertifizierte Papier *EOS*
liefert Salzer, St. Pölten.

1. Auflage

Lektorat: Andreas Wirthensohn
Typografie und Satz: Brigitte Müller/DVA
Gesetzt aus der Dante
Druck und Bindung: GGP Media GmbH, Pößneck
Printed in Germany
ISBN 978-3-421-04460-0

www.dva.de

Dem jordanischen Volk gewidmet

# Inhalt

## Teil IV



## Teil V



## Teil VI

# Vorwort

Als ich vor zwei Jahren mit diesem Buch begann, verband ich damit die Absicht, die internen Vorgänge zwischen den Vereinigten Staaten, Israel sowie der arabischen und muslimischen Welt zu schildern, bei denen, allen Widrigkeiten zum Trotz, ein Frieden für den Nahen Osten ausgehandelt wurde. Heute jedoch muss ich sagen, dass daraus die Geschichte eines wiederholten Scheiterns geworden ist. Und dennoch – in meiner Region, wo Optimismus kostbarer ist als Wasser, können wir es uns nicht leisten, die Hoffnung aufzugeben.

Was könnte ein Staatsoberhaupt veranlassen, ein Buch zu schreiben? Es gibt unzählige Gründe, die dagegensprechen. Das Regieren eines Landes, und sei es noch so klein, lässt einem kaum freie Zeit. Außerdem gilt es, Rücksicht auf die Nachbarn zu nehmen – von denen sich der eine oder andere durch die ehrliche Darstellung der Fakten aus der Sicht eines anderen Landes beleidigt fühlen könnte. Andere würden ihre Taten vielleicht lieber gar nicht erwähnt finden. Und dann sind da noch diejenigen, die über Gebühr gerühmt werden möchten.

Ich habe mich jedoch entschlossen, diesen Einwänden nicht nachzugeben. Ich schreibe mein Buch, weil sich im Nahen Osten, in diesem rauen Umfeld, in dem ich lebe, eine reale Krise anbahnt. Noch, so glaube ich, haben wir eine letzte Chance, zu einem Frieden zu kommen. Doch das Tor dorthin schließt sich in rasantem Tempo. Die internationale Gemeinschaft hat einen nahezu einhelligen Konsens zur Lösung des Konflikts gefunden, der uns eine nie da gewesene Chance bietet. Wenn wir sie nicht nutzen, werden wir, da bin ich mir sicher, in unserer Region einen Krieg erleben, schlimmer womöglich als alle seine Vorgänger und mit weit verheerenderen Folgen.

Die Menschen in unserer Region haben ein ausgezeichnetes Gedächtnis, und die letzten fehlgeschlagenen Versuche, die Konfliktparteien an einen Tisch zu bringen, sind ihnen noch gut in Erinnerung. Viele der Beteiligten sind weiterhin im Amt und werden es vielleicht noch Jahre bleiben. Man mag darin einen zwingenden Grund sehen, sensible Themen nicht öffentlich anzusprechen, aber ich bin der Meinung, dass die Welt wissen muss, welche Risiken wir eingehen, wenn wir untätig bleiben.

Die Generation meines Vaters erzitterte etwa alle zehn Jahre unter den Druckwellen eines Krieges. Zunächst war da der Krieg nach der Gründung Israels im Jahr 1948, dann kam 1956 die Suezkrise, anschließend der verheerende Krieg von 1967, in dem Israel das Westjordanland, den Sinai und die Golanhöhen eroberte. 1973 entfachten Ägypten und Syrien einen Krieg, um die 1967 verlorenen Gebiete zurückzugewinnen. Darauf folgten der Krieg zwischen Iran und Irak, Israels Invasion im Libanon in den achtziger Jahren und der Golfkrieg 1991. Die dazwischenliegenden Zeiträume verdienen die Bezeichnung »Frieden« nur im entferntesten Sinn des Wortes. In meiner nunmehr elfjährigen Amtszeit als jordanischer König habe ich bereits fünf bewaffnete Konflikte erlebt: die al-Aksa-Intifada im Jahr 2000, die US-Invasion in Afghanistan 2001, den US-geführten Einmarsch im Irak 2003, die israelische Invasion im Libanon 2006 und die israelischen Angriffe auf Gaza in den Jahren 2008/09. Alle zwei, drei Jahre, so scheint es, wird unsere Unruheregion von einem neuen Konflikt erschüttert. Und wenn ich nach vorn blicke, dann fürchte ich, dass zwischen Israel und seinen Nachbarn, ausgelöst durch einen bislang noch unbekannten Brandherd, ein neuer Krieg ausbrechen und auf schreckliche Weise eskalieren könnte.

Der Konflikt zwischen Israel und den Palästinensern reicht bis in die ersten Jahre des 20. Jahrhunderts zurück, doch die Folgen dieser Auseinandersetzung sind bis heute spürbar. Seit dem Zusammenbruch des Friedensprozesses im Jahr 2000 wurden etwa 1000 Israelis und mehr als 6500 Palästinenser getötet und viele tausend mehr verwundet. Der Nahe Osten steht vor der schwierigen Aufgabe, einen Konflikt zu lösen, der die moderne Geschichte dieser Region nahezu vollständig bestimmt hat. Doch wenn uns das gelingt, werden wir eine der wichtigsten Ursachen von Gewalt und Instabilität in unserer Region beseitigt haben.

Aus westlicher Sicht erscheint es vielen so, als gäbe es im Nahen Osten eine Reihe von isolierten Problemen: iranische Expansionsbestrebungen, einen radikalen Terrorismus, religiöse Spannungen im Irak und im Libanon sowie einen seit Langem schwelenden Konflikt zwischen Israel und den Palästinensern. Doch in Wirklichkeit hängen all diese Problemfelder zusammen. Was sie verbindet, sind die Auseinandersetzungen zwischen Israel und den Palästinensern.

Aus Sicht der Muslime hat der arabisch-israelische Konflikt eine besondere Eigenschaft, die ihn von allen anderen sie betreffenden Auseinandersetzungen unterscheidet. Anders als oft behauptet wird, geht es dabei nicht um Religion. Es ist ein politischer Kampf um Rechte und Land. Im Jahr 1900 lebten auf dem Gebiet des einstigen Palästina rund 60 000 Juden und 510 000 Araber. Nach einem Jahrhundert der Masseneinwanderung sind es inzwischen mehr als sechs Millionen Juden und nur fünf Millionen Araber. Viele jüdische Immigranten kamen während der Verfolgung durch das NS-Regime, die in einer der größten Tragödien der Geschichte gipfelte – dem Holocaust. Aber viele kamen auch später, als Israel seine Tore für Juden aus aller Welt öffnete. Der Krieg von 1948 führte zur Vertreibung Hunderttausender Palästinenser, die zumeist nicht mehr in ihre Heimat zurückkehren durften. Im Krieg von 1967 kamen viele weitere – besonders im einst zu Jordanien gehörenden Westjordanland – unter israelische Besatzung. Heute leben Millionen von Palästinensern in von Israel okkupierten Gebieten, und das israelische Vorgehen dort gefährdet die Unversehrtheit Jerusalems als einer der drei heiligen Stätten des Islam. Die Bedeutung Jerusalems erklärt auch, weshalb die Palästinenserfrage für Araber und Muslime auf der ganzen Welt einen so hohen Stellenwert einnimmt.

Der Westen hat bisher noch nicht in vollem Umfang begriffen, dass es sich hier um ein Thema mit weltweiten Dimensionen handelt. Wenn ich nach Indonesien oder China fahre und dort auf Muslime treffe, möchten sie mit mir über Jerusalem sprechen. Während eines Besuchs in Neu-Delhi im Jahr 2006 fragten mich Vertreter der muslimischen Gemeinde in Indien: Wann werden die Araber das Israel-Palästina-Problem lösen? Und wenn Pakistaner auflisten, was ihnen auf den Nägeln brennt, rangiert Palästina gleich hinter Indien. Die Palästinenserfrage bewegt 1,5 Milliarden Muslime auf der ganzen Welt.

Dies erklärt (rechtfertigt aber nicht), warum radikale Gruppen wie al-Qaida mit der Behauptung, Jerusalem »befreien« zu wollen, den Konflikt missbrauchen und andere dazu bewegen können, im Namen der Verteidigung des Islam und Jerusalems Terroranschläge zu verüben. Und es erklärt, warum Gruppen wie die Hisbollah und die Hamas – obwohl deren Ideologie und deren Ziele nicht mit denen von al-Qaida vergleichbar sind – zu den Waffen greifen und mit ihrem Ruf nach Widerstand gegen Israel bei einer wachsenden Zahl von Arabern und Muslimen Gehör finden. Die Aufforderung zum bewaffneten Kampf findet umso mehr Resonanz, als die Versuche arabischer Länder wie Jordanien, Ägypten und Saudi-Arabien, auf dem Verhandlungsweg zu einer Friedenslösung zu kommen, immer wieder scheitern.

Würde sich Israel hingegen auf einen Frieden mit den Palästinensern einlassen, welche moralische Rechtfertigung hätte dann noch eine Regierung oder eine Widerstandsgruppe, den Kampf fortzusetzen? Wäre Jerusalem eine geteilte Stadt und Ost-Jerusalem die Hauptstadt eines existenzfähigen, souveränen und unabhängigen palästinensischen Staates, welche Argumente könnte etwa die Regierung des Iran dann noch für ihre antiisraelischen Tiraden und Aktionen vorbringen?

Gewaltbereite Extremisten bekämpft man am besten, indem man ihren Parolen die Grundlage entzieht. Mit der Gründung eines palästinensischen Staates in den alten Grenzen von 1967 und mit Ost-Jerusalem als seiner Hauptstadt wären das brennendste Problem und einer der größten Konfliktherde in der muslimischen Welt beseitigt. Ein gerechter und dauerhafter Frieden ist eine der stärksten Waffen gegen den Extremismus. Gewiss werden damit nicht alle Fanatiker verstummen, doch etwaige Auseinandersetzungen würden unter ganz anderen Bedingungen stattfinden. Und deshalb sollte dieser Frieden nicht nur für Araber von vorrangiger Bedeutung sein, sondern auch für die Vereinigten Staaten.

Ein weiterer oft missverstandener Aspekt des Konflikts ist seine Auswirkung auf die christliche Gemeinschaft und die heiligen Stätten in Jerusalem. Vor dem Krieg von 1967 wurden das Westjordanland und Ost-Jerusalem von Jordanien verwaltet, das auch heute noch der rechtlich und politisch legitime Hüter der heiligen Stätten in der Altstadt ist, der christlichen wie der muslimischen. Während Israel versucht, die Besatzung Ost-Jerusalems durch den Bau weiterer Siedlungen zu zementieren, verteidigt Jordanien unerschütterlich die Rechte der dort beheimateten christlichen und muslimischen Gemeinden. Heute leben nur noch etwa 8000 Christen in Jerusalem, im Gegensatz zu ungefähr 30 000 im Jahr 1945. Die israelische Politik und sozialer sowie wirtschaftlicher Druck haben die Mehrzahl der Christen in die Flucht getrieben. Viele der in Jerusalem gebürtigen Christen sind Araber, und während Israel ausländische Christen als Besucher Jerusalems willkommen heißt, erschwert es die Lebensbedingungen der christlichen Einwohner Jerusalems. Welch ein Paradox: Die arabische christliche Gemeinde in Jerusalem ist die älteste Christengemeinschaft der Welt; ihre Existenz geht bis auf die Zeit Jesu Christi zurück. Palästinensische Christen leiden unter der Besatzung ebenso wie die palästinensischen Muslime, und beide ersehnen gleichermaßen die Freiheit und einen eigenen Staat.

Bei den bisherigen Friedensgesprächen haben sich die Verhandlungspartner in der Regel auf Zwischenschritte beschränkt, sich mit einzelnen, sekundären Problemen befasst und kritische Punkte wie den endgültigen Status Jerusalems vorläufig ausgeklammert. Es ist aber so, dass wir niemals zu einem Ergebnis kommen werden, wenn wir die wichtigen Entscheidungen weiterhin vor uns herschieben. Wir müssen die Endstatus-Fragen jetzt klären: über Jerusalem, die Flüchtlinge, den Grenzverlauf, die Sicherheit. Dies ist gegenwärtig die einzige Möglichkeit, zu einer Zwei-Staaten-Lösung zu kommen. Einen anderen Weg gibt es nicht.

Ich habe Israels Auftreten und Unnachgiebigkeit gelegentlich scharf kritisiert, doch selbstverständlich gibt es auf beiden Seiten Vorkommnisse, die für das Scheitern der Verhandlungen verantwortlich sind. Araber und Israelis müssen die jeweiligen Bedürfnisse der anderen anerkennen. Die Zwei-Staaten-Lösung setzt voraus, dass die Israelis das Recht der Palästinenser auf Freiheit und einen eigenen Staat akzeptieren, während die Palästinenser und der Rest der muslimischen Welt Israel das Recht auf Sicherheit zubilligen müssen. Wir haben keine andere Wahl, als zusammenzuleben. Beide Seiten haben die moralische Pflicht, sich für den Frieden einzusetzen. Davon abgesehen gibt es auch einen zwingenden pragmatischen Grund, dies zu tun: Die Alternative sind weitere Konflikte und noch mehr Gewalt.

Dafür, dass Jordanien am Prozess der Konfliktlösung beteiligt wird, sprechen allein schon seine geografische Lage, die Geschichte und das Völkerrecht. Wir beherbergen mit 1,9 Millionen die weltweit höchste Zahl palästinensischer Flüchtlinge aller Länder und pflegen freundschaftliche Beziehungen zu Israels arabischen Nachbarn, aber auch zu den Vereinigten Staaten. Außerdem sind wir eines von lediglich zwei arabischen Ländern, die einen Friedensvertrag mit Israel geschlossen haben.

Die Lösung des Palästinakonflikts ist die entscheidende Voraussetzung für eine Normalisierung der Beziehungen zwischen Israel und der gesamten muslimischen Welt. In den letzten Jahren seiner Regierungszeit hatte mein Vater einen Vorschlag ausgearbeitet, der Israel einen umfassenden Frieden mit allen 22 arabischen Staaten ermöglichen würde, unter der Voraussetzung eines vollständigen Rückzugs der Israelis aus den besetzten arabischen Gebieten und der Gründung eines palästinensischen Staates. Leider entwickelte die Debatte darüber nie besondere Dynamik und kam mit dem Tod meines Vaters ganz zum Erliegen. Als ich König wurde, beschloss ich, die Diskussion wiederzubeleben, und bat unsere Regierung, mit Ägypten und Saudi-Arabien über die Sache zu sprechen. Schließlich verfassten die Saudis einen Entwurf, und Kronprinz Abdullah ibn Abd al-Asis Al Saud brachte die Sache einen Schritt weiter, indem er den Plan im Jahr 2002 auf dem Gipfel der Arabischen Liga in Beirut vorstellte. Sämtliche Gipfelteilnehmer akzeptierten den saudi-arabischen Vorschlag, der künftig als Arabische Friedensinitiative bezeichnet wurde.

Die Arabische Friedensinitiative fordert Israels vollständigen Abzug aus allen seit 1967 besetzten arabischen Gebieten, eine Verhandlungslösung für die Frage der palästinensischen Flüchtlinge und einen souveränen, unabhängigen Palästinenserstaat mit Ost-Jerusalem als Hauptstadt. Im Gegenzug erklärten sich alle 22 arabischen Staaten bereit, den »arabisch-israelischen Konflikt als beendet zu betrachten, ein Friedensabkommen mit Israel zu schließen und die Sicherheit aller Staaten der Region zu gewährleisten«. Außerdem, so fügten sie hinzu, würden sie »im Kontext dieses umfassenden Friedens ihre Beziehungen zu Israel normalisieren«. Dass die Israelis und sogar einige Mitglieder der US-Regierung unsere Initiative kurzerhand vom Tisch wischten, überraschte mich. In Gesprächen stellte sich später heraus, dass sie den Text nicht einmal gelesen hatten. Zum Thema der Flüchtlinge beispielsweise setzt sich die Initiative für »die Verständigung auf eine gerechte Lösung des palästinensischen Flüchtlingsproblems im Einklang mit der von der UN-Vollversammlung verabschiedeten Resolution 194« ein. Das entscheidende Wort hier ist »Verständigung«, und als ich das gegenüber den Israelis hervorhob, meinten sie erstaunt: »Oh!« Einige gaben dann zu, den Entwurf gar nicht gelesen zu haben. Die Arabische Friedensinitiative wurde in der Folge von allen 57 Mitgliedstaaten der Islamkonferenz (Organization of the Islamic Conference, CIC) verabschiedet. In Israel jedoch wurde sie leider niemals ernst genommen. Niemand dort erkannte die beispiellose Chance, die sie bot. Wir sind immer noch in alten Verhaltensmustern gefangen, diskutieren Themen von nachgeordneter Bedeutung und schieben die schwierigen Entscheidungen auf die lange Bank. Israel ist offenbar der Meinung, alle Zeit der Welt zu haben. Doch seine Verzögerungstaktik, Umkehrmanöver und Hinhaltestrategien fordern einen hohen Preis.

Die Ereignisse der letzten elf Jahre haben auf beiden Seiten Vertrauen zerstört, und der Glaube an den Friedensprozess liegt in Trümmern. Ein völlig zerstörtes Vertrauen zwischen zwei Seiten lässt sich aber womöglich nie wieder aufbauen. Alle Freunde Israels sollten das Land ermutigen, sich uneingeschränkt und unermüdlich für den Frieden einzusetzen. Und als alter und enger Freund Israels dürfen die Vereinigten Staaten nicht zögern, beide Parteien nötigenfalls auch mit Druck an den Verhandlungstisch zu bringen, um ein endgültiges Abkommen zu erzielen.

Der amerikanische Präsident Barack Obama erklärte seine Bereitschaft, zuzuhören und der arabischen und muslimischen Welt die Hand zu reichen, und öffnete damit ein Fenster der Hoffnung. Araber und Palästinenser sind jedoch enttäuscht, dass kaum konkrete Fortschritte folgten. Präsident Obama wurde kritisiert, als er Israels Premierminister Benjamin Netanjahu dazu drängte, den Siedlungsbau zu stoppen. Dass sich Israel so hartnäckig widersetzte, hat Amerikas Ansehen in unserer Region geschadet. Trotzdem wäre es ein schrecklicher Fehler, wenn Obama jetzt den Rückzug anträte. Wenn sich Amerika nicht auf seine moralische und politische Stärke besinnt und für eine Zwei-Staaten-Lösung einsetzt, wird sich eine Chance wie die jetzige vielleicht nicht noch einmal bieten. Der Spalt in der Tür wird immer kleiner, und wenn wir nicht bald handeln, werden uns künftige Generationen vorwerfen, unsere letzte Chance auf Frieden vertan zu haben.

Frieden allein wäre schon Lohn genug. Doch ich sehe auch Vorteile, die dieses kostbare Gut noch weit übertreffen. Kaum jemand wird bestreiten, dass die fortdauernde Besatzung und die daraus resultierende Ungerechtigkeit von Terroristengruppen ausgenutzt werden. Mit einer Lösung dieses Konflikts aber würden diese Organisationen ihre Anziehungskraft verlieren. Man mag einwenden, dass der Hass, den die Extremisten beider Seiten im Heiligen Land gesät und genährt haben, nicht mehr überwunden werden kann. Die Geschichte hat jedoch gezeigt, dass selbst die erbittertsten Feinde Frieden schließen können. Vor nicht allzu langer Zeit hätte niemand geglaubt, dass die Spannungen wegen der Berliner Mauer oder zwischen den Gruppierungen in Nordirland je gelöst werden könnten – und doch gehören sie inzwischen fast gänzlich der Vergangenheit an. Warum sollte uns das im Nahen Osten nicht auch gelingen?

Der Frieden ist nicht das einzige Ziel, das wir erreichen müssen. Zu unseren größten Herausforderungen gehören politische Reformen und die Entwicklung der Wirtschaft. Wir müssen lernen, Produkte herzustellen, die auf dem Weltmarkt gefragt sind, und den Lebensstandard für alle verbessern. Eine gute Ausbildung und sichere Arbeitsplätze sind der wirksamste Schutz vor dem Sirenengesang der Extremisten. Wir können es uns nicht leisten, dass so viele unserer jungen Männer ohne Beschäftigung sind. Und wir müssen dafür sorgen, dass die Frauen in unserer Wirtschaft eine größere Rolle spielen. Die Tendenz, Frauen aus angeblich religiösen oder kulturellen Gründen vom Arbeitsleben auszuschließen, entspringt einer tief sitzenden Unsicherheit. Es ist nicht hinnehmbar, eine Hälfte der Gesellschaft ihrer Rechte zu berauben und die Hälfte der Arbeitskräfte eines Landes ans Haus zu fesseln.

Man stelle sich eine Region vor, in der die Führungsqualitäten der Israelis, der Kenntnisreichtum der Jordanier, der Unternehmergeist der Libanesen und die Bildung der Palästinenser wirksam gebündelt werden. Eine derartige Partnerschaft hätte das Potenzial, zu einer regionalen Wirtschaftsmacht zu werden – zum Benelux des Nahen Ostens. Das ist keineswegs unerreichbar. Doch im Augenblick entgleitet uns die Situation vor Ort zusehends und lässt ein solches Ziel immer ferner erscheinen. Wenn dieser Trend nicht umgekehrt wird, werden wir kein Land mehr haben, das wir gegen Frieden eintauschen können – und die Palästinenser keinen Grund, ihr Schicksal in die Hände moderater Politiker zu legen anstatt, in die Hände von Extremisten. Dann sind wir zu Krieg und Dauerkonflikten verdammt.

So wie im Privatleben gibt es auch in der Politik die Neigung, am Status quo festzuhalten. Doch in unserem Fall ist die scheinbare Stabilität eine Illusion. Ärger und Wut wachsen spürbar an, und ich fürchte, dass sie bald alle Träume von Frieden und Versöhnung in den Hintergrund drängen. Mir scheint, die meisten Europäer und Amerikaner haben nicht erkannt, wie prekär die Situation bei uns geworden ist. Das war für mich der Anlass, dieses Buch zu schreiben. In den elf Jahren, in denen ich als Nachfolger meines Vaters im Amt bin, habe ich viel gesehen und viel gelernt. Und vielleicht, so meine Hoffnung, kann ich etwas bewirken, wenn ich offen und ehrlich von meinen Erfahrungen berichte.

Die Menschen in meiner Region leben Geschichte – im Guten wie im Schlechten. Was vielen aus der Ferne schwer verständlich und unfassbar erscheinen mag, ist für uns ein Bestandteil des täglichen Lebens. Daher glaube ich, dass ich mein Anliegen am überzeugendsten vermitteln kann, wenn ich meine eigene Geschichte erzähle – was ich erlebt und was ich getan habe – und zeige, wie das Politische und das Private ineinandergreifen.

Ich hatte nie die Absicht, die Position einzunehmen, die mir schließlich anvertraut wurde; vielmehr dachte ich, mein Leben lang in der Armee zu bleiben. So handelt ein Teil dieses Berichts von meinen Erfahrungen beim Militär, davon, was ich dort über Jordanien und über Führung im allgemeineren Sinne gelernt habe. Ich habe versucht, mich in einfachen Worten auszudrücken, in der klaren Sprache und Metaphorik von Militärs und nicht im Vokabular und den verschraubten Sätzen, die bei Politikern so beliebt sind.

Ich hoffe, mit diesem Buch einige Vorurteile über meine Heimatregion ausräumen zu können. Wenn Menschen im Westen die Worte »Araber«, »Muslim« oder »Naher Osten« hören, denken sie nur allzu oft an Terrorismus, Selbstmordattentate und Fanatiker mit wildem Blick, die sich in Höhlen verstecken. Ich hingegen wünsche mir, dass sie stattdessen die jungen, innovativen Elektronikunternehmen mit Millionenumsatz in Jordanien, Literaturnobelpreisträger in Ägypten und die historische Architektur in Damaskus mit unserer Region in Verbindung bringen.

Eine der gefährlichsten Thesen der letzten Jahre lautet, dass der Westen und die arabische Welt zwei separate Blöcke seien, die auf eine unausweichliche Kollision zusteuerten. Diese Theorie beruht jedoch auf Unkenntnis, ist hetzerisch und falsch. Muslime, Juden und Christen haben mehr als tausend Jahre friedlich zusammengelebt und sich gegenseitig kulturell befruchtet. Gewiss gab es Konflikte, wie die Kreuzzüge oder die europäische Kolonisation des Nahen Ostens nach dem Ersten Weltkrieg. Aber sie waren politischer Natur, geprägt durch die Bestrebungen und die Konstellationen der jeweiligen Epoche, und nicht Ausdruck von unüberwindbaren kulturellen Gegensätzen.

Nach meiner Militärausbildung in Sandhurst diente ich ein Jahr beim 13./18. Husarenregiment, einer stolzen Einheit, die fast sechzig Jahre vor der Schlacht von Waterloo gebildet wurde. Im 19. Jahrhundert kämpfte sie tapfer im Krimkrieg. In diesem Konflikt, der nicht zuletzt durch Alfred Tennysons Gedicht »The Charge of the Light Brigade« Berühmtheit erlangte, kämpften Engländer und Franzosen an der Seite der Osmanen, um die Russen am Eindringen in die Türkei zu hindern. Mehr als die Hälfte der dreißig Millionen Einwohner des Osmanischen Reichs waren Christen, und viele dienten im osmanischen Heer. Und muslimische Soldaten schlugen sich tapfer auf beiden Seiten, etwa in der französischen und der russischen Armee.

Das gefährliche Schlagwort vom »Kampf der Kulturen« hat Eingang in die Politik gefunden; es stärkt die Extremisten auf allen Seiten und jene, die Mann gegen Mann und Heer gegen Heer aufbringen möchten. Verübt ein Algerier, ein Afghane oder ein Jordanier einen terroristischen Anschlag, so wird der Täter im Westen unweigerlich als »muslimischer Terrorist« bezeichnet. Für die gleiche Tat eines Iren oder eines Sri-Lankers wird nur selten ein »christlicher« oder ein »hinduistischer Terrorist« verantwortlich gemacht. Vielmehr beschreibt man sie entsprechend ihren politischen Motiven oder ihrer Gruppierung als Aktivisten der IRA oder als tamilische Separatisten.

Wer einen allzu engen Blick auf die Geschichte hat, wird zu dem Ergebnis kommen, so wie es heute ist, sei es immer gewesen. Aber der wirtschaftliche und technologische Fortschritt des Westens ist relativ neuen Datums, er entspringt der erstaunlichen Blüte des Erfindungsreichtums in Europa und Amerika im 19. und 20. Jahrhundert. Blicken wir weiter zurück, bietet sich uns hingegen ein ganz anderes Bild. Im Mittelalter, als die US-Hauptstadt Washington noch ein Sumpf war, fanden sich die führenden Bildungs- und Wissenschaftszentren der Welt in den prächtigen Städten Jerusalem, Bagdad und Damaskus. Im Lauf der Zeit aber schlug das Pendel zur Seite des Westens aus, und im 20. Jahrhundert ist die arabische Welt weit zurückgefallen.

Ich stamme aus der Dynastie der Haschemiten, die ihren Ursprung auf den Propheten Mohammed zurückführt und in unserer Region über viele Generationen hinweg Führungspersönlichkeiten und Herrscher stellte. Mein Vorfahr Kusai war im 5. Jahrhundert der erste Herrscher von Mekka. Mein Erbe sind Toleranz und Akzeptanz der verschiedenen Kulturen und Glaubensrichtungen. Im Heiligen Koran heißt es:

> O ihr Menschen, Wir haben euch ja von einem männlichen und einem weiblichen Wesen erschaffen, und Wir haben euch zu Völkern und Stämmen gemacht, damit ihr einander kennenlernt. (Die Gemächer, 49:13)

Ich habe es nie so empfunden, dass meine Beziehungen zur westlichen Kultur meine Identität als Araber oder Muslim beeinträchtigt hätten. Als jemand, der im Osten geboren ist, aber im Westen zur Schule ging, verspüre ich eine große Affinität zu beiden Kulturen. Ich hoffe, mit diesem Buch eine Brücke zwischen ihnen schlagen zu können. Allzu oft wird unser Dialog von den Extremisten beider Seiten bestimmt; wir lassen zu, dass sie die Debatte beherrschen. Und allzu oft finden die Stimmen gemäßigter Araber inmitten derer, die am lautesten schreien, kein Gehör. Ich werde nicht schreien, aber ich wünsche mir, dass meine Botschaft Gehör findet. Ich möchte der Welt sagen, dass es trotz der großen Probleme in unserer Region Grund zur Hoffnung gibt.

# TEIL EINS

# Kapitel 1
## Die Anfänge des Konflikts

Der israelisch-palästinensische Konflikt begleitet mein Leben schon seit frühester Kindheit. Im Westen und in Israel wird er gern als Fortsetzung einer Auseinandersetzung dargestellt, die bereits Jahrhunderte zurückreicht. Das ist jedoch falsch. Der Konflikt ist relativ jung und wurzelt in der jüdischen Einwanderung nach Palästina Anfang des 20. Jahrhunderts. Im Nahen Osten spielt die Geschichte eine große Rolle, vielleicht mehr als anderswo, wenngleich viel zu viele Menschen die Missstände der Vergangenheit vor allem als Vorwand benutzen, um sich nicht mit den heutigen Problemen befassen zu müssen. Doch man tut gut daran, sich mit der eigenen Geschichte zu beschäftigen, wenn man seine zukünftigen Schritte in die richtige Richtung lenken will. Bevor ich also die Situation erläutere, in der wir uns heute befinden, und einige Vorschläge zur Überwindung des gegenwärtigen Patts unterbreite, werde ich kurz schildern, wie unser Weg bisher ausgesehen hat.

Als das Osmanische Reich, das sich vom Beginn des 16. Jahrhunderts an über einen Großteil des Nahen Ostens erstreckt hatte, gegen Ende des Ersten Weltkriegs seinen letzten Atemzug tat, traten aus den Reihen der Araber neue, nationalistisch gesinnte Führungspersönlichkeiten hervor. Einer von ihnen war mein Ururgroßvater Scharif Hussein ibn Ali, der Scharif von Mekka. Er gehörte zum Stamm der Haschemiten und war ein erklärter Verfechter des arabischen Nationalismus. Aufgrund seines religiösen Status und seiner politischen Erfahrung vertrauten ihm andere arabische Nationalisten die Führung der arabischen

Bewegung und der geplanten Revolte gegen die osmanische Herrschaft an. Außerdem sollte er sein Volk in den Verhandlungen mit den Briten vertreten, in denen es um die Gründung eines unabhängigen arabischen Staates ging. 1915 wurde seine Rolle im Damaskus-Protokoll offiziell bestätigt. Die Verhandlungen zwischen Scharif Hussein und dem britischen Hochkommissar in Ägypten, Sir Henry McMahon, zogen die Hussein-McMahon-Geheimkorrespondenz von 1915/16 nach sich, in der Scharif Hussein die Unterstützung eines unabhängigen arabischen Königreichs unter seiner Herrschaft versprochen wurde. Seine Übereinkunft mit McMahon wurde später von Briten und Arabern unterschiedlich ausgelegt.

In dem im Juni 1916 begonnenen großen Arabischen Aufstand fanden die revolutionären Bestrebungen nach einem vereinten und unabhängigen arabischen Staat ihren Ausdruck, und Scharif Hussein als Anführer der Revolte wurde zum König der Araber erklärt. Er träumte von einem neuen Arabien, das sich von Palästina bis in den Jemen erstrecken würde und in dem sich die Araber, so seine Überzeugung, aufgrund ihrer gemeinsamen Kultur und ihrer gemeinsamen islamischen Ideale einen würden. Zugleich legte er großen Wert auf die Tradition der Toleranz und des Respekts gegenüber Minderheiten und hoffte, eine arabische Renaissance einleiten zu können. Seine vier Söhne, die Prinzen Ali, Faisal, Abdullah und Zeid, führten die arabischen Streitkräfte gegen das osmanische Heer und konnten die Türken schließlich 1918 aus Arabien vertreiben. Faisal wurde König von Syrien und später auch des Irak, Abdullah wurde Emir von Transjordanien. Als Scharif Hussein im Jahr 1924 abdankte, wurde Ali König des Hedschas (heute Teil von Saudi-Arabien). Seid unterstützte Faisal im Irak und diente als irakischer Botschafter in der Türkei, in Deutschland und in Großbritannien.

Während des Arabischen Aufstands brachte es ein junger britischer Offizier namens Thomas Edward Lawrence zu einiger Berühmtheit. Weltbekannt als »Lawrence von Arabia« wurde er später aber vor allem durch den gleichnamigen Kinofilm von 1962 mit Peter O'Toole in der Hauptrolle, der zum Teil in Jordanien gedreht wurde. Alec Guinness spielte meinen Urgroßonkel Faisal.

Meine Mutter arbeitete kurzzeitig bei der Filmproduktion mit, gab jedoch im Sommer 1961 ihren Posten auf, um meinen Vater zu heiraten. Einige Monate später fuhr sie zusammen mit ihm an den Drehort. Der Regisseur filmte gerade die Szene, in der das Lager Prinz Faisals, der sich auf dem Vormarsch Richtung Damaskus befindet, von türkischen Flugzeugen bombardiert wird. Meine Mutter und mein Vater sahen von einer Anhöhe aus zu. Als sich die Anwesenheit meines Vaters herumsprach, ließen die Beduinen, die als Statisten engagiert waren, alles liegen und stehen, eilten herbei und bekundeten ihm lautstark ihre Treue und Ehrerbietung. Die Szene musste komplett neu gedreht werden. Als die Flugzeuge über sie hinwegflogen, wandte sich ein Mitarbeiter meines Vaters, ein alter, hochgewachsener Nigerianer, um und sagte: »Sir, so war das nicht.« Wie er das denn wissen könne, fragte ihn mein Vater. »Weil ich als Kind in diesem Lager war«, antwortete er. »Die Flugzeuge kamen aus einer anderen Richtung.« Nach seinem Besuch bat die Filmcrew meinen Vater höflich, doch bitte nicht mehr am Set vorbeizuschauen.

Im Westen war der Film ein ungeheurer Erfolg, nicht aber in Jordanien, denn hier halten ihn viele für einseitig und historisch unkorrekt. Und während Lawrence im Westen von vielen als romantischer Held gesehen wird, der im Freiheitskampf der Araber eine Schlüsselrolle spielte, schätzte meine Familie, den archivierten Dokumenten nach zu urteilen, seine historische Rolle etwas differenzierter ein. Mein Urgroßvater König Abdullah I. hielt Lawrence für einen »seltsamen Menschen«, der es darauf anlegte, andere im Sinne seiner eigenen Interessen zu manipulieren. In seinen Erinnerungen heißt es:

> Seine Intrigen gingen so weit, dass er mich gegen meinen eigenen Vater einzunehmen suchte mit der Begründung, mein Vater sei starrköpfig. Ich sandte seinen Boten zurück mit der Antwort: »Sagt Eurem Freund, mein Vater ist mein Herr und König. Und damit werde ich mich zufriedengeben bis ans Ende meiner Tage.« Letztlich erwies Lawrence den Arabern einen großen Dienst, denn er machte deutlich, dass mein Vater unerschütterlich an seinen Zielen festhielt. Lawrence aber suchte offenbar nur Menschen, die keine eigenen Ansichten hatten und die er im Sinne seiner persönlichen Vorstellungen beeinflussen konnte.

Die Rivalitäten der Großmächte am Ende des Ersten Weltkriegs hatten entscheidende Auswirkungen auf das Schicksal der Araber, denn Großbritannien hatte nicht nur dem Scharifen von Mekka heimlich Versprechen gegeben, sondern auch den Franzosen: Nach dem sogenannten Sykes-Picot-Abkommen sollten das heutige Syrien und der Libanon unter die französische Einflusssphäre fallen, das heutige Jordanien, der Irak, Palästina und der Westen des heutigen Saudi-Arabien unter eine britische. Auf der Konferenz von San Remo 1920 wurde die neue Aufteilung der Region festgeschrieben; Franzosen und Briten reklamierten die Völkerbundmandate über diese Gebiete für sich. Am 2. November 1917 hatte der britische Außenminister Arthur Balfour in einer offiziellen Erklärung zugesichert, seine Regierung werde »in Palästina die Einrichtung einer nationalen Heimstätte für das Volk der Juden« unterstützen, was früher gemachten Zusagen an die Araber widersprach.

Scharif Hussein sah sich nicht in der Lage, guten Gewissens dem britischen Mandat über Palästina oder der Balfour-Deklaration zuzustimmen, da sie beide einen Verrat am Arabischen Aufstand bedeuteten. Balfours Zusicherung und die Aufteilung der Gebiete führten letztlich dazu, den arabischen Nationalismus über Jahrzehnte hinweg zu befeuern.

An der regionalen Neuordnung hatte unter anderem auch der britische Kolonialminister Winston Churchill mitgewirkt. Mein Urgroßvater Abdullah hatte von Churchill eine weit höhere Meinung als von Lawrence. Er beschrieb ihn als »einzigartig unter den Männern, die Großbritannien in jüngerer Zeit hervorgebracht hat«. Im Jahr 1921 wurde Abdullah Emir von Transjordanien, dem Gebiet östlich des Jordans. Die Gebiete westlich des Jordans, die das heutige Israel, das Westjordanland, Jerusalem und den Gazastreifen umfassten, blieben als britisches Mandatsgebiet Palästina unter der Hoheit Großbritanniens.

Ermutigt und befördert durch die Balfour-Deklaration strömten Tausende jüdischer Einwanderer ins Land. Damals stellten die Araber 90 Prozent der Bevölkerung Palästinas. Schon 1897 hatte sich die zionistische Bewegung auf ihrem ersten Kongress in Basel »die Schaffung einer Heimstätte für das jüdische Volk in Palästina« zum Ziel gesetzt. 1947 war die Zahl der Juden in Palästina auf etwa 600 000 angewachsen, was sowohl mit der zionistischen Bewegung als auch mit der Verfolgung in Europa zu tun hatte. Dieser große Zustrom führte zu Spannungen mit den 1,2 Millionen muslimischen und christlichen Palästinensern. Nun äußerten sich auch zum ersten Mal die Vereinigten Staaten und forderten von Palästina, seine Tore für weitere 100 000 Emigranten zu öffnen.

In einem wahrhaft prophetischen Artikel, der 1947, sechs Wochen vor dem ersten arabisch-israelischen Krieg, in der inzwischen eingestellten Zeitschrift *American* erschien, warnte mein Urgroßvater von den Gefahren unkontrollierter Einwanderung:

> Kein Volk auf dieser Welt ist weniger »antisemitisch« als die Araber. Die Judenverfolgung ist ein Phänomen, das sich fast ausschließlich in den christlichen Ländern des Westens zeigte. Und selbst Juden werden zugeben, dass sie sich nach der großen Zerstreuung nirgendwo so frei entwickeln und so viel Bedeutung erlangen konnten wie im Spanien

unter arabischer Herrschaft. Von einigen unbedeutenden Ausnahmen abgesehen lebten die Juden im Nahen Osten seit Jahrhunderten in uneingeschränktem Frieden und Eintracht mit ihren arabischen Nachbarn …

Viele Amerikaner glauben offenbar, die Probleme in Palästina seien weit weg; sie würden Amerika nichts angehen, und Ihre Rolle sei lediglich die eines mitfühlenden Beobachters.

Dabei sind Sie sich offenbar nicht im Klaren, dass Sie als Nation für die zionistische Bewegung im Allgemeinen und für den gegenwärtigen Terror im Speziellen verantwortlich sind. Ich weise darauf hin, weil ich glaube, dass Sie so fair sein werden, Ihre Verantwortung anzunehmen, sobald Sie dies erkannt haben.

Die gegenwärtige Katastrophe ist womöglich fast ganz allein auf Sie zurückzuführen. Die amerikanische Regierung besteht, fast als Einzige der Welt, auf der Aufnahme von 100 000 weiteren Juden in Palästina – denen zahllose weitere folgen sollen. Dies wird die schrecklichsten Folgen haben und in einem blutigen Chaos enden, das alles bisher in Palästina Erlebte weit übertrifft.

Ich habe jedoch fast uneingeschränktes Vertrauen in das Gerechtigkeitsgefühl und die Großzügigkeit der amerikanischen Öffentlichkeit. Wir Araber bitten nicht um einen Gefallen, sondern allein darum, die Wahrheit anzuerkennen, und zwar die ganze, nicht nur die halbe. Und bei der Beurteilung der Palästinafrage bitten wir Sie, sich in unsere Lage zu versetzen: Was würden Sie antworten, wenn eine ausländische Macht Ihnen erklärt, Sie als Amerikaner müssten viele Millionen völlig Fremder in Ihrer Mitte aufnehmen – genug, um in Ihrem Land die Vorherrschaft zu übernehmen –, und das nur, weil sie auf der Einwanderung nach Amerika bestehen und weil ihre Vorfahren vor 2000 Jahren einmal dort gelebt haben?

Unsere Antwort ist dieselbe wie Ihre.
Und was würden Sie tun, wenn diese ausländische Macht Sie trotz Ihrer Ablehnung zwingt, die Menschen aufzunehmen?
Wir werden dasselbe tun wie Sie.

Der Palästinakonflikt war von Anfang an eine Auseinandersetzung zwischen jüdischen Immigranten und der einheimischen arabisch-palästinensischen Bevölkerung und nicht, wie oft dargestellt, Ausdruck eines uralten Hasses zwischen Juden und Arabern. In den dreißiger und vierziger Jahren versuchten die Briten, die Zahl der jüdischen Einwanderer nach Palästina zu beschränken. Doch zionistische Organisationen wie Hagana, Irgun und Lohamei Cherut Israel (auch bekannt als die Stern-Gang oder Stern-Bande) brachten Menschen um, legten Bomben und verübten andere Terroranschläge und Sabotageakte, um die Palästinenser von ihrem Land zu vertreiben, die Briten zum Abzug aus Palästina zu zwingen und einen jüdischen Staat zu gründen.

Im November 1944 ermordete die Stern-Gang in Kairo den britischen Nahost-Minister, Lord Moyne. Zwei Jahre später legten Mitglieder der Irgun eine Bombe im Jerusalemer King David Hotel, in dem die britische Mandatsverwaltung und die Zentrale des militärischen Geheimdiensts von Großbritannien untergebracht waren. Dabei kamen 91 Menschen ums Leben. Als Rache für die Hinrichtung dreier jüdischer Terroristen verschleppte die Irgun im August 1947 zwei britische Unteroffiziere und erhängte sie an einem Eukalyptusbaum in einem Wald südlich der Küstenstadt Netanja. Ihre Leichen waren mit einer versteckten Sprengladung versehen, und als britische Soldaten sie losschneiden wollten, explodierte die Bombe und verletzte einen weiteren Offizier. Dieser barbarische Anschlag wurde weithin verurteilt. Der Anführer der Irgun, Menachem Begin, sollte später die rechtsgerichtete Cherut-Partei gründen und israelischer Premierminister werden.

Am 23. September 1947 verkündeten die Briten, ihr Mandat werde spätestens am 15. Mai 1948 enden. Die Frage der Regierungsgewalt über Palästina überließen sie der neuen, 1945 gegründeten Organisation der Vereinten Nationen. Interessanterweise propagierte die UNO eine Zwei-Staaten-Lösung. Am 29. September 1947 stimmte die UN-Vollversammlung für die Teilung Palästinas in zwei Staaten, einen arabischen und einen jüdischen. Jerusalem sollte den Status einer internationalen Stadt erhalten und unter UN-Verwaltung gestellt werden. Gemäß der UN-Resolution 181 sollte die eine Hälfte des Gebiets, darunter die wichtige Küste, an die Juden übergehen, die zu diesem Zeitpunkt lediglich sechs Prozent des Landes kontrollierten. Damit war ein Konflikt unvermeidbar.

Schon vor dem offiziellen Ausbruch der Feindseligkeiten im Mai 1948 kam es zu blutigen Zusammenstößen zwischen jüdischen und arabischen Gemeinden. Am 9. April 1948 überfielen jüdische Terroristen der Stern-Bande und der Irgun das mehrere Kilometer westlich von Jerusalem gelegene Dorf Deir Jassin und ermordeten 250 Menschen, zumeist Frauen und Kinder. Um die Palästinenser vor solchen Gräueltaten zu schützen, zog mein Urgroßvater Abdullah I. Ende April mit Streitkräften der Arabischen Legion über den Jordan. Zur gleichen Zeit begannen jüdische Führer der im Aufbau begriffenen Armee sowie der Hagana, der Irgun und der Stern-Bande, ihre Kräfte zu sammeln.

Am 14. Mai 1948, dem Tag, an dem das britische Mandat endete, erklärte der Jüdische Volksrat die Gründung des Staates Israel. Elf Minuten später wurde das neue Gebilde von US-Präsident Harry Truman anerkannt. Kurz darauf folgte die Sowjetunion. Es dauerte nicht lange, bis sich die Spannungen zwischen Juden und Arabern in bewaffneten Auseinandersetzungen entluden. Noch am Abend der Unabhängigkeitserklärung Israels schickten Ägypten, Jordanien, Syrien und der Irak Streitkräfte nach Palästina, um die Rechte der arabischen Palästinenser zu wahren. Das neue israelische Heer war gegenüber den Arabern in der Überzahl und gewann mit der Zeit die Oberhand, zumal es von der mangelnden Koordination der arabischen Streitkräfte untereinander profitierte.

Am stärksten umkämpft war Jerusalem, und zwar wegen seiner religiösen Bedeutung für Muslime, Juden und Christen, aber auch wegen seiner strategischen Lage im Zentrum Palästinas. Eine der heftigsten Schlachten tobte um das laut Teilungsplan den Palästinensern zugesprochene Dorf Latrun, wo Jordanier und Israelis um die Kontrolle der wichtigen Zufahrtstraße nach Jerusalem kämpften. Die jordanischen Soldaten unter dem Kommando von Habis al-Madschali schlugen mehrere Angriffe der Israelis zurück. Während einer dieser Schlachten wurde ein junger israelischer Zugführer von jordanischen Soldaten angeschossen und schwer verwundet. Sein Name war Ariel Scharon – später eine bedeutende Persönlichkeit, zunächst als Verteidigungsminister und dann als Premierminister Israels.

Die von meinem Urgroßvater befehligte Arabische Legion gehörte zu den am besten ausgestatteten und ausgebildeten arabischen Einheiten, war aber auch eine der kleinsten. Trotzdem gelang es ihr, das Westjordanland einschließlich Ost-Jerusalem zu halten und sogar Gebiete hinzuzugewinnen. Im April des Jahres 1949, nach mehr als acht Monaten heftiger, nur gelegentlich unterbrochener Kämpfe, trafen sich die Vertreter Israels und der arabischen Staaten auf der griechischen Insel Rhodos. Das Haschemitische Königreich Jordanien und Israel unterzeichneten am 3. April ein allgemeines Waffenstillstandsabkommen. Das Westjordanland war seitens der UNO den Arabern zugesprochen worden; in Anerkennung der Rolle, die mein Urgroßvater bei der Verteidigung der Palästinenser und des Westjordanlands gespielt hatte, sprach sich nun eine Gruppe führender Palästinenser für eine Vereinigung dieses Gebiets mit dem Land östlich des Jordans aus – regiert von meinem Urgroßvater, der am 25. Mai 1946 vom Parlament zum König von Jordanien erklärt worden war. Damals hatte man das Emirat Transjordanien auch in Haschemitisches Königreich Jordanien umbenannt. Im April 1950 wurde das Westjordanland durch ein Vereinigungsgesetz formal zu einem Teil des Haschemitischen Königreichs Jordanien und war künftig im jordanischen Parlament und in der Regierung repräsentiert.

Vor, während und nach dem Krieg von 1948 flüchteten etwa 750 000 Palästinenser vor den Kämpfen oder wurden aus ihrer Heimat vertrieben. Sie flohen ins Westjordanland, nach Jordanien, nach Syrien, in den Libanon, in die Golfstaaten und in andere Länder der Region und darüber hinaus. Vielerorts blieben sie staatenlose Flüchtlinge, untergebracht in Lagern der Vereinten Nationen, ohne die Möglichkeit, zu arbeiten oder zu reisen. Mein Urgroßvater aber nahm die palästinensischen Flüchtlinge mit offenen Armen auf und gab ihnen die jordanische Staatsbürgerschaft. Das Recht ihrer Nachkommen, heute, mehr als sechzig Jahre später, in ihre inzwischen zu Israel gehörende Heimat zurückzukehren, ist eine der umstrittensten Fragen zwischen Israel und den Palästinensern.

Mein Urgroßvater, der berühmt war für seine Freundlichkeit und sein Mitgefühl, kümmerte sich mit besonderer Hingabe um die Erziehung meines Vaters. Er selbst konnte Englisch zwar verstehen, aber nicht sprechen, daher rief er meinen Vater häufiger in sein Arbeitszimmer im Palast und bat ihn zu dolmetschen. Beim Abendessen besprach mein Urgroßvater mit ihm dann gern die Ereignisse des Tages und erklärte ihm die Fallstricke und Feinheiten der diplomatischen Verhandlungen, bei denen mein Vater als Dolmetscher fungiert hatte.

Mein Vater besuchte ein Internat in Ägypten, das Victoria College in Alexandria, in jenen Tagen die vielleicht beste Schule der Region. Als er sich in den Sommerferien 1951 in Jordanien aufhielt, geschah die Tragödie. Am 20. Juli fuhr mein Urgroßvater zum Freitagsgebet nach Jerusalem. Am Eingang der al-Aksa-Moschee wurde er von einem Palästinenser, einem Mitglied der radikalen Vereinigung Dschihad Mukaddas, durch einen Schuss in den Kopf getötet. Mein Vater, damals 15 Jahre alt, stand unmittelbar neben ihm. Er lief dem Mörder nach, worauf der auch auf ihn schoss. Die zweite Kugel des Attentäters prallte, wie durch ein Wunder, von einem Orden an seiner Brust ab – hätte ihn also um Haaresbreite getötet –, und die dritte streifte sein Ohr. Schließlich wurde der Attentäter von den Leibwächtern meines Urgroßvaters erschossen. Später nahm man sechs weitere Männer fest und verurteilte sie wegen Beteiligung an der Verschwörung zum Tode. Vier von ihnen wurden hingerichtet, zwei konnten jedoch unter ungeklärten Umstanden nach Ägypten entkommen, das sich weigerte, sie auszuliefern.

Der schreckliche Mord an meinem Urgroßvater wurde nicht nur in der ganzen Region, sondern weltweit betrauert. Mein Großvater Talal ibn Abdullah, der eine Ausbildung in Großbritannien an der Königlichen Militärakademie Sandhurst genossen und in der Arabischen Legion als Kavallerieoffizier gedient hatte, wurde König und mein Vater gemäß der jordanischen Verfassung, wonach der Thron an den ältesten Sohn übergeht, Kronprinz.

Damals begegnete Ägypten der jordanischen Regierung mit offener Feindschaft, und man hielt es deshalb für zu riskant, meinen Vater seine Ausbildung in Alexandria fortsetzen zu lassen. Daher schickte man ihn ins englische Harrow. Meinem Vater war bewusst, dass er eines Tages offizielle Pflichten würde übernehmen müssen, er hoffte jedoch, seine Ausbildung beenden und zu Beginn seiner beruflichen Laufbahn eine Zeit lang ein normales Leben führen zu können. Doch mein Großvater, der an Schizophrenie litt, war aufgrund seines Gesundheitszustands schon nach kurzer Zeit nicht mehr in der Lage, die Regierungsgeschäfte zu führen, und ein Jahr nach seinem Amtsantritt dankte er ab. Am 12. August 1952, als mein Vater gemeinsam mit seiner Mutter, Königin Zein al-Scharaf, zu einem Ferienaufenthalt in der Schweiz im Hotel Beau Rivage am Genfer See weilte, erreichte ihn ein Telegramm. Es war adressiert an »Seine Majestät König Hussein«.

Da es noch sechs Monate dauerte, ehe er das für die Thronübernahme vorgeschriebene Alter erreicht hatte, besprach mein Vater, zurück in Amman, mit seinem Onkel Scharif Nasser ibn Dschamil, was zu tun sei. Dabei kamen sie auf Sandhurst zu sprechen, das einen hervorragenden Ruf für die Ausbildung von Führungspersönlichkeiten aus allen Gesellschaftsschichten genoss. Sein Onkel meinte: »Dein Vater hat Sandhurst besucht. Und er hat gesagt, Sandhurst sei die großartigste Militärakademie der Welt. Nirgendwo könne ein Mann besser auf seine Rolle als König vorbereitet werden als dort.«

Mein Vater dachte an einen Augenblick in seiner Kindheit, als er mit Spielzeugsoldaten spielte und mein Großvater ihm erklärte: »Man kann ein Land nicht regieren ohne Disziplin. Ohne Disziplin kann man auch kein guter Soldat sein. Und nirgendwo auf der Welt wird einem besser Disziplin beigebracht als in Sandhurst.«

So kam der Offiziersanwärter König Hussein am 9. Oktober 1952 in die Inkerman Company in Sandhurst. Die üblicherweise einjährige Ausbildung war auf sechs Monate zusammengestrichen worden. Obwohl mein Vater ein anspruchsvolles Pensum mit zusätzlichen Drills und Märschen hatte, beschreibt er diese Zeit als eine der glücklichsten und prägendsten seines Lebens. Für kurze Zeit war er ein Kadett unter Kadetten.

Am 2. Mai 1958, dem Tag seines 18. Geburtstags, übernahm mein Vater seine Pflichten als König. Er sollte Jordanien 46 Jahre lang regieren, und in diesem Zeitraum sollten vier schwere Kriege zwischen Israel und den arabischen Staaten geführt werden. Schließlich sollte er einen Friedensvertrag mit Israel unterzeichnen, nur um dann mit ansehen zu müssen, wie sein israelischer Verhandlungspartner wegen seiner Friedensbemühungen ermordet wurde. Die Lösung des Konflikts aber, die sein sehnliches Anliegen gewesen war, sollte er nicht mehr erleben.

Seine erste schwere Prüfung hatte mein Vater drei Jahre nach seiner Thronbesteigung mit der Suezkrise zu bestehen. Nach der ägyptischen Revolution im Jahr 1952, die zum Sturz König Farouks geführt und Gamal Abdel Nasser an die Macht gebracht hatte, erfasste eine Woge des Nationalgefühls das Land. 1956 verstaatlichte Nasser den bis dahin von Großbritannien und Frankreich kontrollierten Suezkanal, woraufhin die beiden Länder einen Geheimplan mit Israel schmiedeten. Nach einem »Angriff« Israels auf Ägypten würden Großbritannien und Frankreich »Friedenstruppen« ins Land schicken, die den Suezkanal wieder unter ihre Kontrolle bringen sollten.

Die Israelis hielten sich an ihren Teil der Abmachung und stießen im Oktober 1956 auf die Sinai-Halbinsel vor. Kurz darauf landete eine anglo-französische Einsatztruppe und eroberte den Kanal. Obwohl militärisch erfolgreich, wurde die Operation politisch zu einem Fiasko, als der ursprüngliche Plan durchsickerte. Auf Druck der Vereinigten Staaten waren England und Frankreich gezwungen, ihre Streitkräfte abzuziehen. Der britische Premierminister Anthony Eden trat zurück. Die Suezkrise festigte Nassers Stellung bei den arabischen Nationalisten und verschärfte die Spannungen zwischen Israel und der arabischen Welt. Außerdem stellte sich für die Westmächte die Frage, ob sich ihr Eingreifen bei zukünftigen Krisen noch auszahlte. Glücklicherweise konnte Jordanien vermeiden, in die Suezkrise hineingezogen zu werden. Als sich Ägypten und Israel im Frühsommer 1967 erneut mit Waffen gegenüberstanden, war uns das Glück leider nicht so hold.

# Kapitel 2
# Der Junikrieg von 1967

In meinem Zimmer hörte ich einen gedämpften Knall, kurz darauf folgten weitere. Ich schnappte mir mein Fernrohr und lief den Flur entlang zum Fenster. In der Ferne entdeckte ich eine schwarze Rauchsäule. Die nächste Explosion war noch lauter. Israelische Kampfbomber griffen vor den Toren von Salt, einer Stadt rund zwanzig Kilometer nordwestlich von Amman, palästinensische Untergrundkämpfer an. Mein Vater kam herbeigelaufen und ließ sich von mir das Fernrohr geben. Erst als er es hin- und herdrehte, merkte er, dass es sich um ein Spielzeug handelte. Verärgert warf er es auf den Boden, dann eilte er fort, um sich seine Militäruniform anzuziehen.

Ich war fünf Jahre alt, und dies war meine erste Begegnung mit dem Krieg. Etwa vierzig Minuten später hörte ich das Stakkato der jordanischen Luftabwehrkanonen, die auf die israelischen Flugzeuge feuerten.

Als mein Vater an diesem Abend nach Hause kam, wirkte er erschöpft und zog sich sogleich in sein Schlafzimmer zurück. So klein ich auch war, so spürte ich doch, dass sich etwas Schreckliches ereignet hatte. Also ging ich ihm nach. In seinem Schlafzimmer fand ich ihn auf dem Bett sitzend, den Kopf in den Händen vergraben. Als er aufblickte, waren seine Augen feucht. Meinen Vater sah man nur höchst selten weinen. Ich fragte ihn, was geschehen sei, was dieser Lärm zu bedeuten habe und warum so viele Flugzeuge über uns hinwegflögen.

Geduldig erklärte er mir, die Israelis würden die in Jordanien lebenden palästinensischen Untergrundkämpfer angreifen. Ich verstand damals noch nicht, was Untergrundkämpfer waren und warum die Israelis sie umbringen wollten, ich wusste nur, dass schlimme Dinge geschahen. Anstatt gezielt bestimmte Militäreinrichtungen anzugreifen, bombardierten die Israelis Dörfer und damit ganze Familien, zerstörten Straßen und Häuser.

Etliche der Bomben gingen nicht sofort hoch. Mein Vater berichtete mir, ein kleines Mädchen habe sich, weil es glaubte, die Gefahr sei vorüber, einer der Bomben genähert, die in diesem Moment explodiert sei. Mein Vater lief zu ihr, um sie aus den Trümmern zu befreien, musste aber feststellen, dass sie schwere Verletzungen erlitten und ein Bein verloren hatte. Er nahm sie vorsichtig auf und trug sie zu einer nahe gelegenen Sanitätsstation, doch es war schon zu spät, das Mädchen starb in seinen Armen.

Wir wohnten damals auf einem kleinen baumbestandenen Anwesen etwa zwanzig Minuten von Amman entfernt in den Bergen. Diese relative Abgeschiedenheit schützte uns zwar vor möglichen Attentätern, nicht aber vor den israelischen Flugzeugen: In dieser Sache mussten wir uns auf die vier 50-mm-Vierfachgeschütze in unserem Park verlassen. Die Soldaten an diesen Waffen machten meinen vierjährigen Bruder Faisal und mich netterweise glauben, wir könnten bei der Verteidigung helfen, und gaben uns den Auftrag, Ölkannen zu holen und die Geschütze zu schmieren, sollten sie schießen müssen. Uns gefiel unser Status als vermeintlich jüngste Angehörige der Militäreinheit – was jedoch abrupt endete, als man meiner Mutter ein Foto zeigte, auf dem wir mit einer Zigarette im Mundwinkel vor dem Gewehr posierten. Meine Mutter wohnt heute noch in diesem Haus, inzwischen sind die damaligen Stellungen der Flugabwehrgeschütze jedoch einem Gemüsegarten gewichen, in einem Fall einem Komposthaufen.

Als Kind nahm ich zwar die emotionalen Belastungen des Krieges wahr, doch seine Bedeutung und seine Folgen konnte ich noch nicht begreifen.

Bereits im Frühjahr 1967 war vielen in der Region klar, dass die Feindseligkeiten zwischen Israel und seinen arabischen Nachbarn auf eine Eskalation zusteuerten. Im November 1966 hatten israelische Streitkräfte einen vernichtenden Angriff auf Samu durchgeführt, ein Dorf nahe Hebron – ein Vergeltungsschlag, weil drei ihrer Soldaten durch eine Landmine umgekommen waren.

Nicht nur in Amman verfolgte man die Entwicklungen in Israel mit zunehmender Sorge. Anfang Mai verlegte Präsident Nasser Einheiten auf den Sinai und forderte die UNO auf, ihre Friedenstruppen (United Nations Emergency Force, UNEF), die dort nach der Suezkrise mehr als ein Jahrzehnt zuvor stationiert worden waren, abzuziehen. Wenig später schloss er die Meerenge von Tiran, Israels einzigen Zugang zum Roten Meer, für israelische Schiffe.

Die arabischen Streitkräfte waren kein zusammenhängendes Heer, sondern bestanden aus verschiedenen Nationalarmeen, die sich erst kurz zuvor zusammengeschlossen hatten. Nach einer Reihe fehlgeschlagener Versuche in den sechziger Jahren, die arabischen Staaten zu einer engeren politischen Einheit zusammenzuschließen, hatten Ägypten, Syrien und der Irak ihre Armeen im Jahr 1964 zusammengelegt und damit das Vereinte Arabische Kommando gebildet. Außerdem unterzeichneten Ägypten und Syrien 1966 einen Beistandspakt.

Als Ende Mai 1967 ein militärischer Konflikt immer wahrscheinlicher wurde und der arabische Nationalismus immer höhere Wellen schlug, glaubte mein Vater, keine andere Wahl zu haben, als den arabischen Führern angesichts der israelischen Übergriffe öffentlich seine Unterstützung zuzusichern. Er fuhr nach Kairo und schloss als Vertreter Jordaniens in einer schicksalhaften Entscheidung einen gegenseitigen Beistandspakt mit Ägypten. Von nun an würden die jordanischen Streitkräfte unter dem Kommando des ägyptischen Generals Abdul Monim Riad stehen. In dieser Zeit entschlossen sich die Israelis zum Erstschlag, weil Nasser angeblich einen Angriff auf ihr Land plante. Den Weg dazu hatten sie bereits geebnet.

In jenen Tagen war der Nahe Osten Schauplatz eines fieberhaften Wettstreits zwischen den rivalisierenden Großmächten des Kalten Krieges. Grob teilte sich die Region in zwei Einflusssphären: ein prosowjetisches Lager unter der Führung Nassers und Ägyptens und ein prowestliches Lager, dem auch mein Vater angehörte. Wie inzwischen freigegebenen US-Dokumenten zu entnehmen ist, traf sich der damalige Leiter des israelischen Auslandsgeheimdienstes Mossad, General Meir Amit, am 1. Juni 1967 in Washington mit Richard Helms, dem Direktor der CIA.

Amit machte sich amerikanische Ängste vor einer sowjetischen Expansion zunutze und stellte Nassers Ägypten als Bedrohung nicht nur für Israel, sondern für die gesamte Region dar. Laut Helms vertrat Amit die Position, Nasser werde den gesamten Nahen Osten in den Einflussbereich der Sowjets ziehen, wenn man ihm nicht Einhalt gebiete. Nach dieser Logik war Jordaniens erzwungener Schulterschluss mit Ägypten ein Vorbote für Kommendes. Als Nächstes würden Saudi-Arabien und der Libanon folgen, danach die Türkei und der Iran. Selbst Tunesien und Marokko würden irgendwann kippen und sich auf die Seite Nassers stellen. In dem von Helms für Präsident Johnson erstellten Gesprächsprotokoll heißt es: »Amit glaubt, Israel wird sich zum Angriff entschließen.«

General Amits Besuch war ein Signal Israels an die Vereinigten Staaten. Sofern sich Präsident Lyndon B. Johnson nicht dagegen aussprach, würde Israel Ägypten angreifen.

In einem Brief von Präsident Johnson an den israelischen Premierminister Levi Eschkol vom 3. Juni heißt es: »Ich muss betonen, dass sich Israel auf keinen Fall selbst der Einleitung von Feindseligkeiten verantwortlich machen darf.« Und Johnson fügte hinzu: »Wir haben uns grundsätzlich und uneingeschränkt mit General Amit verständigt.« Am nächsten Tag kehrte Amit nach Israel zurück, und Johnsons Brief wurde der israelischen Regierung überbracht.

Eines der größten Talente Israels war immer schon die übertriebene Darstellung der Bedrohung durch die Länder, die es als seine strategischen Feinde erachtet – das Bild des kleinen Landes, das von feindlichen Mächten umgeben ist. Dieser Mythos ermöglichte es Israel, seine eigenen kalkulierten Übergriffe als Selbstverteidigung hinzustellen und, in einigen Fällen, andere Nationen zu überzeugen, an seiner Stelle seine Feinde anzugreifen.

Militärisch konnte es Israel 1967 auf jeden Fall mit seinen arabischen Gegnern aufnehmen. Das israelische Heer war ungefähr 300 000 Mann stark und verfügte über 800 Panzer und 197 Kampfbomber. Die Vereinten Arabischen Streitkräfte hatten ungefähr 240 000 Soldaten, 900 Panzer und 385 Flugzeuge unterschiedlichen Typs. Doch ein Vergleich der Kampfkraft allein gibt nicht das wahre Bild wieder. Von Ägyptens Streitkräften, der mit 100 000 Soldaten größten unter den arabischen Armeen, befand sich zu jener Zeit etwa ein Fünftel im Jemen, um dort die republikanischen Streitkräfte im Bürgerkrieg zu unterstützen. Mit seiner Behauptung, Ägypten stelle eine Bedrohung für die gesamte Region dar, hatte Israel seinen damals wie heute engsten Verbündeten bestenfalls in die Irre geführt und schlimmstenfalls bewusst angelogen.

Als der türkische Botschafter in Jordanien aus NATO-Geheimpapieren von dem bevorstehenden Angriff erfuhr, warnte er meinen Vater, der unverzüglich Nasser darüber informierte. Der aber ignorierte die Warnung.

Aufgrund des jordanischen Beistandspakts mit Ägypten hatte General Riad das Kommando über unser Heer übernommen. Dies brachte für ihn einen gravierenden Nachteil mit sich: Er war weder in ausreichendem Maße mit den geografischen Gegebenheiten in Jordanien und Palästina vertraut, noch konnte er ermessen, wie es mit den Fähigkeiten der von ihm kommandierten Männer bestellt war. Zudem bekam er seine Anweisungen aus Kairo und nicht aus Amman. Im Falle eines israelischen Angriffs auf Ägypten würde Riad die jordanischen Soldaten in den Kampf führen, und wir befänden uns mit Israel im Krieg.

Am 5. Juni 1967 flogen israelische Kampfjets auf ägyptisches Staatsgebiet und bombardierten die ägyptische Luftwaffe. Doch dabei blieb es nicht. Am selben Tag beschossen zwei israelische Mystère-Bomber den Königspalast in Amman und feuerten Raketen und Maschinengewehrsalven auf den Teil des Gebäudes, in dem sich das private Arbeitszimmer meines Vaters befand. Glücklicherweise hielt er sich zu dieser Zeit im Armeehauptquartier auf, sonst wäre er getötet worden.

Unsere gesamte weitläufige Familie, darunter auch mein Onkel Prinz Mohammed und seine zwei Söhne Talal und Ghazi, wohnten während des Krieges in unserem Haus und hatten im Untergeschoss ihre Schlafsäcke ausgerollt. Mein Onkel Mohammed, der für den Schutz meines Vaters verantwortlich war, legte sich mit einer Maschinenpistole im Arm vor dem Schlafzimmer meines Vaters auf den Boden. Auf einen Fünfjährigen wirkte das alles wie ein großes Abenteuer: Ich war noch zu klein, um die schrecklichen Vorgänge zu begreifen.

Eines Nachmittags mussten wir mit einer großen Zahl von Tanten, Cousins, Cousinen und anderen Verwandten im Keller Zuflucht suchen. Die Israelis flogen einen weiteren Luftangriff, und wir konnten die Bombenexplosionen hören. Mein Bruder Faisal provozierte mich und sagte, ich würde es nicht wagen, über den Rasen zu laufen, den Zaun zu berühren und zurückzukommen. Derart angestachelt, überquerte ich, so schnell es meine Beine erlaubten, die Rasenfläche. Plötzlich gab es eine gewaltige Explosion. Ich brach in Tränen aus und rannte zurück ins Haus.

Während des gesamten 5. Juni 1967 flog die israelische Luftwaffe Angriffe auf unsere Militärstützpunkte in Amman und

Mafrak. Sie zerstörten unsere Landebahnen und unsere Flotte von Hawker-Hunter-Kampfjets. In den darauffolgenden zwei Tagen kämpften die jordanischen Soldaten tapfer, um das Westjordanland und Ost-Jerusalem zu halten, aber sie waren zahlen- und ausrüstungsmäßig unterlegen, und ohne die Unterstützung der Luftwaffe mussten sie sich schließlich den israelischen Truppen geschlagen geben.

Auch unsere Luftwaffe leistete angesichts ihrer beschränkten Mittel und der israelischen Übermacht am Himmel Hervorragendes. Es gelang ihr, acht israelische Bomber abzuschießen, und sie flog zwei Angriffe auf israelische Städte. Als einzige arabische Luftwaffe konnte sie in diesem Krieg israelische Kampfflugzeuge abschießen.

Mit nicht nachlassendem Druck versuchten die israelischen Streitkräfte unter dem Kommando von Jitzhak Rabin, das gesamte Westjordanland unter ihre Kontrolle zu bringen. Mein Vater, der unbedingt an der Front bei seinen Männern sein wollte, fuhr hinunter ins Jordantal. Als er dort eintraf, bot sich ihm ein Bild des Schreckens, das er später so beschrieb: »Die Straßen verstopft mit Lastwagen, Jeeps und allen möglichen anderen Fahrzeugen, zerfetzt, ausgeweidet, zerbeult, noch immer rauchend, dazu der Geruch von brennender Farbe und lackiertem Metall, ein Gestank, wie er nur bei Bombenexplosionen entsteht.«

Den gesamten Abend des 5. Juni bis in den kommenden Tag hinein bewiesen unsere Soldaten – unter ihnen die 40. Panzerbrigade, in der ich später als junger Soldat dienen sollte – großen Mut, doch unter dem Feuer der israelischen Kampfjets konnten sie nicht viel ausrichten. Die meisten ihrer Panzer wurden von israelischen Bomben zerstört. Als mein Vater später die Schlacht beschrieb, sagte er: »Diese Nacht war die Hölle. Es war taghell. Himmel und Erde leuchteten im Schein der Raketen und Explosionen, die durch den unablässigen Bombenhagel der israelischen Flugzeuge ausgelöst wurden.«

Für Jordanien und andere arabische Staaten war der Krieg eine Katastrophe. Als die Kämpfe am 10. Juni eingestellt wurden, hatte Israel von Jordanien das Westjordanland und Ost-Jerusalem erobert, von Ägypten die Sinai-Halbinsel und den Gazastreifen und von Syrien die Golanhöhen. Viele dieser 1967 eroberten Gebiete befinden sich noch heute unrechtmäßig unter israelischer Besatzung. Zwischen 200 000 und 300 000 Palästinenser flohen über den Fluss auf das Ostufer des Jordan und erhöhten damit die Gesamtzahl palästinensischer Flüchtlinge in Jordanien auf etwa eine Dreiviertelmillion. Die jordanischen Streitkräfte waren vernichtet. 700 Soldaten waren gefallen und ungefähr 6000 verwundet, die ganze Luftwaffe und fast alle Panzer zerstört. Nach Kriegsende wurde Jordaniens geschwächte Armee dann völlig neu strukturiert und ausgebildet, und zwar mithilfe pakistanischer Berater unter Führung von Major Zia-ul-Haq, der später Präsident seines Landes wurde.

Als Reaktion auf die angebliche Bedrohung durch Ägypten war die Eroberung des Westjordanlands nicht zu rechtfertigen. Die israelische Führung wollte jedoch eine umfassende Absicherung, wie es hieß. Als sich ihnen also die Möglichkeit zur Expansion bot, griffen sie zu. Und sobald sie Gebiete erobert hatten, setzten sie alles daran, sie auch zu behalten.

Die Folgen der israelischen Eroberung des Westjordanlands und Ost-Jerusalems sind in unserer Region und auf der ganzen Welt bis heute zu spüren. Besonders schmerzlich traf meinen Vater der Verlust Jerusalems. Meine Familie gehört im Stamm der Koreischiten zum Zweig des Propheten Mohammed und stammt über die männlichen Nachfahren seines ältesten Enkelsohns al-Hasan in direkter Linie vom Propheten ab (»Haschem« war der Urgroßvater des Propheten, daher der Stammesname »Haschemiten«). Die Haschemiten herrschten vom Jahr 965 bis 1925 im westarabischen Hedschas und fungierten als Hüter der heiligen Stätten Mekka und Medina. So sind wir nach der japanischen Kaiserfamilie die zweitälteste Herrscherdynastie der Welt. Als Oberhaupt der Haschemiten und damit verantwortlich für den Schutz Jerusalems war mein Vater zutiefst erschüttert, weil er Jerusalem mit seiner al-Aksa-Moschee, einer der drei heiligen Stätten des Islam, nicht vor den heranrückenden israelischen Truppen hatte schützen können.

Nach Einstellung der Kampfhandlungen begannen die Friedensgespräche. Der arabische Gipfel in Khartum Ende August wurde zwar berühmt für sein dreifaches »Nein« – Nein zum Frieden, Nein zur Anerkennung Israels und Nein zu Verhandlungen mit Israel –, doch im Grunde formulierte man hier das Rahmenwerk für ein diplomatisches Vorgehen. Im November wurden die Verhandlungen im New Yorker Waldorf Astoria-Hotel fortgesetzt, dem Wohnsitz des US-Botschafters bei den Vereinten Nationen Arthur Goldberg, der die internen Gespräche zwischen der israelischen, der ägyptischen und der jordanischen Delegation moderierte. Goldberg, zuvor Mitglied des Obersten Gerichtshofs der Vereinigten Staaten, war bekannt für seine Unterstützung Israels und wurde daher von meinem Vater und den Ägyptern mit Misstrauen beobachtet. Und dieses Misstrauen erwies sich als berechtigt.

Aus den Aufzeichnungen eines der engsten Berater meines Vaters, der an den Gesprächen teilnahm, geht hervor, dass Goldberg meinem Vater mündlich einen Vorschlag unterbreiten ließ: Wenn die Araber einer Resolution des UN-Sicherheitsrats zustimmten, würden die Vereinigten Staaten auf Israel Druck ausüben, sich aus den besetzten Gebieten zurückzuziehen. Und am alten Grenzverlauf, wie er vor dem Krieg geherrscht habe, würde es allenfalls »unbedeutende, beiderseitige Korrekturen« geben. Goldberg ließ durchblicken, dass die Israelis mit diesem Vorschlag einverstanden seien. Mein Vater flog nach Kairo und besprach das Angebot mit Nasser. Der bat ihn, die UN-Resolution zu unterstützen.

Anfang November flog mein Vater wieder nach New York, um sich mit UN-Generalsekretär U Thant zu treffen und sich vor der nächsten Sitzung des Sicherheitsrats mit den anderen arabischen Delegationen zu besprechen. Am 8. November konsultierte er Präsident Johnson im Weißen Haus. Nach zehntägigen Verhandlungen in den Vereinigten Staaten flog er nach Europa. Das Ergebnis der Verhandlungen, die UN-Resolution 242, wurde vom UN-Sicherheitsrat am 22. November 1967 ohne eine Gegenstimme angenommen. Darin wurde Israel aufgefordert, sich im Gegenzug für Frieden aus besetzten Gebieten (der arabische Text spricht von »den besetzten Gebieten«, während in der englischen Fassung nur von »besetzten Gebieten« die Rede ist) zurückzuziehen. Damit war die »Land gegen Frieden«-Formel geschaffen, die zukünftig die jordanische Außenpolitik bestimmen sollte. In der Präambel betont die Resolution die Unzulässigkeit des Gebietserwerbs durch Krieg und erklärt anschließend,

> ... dass die Verwirklichung der Grundsätze der Charta die Schaffung eines gerechten und dauerhaften Friedens im Nahen Osten verlangt, der die Anwendung der beiden folgenden Grundsätze einschließen sollte:
> I) Rückzug der israelischen Streitkräfte aus (den) Gebieten, die während des jüngsten Krieges besetzt wurden;
> II) Beendigung jeder Geltendmachung des Kriegszustands beziehungsweise jedes Kriegszustands sowie Achtung und Anerkennung der Souveränität, territorialen Unversehrtheit und politischen Unabhängigkeit eines jeden Staates in der Region und seines Rechts, innerhalb sicherer und anerkannter Grenzen frei von Androhung oder Akten der Gewalt in Frieden zu leben.

Außerdem betonte die Resolution die Notwendigkeit, eine gerechte Lösung für das Flüchtlingsproblem zu finden.

Nach mehr als vierzig Jahren ist die UN-Resolution 242 – an deren Formulierung Jordanien in entscheidendem Maße mitgewirkt hatte – noch immer der wichtigste Bezugspunkt für die Schaffung eines dauerhaften Friedens zwischen Israel und den Palästinensern.

Für einen Großteil der arabischen Welt war der Konflikt damit vorüber, doch für uns in Jordanien hatten die Sorgen gerade erst begonnen. Ein neuer Sturm zog auf, nur kam der Feind diesmal nicht von außen, sondern Bruder kämpfte gegen Bruder.

# Kapitel 3
# Dunkle Wolken über Amman

Nach dem Junikrieg von 1967 flohen etwa 300 000 Menschen aus dem Westjordanland nach Jordanien. Etwa zur gleichen Zeit kam auch Jassir Arafat zu uns. Arafat war Palästinenser; er hatte zunächst in Ägypten gelebt und war 1957 nach Kuwait gezogen, wo er an der Gründung der Fatah mitwirkte, ehe er sich in den sechziger Jahren in Syrien niederließ. Gemeinsam mit einer Reihe palästinensischer Splittergruppen, die sich unter dem Namen Palästinensische Befreiungsorganisation (Palestine Liberation Organisation, PLO) zu einem lockeren Bündnis zusammengeschlossen hatten, rief die Fatah zum bewaffneten Kampf gegen Israel auf. Die Fatah und andere palästinensische Guerillagruppen, bekannt als Fedajin, rekrutierten in den Flüchtlingslagern unzufriedene junge Männer und begannen, über den Jordan vorzustoßen und die israelischen Streitkräfte anzugreifen.

Im Jahr darauf schlug das israelische Heer zurück. In den frühen Morgenstunden des 21. März 1968 sandte Israel zwei Panzerbrigaden über den Jordan. Sie gingen von einem raschen Sieg aus und hatten vor, das Flüchtlingslager Karame anzugreifen, dreißig Kilometer westlich von Amman, wo einige der palästinensischen Fedajin ihre Basis hatten. Dann wollten sie in Richtung unserer Hauptstadt vorstoßen. Doch obwohl sich das jordanische Heer noch nicht vollständig vom Junikrieg 1967 erholt hatte, verwickelte es die israelischen Soldaten in heftige Kämpfe. Es fügte ihnen so schwere Verluste zu, dass sie nach wenigen Stunden um einen Waffenstillstand baten. Mein Vater beharrte jedoch auf seinem Standpunkt, es werde keinen Waffenstillstand geben, ehe sich nicht auch der letzte israelische Soldat aus Karame zurückgezogen habe. Fünfzehn Stunden nach ihrem Angriff beendeten die aufgeriebenen Einheiten der israelischen Invasionstruppen ihren Rückmarsch. In der Schlacht von Karame erlitten die Israelis die erste Niederlage gegen die Araber. Zwar hatten die Fedajin am Kampf teilgenommen, aber es war ein Sieg der Armee. Arafat und seine Guerilla beanspruchten die Lorbeeren jedoch rasch für sich. Bald glaubten sie auch selbst an diese Darstellung und ließen ihre Muskeln spielen. Damit wurden die Fedajin als bewaffnete Bewegung zu einer Gefahr für unser Land. Sie bedrohten die innere Sicherheit, brachen Gesetze und arbeiteten am Aufbau eines Staates innerhalb des Staates.

In den fünfziger und sechziger Jahren war Jordanien äußerst anfällig für regionale politische Unruhen. Es war die Zeit arabischer Nationalisten wie der damals populären revolutionären Nasseristen in Ägypten und der säkularen Baath-Parteien, die in Syrien und im Irak an die Macht gekommen waren. Sie hatten großartige Visionen von einer Einheit der Araber, und ihre Ansprüche auf geopolitische Dominanz erstreckten sich auch auf Jordanien. Seit seiner Thronbesteigung als 18-Jähriger bis zu seinem dreißigsten Lebensjahr, als ich drei Jahre alt wurde, war mein Vater das Ziel von 18 dokumentierten Mordversuchen, zwei davon durch Verräter aus Kreisen des königlichen Hofs. Die Attentäter standen im Dienst Gamal Abdel Nassers und seiner Vereinigten Arabischen Republik, der drei Jahre lang bestehenden Union Ägyptens mit Syrien (1958–61). Die Vereinigte Arabische Republik war ein Verbündeter der Sowjetunion, mein Vater hingegen stand aufseiten des Westens. Durch seine Ermordung wollten Nasser und die Sowjetunion Jordanien destabilisieren, um unser Land so auf ihre Seite zu ziehen.

Der erste Anschlag innerhalb des Hofes wurde mit Säure durchgeführt. Mein Vater, damals Mitte zwanzig, hatte Probleme mit seinen Nebenhöhlen, weshalb er regelmäßig eine

Salzlösung in die Nase träufelte. Jemand, der Zugang zu seinem privaten Badezimmer hatte, ersetzte die Salzlösung durch Salzsäure. Durch Zufall fiel eines der Gefäße ins Waschbecken, und die ätzende Lösung brachte das Emaille zum Knistern und Dampfen. Meinem Vater wurde klar, dass er nur knapp einem qualvollen Tod entgangen war.

Beim zweiten Mordversuch verwendete man Gift. Meinem Vater fiel auf, dass immer wieder tote Katzen in den Palastgärten herumlagen. Als seine Bediensteten diesen seltsamen Umstand untersuchten, stellten sie fest, dass einer der Hilfsköche in der Palastküche angeheuert worden war, meinen Vater umzubringen. Der Mann, ein guter Koch, aber ein schlechter Giftmischer, hatte sein Handwerk an den armen Katzen ausprobiert, um die richtige Dosierung zu ermitteln.

Weil man nicht ausschließen konnte, dass ein solcher Attentäter irgendwann einmal Erfolg haben würde, und weil er die Monarchie schützen wollte, fasste mein Vater 1965, als ich gerade drei Jahre alt war, den Entschluss, mir den Titel des Kronprinzen abzuerkennen. Stattdessen bestimmte er seinen damals 18-jährigen Bruder Hassan zu seinem Nachfolger. Ich bekam in jenen Tagen von der Veränderung zwar nicht viel mit, doch es war eine der besten Entscheidungen, die er in meinem Interesse je traf, denn sie ermöglichte mir zunächst ein relativ normales Leben. Eins der wenigen Zeugnisse meiner kurzen Zeit als Thronerbe ist ein Satz Briefmarken mit meinem Abbild als dreijähriger Junge. Ich aber brauchte keinen offiziellen Titel, um meine Kindheit zu genießen.

Mein Vater besaß einen silbernen Mercedes 300 SL Roadster mit Flügeltüren, mit dem er schon in den fünfziger Jahren im Libanon durch die Berge gebraust war. Ich fand es großartig, wie sich die Türen nach oben hin aufklappten, wie in einem Kinofilm. Er war ein großer Freund von Sportwagen, und meist raste er mit irgendeinem Gefährt durch die Gegend – einem Motorrad, einem Auto oder sogar einem Hubschrauber. Damals gab es noch nicht die Vielzahl von Fernsehsendern wie heute – tatsächlich wurde in Jordanien nur ein tägliches Fernsehprogramm von zwei Stunden ausgestrahlt –, und deshalb mussten wir uns selbst beschäftigen. In ruhigeren Stunden fuhren mein Vater, meine Mutter und ich manchmal in den Norden. Da der 300 SL meines Vaters nur zwei Sitze hatte, saß ich auf seinem Schoß. Wenn wir mit hoher Geschwindigkeit über die Wüstenpisten rasten, drückte er die Hupe im Takt des Liedes, das wir sangen – »Popeye the Sailor Man«, die Titelmelodie zu einer meiner Lieblingsserien. Bei Anbruch des Abends setzten wir uns oft an den Rand eines Weizenfeldes, um dort zu picknicken. Die Soldaten, die uns begleiteten, gingen ins Feld und pflückten Ähren, deren Körner wir dann auf Blättern über einem Holzfeuer rösteten. Seit jenen Tagen liebe ich den Duft gerösteten Weizens.

Jeder Junge hält seinen Vater irgendwann einmal für einen König. Ich wusste, dass mein Vater ein ganz besonderer Mensch war und große Verantwortung trug, allerdings begriff ich noch nicht wirklich, was er den lieben langen Tag machte. Umso kostbarer waren für mich die Momente, die ich mit ihm verbringen durfte. Meine Eltern bemühten sich nach Kräften, meinem Bruder Faisal und mir eine normale Kindheit zu ermöglichen. Freitags fuhren wir manchmal alle zusammen mit Freunden meiner Eltern und deren Kindern zu einem kleinen Gehöft im Jordantal. Eine andere Freizeitbeschäftigung unserer Familie war das Schießen. Wir hatten eine Schießanlage am entfernten Ende unseres Parks, und mein Vater, meine Mutter, Faisal und ich feuerten abwechselnd auf die Ziele.

Meine Mutter stammte aus einer Familie von Militärs. Ihr Vater, ein britischer Offizier, hatte im Zweiten Weltkrieg gekämpft und diente anschließend auf der Malaiischen Halbinsel. Von ihm hatte sie auch schon als junges Mädchen das Schießen gelernt, und sie war eine ausgezeichnete Schützin. Als sie ein Teenager war, wurde ihr Vater nach Jordanien versetzt, wo sie auf einem diplomatischen Empfang meinen Vater kennenlernte. Sie war damals gerade siebzehn und er fünfundzwanzig. Ihre Schönheit und ihr Charme bezauberten ihn, daher lud er sie gelegentlich in den Palast ein, wo sie sich gemeinsam mit seiner Mutter und seiner Familie einen Film ansahen. Sie revanchierte sich, indem sie ihn ins Haus ihrer Eltern bat und mit Kuchen und starkem englischen Tee bewirten ließ. Sie interessierten sich, wie sie feststellten, beide für Motorsport. Bei Ausflügen in den Go-Kart-Club von Amman brachte er ihr das Fahren bei, und sie kamen sich näher. Bald schon nahm sie an Damenrennen teil. Etwa ein Jahr, nachdem sie sich zum ersten Mal begegnet waren, machte ihr mein Vater einen Heiratsantrag. Sie war so überwältigt, dass es ihr die Sprache verschlug und sie ihr Ja nur nicken konnte. Vor der Hochzeit konvertierte meine Mutter, geborene Antoinette Gardiner, zum Islam, wurde jordanische Staatsbürgerin und nahm den Namen Muna al-Hussein an.

Zwei Tage vor der Hochzeit, als sie über ihre zukünftige Position in der Königsfamilie sprachen, sagte meine Mutter: »Es klingt vielleicht albern, aber eigentlich möchte ich gar nicht Königin sein.« Hocherfreut, dass sie ihn aus Liebe heiratete und nicht wegen des Titels, erklärte sich mein Vater einverstanden, und am 25. Mai 1961 wurden sie in einer schlichten Zeremonie im Zahran-Palast getraut. Nach der Hochzeit erhielt meine Mutter den Titel Prinzessin Muna, und ein Jahr später kam ich auf die Welt.

Das Amman des Jahres 1968 zählte nicht unbedingt zu den sichersten Orten der Welt. Jassir Arafat und seine Untergrundkämpfer unternahmen ihre Angriffe auf Israel von jordanischem Staatsgebiet aus, und die israelische Armee schlug regelmäßig zurück, zumeist, indem sie Ziele im Landesinneren Jordaniens angriff. Neben den israelischen Bomben hatten wir es mit allen möglichen Ägyptern und Syrern zu tun, die Böses im Sinn hatten: von den Sowjets angeheuerte kommunistische Agitatoren und bezahlte Attentäter, die allesamt darauf aus waren, eine moderate Regierung wie die unsere zu unterminieren. Amman wurde zum Tummelplatz unterschiedlichster Radikaler, von der deutschen Baader-Meinhof-Bande und der Japanischen Roten Armee bis hin zum venezolanischen Terroristen Carlos. Zumeist reizten sie an Jordanien die geografische Nähe zum Westjordanland und die Möglichkeit eines Angriffs auf Israel. Während die jordanische Armee an den Grenzen patrouillierte, brachten die Untergrundkämpfer und Terroristen Teile der Stadt unter ihre Kontrolle, errichteten Straßensperren und übernahmen ganze Viertel. Ich weiß noch, dass wir abends, wenn wir in dem alten weißen Mercedes meiner Mutter von unserem Haus hinunter in die Stadt fuhren, die Scheinwerfer verhüllen mussten, um nicht von marodierenden Untergrundkämpfern beschossen zu werden. Meine Mutter hatte unterwegs stets eine Kalaschnikow auf dem Beifahrersitz liegen und einen kleinen Revolver im Handschuhfach.

Besonders ärgerlich an der Situation in Amman war, dass unser Land Jassir Arafat und seine Männer nach dem Junikrieg mit offenen Armen aufgenommen und der PLO volle Bewegungsfreiheit zugestanden hatte. Arafat aber wusste diese Großzügigkeit nicht zu würdigen, vielmehr begannen seine Kämpfer, den Staat auszuhöhlen. Sie trieben eigene Steuern ein und missachteten die Gesetze. Vielen der in der PLO zusammengeschlossenen Untergrundgruppen war Straffreiheit zugestanden worden. Wenn die Kämpfer Hunger hatten, drangen sie in irgendein Haus ein, während die Männer bei der Arbeit waren, und zwangen die Frau mit vorgehaltener Waffe, ihnen eine Mahlzeit zu kochen. Sie verschleppten nach Belieben Menschen, töteten wahllos, beschlagnahmten Autos, besetzten Häuser und griffen Hotels an, um eventuell ausländische Staatsbürger als Geiseln zu nehmen.

Als ich sechs Jahre alt war, beschlossen meine Eltern, mich ins Ausland zu schicken, um mich vor der wachsenden Gewalt und dem Chaos in Jordanien zu schützen. Da mein Vater das englische Harrow besucht hatte, lag es auf der Hand, dass auch ich nach England ging. Ich erinnere mich noch gut an den Abend, als ich in der St. Edmund's School, einem großen, auf einem weitläufigen Gelände erbauten Landhaus in der Grafschaft Surrey, ankam. Auf der Fahrt vom Flughafen Heathrow vorbei an grünen Feldern und dichten Hecken war mir bewusst geworden, wie weit ich von den staubigen Wüstenstraßen Jordaniens entfernt war.

Obwohl mich die Lehrer freundlich aufnahmen, fühlte ich mich in St. Edmund's nicht wohl. Zum Teil lag es sicherlich daran, dass mir, so klein, wie ich damals noch war, meine Eltern fehlten, zum Teil lag es auch an der Sprache. Ich bin mit Arabisch aufgewachsen, und da wir ein Schweizer Kindermädchen hatten, lernte ich recht gut Französisch. Englisch war die schwächste der drei Sprachen, die ich von zu Hause her kannte. Bald jedoch war mir das Englische geläufig, und ich erwarb mir einen britischen Akzent, der mir bis heute geblieben ist. Nach eineinhalb Jahren gesellte sich mein Bruder Faisal zu mir – doch wir sollten nicht mehr lange in England bleiben.

Die Spannungen zwischen meinem Vater und den Untergrundkämpfern verschärften sich. Und als Arafat in Jordanien verstärkt an die Macht drängte, nahmen seine Männer auch den König ins Visier.

Im September 1970 befand sich mein Vater in Begleitung von Said Rifai, dem stattlichen Chef des königlichen Hofs und Harvard-Absolventen, und Scharif Nasser ibn Dschamil, einem schweren, breitschultrigen Mann, damals Stabschef der jordanischen Armee, auf dem Weg nach Amman. Als die Wagenkolonne an einer Kreuzung wegen einer Straßensperre anhalten musste und einer der Männer ausstieg, um die Sperren wegzuräumen, eröffneten Untergrundkämpfer aus ihrem Versteck in den Hügeln das Feuer. Sie benutzten eine Anzahl unterschiedlicher Waffen, darunter auch das schwere russische Duschka-Maschinengewehr. Der Soldat, der die Barrikade hatte forträumen wollen, war sofort tot; die Kugeln, die wie Hagel niederprasselten, schlugen in nächster Nähe ein. Die Begleiter meines Vaters gingen hinter ihren Fahrzeugen in Deckung und erwiderten das Feuer. Mein Vater rief: »Schämt euch!« – was in dieser Situation seltsam anmuten mag. Doch er besaß ein ausgeprägtes Ehrgefühl, und in seinen Augen waren die Angreifer nichts anderes als feige Schurken. Said Rifai und Scharif Nasser baten meinen Vater inständig, in einem nahe gelegenen Graben Zuflucht zu suchen. Als die Angreifer sahen, dass er sich verstecken wollte, drehten sie das schwere Maschinengewehr in seine Richtung und nahmen ihn ins Visier. Said Rifai und der Kommandeur der königlichen Wachen wollten sich schützend über ihn werfen, prallten bei dem Versuch jedoch in der Luft zusammen und stürzten gemeinsam auf ihn. Mein Vater merkte, wie es in seinem Rücken knackste, als sie mit ihrem ganzen Gewicht auf ihm landeten.

Sobald sie den ersten Angriff abgewehrt hatten, sprangen mein Vater und seine Männer zurück in ihre Autos. Mein Vater saß schon wieder auf dem Vordersitz, als ihm auffiel, dass ihm sein Barett vom Kopf gerutscht war und im Staub lag. In einen Hinterhalt gelockt worden zu sein, machte ihn so wütend, dass er ausstieg und es sich im Kugelhagel holte. Er setzte es auf, kehrte seelenruhig zum Auto zurück und fuhr davon. Als sie wieder bei unserem Haus in Hummar ankamen, sagte er zu Said Rifai: »Nächstes Mal halte ich mich lieber an die Fedajin. Ihr beide habt mir mehr Schaden zugefügt als der ganze Haufen.« Seit diesem Vorfall klagte er oft über Rückenschmerzen.

Zu diesem Zeitpunkt zeichnete sich ab, dass es in Jordanien keine Koexistenz mit Arafats Untergrundkämpfern geben konnte, zumal bereits zwei Waffenstillstandsabkommen gescheitert waren. In jenen Tagen zählten die PLO und die angegliederten Gruppen etwa 100 000 Angehörige – 25 000 Berufskämpfer und etwa 75 000 bewaffnete Milizionäre. Und sie wurden immer verwegener. Am 6. September 1970 entführten Angehörige der

Volksfront zur Befreiung Palästinas (PFLP) drei Linienmaschinen, die von Frankfurt, Zürich und Amsterdam nach New York gestartet waren. Zwei landeten auf ihre Order hin in Dawson's Field, auf einer abgelegenen Landebahn in der Wüste im Nordosten Jordaniens in der Gegend von Azrak, und die dritte in Kairo, wo sie in die Luft gesprengt wurde. Drei Tage später kaperten sie eine weitere Linienmaschine und lenkten sie zum gleichen Landestreifen. Die Luftpiraten forderten die Freilassung militanter, in Europa inhaftierter Palästinenser. Doch man war nicht bereit, ihre Forderungen zu erfüllen. Daraufhin jagten die Untergrundkämpfer die drei Flugzeuge am 12. September vor den Augen von Medienvertretern aus aller Welt in die Luft, nachdem sie zuvor alle Passagiere freigelassen hatten. Zwei Tage später forderte die PLO die Einrichtung einer »nationalen Autorität« in Jordanien.

Für meinen Vater war das der Tropfen, der das Fass zum Überlaufen brachte. Acht Tage später, am 17. September, wies er die Armee an, mit größerer Entschlossenheit gegen die Fedajin in Amman und in anderen Städten vorzugehen. Allerdings verdient diese Auseinandersetzung zwischen Jordaniern und Palästinensern nicht die Bezeichnung Bürgerkrieg. Viele Jordanier palästinensischer Herkunft kämpften als tapfere Soldaten in unserer Armee, während an den Angriffen der Guerilla auf unser Militär auch Jordanier aus dem Osten unseres Landes beteiligt waren. Als Stabschef des Heeres hatte Scharif Nasser in dieser Auseinandersetzung die Befehlsgewalt. Der kräftige Mann und wilde Krieger sah aus, als könnte er mit seinen Fäusten ein Pferd k.o. schlagen. Er machte sich gern den Spaß, eine Zwiebel zu nehmen und sie über seinem Teller in einer Hand zu zerquetschen, um einem eher langweiligen Gericht damit ein bisschen mehr Würze zu verleihen.

Zwischen den Fedajin und den jordanischen Streitkräften tobten heftige Kämpfe. Und schon bald hatten wir es nicht nur mit Feinden im Innern zu tun. Im Herbst 1970 wurde Jordanien im

Norden von drei syrischen Panzerbrigaden, einer Kommandoeinheit und einer Gruppe palästinensischer Untergrundkämpfer angegriffen, die Arafats Männer unterstützen wollten. Obwohl zahlenmäßig deutlich unterlegen, verteidigten sich die Soldaten der für den Schutz der Grenzen verantwortlichen 40. Panzerbrigade tapfer und konnten ihre Stellungen halten. Durch Syriens Invasion drohte der regionale Konflikt zu einer internationalen Krise zu eskalieren. Am 23. September wurden die Syrer zurückgedrängt. Wir hatten zwar unsere Nordgrenze verteidigen können, doch die blutigen Auseinandersetzungen mit den Fedajin im Innern Jordaniens setzten sich mit unverminderter Gewalt fort.

Dank ihrer größeren Professionalität und ihrer besseren Ausbildung und Ausrüstung konnten sich Jordaniens Streitkräfte letztlich durchsetzen. Nachdem die Kämpfe mit den Untergrundkämpfern bis zum Sommer 1971 mal abgeflaut und dann wieder aufgeflammt waren, errang Jordanien den Sieg. Die Armee hatte das Land wieder unter Kontrolle, und die Verfassung konnte wieder in Kraft gesetzt werden. Mein Vater und Scharif Nasser erfuhren, dass Arafat in der ägyptischen Botschaft in Amman Zuflucht gesucht hatte, in der sich gerade eine Delegation der Arabischen Liga aufhielt. Als die Delegation aufbrach, fand sich dem Anschein nach ein weiteres Mitglied in ihren Reihen: eine stämmige Frau, von Kopf bis Fuß in eine schwarze Abajah und ein Kopftuch gehüllt. Der Geheimdienst meines Vaters berichtete, bei dieser mysteriösen Frau handele es sich wahrscheinlich um Arafat, der zu fliehen versuche.

Mit der Begründung, Arafat habe das Leben nicht verdient, sprach sich Scharif Nasser dafür aus, ihn zu ergreifen und hinzurichten, doch mein Vater wies seine Leute an, Arafat aus Jordanien ausreisen zu lassen. Ihm war es stets wichtig, die Tür zur Versöhnung offen zu halten.

Zwanzig Jahre später rettete mein Vater Arafat zum zweiten Mal das Leben. Im April 1992 geriet Arafats Flugzeug über der libyschen Wüste in einen Sandsturm und stürzte ab. Drei Passagiere fanden den Tod. In der Zwischenzeit hatten die beiden ihre Beziehung auf eine neue Basis stellen können. Mein Vater wäre Arzt geworden, hätte ihn das Schicksal nicht für die Politik bestimmt. Als er Arafat zwei Monate später traf, fiel ihm auf, dass es ihm offenbar schlecht ging. Er sorgte dafür, dass Arafat im König-Hussein-Krankenhaus aufgenommen wurde, wo die Ärzte bei ihm ein Blutgerinnsel im Gehirn feststellten. Sie konnten es in einer Notoperation entfernen.

Als die palästinensischen Untergrundkämpfer aus Jordanien vertrieben wurden, ging die Mehrzahl von ihnen in den Libanon, der in der Folge zum Schauplatz eines noch blutigeren Krieges werden sollte. In unserem Land schloss sich derweil eine Handvoll radikaler Untergrundkämpfer zu einer gut organisierten, von internationalen Geldern finanzierten Terrorgruppe zusammen. Sie nannten sich »Schwarzer September«, weil in diesem Monat die Kämpfe zwischen Jordanien und der PLO begonnen hatten, und schworen Rache für ihre Niederlage. Ihre erste Tat war die Ermordung des jordanischen Premierministers Wasfi al-Tal im November 1971, als er auf einem Staatsbesuch in Kairo weilte.

Said Rifai diente inzwischen als jordanischer Botschafter in Großbritannien. Eines Tages bekam er von meinem Vater eine Eildepesche, in der es hieß, der Schwarze September habe ein Überfallkommando nach London geschickt, um dort eine jordanische Zielperson anzugreifen. Rifai verstärkte die Sicherheitsmaßnahmen in der Botschaft und erstellte eine Liste potenzieller Opfer, auf der auch mein erst kürzlich in England eingetroffener Bruder Faisal und ich verzeichnet waren. Ich war zwar noch nicht einmal zehn, doch ich spürte rasch, dass etwas nicht stimmte, als Polizisten mit Suchhunden in meine Schule kamen und mich rund um die Uhr bewachten.

Am nächsten Tag verließ Rifai sein Haus im Londoner Stadtteil Regent's Park später als gewöhnlich. Sein Wagen fuhr zwischen den Menschen, die ihre Weihnachtseinkäufe erledigten, die Kensington High Street hinunter. Als er abbremste, um eine scharfe Kurve zu nehmen, sprang ein bewaffneter Mann auf die Straße, hob eine Maschinenpistole in den Anschlag und feuerte eine Salve ab. Rifai war sofort klar, dass die Schüsse ihm galten, und er warf sich auf den Boden des Fahrzeugs. Der Attentäter schoss weiter auf den Rücksitz. Als keine Schüsse mehr zu hören waren, rief Said Rifai dem Fahrer zu, er solle ihn ins Krankenhaus bringen. Das Auto brauste davon, nach wenigen Minuten kam es jedoch wieder zum Stehen. »Was ist los?«, fragte Said. »Eure Exzellenz«, erwiderte der Fahrer, ein Engländer, »die Ampel ist rot.«

Rifai kam mit dem Leben davon, war jedoch schwer verwundet und musste elfmal an der Hand und am Arm operiert werden. Es bestand kaum ein Zweifel, wer für den Anschlag verantwortlich war: der Schwarze September. Meine Eltern kamen zu dem Schluss, dass ihre Söhne in England nicht mehr sicher waren, und beschlossen, Faisal und mich noch weiter fort zu schicken: nach Amerika.

# Kapitel 4
# Ankunft in Amerika

Das Jahr 1972 war schwierig für meine Familie, nicht nur wegen der terroristischen Bedrohung. Sondern auch, weil meine Eltern nach zehn Jahren Ehe und vier Kindern (meine Zwillingsschwestern Aischa und Zein wurden 1968 geboren) beschlossen, sich scheiden zu lassen. Dass mein Bruder und ich weit weg im Internat waren, schützte uns nicht vor den Sorgen, unter denen alle Scheidungskinder leiden. Wir hatten allerdings das Glück, dass unsere Eltern stets ein sehr enges Verhältnis zueinander hatten und sich gemeinsam für unser Wohlergehen einsetzten.

Im September 1972 verübte der Schwarze September ein weiteres Attentat: die Geiselnahme und anschließende Ermordung von elf israelischen Athleten bei den Olympischen Sommerspielen in München. Medienvertreter aus der ganzen Welt waren Zeuge dieses Anschlags und somit auch der Brutalität, mit der die Attentäter vorgingen.

Im Oktober fuhren mein Bruder Faisal und ich in die Vereinigten Staaten. Bei unserer ersten Amerikareise einige Jahre zuvor hatten wir mit unseren Eltern und den kleinen Schwestern Florida besucht und uns Cypress Gardens sowie das kürzlich eröffnete Disney World angesehen. Daher freute ich mich auf einen weiteren Aufenthalt in den USA – in meiner Vorstellung war das Land ein einziger riesiger Freizeitpark. Doch Neuengland im Herbst war etwas ganz anderes als Disney World.

Meine neue Schule, Eaglebrook, eine Privatschule, befand sich im Westen von Massachusetts oberhalb der Stadt Deerfield in der Hügelkette Pocumtuck. Mit ihren Blockhütten und der eigenen

Skiabfahrt ähnelte sie eher einer Hotelanlage in den Schweizer Bergen als einem Internat. Faisal und ich teilten uns ein Zimmer, und er besuchte Bement, eine Schule gleich am Fuß des Berges. Woran wir uns allerdings nur mit Mühe gewöhnen konnten, war das Essen. In Jordanien hatte ich immer besonders gern Brot mit *seit ou saatar* gegessen, mit getrocknetem Thymian gewürztes Olivenöl. Hier nun durfte ich mich an Erdnussbutter- und Marmeladebroten erfreuen.

In St. Edmund's in England hatte ich mich zwar nicht wohl gefühlt, doch immerhin war ich dort nie in eine Prügelei geraten. In Eaglebrook war das anders. Ich war der erste Araber auf dieser Schule, die von einigen jüdischen Jungen besucht wurde. Bald machten mir einige von ihnen klar, dass ich nicht willkommen war. Ich konnte ihre Feindseligkeit nicht verstehen, denn irrationalen Vorurteilen war ich noch nie zuvor begegnet; dazu war ich noch zu jung. In späteren Jahren sollte ich hingegen noch oft auf Menschen treffen, die den anderen allein nach seiner Herkunft beurteilten. Für ein Kind ist das jedoch nicht nachvollziehbar. Ich wusste zwar, dass Jordanien und Israel verfeindet waren, aber schließlich befanden wir uns in den Vereinigten Staaten, und diese Jungen waren Amerikaner. Ich hatte noch keine Verbindung zwischen einem Israeli und einem Juden hergestellt. Doch offenbar konnte ich selbst im Westen von Massachusetts den Konflikten des Nahen Ostens nicht entkommen.

So geriet ich in eine Reihe von Auseinandersetzungen. Ich hatte zwar meine Leibwächter, die mich überallhin begleiteten, doch deren Instruktion lautete, mich vor Terroristen und Mordanschlägen zu schützen und nicht vor aggressiven Zehnjährigen. Manchmal verschlimmerte ich die Sache selbst. Bei einem dieser Dispute sagte mein Widersacher: »Ja, ja, du und wessen Armee?«
»Ich und die Armee meines Vaters«, antwortete ich.

Eines Nachmittags bugsierte einer der Aufsicht führenden Schüler meinen Bruder mit Fußtritten aus unserem Zimmer. Dann schob er einen älteren Jungen vom anderen Ende des

Flurs herein und sagte: »Ihr beide werdet jetzt kämpfen!« Ich war Feuer und Flamme, hatte vom Kämpfen jedoch nicht die geringste Ahnung. Er allerdings auch nicht, und so umklammerten wir uns und schlugen uns gegenseitig auf den Rücken. Die großen Schüler sahen uns dabei zu, und wenn wir beide nach Luft schnappten, trennten sie uns, um uns gleich wieder aufeinanderzuhetzen. Irgendwann stieg ich auf eins der Betten und warf mich auf meinen Gegner, sodass er das Gleichgewicht verlor und stürzte. Dabei schlug er hart mit dem Kopf auf dem Boden auf. Wir alle fürchteten, er könnte sich ernstlich verletzt haben, und die Aufseher zogen ihn nach draußen. Nun, da ich einen viel größeren Jungen überwältigt hatte – obwohl es einfach nur Glück gewesen war –, hatten die anderen ein wenig mehr Respekt vor mir.

Ich war erst kurze Zeit in Eaglebrook, als mein Vater Alia Toukan heiratete, die Tochter einer prominenten Diplomatenfamilie palästinensischer Herkunft. Leider kam Königin Alia 1977 im Alter von nur 28 Jahren bei einem Hubschrauberabsturz ums Leben. Im Jahr darauf heiratete mein Vater Lisa Halaby, die Tochter eines arabisch-amerikanischen Geschäftsmanns und hochrangigen Beamten im US-Verteidigungsministerium. Sie erhielt den Titel Königin Noor.

Ich habe eine ganze Reihe von Geschwistern. Neben meiner Schwester Alia, die aus der ersten, in den fünfziger Jahren geschlossenen Ehe meines Vaters mit Scharifa Dina Abd al-Hamid stammt, sind da mein Bruder Faisal und meine Zwillingsschwestern Aischa und Zein. Aus der Ehe meines Vaters mit Königin Alia stammen meine Schwester Haya und mein Bruder Ali. Außerdem wurde in dieser Zeit die Waise Abir adoptiert. Nach der Heirat mit Königin Noor kamen noch zwei Brüder hinzu, Hamsah und Haschem, sowie zwei Schwestern, Iman und Raijah. Insgesamt sind wir also zu zwölft, fünf Brüder und sieben Schwestern. Wir halten fest zusammen; meine vier Brüder und ich vergleichen uns gern mit den fünf Fingern einer Hand: Tritt man uns freundschaftlich entgegen, reichen wir sie zum Gruß, will ein Außenstehender unserer Familie jedoch etwas zuleide tun, ballen wir sie und sind wie eine Faust.

Die Turbulenzen des Jahres 1972 beschränkten sich nicht auf unsere Familie, sondern erfassten unsere gesamte Region. Da sich die Vereinigten Staaten unter Präsident Nixon vorrangig der Annäherung an China widmeten, kamen die diplomatischen Bemühungen um eine Lösung des arabisch-israelischen Konflikts fast völlig zum Erliegen – ein Stillstand, der in Ägypten und Syrien zunehmend mit Verärgerung aufgenommen wurde. Anwar al-Sadat, der 1970 als ägyptischer Präsident auf Abdel Nasser gefolgt war, erklärte Ende Januar in einer Rede: »Krieg ist unvermeidbar.« Im September 1973 kamen Sadat und der syrische Präsident Hafis al-Assad überein, in einer koordinierten Aktion Israel anzugreifen, um die im Junikrieg 1967 verlorenen Gebiete zurückzugewinnen.

Am 6. Oktober 1973 rückten ägyptische Truppen auf den Sinai vor, während syrische Soldaten die Golanhöhen angriffen. Weder Sadat noch Assad hatten meinen Vater über ihre Angriffspläne informiert; da dieser Krieg jedoch von der gesamten arabischen Welt unterstützt wurde, geriet auch Jordanien ins Schlachtgetümmel. Meinem Vater ging es vorrangig um die Sicherheit Jordaniens. Er versetzte die Streitkräfte in höchste Alarmbereitschaft und ließ die 40. Panzerbrigade zur Unterstützung des syrischen Heeres auf die Golanhöhen vorrücken, anstatt das Risiko einzugehen, durch ein Überschreiten der Grenzen zum Westjordanland eine dritte Front zu eröffnen. Drei Tage später waren die jordanischen Truppen kurzzeitig in ein Gefecht mit den Israelis verwickelt, und eine Kompanie erlitt schwere Verluste. Am 22. Oktober wurde der Waffenstillstand verkündet. Der Krieg hatte am Status quo nichts geändert, wenn überhaupt, hatte er ihn zementiert. Dies waren die letzten kriegerischen Auseinandersetzungen zwischen Israel und seinen Nachbarstaaten für nahezu ein Jahrzehnt. Vier Jahre später, im November 1977, sollte Präsident Sadat als erstes arabisches Staatsoberhaupt zu einem Besuch nach Israel reisen. Im September 1978 unterzeichneten Ägypten und Israel dann das historische, teilweise durch die Vermittlung Präsident Carters zustande gekommene Camp-David-Abkommen. Ein Jahr später schlossen die beiden Länder einen Friedensvertrag. Israel gab die Sinai-Halbinsel an Ägypten zurück. Ägypten erkannte dafür als erstes arabisches Land den Staat Israel an.

Auch wenn sich der Konflikt in fast achttausend Kilometern Entfernung abspielte, waren seine Auswirkungen bis in die Hügel von West-Massachusetts zu spüren. In Eaglebrook war es eine ehrwürdige Tradition, dass die jüngeren Schüler bei den Mahlzeiten halfen. Kurz nach Kriegsausbruch starrte mich in der Mensa ein älterer Schüler an, der bei der Essensausgabe Aufsicht führte, und rief mich dann zu sich. Als ich bei ihm war, versetzte er mir einen Hieb. Die Mensa war voll besetzt. Ich sah ihn nur ungläubig an. »Du bist ein Araber, und ich hasse dich«, sagte er, dann wandte er sich um und ging fort. Als ich in den Ferien nach Amman zurückkehrte, erkundigte sich meine Mutter nach der Schule. Ich sagte ihr zwar gelegentlich, dass es mir dort nicht sonderlich gefiel, erzählte aber nie Näheres. Ich war so erzogen, dass man nicht über andere redete und seine Kämpfe für sich allein ausfocht.

Während dieser Ferien in Amman verletzte ich mich beim Bootfahren am Handgelenk. Nachdem mich unser Hausarzt versorgt und meinen Arm in eine Schlinge gelegt hatte, ging ich voller Selbstmitleid nach Hause. Als ich meinen Vater sah, wollte ich ihm alles über den Unfall erzählen. Er aber bedachte mich mit einem Blick, als wollte er sagen: »Worüber jammerst du eigentlich?« Er entstammte einer Generation, in der man Härte für eine Tugend hielt. Weil ich nicht als Schwächling dastehen wollte, nahm ich die Schlinge ab. Daraufhin schwoll mein Arm stark an.

Bei einer Röntgenuntersuchung drei Tage später stellte man fest, dass er gebrochen war und ich einen Gips tragen musste.

Dieser Vorfall half mir allerdings, in Eaglebrook doch noch zu einem gewissen Ansehen zu kommen. Mit dem gebrochenen Arm konnte ich nicht am Skiunterricht teilnehmen. Als der Gips abgenommen wurde, waren vom Schuljahr nur noch drei Wochen übrig, und man steckte mich in die Ringermannschaft. Mein Vater, ein Verfechter körperlicher Fitness, hatte mir einige Übungen beigebracht, die »Commando 7« hießen und aus dem Ausbildungsprogramm der kanadischen Armee stammten. Als ich mit dem Ringen begann, stellte ich fest, dass ich mich gar nicht so übel anstellte. Im Jahr darauf, als ich wieder fit und bei Kräften war, trat ich in die Ringermannschaft ein. Meine Mitschüler hatten vielleicht keinen Respekt vor Titeln, doch sportliche Leistungen wurden von ihnen hoch geachtet. Zusätzlich zum Ringen begann ich mit der Leichtathletik. Ich war ein recht guter Kurzstreckenläufer und führte schließlich das Team der Ringer und der Leichtathleten an. Der Sport gab mir die Möglichkeit, den engstirnigen Vorurteilen einiger Jungen etwas entgegenzusetzen und zugleich schon früh meine Fähigkeiten als Verantwortlicher zu trainieren.

Mit meinen Mitschülern in Eaglebrook hatte ich also durchaus einige Probleme; ganz anders gestaltete sich das Verhältnis zu meinen Lehrern, die hervorragend waren. Ich blühte auf unter ihrer Betreuung, und viele sind mir bis heute in guter Erinnerung geblieben, besonders meine Erzieher, mein Französischlehrer und die Ringertrainer. Ich habe viel von ihnen gelernt, und sie halfen mir, mich in den Vereinigten Staaten einzugewöhnen.

Als ich auf die Highschool überwechseln musste, kam ich auf die im Tal gelegene Deerfield Academy, während Faisal, eineinhalb Jahre jünger als ich, noch in Bement blieb. Obwohl nur knapp zwei Kilometer entfernt, war es eine völlig andere Welt. Deerfield mit seiner zweihundertjährigen Tradition bemühte sich nicht nur um einen hoch qualifizierten Unterricht, sondern auch um die Persönlichkeitsentwicklung der Schüler. Dort herrschten eine Atmosphäre des Respekts und der Toleranz und ein starkes Gemeinschaftsgefühl. Und ich kann ehrlich sagen, dass die Jahre in Deerfield zu den glücklichsten meines Lebens zählen.

Ich war zwar neu auf der Schule, hatte aber bereits einen guten Ruf als Sportler und wurde noch im ersten Jahr in die Ringermannschaft aufgenommen. Das war allerdings mit einer gewissen Kraftanstrengung verbunden. In jenen Jahren wurde man beim Ringen noch streng nach Körpergewicht eingestuft. Der Trainer erklärte mir, ich müsse mein Gewicht auf 54 Kilogramm reduzieren, um in die Mannschaft aufgenommen zu werden. Leider wog ich damals 60 Kilo, obwohl ich in ausgezeichneter Form war. Mir war klar, dass ich nur abnehmen konnte, wenn ich nichts mehr aß, daher reduzierte ich meine Mahlzeiten über einen Zeitraum von drei Wochen auf Waffelcracker und Diätmarmelade. Ich schaffte es ins Team, gewann alle meine Wettkämpfe und besiegte meinen Gegner im dritten Kampf sogar, indem ich ihn in der Rekordzeit von elf Sekunden auf die Matte warf. Leider währte mein Siegeszug nicht lange. Weil ich so wenig aß, fiel es mir schwer, mich im Unterricht zu konzentrieren, und meine Noten verschlechterten sich plötzlich dramatisch. Außerdem wurde ich mehrfach ohnmächtig und musste mich für einige Tage krankmelden. Daher nahm man mich wieder aus dem Team und teilte mich stattdessen der Ersatzriege zu.

Obwohl es mich schmerzte, von zu Hause und von meiner Familie getrennt zu sein, empfand ich den demokratischen Geist in den USA als erfrischend. In meiner Heimat war ich immer der älteste Sohn des Königs, und alle meine Begegnungen mit anderen Menschen, ob nun Lehrer oder Klassenkameraden, waren davon geprägt. In Deerfield jedoch kam es nicht darauf an, ob man Sohn eines Firmenchefs, Stipendiat aus der Chicagoer South Side oder Mitglied des Rockefeller-Clans war – jeder hatte die gleichen Aufgaben und die gleichen Möglichkeiten, sich zu beweisen. Bei den Mahlzeiten mussten wir Schüler abwechselnd den anderen das Essen an den Tisch bringen. Als ich an der Reihe war, stellte ich mich nicht sonderlich geschickt an. Jim Smith, der Verantwortliche für die Mensa und zugleich unser Footballtrainer, rief mir wohlwollend zu: »Abdullah, mir ist es egal, ob dein Vater König von Jordanien ist. Hier in der Mensa bin ich der König!« Ich verstand, was er mir sagen wollte, und schaffte es, mich zu bessern. Smith war bei den Schülern sehr beliebt. Er hatte selbst eine große Familie mit mehreren Söhnen und einer Tochter, trotzdem betrachtete er die Schule als Verlängerung seiner Sippe. Oft begann er in der Mensa ganz unvermittelt zu singen, und obwohl er eine gute Stimme hatte, hielten sich die Schüler spaßeshalber die Ohren zu, als würde ein Fingernagel über die Tafel gezogen.

In Deerfield fand ich meine ersten richtigen amerikanischen Freunde: George »Gig« Faux aus der Umgebung von Boston, Chip Smith, einen smarten Jungen aus Neuengland, und Perry Yella, einen Stipendiaten aus dem New Yorker Stadtteil Queens. Meine Klassenkameraden wussten um meine Herkunft, doch Standesdenken war ihnen fremd. Für sie war ich einfach Abdullah oder, wie sie mich häufig riefen, »Ab«. Deerfield ermöglichte mir eine normale Jugend und lehrte mich zugleich all die Dinge, die für meine spätere Entwicklung von Bedeutung waren. Bis heute zählen einige der Mitschüler aus Deerfield zu meinen besten Freunden.

Da sich die Reise nach Jordanien nur für längere Schulferien lohnte, fuhr ich an den Feiertagen oft mit Gig zu seinen Eltern. Als jemand, dessen Heimat auf der anderen Seite der Erde lag, wusste ich die Möglichkeit, mich in familiärer Atmosphäre aufzuhalten, sehr zu schätzen. Damals musste man einen Telefonanruf ins Ausland noch Tage vorher anmelden, deshalb konnte ich mit meinem Vater nur ein oder zwei Mal im Semester sprechen.

Meine Leibwächter wohnten unweit von mir in einem Haus am Rand des Campus. Durch sie machte ich meine ersten Erfahrungen mit »verdeckten Operationen«. Ich fand es nämlich äußerst lustig, immer neue Mittel und Wege zu ersinnen, wie wir uns nachts unbemerkt aus den Schlafräumen stehlen konnten. Obwohl es uns nicht oft gelang, war es für Gig und mich ein hervorragendes Training, als wir in unserem Abschlussjahr selbst für die Schlafräume verantwortlich wurden. Bis dahin hatten wir die meisten Tricks kennengelernt, wenn auch manchmal auf die schmerzhafte Art. Gigs Vater war Pilot eines Kampfbombers der Air Force, und Gig hatte es irgendwie geschafft, eine Leuchtkugel mitgehen zu lassen. Weil wir sehen wollten, welche Wirkung sie hatte, schlichen wir eines Abends mit zwei weiteren Freunden aus dem Schlaftrakt und schossen sie ab. Das Signal zog über den Himmel Neuenglands und erhellte den Campus mit gleißend rotem Licht, ehe es über dem von weißen Säulen flankierten Eingang der alten Sporthalle niedersank – ein prächtiges Gebäude, in dem die Squash-Plätze und die Übungsräume für die Ringer untergebracht waren. Wir gerieten in Panik, denn wir fürchteten, die Leuchtkugel könnte die Turnhalle und womöglich auch die angrenzende Mensa in Brand setzen, und daher rannten wir, so schnell wir konnten, zur Halle hinüber. Ich weiß noch heute, mit welcher Erleichterung wir feststellten, dass die Leuchtkugel über das Dach des Hauses hinweggeflogen und auf einem Spielfeld gelandet war.

Meine Leibwächter hatten mich zwar nicht vor meinen Mitschülern in Eaglebrook schützen können, doch sie verfügten über einen anderen unbestreitbaren Vorzug: ein Auto. Gig und ich baten sie, uns zu seinen Eltern zu fahren, wenn wir ein langes Wochenende hatten. Bei meinem ersten Besuch waren Gigs Eltern ein bisschen nervös, als sie uns in Begleitung von bewaffneten Leibwächtern vorfahren sahen. Zum Glück vertrieb Gigs kleiner Bruder die Spannung. Kaum war ich ausgestiegen, zielte er mit einer Luftpistole auf mich, und wir alle begannen zu lachen. So entspannte sich die Atmosphäre, und das Haus der Faux' fand zu seinem üblichen turbulenten Alltag zurück. Gigs Mutter Mary war italienischer Herkunft und hatte eine köstliche

Lasagne vorbereitet, die ich noch lieben lernen sollte. Bei jedem Abschied gab sie uns eine große Portion mit nach Deerfield, und bis heute schmeckt mir keine Lasagne so gut wie ihre.

Einer meiner Lieblingslehrer war Dan Hodermarsky, der übersprudelnde, weißbärtige Leiter der Kunstfakultät. Er war ein warmherziger Mensch und bei fast allen Schülern sehr beliebt. Wie so viele Lehrer in Deerfield behandelte uns »Hodo«, als wären wir seine eigenen Kinder; oft lachte er über unsere Mätzchen, ehe er uns mit milden Ermahnungen wieder zur Vernunft brachte.

Als für Faisal die Zeit für einen Wechsel auf die Highschool gekommen war, beschloss er, mir nicht nach Deerfield zu folgen, um nicht ein- für allemal als »Abdullahs kleiner Bruder« abgestempelt zu werden. Als Kind wollte er oft das Gegenteil von dem tun, was ich machte. Kam ich in Jeans und T-Shirt, trug er einen Anzug. Er war ein sehr guter Schüler mit einer besonderen Begabung für Mathematik. Zunächst besuchte er die Highschool in St. Albans in Washington, dann begann er an der Brown University in Providence, Rhode Island, ein Studium der Elektrotechnik. Anschließend grenzte er sich endgültig von mir ab und wechselte auf das englische Royal Air Force College in Cranwell. Dort machte er als Bester seines Jahrgangs den Abschluss und errang fünf der sieben möglichen Auszeichnungen für Kadetten. Später trat er als Pilot in die jordanische Luftwaffe ein.

Meine Zeit in Deerfield ging rasch vorüber, und ehe ich michs versah, neigte sich mein Abschlussjahr dem Ende zu. Ich hatte geplant, mit Gig nach Dartmouth zu gehen, doch mein Leben sollte eine andere Wendung nehmen. Kurz vor dem Ende meiner Schulzeit setzte ich mich mit meinem Vater zusammen. Er erkundigte sich nach meinen Fortschritten und fragte, welche Pläne ich habe. Ich berichtete ihm von meiner Absicht, an die Universität zu gehen und Jura und Internationale Politik zu studieren. Zunächst hörte er mir schweigend zu, dann sagte er: »Hast du dir schon einmal überlegt, eine militärische Laufbahn einzuschlagen?« Aus dem Mund meines Vaters war das eher eine Anweisung als ein Vorschlag. Und so erkundigte ich mich eingehender, welche Möglichkeiten sich in diesem Bereich boten. Ich besichtigte Citadel, die Militärakademie in South Carolina, fand die Vorstellung, vier Jahre unter strengem, preußisch anmutendem Drill zu lernen, jedoch nicht sonderlich reizvoll. Beim Weg durch den Speisesaal war mir aufgefallen, wie steif und förmlich die Kadetten dasaßen, und der Gegensatz zu Deerfield schien mir einfach zu groß.

Zurück in Amman sah ich mir eines Abends mit meinem Vater und Faisal einen Film an. Mein Vater, der gespürt hatte, dass ich einer militärischen Ausbildung in den Vereinigten Staaten eher ablehnend gegenüberstand, fragte plötzlich: »Wie wäre es mit Sandhurst? Dort sind dein Großvater und ich auch gewesen. Was hältst du davon?«

# TEIL ZWEI

# Kapitel 5
# Sandhurst

Der Kies knirschte unter den Reifen, als der Wagen am Tor hielt. Ich stieg aus, nahm meine Tasche und ging mit dem Akademieassistenten, der für die Begrüßung der neuen Studenten zuständig war, durch die Sperre. Meine Freunde aus Deerfield drüben in den Vereinigten Staaten entdeckten in diesem Herbst 1980 gerade die Freuden der Popmusik und tanzten zu Fleetwood Mac und den Blues Brothers; einige meiner Altersgenossen im Vereinigten Königreich beschäftigten sich mit Piercings und färbten sich die Haare lila. Was mir bevorstand, war eine Erfahrung ganz anderer Art. Mit meinem Einzug durch das Tor der Militärakademie durfte ich mich auf den Schock meines Lebens gefasst machen.

Die ersten fünf Wochen waren die Hölle. Wir marschierten vier Stunden lang über den Exerzierplatz, wurden vor Tagesanbruch geweckt, um im strömenden Regen zum Lauftraining anzutreten, und polierten unter dem ständigen Geschrei der Hauptfeldwebel endlos unsere Stiefel. Ich dachte: »Wo zum Teufel bin hier ich gelandet?« Meine Klassenkameraden aus Deerfield waren jetzt Studienanfänger an Orten wie Dartmouth, Brown und Columbia, und das Schlimmste, womit sie dort klarkommen mussten, war ein weiterer eiskalter Winter. Derweil drehte ich mit dreckverschmiertem Gesicht und Gewehr in der Hand auf dem Barossa-Übungsgelände meine Runden. Es war surreal. Neben dem Sportplatz verlief eine alte Römerstraße, die »Devil's Highway« getauft worden war. Nach mehreren Stunden in der Kälte war mir ziemlich klar, worauf sich der Name bezog.

Damals waren die meisten neuen Kadetten Highschool-Absolventen, alle um die 18 Jahre alt. Ich glaube, die wenigsten von uns wussten, was auf uns zukam. Die Hälfte der Kadetten meines Zugs brach die Ausbildung innerhalb der ersten fünf Monate ab. Der Kurs war bewusst so angelegt; die Offiziere gingen davon aus, dass etliche ausschieden. Sie wollten die Spreu vom Weizen trennen und nur diejenigen behalten, die durchhielten. Ich erinnere mich an ein Nachmittagstraining unter dem wachsamen Auge von Hauptfeldwebel Lawley. Er ließ uns bis zum Haupteingang laufen, von wo aus man die Generalstabsakademie in Camberly sehen konnte, an der höhere Offiziere nach dem Abschluss ihre militärische Hochschulausbildung fortsetzen können. Sie sah aus wie ein kleiner Palast. Er befahl uns Liegestütze, und während wir mit dem Gesicht im Dreck lagen, meinte er: »Das da drüben ist die Generalstabsakademie. Und wenn man euren Haufen so sieht, werdet ihr es nie bis dorthin schaffen!«

Hauptfeldwebel Lawley war ein Militär mit einer philosophischen Ader. Wir waren mitten in einer Geländeübung im scharfen Schuss, und es lief nicht so, wie es sollte. Meine Einheit hatte den Auftrag eine Anhöhe zu stürmen, und wir warteten auf den Befehl. Lawley und ich saßen etwas abseits von den anderen hinter ein paar Bäumen. Er sagte: »Mr. Abdullah, eins wollte ich Ihnen schon lange sagen.« Dann machte er eine kleine Kunstpause. »Sie werden immer in der Scheiße stecken. Die Frage ist nur, wie tief.« Ich wählte mir diese Worte zum Motto, und sie gehen mir noch heute immer dann durch den Kopf, wenn ich in einer schwierigen Situation bin.

Hatte man die Grundausbildung geschafft, wurde man Offiziersanwärter. Und wenn man eine Militärlaufbahn anstrebte, standen einem weitere fünf bis sechs Monate Offiziersausbildung bevor, in der Führungstraining, britische Militärdoktrin und internationale Beziehungen auf dem Lehrplan standen. Nach meiner Ernennung zum Offizier der britischen Armee durch Königin Elizabeth II. würde ich mir ein Regiment aussuchen müssen. Man riet mir, mich den Coldstream Guards anzuschließen, einem auch geschichtlich bedeutsamen Infanterieregiment. Es war das älteste der britischen Armee und eins der Leibregimenter der Queen. Es galt als angemessen für einen Königssohn – und, wichtiger noch, auch mein Hauptfeldwebel gehörte ihm an. Ich bereitete mich also auf die Anmeldung vor.

Das Problem war nur, dass sich der Alltag eines Infanteristen als reichlich glanzlos erwies. An einem der wenigen freien Wochenenden, die wir in Sandhurst hatten, traf ich mich im Dorchester-Hotel in London mit dem Kronprinzen von Bahrain. Hamad ibn Aisa al-Khalifa war ein enger Freund meines Vaters und für mich wie ein Onkel. Der Sandhurst-Absolvent lächelte mir anerkennend zu, als ich ihm von unseren strapaziösen Übungen berichtete. Beim Abschied überreichte er mir eine willkommene Überraschung: einen Korb voller Sandwiches aus der Küche des Dorchester. An diesem Abend war ich der beliebteste Kadett meines Zuges, wobei ich nicht sicher bin, ob die anderen mir glaubten, als ich ihnen sagte, die belegten Brote seien ein Geschenk des Kronprinzen von Bahrain.

Als ich Jahre später zu einem Besuch in London war, besorgte auch ich im Dorchester einen Sandwich-Korb. Ich war überzeugt, dass der Enkel von Scheich Hamad – mittlerweile König von Bahrain – das Geschenk zu schätzen wüsste. Er war in Sandhurst, und wenn ich zurückdachte, stand mir deutlich vor Augen, was er gerade durchmachte.

Im Frühjahr 1981, eine Woche bevor ich mich endgültig für ein Regiment entscheiden musste, war ich mit meinem Zug auf einem Manöver nahe der Grenze zu Wales. Wir hatten uns vier Tage lang eingegraben, das Wetter war scheußlich – Schnee, Graupel und eisiger Nebel. Ich hatte Fußbrand, und uns allen ging es miserabel. Die Nächte waren so kalt und fürchterlich, dass mehrere Kadetten tatsächlich weinten.

Nachdem wir einen Gegenangriff auf eine unserer Stellungen durchgeführt hatten, die von den Gurkhas eingenommen worden war, hielt im Morgengrauen ein Scorpion-Aufklärungspanzer neben unserem Graben; er war Teil des Spähtrupps aus der Übung eines anderen Regiments. In der Infanterie gingen Gerüchte um, wonach die Panzer perfekt ausgestattet seien, vom Fernseher über die Waschmaschine bis hin zum Wasserkocher, sodass die Panzerkommandanten sich auch mit heißen Getränken versorgen konnten. Ein Kavallerieoffizier tauchte mit einer dampfenden Tasse Tee im Panzerturm auf. Er sah uns an und verschwand wieder, um sich wenige Sekunden darauf mit einem kleinen Glas Portwein in der Hand zu zeigen. Wortlos prostete er uns zu, dann schlug er die Fahrerluke zu und fuhr davon.

»Das war's! Zum Teufel mit der Infanterie«, dachte ich, »ich gehe zur Kavallerie!« Tags darauf wechselte ich zur militärischen Aufklärung und meldete mich schließlich beim 13./18. Husarenregiment, das später mit dem 15./19. Königlichen Husarenregiment zu den Light Dragoons zusammengelegt wurde. (Vor einigen Jahren ehrte mich Ihre Majestät Königin Elizabeth, indem sie mich zum Regimentschef der Light Dragoons ernannte.)

Ich trat als Leutnant ein und besuchte zwei Monate später einen Lehrgang für Jungoffiziere, bevor ich zu meinem Regiment zurückkehrte. Im Anschluss setzte ich in Bovington Camp in Dorset meine Ausbildung an den Panzerfahrzeugen fort, ehe ich ein Jahr als Offizier der britischen Armee im Vereinigten Königreich und in Westdeutschland diente. Damals, in den frühen achtziger Jahren, war der Kalte Krieg noch in vollem Gange, und es gehörte zu unseren Aufgaben als Panzerregiment, einen möglichen Vorstoß der Russen nach Westdeutschland durch die sogenannte »Fulda Gap«, die Lücke von Fulda, abzuwehren.

Eines Nachmittags war ich mit meinem Regiment in Fox-Panzern auf der M4 unterwegs, Londons Hauptverkehrsachse Richtung Westen. Ihre Panzertürme sind mit 30-mm-Kanonen ausgestattet, doch fahren sie auf Rädern und nicht auf Ketten;

für Zivilisten aber sehen sie wie Panzer aus. Zudem gelten sie als schnell, und deshalb wollte ich testen, ob das auch wirklich stimmte. Wir donnerten deutlich über der zulässigen Höchstgeschwindigkeit dahin, als ich beim Blick aus dem Panzerturm eine Polizeistreife sah, die mit heulender Sirene und Blaulicht neben uns fuhr. Ich gab die Order, links ranzufahren, und der Konvoi kam auf dem Seitenstreifen zum Stehen. Der Polizist stieg kopfschüttelnd aus. »Ich habe keine Ahnung, wie ich das aufschreiben soll«, sagte er. »Wenn ich erzähle, dass ich auf der M4 fünf Panzer wegen Geschwindigkeitsübertretung angehalten habe, glaubt mir kein Mensch!« Wir kamen mit einer Verwarnung davon.

Während des im April 1982 ausgebrochenen Falklandkriegs, in dem Großbritannien und Argentinien um die Herrschaft über die gleichnamigen Inseln kämpften, wurden uns zum ersten Mal »Hundemarken« ausgehändigt, metallene Erkennungsabzeichen, die Soldaten für den Fall, dass sie im Einsatz umkommen und identifiziert werden müssen, um den Hals tragen. Ich rief meinen Vater an und erzählte ihm, dass sie Hundemarken ausgegeben hätten und uns unter Umständen abkommandieren würden. Ohne zu zögern, erwiderte er: »Wenn sie gehen, gehst du mit.« Dann aber wurde eine andere Einheit entsandt, während wir für die Dauer des Konflikts in Fort Polk, Louisiana, ein Manöver abhielten.

Als der Falklandkrieg im Juni 1982 zu Ende ging, brach auf der anderen Seite des Erdballs ein neuer Krieg aus. Am 6. Juni marschierte die israelische Armee im Südlibanon ein – vier Jahre nachdem sie die Grenze zum letzten Mal überschritten und den Süden des Libanon besetzt hatte, um PLO-Stellungen zu zerstören. Außerdem wollte sie damals ihre Pufferzone ausweiten, bei deren Sicherung sie von einer »Stellvertretertruppe« unter Führung eines abtrünnigen libanesischen Armeeoffiziers unterstützt worden war. Im Juni 1978 waren die israelischen Truppen von der Interimstruppe der Vereinten Nationen im Libanon (United Nations Interim Force in Lebanon, UNIFIL) abgelöst worden, die nach Verabschiedung der Resolution 425 des UN-Sicherheitsrats eingerichtet worden war. Sie hatte den Auftrag, Israels Abzug sicherzustellen und der Regierung des Libanon bei der Wiederherstellung von Frieden und Sicherheit zu helfen.

Obwohl im Juli 1981 von dem US-Gesandten Philip Habib ein Waffenstillstand ausgehandelt worden war, führte die israelische Armee unter dem Kommando von Verteidigungsminister Ariel Scharon jetzt einen aggressiven Feldzug – Israel nannte ihn »Operation Frieden für Galiläa« –, um Jassir Arafat und seine Untergrundkämpfer zu verfolgen. Scharon stieß bis Beirut vor. Es war der erste Krieg im Nahen Osten, dessen Bilder im Fernsehen zu sehen waren, und Millionen verfolgten fassungslos, wie israelische Panzer durch die Straßen der arabischen Hauptstadt rollten. Für mich wie für alle Araber war es ein tragischer und traumatischer Anblick. Bis heute wissen wir alle noch genau, was wir in dem Augenblick gerade gemacht haben. Auf dem Fernsehschirm im Offizierskasino der Carver Barracks in Saffron Walden südlich von Cambridge konnte ich mitverfolgen, wie die israelischen Truppen Beirut bombardierten. Sie benutzten 8-Zoll-Geschütze (das entspricht 20,32 Millimetern), die nicht gerade für ihre Zielgenauigkeit bekannt sind, und mir war klar, dass es viele Opfer unter der Zivilbevölkerung geben würde. Niemand aber ahnte, dass Zivilisten ganz gezielt und brutal unter Beschuss genommen wurden.

Ende August 1982 waren alle Einheiten der PLO aus Beirut abgezogen worden. Dann wurde am 14. September Beschir Gemayel, der designierte christliche Präsident Libanons ermordet. Zwei Tage später marschierten israelische Truppen in West-Beirut ein, und Scharon erlaubte einer Gruppe christlicher Milizionäre, in die palästinensischen Flüchtlingslager Sabra und Schatila vorzudringen und dort alte Rechnungen zu begleichen. Es kam zu einer Tragödie, bei der rund achthundert Flüchtlinge niedergemetzelt wurden. Einer entsetzten Weltöffentlichkeit wurden Geschichten und Bilder von grauenvollen Szenen präsentiert, die zu den Schlimmsten der Menschheitsgeschichte gehören. Wir sahen Leichenberge in den Straßen, Frauen und Kinder, die man mit Messern und Äxten zerstückelt hatte, alte Männer, die aufgereiht an einer Mauer erschossen worden waren. Und während dies alles geschah, hatten israelische Soldaten die Lager umzingelt und mit Leuchtraketen dafür gesorgt, dass die Mörder ihr schreckliches Werk verrichten konnten. Meine Wut kannte keine Grenzen, tagelang konnte ich nicht schlafen. Wenn ich die Augen schloss, sah ich verstümmelte Leichen.

Die Ereignisse wurden weltweit mit Entsetzen aufgenommen. Wie konnte sich Israel als demokratische, rechtsstaatliche Nation bezeichnen, während seine Soldaten untätig mit ansahen, wie derartige Verbrechen verübt wurden? Ariel Scharon, der als Verteidigungsminister für die Operation zuständig war, galt nun vielen als Mörder und Kriegsverbrecher. Im September 1982 wurde eine Untersuchungskommission eingerichtet (die Kahan-Kommission), und sie kam nach Abschluss ihrer Tätigkeit im Februar 1983 zu dem Ergebnis, dass Scharon »persönlich dafür verantwortlich« sei, das Massaker nicht verhindert zu haben, und sprach sich für seine Absetzung aus. Scharon trat als Verteidigungsminister zurück, blieb aber als Minister ohne Geschäftsbereich in der Regierung.

Ich war davon ausgegangen, im Anschluss an meine Ausbildung in Sandhurst eventuell in den Vereinigten Staaten studieren zu können, doch mein Leben nahm einen anderen Lauf. Nach Abschluss meiner einjährigen Militärzeit bei der britischen Armee ging ich nach Oxford an das Pembroke College, um Internationale Beziehungen zu studieren. Inmitten der rasenbewachsenen Collegehöfe und honigfarbenen, steinernen Bauten dieser altehrwürdigen Einrichtung beschäftigte ich mich ein Jahr lang mit der Nahost-Politik, zumeist in Einzelarbeit mit ausgezeichneten Tutoren. Ich lernte zwar eine Menge über die Herausforderungen unserer Region und deren politische Komplexität, aber eigentlich hatte ich mir von meiner Zeit an der Universität etwas anderes erhofft. Nach Abschluss des Studiums kehrte ich nach Jordanien zurück und setzte meine militärische Laufbahn fort. Mit meinen einundzwanzig Jahren war ich bereits mehr oder weniger Berufsoffizier.

Zu den wenigen Dingen meines Lebens, die ich bedauere, gehört, dass ich nie die Gelegenheit hatte, wie meine Freunde aus Deerfield vier Jahre lang zu studieren. Schon sehr früh musste ich mich den Aufgaben aus der Welt der Erwachsenen stellen. In einer militärischen Ausbildung ist man gezwungen, schnell zu reifen, den Anforderungen einer Führungsrolle gerecht zu werden und sich um andere zu kümmern. In welchem Ausmaß sich diese Fähigkeiten einmal als nützlich erweisen sollten, war mir damals noch nicht klar.

In Sandhurst und während des Jahres in der britischen Armee wurde ich praktisch nicht anders behandelt als die übrigen Kadetten und Leutnants. Durch diese wichtige Erfahrung war ich in der Lage, nach meiner Rückkehr nach Jordanien rasch zu erkennen, wenn Leute mich besonders behandelten. Ich wollte die Laufbahn eines Berufssoldaten einschlagen und nicht hin und wieder im Mercedes vorfahren und als Ehrenoberst die Truppen inspizieren. So weit mir das möglich war, wollte ich ein ganz normaler Armeeoffizier sein, der an der Spitze seiner Männer steht und an ihrer Seite kämpft.

# Kapitel 6
# Nächte in Qatrana

Nach meiner Rückkehr in die Heimat im Jahr 1983 diente ich in der 40. Panzerbrigade, einer geschichtsträchtigen Einheit. Sie war die zweitälteste Panzereinheit der jordanischen Armee und zuletzt 1967, 1970 und 1973 im Einsatz. Ich war in der Nähe von Qatrana stationiert, einer kleinen Stadt in der Wüste rund hundert Kilometer südlich von Amman. Anfang des 20. Jahrhunderts machte die Hedschasbahn, eine von den Osmanen erbaute Eisenbahnlinie, die das syrische Damaskus mit Medina in Saudi-Arabien verband, hier Station. Seitdem war dort nicht mehr viel passiert. In der ersten Nacht lag ich im Brigadehauptquartier, als ich aus der Offiziersmesse geschäftiges Tun vernahm. Neugierig ging ich hinüber. Man hatte die Stühle vor der Messe aufgereiht, und die Offiziere saßen mit einer Tasse Tee in der Hand da und warteten darauf, dass die Sonne unterging. Frustriert kehrte ich in meine Unterkunft zurück. Offenbar hatte der Ort nach einem langen Tag nichts Spannenderes zu bieten als eine Tasse Tee bei Sonnenuntergang. Ich zog meinen Trainingsanzug an und ging eine Runde joggen.

Dass ich so weit draußen in der Wüste stationiert war, hatte kaum etwas mit meiner militärischen Qualifikation zu tun. Einige höhere Offiziere empfanden meinen Eintritt in die Armee als Bedrohung, weil sie davon ausgingen, ich würde irgendwann eingeschliffene Abläufe oder sogar ihre Posten infrage stellen. Während meiner militärischen Laufbahn hatte ich immer wieder ernsthafte Probleme mit einigen hochrangigen Offizieren, die den Streitkräften mit ihren Entscheidungen in meinen Augen keinen guten Dienst erwiesen. Denn wir brauchten Modernisierungen und mussten uns die neuesten Entwicklungen der Militärtechnologie und -taktik zunutze machen. Als eiserne Verfechter des Althergebrachten sahen diese Offiziere keine Notwendigkeit für Veränderungen und schienen entschlossen, mir das Leben schwer zu machen. Sie glaubten wohl, mich durch unsinnige Anordnungen, unangekündigte Kontrollen und meine Isolierung in der Wüste innerhalb weniger Monate dazu bringen zu können, das stehende Heer wieder zu verlassen und eine eher repräsentative Rolle zu spielen.

Ich war fest entschlossen, sie eines Besseren zu belehren. Gegenüber meinem Vater durfte ich die Sache nicht ansprechen, denn ich befürchtete, er könnte heimlich intervenieren, um es mir leichter zu machen. Letztlich erwies man mir durch meine Stationierung in einer ganz gewöhnlichen Einheit einen großen Dienst. Normalerweise blieb ich mehrere Monate am Stück. Viele jüngere Offiziere sind nicht erpicht auf einen längeren Aufenthalt in der Wüste und wollen lieber zurück in die Hauptquartiere im vergleichsweise komfortablen Amman. Auch im Hauptquartier wird Wertvolles geleistet, doch am meisten lernt man während des Militärdiensts vor Ort. Dazu gehört, dass man am Ende der Welt stationiert ist, die tägliche Routine erlebt und mit allen möglichen Problemen und Widrigkeiten konfrontiert ist. Das geht zwar auf Kosten der sozialen Kontakte, aber man lernt viel über Führung.

Mit meinen 21 Jahren fühlte ich mich als Leutnant in hohem Maße für meine Männer verantwortlich, zumal wir in der Einöde bunt zusammengewürfelt worden waren. Ich hatte für ihr Training, für Verpflegung und Kleidung und bis zu einem gewissen Grad auch dafür zu sorgen, dass ihre Angehörigen keine Not litten. Damals bestand unsere Armee aus Berufssoldaten und Wehrdienstleistenden. Wie in allen Wehrpflichtarmeen gab es auch bei uns entsprechende Schwierigkeiten. Wehrpflichtige schossen sich manchmal in den Fuß, um vom Dienst freigestellt zu werden. Ein Soldat spritzte sich sogar Kerosin ins Bein (ich musste es mit einem Messer öffnen, um das Öl wieder auszuleiten). Eine Armee ist das Spiegelbild eines Landes. In Jordanien waren die Streitkräfte schon immer ein Sprungbrett für den Aufstieg, und meine Männer kamen aus allen Landesteilen und allen Gesellschaftsschichten. Die meisten waren sehr arm, einige standen vor enormen Problemen.

Einer meiner Kameraden im Leutnantsrang, der ganz unten begonnen hatte, steckte bei meiner Ankunft mitten in einer familiären Krise. Sein Bruder war gestorben und hinterließ eine Frau und acht Kinder. Da seine eigene Familie ebenso groß war, musste er mit seinem knapp bemessenen Offizierssold schlagartig 18 Angehörige versorgen. Solange ich dort stationiert war – rund ein Jahr –, gab ich ihm die Hälfte meines Lohns. Damals hatte die Armee eine hohe Bereitschaftsrate – ein Drittel unserer Einheiten war jederzeit in der Lage, im Kriegsfall innerhalb einer Viertelstunde nach Befehl loszuschlagen –, was für die Offiziere viele Sonderdienste bedeutete. Ich übernahm seine Sonderdienste, damit er am Wochenende nach Hause fahren konnte, wo ihn eine ungleich größere Belastung erwartete. Bis heute denke ich an meine Männer und ihre Familien, wenn ich mich mit staatlichen Förderprogrammen für Wohnen, Gesundheit und Bildung beschäftige.

Meine Männer mochten arm sein, aber sie waren reich an Mut und Kampfgeist. Etliche hatten nur eine rudimentäre klassische Schulbildung genossen, was sie jedoch durch Witz, Intelligenz und eine gute Auffassungsgabe mehr als wettmachten. Irgendwann bekam meine Einheit die neuen Khalid- / Shir-I-Panzer, die Vorläufer des britischen Challenger. Diese Furcht erregenden, mit neuester Militärtechnologie ausgestatteten Fahrzeuge wurden durch ein komplexes elektronisches Zauberwerk gesteuert. Es dauerte keinen Monat, und meine Männer bedienten sie, als wären sie schon seit Jahren damit unterwegs.

Unsere Arbeitsbedingungen waren primitiver als in der britischen Armee, aber unsere Gepflogenheiten waren mir lieber. In der Offiziersmesse der 13./18. Königlichen Husaren gingen wir in Jackett und Krawatte zum Abendessen und saßen an einem Tisch, der in der Schlacht von Waterloo von Napoleon erbeutet worden war. In der jordanischen Messe hatten wir Plastiktische und -stühle und aßen gelegentlich Lebensmittel mit abgelaufenem Haltbarkeitsdatum. Doch das wahre Wesen einer Armee liegt nicht in einer reichhaltigen Ausstattung und ausgeklügelten Waffen, sondern in der Fähigkeit ihrer Soldaten, sich vorbehaltlos dem Tod zu stellen. Und meine Männer waren die mutigsten Soldaten, die mir je begegnet sind.

Die 40. Panzerbrigade hieß im Volksmund die »Gottesbrigade« – eine Würdigung ihrer historischen Rolle bei der Verteidigung Jerusalems 1967. Außerdem hatte sie den Ruf, bis zuletzt zu kämpfen. Dies bewies sie zum ersten Mal 1967, als sie mit dem Auftrag, die Achse zwischen Dschenin und Nablus zu unterbrechen, plötzlich auf zwei israelische Brigaden stieß, die aus der nördlichen Küstenebene vorrückten. Und 1970 konnte sie, erneut gegen große Übermacht, die besser ausgerüsteten syrischen Truppen aufhalten, die zur Unterstützung der palästinensischen Untergrundkämpfer nach Irbid unterwegs waren. (Obwohl meiner Einheit, dem 2. Panzer-Kavallerieregiment der Brigade, nach diesem Gefecht nur noch drei Panzer geblieben waren, hatte sie die syrische Invasion gestoppt). 1973 kämpfte sie auf den Golanhöhen gegen die Israelis und startete eine Offensive auf den Hängen des rund 900 Meter hohen Vulkans Tel al-Harra. Da sie auf beiden Flanken unter heftigen israelischen Beschuss geriet, musste sie den Rückzug antreten. Was meine Männer antrieb, war die Vorstellung, eines Tages die 1948 und 1967 verlorenen Gebiete zurückerobern zu können. Von den Anhöhen am Toten Meer hatten wir einen Blick auf die Stadtmauern Jerusalems. Die israelischen Streitkräfte waren zwar weit besser ausgestattet als wir, doch fürchteten meine Männer nie eine mögliche Konfrontation mit einem schwer bewaffneten Feind.

Wir veranstalteten Manöver und Übungen im ganzen Land, und damals wurde mir allmählich bewusst, wie außergewöhnlich schön und abwechslungsreich Jordanien ist. Es ist ein kleines Land, sodass man an einem einzigen Tag von den Bergen und Pinienwäldern Ailuns im Norden zu den römischen Ruinen von Jerasch am Toten Meer gelangen kann, dem tiefsten Ort der Erde. Folgt man der historischen Königsstraße Richtung Süden, stößt man auf die Kreuzritterburgen Schobak und Kerak, den Sitz des französischen Kreuzritters Renaud de Châtillon, der im 12. Jahrhundert von Salah ad-Din ibn Aijub (im Westen bekannt als Saladin) enthauptet wurde. Nach einem Zwischenstopp im Wadi Rum, einem der weltweit schönsten Wüstentäler, und in den antiken Ruinen der Stadt Petra erreicht man noch am Abend die Stadt Akaba am Roten Meer.

Im Sommer hielten wir manchmal Übungen im Jordantal ab, am Ostufer des Flusses. Um der glühenden Hitze und den riesigen Stechmücken zu entgehen, standen wir um vier Uhr in der Früh auf und versuchten, alle anstrengenden Aufgaben vor Sonnenaufgang zu erledigen. Der rotbraune Boden dort ist sehr fruchtbar, und abends werden die Strahlen der untergehenden Sonne in lauter verschiedenen Rottönen vom schimmernden Fels zurückgeworfen. Rot ist schon immer meine Lieblingsfarbe gewesen: Es ist die Farbe der haschemitischen Flagge wie auch der Kufija, der traditionellen jordanischen Kopfbedeckung, und es ist die Farbe des Herzens.

Eines Nachmittags wollte ich ein paar taktische Manöver ausprobieren, die man uns in der Panzerschule in Bovington beigebracht hatte, und so fuhren wir zu einer Übung ins Gelände. Ich hatte gelernt, wie ein »Rückzugsschlag« funktioniert, also wie man sich angesichts des Angriffs eines überlegenen Feindes schrittweise zurückzieht und dabei dem Gegner Verluste zufügt. Nachdem ich die erste Position mit meinen Unteroffizieren eingeübt hatte, kamen wir wieder zusammen, um unseren Vorstoß zu besprechen. Ich sagte: »Gut, und jetzt zur zweiten Position!«

Einer meiner Unteroffiziere sah mich an und meinte: »Sir, wir brauchen keine zweite Position. Wir werden hier kämpfen und notfalls auch sterben. Wir ziehen uns nicht zurück!« Ich war beeindruckt von seinem Mut, doch seine taktische Haltung fand ich etwas eigenartig. Er orientierte sich an der alten Schule, wonach Rückzug eine Schmach ist. Zwar hatte sich dieser Kampfgeist für Jordanien mehrfach ausgezahlt: 1948, als wir dafür sorgten, dass Ost-Jerusalem und das Westjordanland in arabischer Hand blieben; 1968, als wir in der Schlacht von Karame einen israelischen Vorstoß zurückschlugen, und 1970, als unsere Armee die aus dem Norden einfallende syrische Armee zurückdrängte. Doch angesichts der stärkeren Feuerkraft moderner Waffen und der verheerenden Wirkung kombinierter Angriffe aus der Luft und durch Langstreckenartillerie könnte das Verteidigen der eigenen Stellung tödlich sein.

Mir ging es darum, dass meine Männer nicht nur leidenschaftlichen Mut bewiesen, sondern auch taktisch kluges Vorgehen lernten. Würden wir uns einige Positionen weiter zurückziehen, so erklärte ich ihnen, könnten wir dem Feind dabei gemäß der gängigen NATO-Doktrin größere Verluste zufügen. Die Männer sahen mich fragend an und steckten dann die Köpfe zusammen. Schließlich tauchten sie wieder auf und sagten, den Feind zu töten sei wichtiger, als die Stellung zu halten; sie seien mit einem Rückzug auf die nächste Position einverstanden. Dies war meine erste Begegnung mit dem Kampfgeist der jordanischen Soldaten, denn der Lehrplan in Sandhurst sah eine solch bedingungslose Opferbereitschaft nicht vor. An der Leidenschaft meiner Männer zeigte sich, welche Stimmung in der gefährlichen Umgebung herrschte, in der wir lebten. Jordanien und Israel befanden sich damals noch immer in einem kalten Krieg, und obwohl keine Schüsse mehr fielen, mussten wir jederzeit auf eine Bedrohung durch unseren atomar gerüsteten Nachbarn gefasst sein.

Im März 1984 kam Königin Elizabeth II. zu einem Staatsbesuch nach Jordanien. Wir trafen die strengsten Sicherheitsvorkehrungen, denn zwei Tage vor Ankunft der Queen hatten Terroristen in einem Hotel in Amman eine Bombe gezündet. Mein Vater bat mich, der Königin und ihrem Gatten Prinz Philip als Adjutant (eine Art Aide-de-camp) zur Seite zu stehen. Dies war eine Ehre und schon deshalb sehr aufregend, weil ich erst kurz zuvor meinen Abschluss in Sandhurst gemacht und in der britischen Armee gedient hatte. Aufgrund der Sicherheitslage bat mein Vater mich auch, als Leibwächter persönlich den Schutz der Königin zu gewährleisten. In einer Sondereinsatztruppe wurde ich eigens dafür geschult. Als der Tag näher rückte, fragte ich meinen Vater: »Wenn jemand auf mich schießt, schieße ich zurück, aber wie weit soll ich nach deinen Vorstellungen gehen?«

»Wenn jemand auf die Queen zielt«, so seine Antwort, »stellst du dich vor sie. Und wenn es dich das Leben kostet, du wirst unseren Gast gefälligst schützen. Sonst schieße ich auf dich!« Ich wusste, dass seine Worte auf Wirkung zielten, aber für meinen Vater standen Pflicht und Ehre an erster Stelle, noch vor der eigenen Familie.

Während des fünftägigen Besuchs der Queen wich ich nicht von ihrer Seite und musste zum Glück auch keine Kugel abfangen. Obwohl mein Vater mitunter einen harten Ton anschlug, verband uns unsere gemeinsame Leidenschaft für das Militär. Wir hatten Vergnügen an alten Filmen, die wir uns gemeinsam ansahen, und wir unterhielten uns oft über die neuesten militärischen Entwicklungen in verschiedenen Ländern und überlegten, ob sie auch für uns geeignet wären. Anscheinend verschaffte mir meine militärische Laufbahn eine neue Art von Respekt bei meinem Vater, der mich nun immer häufiger bat, besondere Pflichten und Aufgaben zu übernehmen.

Seit der Zeit meines Urgroßvaters, König Abdullah I., und der Arabischen Legion hat die jordanische Armee stets zu den am besten ausgebildeten, diszipliniertesten und professionellsten

Streitkräften des Nahen Ostens gehört. Ich aber war fest entschlossen, sie zu einer der besten der Welt zu machen. »Vergleicht uns nicht mit anderen Armeen in der Region«, wandte ich immer ein, »vergleicht uns mit der NATO.« Und ich wusste, dass dies nur mithilfe einer umfassenden Modernisierung möglich war. Talent und Mut waren bei meinen Soldaten vorhanden, aber da das System nicht in der Lage war, sie kontinuierlich mit fortschrittlicher Ausrüstung auszustatten, fühlten sie sich im Stich gelassen. Ich lernte, mit dem zurechtzukommen, was wir hatten, zu sparen und innovative Lösungen zu finden. Notfalls hätte ich für die Ausrüstung und Versorgung meiner Männer auch gebettelt, geborgt und gestohlen.

Wie alle jungen Männer sehnte ich mich ungeduldig nach Veränderungen. Aber dann musste ich mit wachsender Frustration erleben, wie weit einige der ranghöchsten Offiziere gingen, um den Status quo zu verteidigen.

# Kapitel 7
# In geheimer Mission

Als ich eines Abends in meinem Armeehauptquartier in Qatrana meinen Feierabend genoss, läutete das Telefon. Mein Vater bat mich, sofort zu ihm nach Amman zu kommen. Unterwegs fragte ich mich, warum er mich so spät noch sehen wollte. Gegen zehn Uhr traf ich schließlich ein.

Mein Vater nahm mich beiseite und sagte, er habe vor, in der darauffolgenden Nacht nach Akaba zu fahren. Dort werde er ein Boot nehmen, um sich mit den Israelis zu treffen. Er wollte sie zur Zustimmung zu einem Abkommen bewegen, das ihren Rückzug aus den 1967 besetzten Gebieten vorsah und unserer Region Frieden bringen würde. »Ich möchte, dass du mich als Fahrer und Leibwächter begleitest«, sagte er zu mir. Obwohl Jordanien eine lange gemeinsame Grenze mit Israel hat, ist uns das Land sehr fremd. Eine Einreise nach Israel ist für uns ein ähnliches Unterfangen, als hätte sich ein West-Berliner in den Hochzeiten des Kalten Krieges heimlich über die Mauer nach Ost-Berlin geschlichen. Ich antwortete, es sei mir eine Ehre, an seiner Seite zu sein. Er bat mich, ihn am nächsten Morgen am Flughafen zu treffen. Als ich nach Hause fuhr, war ich in Hochstimmung, aber auch nervös. Ich war Hauptmann der Armee, und meinen Vater bei einer geheimen Mission in Feindesland zu begleiten war eine große Aufgabe. Zum ersten Mal würde ich nicht nur Beobachter der arabisch-israelischen Geschichte sein, sondern eine eigene kleine Rolle darin spielen.

Ich erzähle diese persönliche Geschichte deshalb, weil sie zeigt, welche enormen Risiken mein Vater für den Frieden auf sich nahm. Jetzt, da er tot ist, empfinde ich es als wichtig zu beschreiben, wie sehr er sich der Sache eines Friedens in unserer Region verschrieben hatte, der einen Rückzug Israels aus allen besetzten arabischen Gebieten garantieren sollte, insbesondere aus Jerusalem, das einen besonderen Platz in seinem Herzen hatte. Er war davon überzeugt, dass alle Völker der Region ein Recht auf Frieden hätten, Araber wie Israelis. Frieden schließe man mit seinen Feinden und nicht mit seinen Freunden, pflegte er zu sagen. Aus der Weigerung, mit ihnen zu sprechen, könne nichts Gutes entstehen. Mein Vater traf viele Male mit Israelis zusammen, um Vorschläge zu diskutieren, aber er hielt stets an seinem Grundsatz fest, eine Lösung könne es nur auf der Basis eines vollständigen Abzugs Israels aus dem Westjordanland, Ost-Jerusalem eingeschlossen, geben. Jordanien teilte damals mit Israel eine sechshundert Kilometer lange Grenze, und mein Vater war der Ansicht, dass man Gespräche führen müsse, um Krieg zu vermeiden. Wir hatten bereits 1967 eine Niederlage erlebt und mussten eine weitere unbedingt vermeiden. Eine der größten Leistungen meines Vaters bestand darin, dass er Vertrauen und allgemeine Bewunderung genoss, selbst seitens derer, die seine Ansicht nicht teilten. Er war viel zu kultiviert, als dass er eigens betont hätte, dass ihn viele der arabischen Staatschefs, die ihn öffentlich für seine Miteinbeziehung Israels kritisierten, privat baten, für sie zu intervenieren.

In Begleitung von Premierminister Said Rifai und Hofchef (und späteren Prinzen) Scharif Zeid ibn Schaker flogen mein Vater und ich von Amman Richtung Süden nach Akaba. Der Plan sah vor, nachts heimlich in einem kleinen Fischerboot über den Golf von Akaba nach Israel zu fahren. In Akaba angekommen, machten wir das Boot ausfindig und warteten bis Einbruch der Dunkelheit. Gegen neun Uhr abends bestiegen wir zu viert das rund zehn Meter lange Boot und liefen aus dem Hafen aus. Wir steuerten auf die Grenze zu und wechselten schließlich in israelische Gewässer über. Mit der gebotenen Vorsicht gaben wir vom Bug ein Lichtsignal, das erwidert wurde. Dann tauchte eine kleine Jolle aus der Dunkelheit auf, mit Efraim Halevy an Bord, einem Mitglied des israelischen Geheimdiensts Mossad. Der aus Großbritannien stammende Rechtsanwalt und spätere Chef des Mossad war in jener Nacht nicht sehr gesprächig, er bedeutete uns lediglich, ihm zu folgen. Wir näherten uns der israelischen Küste. Es war zwar ein Treffpunkt vereinbart worden, aber plötzlich änderte die Jolle ihren Kurs, sehr zur Sorge von Scharif Zeid. »Das war nicht vereinbart«, sagte er. Mein Vater winkte mir zu, ihm nach vorn zu folgen. Als wir außer Hörweite waren, fragte er: »Also, was hältst du davon?«

Ich war noch jung und auf meiner ersten Geheimmission, daher beschwor ich ihn, den Plan zu Ende zu führen. Er sah mich an und lächelte. Wieder bei den anderen, erklärte er Scharif Zeid: »Das geht schon in Ordnung, wir machen das.«

Wir fuhren bis zur israelischen Stadt Eilat kurz hinter Akaba und gingen rund dreihundert Meter von der Küste entfernt vor einer Werfthalle vor Anker. Mein Vater, Said Rifai und Scharif Zeid stiegen in die israelische Jolle um und fuhren an Land, während ich allein zurückblieb, um unser Boot zu bewachen.

Ich löschte alle Lichter und suchte mit meinem Feldstecher den Strand nach israelischen Soldaten ab. Alles schien ruhig, ich entdeckte lediglich ein Lagerfeuer, an dem Gitarre spielend ein Hippiepärchen saß. Neben der Werfthalle sah ich kurz eine Zigarette aufglimmen und richtete den Feldstecher darauf. Dort stand ein israelischer Scharfschütze, der mich beobachtete. Ich hatte keine Möglichkeit, Kontakt zu meinem Vater aufzunehmen, und mir wurde klar, wie isoliert ich war, allein in einem Fischerboot vor einem israelischen Hafen. Also nahm ich meine Handgranaten und reihte sie an einem Seilzugsystem außen an der Bootswand auf. Ein einziger Ruck an der Schnur, und sie würden alle explodieren.

Es muss zehn Uhr abends gewesen sein, als wir ankamen. Nun wartete ich stundenlang, dass mein Vater und die anderen zurückkehrten. Irgendwann dachte ich: »Noch rund fünf Stunden bis Sonnenaufgang. Ich sitze ganz allein in einem Boot in einem israelischen Hafen, der bis oben hin mit Geschützen und Granaten bestückt ist, und niemand weiß, dass ich hier bin. Was soll ich machen, wenn mein Vater nicht zurückkommt?« Zum Glück musste ich den Strand nicht auf eigene Faust stürmen oder zu Hause in Jordanien erklären, warum ich den König an einem falschen Ort abgesetzt hatte. Kurz vor Sonnenaufgang tauchte die kleine Jolle mit meinem Vater wieder auf, und wir kehrten nach Akaba zurück. Zwar sprach er nicht über die Ereignisse dieser Nacht, doch mit Treffen dieser Art legte er den Grundstein für den Friedensvertrag, der später zwischen Jordanien und Israel geschlossen wurde.

Im Lauf der Jahre arbeitete ich mich in der militärischen Hierarchie nach oben. Gelegentlich verließ ich Jordanien für kurze Schulungen und kehrte dann wieder zur Armee zurück. In Erinnerung geblieben ist mir ein sechsmonatiger Kurs für Kompaniechefs in Fort Knox, Kentucky, in den Vereinigten Staaten im Jahr 1985, bei dem Panzerstrategie und -taktik unterrichtet wurde. Obwohl wir im Vergleich mit den Streitkräften der NATO aufholten, blieb noch einiges zu tun, insbesondere im Bereich der Modernisierung unserer Ausrüstung. Eines Nachmittags schulterte ich mein Gepäck, als ein Oberst der israelischen Armee, der auch an der Schulung teilnahm, auf mich zukam. Mit Blick auf meine Schulterklappe sagte er: »40. Panzerbrigade, ja? Ihr Jordanier seid zähe Burschen.« Offenbar bezog er sich darauf, dass sich die Brigade im Krieg 1967 gegen die israelische Armee heftig zur Wehr gesetzt hatte.

Als ich nach Jordanien zurückkehrte, wurde ich zum Kompaniechef der 91. Panzerbrigade ernannt, die in Zarka nordöstlich von Amman stationiert war. Zarka, die zweitgrößte Stadt Jordaniens, war bekannt für die dortige Garnison und seine Schwerindustrie. Anders als in englischen Städten mit großen Militärstützpunkten wie Aldershot, wo es mitunter auch zu Spannungen zwischen Soldaten und der ortsansässigen Bevölkerung kam, fühlten sich die Soldaten in Zarka als Teil der Gemeinschaft. Wehrdienstleistende aus ganz Jordanien hatten sich dort mit ihren Familien niedergelassen, weshalb die Bevölkerung sehr vielschichtig war und enge Beziehungen zu den Truppen unterhielt.

Am Stützpunkt selbst aßen Offiziere und Soldaten getrennt voneinander in verschiedenen Messen; vor den Toren waren diese Unterschiede jedoch aufgehoben. Restaurants gab es in Zarka damals kaum, es war üblich, seine Freunde und Kameraden nach Hause einzuladen und sie mit traditionellem jordanischen Essen zu bewirten. Besonders gern mochte ich *mansaf*, gekochtes Lammfleisch auf Reis, dazu eine Joghurtsauce mit gerösteten Pinienkernen. Wir aßen der Tradition gemäß mit den Fingern.

Zu den eher unerfreulichen Aspekten des Lebens in Zarka gehörte die industrielle Verschmutzung. Im Norden der Stadt stand eine Ölraffinerie, im Süden eine Gerberei, und keine von beiden genügte modernen Umweltstandards. Wenn der Wind aus einer bestimmten Richtung kam, vermischten sich die Abgase der beiden Anlagen zu einem unangenehmen Schwefelgeruch. Um uns eine gewisse Abwechslung zu verschaffen, fuhren wir manchmal in das nahe gelegene Ruscifa, das für seine Gärten und Zitrusbäume bekannt ist, setzten uns in ein Restaurant und ließen beim Essen die Zeit verstreichen.

Privat genoss ich diese Zeit; beruflich aber war es hart. Meine Differenzen mit einigen ranghöheren Offizieren, die mich zu Fall bringen wollten, waren noch immer nicht ausgestanden. Auf Anordnung von ganz oben machte man mir das Leben schwer. Während meines rund einjährigen Aufenthalts in Zarka wurden meiner Kompanie ständig Sonderaufgaben zugeteilt; immer wieder fanden unangekündigte Inspektionen statt. Ich hatte mich mit einer Gruppe anderer Kompaniechefs angefreundet, mit denen ich mich in meiner Freizeit regelmäßig traf. Etwas förmlicher war meine Freundschaft mit einem Kompaniechef beduinischer Herkunft, der mir stets mit Respekt begegnete, aber Distanz wahrte.

Jedes Jahr fand eine Generalinspektion statt, auf die wir uns mit harter Arbeit sehr umfassend vorbereiteten. Wir mussten unsere gesamte Ausrüstung präsentieren, deren Bestand von den Inspektoren dann anhand von Verzeichnissen kontrolliert wurde. Schon das Fehlen eines Schraubenschlüssels zog erheblichen Ärger nach sich, und so tauschten die Kompanien vor dem großen Ereignis untereinander Informationen und Material aus. Normalerweise wurde die jährliche Inspektion in der gesamten Brigade durchgeführt. Eines Abends aber kam der beduinische Kompaniechef zu mir und sagte: »Morgen findet eine unangekündigte Inspektion statt, aber nur für Ihre Kompanie. Man will Sie kalt erwischen, um dann einen negativen Bericht ans Hauptquartier zu schicken.« So etwas hatte es noch nie gegeben.

Während die anderen Kompaniechefs, die ich für meine Freunde gehalten hatte, mich im Stich ließen, versicherte mir der Beduine, der stets distanziert geblieben war: »Ich unterstütze Sie in allem, was Sie brauchen.« Wir arbeiteten die ganze Nacht hindurch, um mit der Kompanie auf den Morgen vorbereitet zu sein. Meinen Soldaten erklärte ich entschuldigend, dass diese außerplanmäßige Inspektion auf meine Stellung zurückzuführen sei und uns leider nichts anderes übrig bleibe, als sie hinzunehmen.

Am nächsten Morgen kam der Bataillonschef in Begleitung seines Stabes und führte die unangekündigte Inspektion durch, die wir bestanden. Dann aber kam es zu einem Vorfall, den ich vorher so nie erlebt hatte und auch später nicht mehr erlebte. Der Bataillonschef trat vor meine Unteroffiziere, die in einer Reihe angetreten waren, und sagte: »Ihre Stiefel lassen zu wünschen übrig.« Meine Männer hatten die ganze Nacht durchgearbeitet, und ihre Stiefel glänzten. Während er einem der Feldwebel geradewegs in die Augen blickte, setzte er ihm den Fuß auf den Stiefel.

Mit meinen Eltern auf dem Marka-Flughafen, wo mein Vater manchmal seinen Porsche 911 auf Geschwindigkeit testete. Ich entwickelte schon früh Interesse an »Autos«. *Privatarchiv*

Als junger Kronprinz auf dem Arm meines Vaters, König Hussein. Das Foto wurde für das Dezemberheft 1964 der Zeitschrift *National Geographic* aufgenommen. *Luis Marden/ National Geographic*

Wie die meisten Jungen spielten auch mein Bruder Faisal und ich gern mit Flugzeugen und Waffen. Auf diesem Bild bin ich rechts mit dem Flugzeug zu sehen, mein Bruder greift nach einer Pistole. Später ging Faisal hingegen zur Luftwaffe, während ich mich für das Heer entschied. *Privatarchiv*

Mit vier Jahren in Uniform. Der Vater meiner Mutter war Offizier in der britischen Armee, und mein Vater besuchte kurz vor seiner Thronbesteigung die Militärakademie Sandhurst.
*Albert Flouti/Haschemitischer Königshof*

Vor einem Porträt meines Urgroßvaters, König Abdullah I., des Begründers des Haschemitischen Königreichs Jordanien. Er wurde 1951 in Jerusalem von einem palästinensischen Extremisten ermordet. *Privatarchiv*

Am Tag meines Abschlusses der neunten Klasse an der Eaglebrook School im Westen von Massachusetts. Rechts mein Bruder Faisal *Eaglebrook School*

Bei einer Übung in der britischen Militärakademie Sandhurst *Royal Military Academy Sandhurst [RMAS]*

Anfang der achtziger Jahre in Qatrana als frischgebackener Zugführer des 2. Panzerregiments bei der Inspizierung des Geländes *Zohrab Markerian/ Haschemitischer Königshof*

Anfang der achtziger Jahre nach einer Militärübung im Gespräch mit meinem Vater und Oberbefehlshaber

*Zohrab Markerian/ Haschemitischer Königshof*

1985 in Jordanien: Flugunterricht mit dem Hubschrauber

*Zohrab Markerian/Haschemitischer Königshof*

Mit meinen Brüdern Ali (rechts vorn) und Hamsah (zweiter von links) sowie meinen Cousins Talal (links vorn) und Raschid (dritter von links) *Jordanische Streitkräfte*

1986 mit meinem Cousin Talal bei einem Training der Spezialeinheit. Sieben Jahre später wurde ich Befehlshaber dieser Einheit. *Zohrab Markerian/ Haschemitischer Königshof*

Mit Rania bei unserer Hochzeit am 10. Juni 1993 in Amman. Wir wollten nur eine kleine Feier, aber mein Vater bestand auf einem großen Fest. Er überredete sogar meinen einstigen Ausbilder im Fallschirmspringen, mit dem Messer für unsere Hochzeitstorte auf dem Palastgelände zu landen. *Jusef Allan/Haschemitischer Königshof*

Der nordkoreanische Präsident Kim Il Sung erhält von mir einen Dolch, eine Uhr und Fotos von unserer Hochzeit als Geschenk. Die Herren im Hintergrund kamen mitten in der Nacht in mein Zimmer und fragten mich nach der Bedeutung dieser Geschenke. Ich musste aus dem Stegreif improvisieren. *Haschemitischer Königshof*

Als mein Vater im Januar 1999 die Thronfolge änderte, kam mein Onkel Prinz Hassan noch am selben Abend zu mir und überreichte mir die Standarte des Kronprinzen. Ich bat ihn, sie zu behalten.
*Melidos Jakenian/Haschemitischer Königshof*

1999: Salut vor dem Porträt meines Vaters, bevor ich den Eid auf die Verfassung ablege.
*Jusef Allan/Associated Press*

Bei der Bestattung meines Vaters im Februar 1999. Freunde und einstige Feinde versammelten sich, um ihm die letzte Ehre zu erweisen. Unter den vielen Staatsoberhäuptern und Amtsträgern aus aller Welt waren Präsident Clinton und Jacques Chirac, Palästinenserpräsident Jassir Arafat, Khaled Meschaal von der Hamas, Israels Premierminister Benjamin Netanjahu und Hafis al-Assad aus Syrien, der ägyptische Präsident Hosni Mubarak und der marokkanische Kronprinz Mohammed VI. (heute König). *Mit freundlicher Genehmigung von Agence France-Presse [AFP]*

Mit Palästinenserpräsident Jassir Arafat beim Abschreiten der Ehrengarde nach meiner Ankunft in Gaza im Mai 1999. Die Beziehung zwischen meinem Vater und Arafat war schwierig gewesen. In den siebziger Jahren gab es Kräfte in der PLO, die Anschläge auf meinen Vater verübten und seine Regierung zu stürzen versuchten. In den achtziger und neunziger Jahren verbesserte sich ihr Verhältnis. Als Arafat starb, war er eine Symbolfigur der – so oft enttäuschten – palästinensischen Hoffnungen. *Melidos Jakenian/Haschemitischer Königshof*

Als Sprungmeister für meine Schwester Iman im Jahr 2000.
Später machte sie einen Abschluss an der Militärakademie Sandhurst.
*Jordanische Streitkräfte*

Und als ein anderer Unteroffizier eine Frage nicht schnell genug beantworten konnte, schlug er ihm ins Gesicht, was in meiner Kultur einer unsäglichen Erniedrigung gleichkommt.

Das war nun wirklich des Guten zu viel. Ich folgte dem Bataillonschef in sein Büro und sagte: »Wenn Sie noch einmal einen meiner Soldaten anrühren, werde ich Sie, das schwöre ich bei Gott, erschießen.« Ich glaube, das saß. In der Regel verliere ich nicht so leicht die Nerven, aber sein Verhalten gegenüber meinen Soldaten machte mich wütend. Allerdings war dies nicht einer meiner rühmenswertesten Momente, auch wenn ich mit meinem Ausbruch meine Kompanie hatte schützen wollen.

In meiner verbleibenden Zeit in dieser Kompanie – rund ein halbes Jahr – verbrachte ich die Abende in meinem Zimmer und besuchte kein einziges Mal mehr die Offiziersmesse. Die Kompaniechefs, mit denen ich befreundet gewesen war, hatten mich fallen lassen, und ich beschloss, mich von ihnen zu distanzieren. Dies war der Tiefpunkt meiner militärischen Laufbahn, und ich dachte ernsthaft darüber nach, aus der Armee auszuscheiden. Eigentlich hätte ich meine Probleme am liebsten mit meinem Vater besprochen, andererseits aber wollte ich keine Sonderbehandlung. Stattdessen holte ich mir bei meinem Onkel Prinz Hassan Rat. Nachdem ich ihm die Situation geschildert hatte, schlug er vor, ich sollte das Ende meiner Dienstzeit abwarten, um zu sehen, wie es mir dann ginge.

1987 nahm ich eine Auszeit vom aktiven Dienst und besuchte ein Jahr lang den Aufbaustudiengang Master of Science in Foreign Service an der Georgetown University in Washington. Ich studierte Internationale Beziehungen und lernte die US-Hauptstadt gut kennen. Zurück aus Washington erklärte ich meinem Onkel, als wir auf die Frage meines Verbleibs in der Armee zu sprechen kamen, dass ich mich mit dem Gedanken an eine andere Laufbahn trüge. Prinz Hassan sagte: »Warum sollen die Hunde Recht bekommen?« Obwohl wir in späteren Jahren nicht immer einer Meinung waren, stand mir mein Onkel damals mit Rat und Tat zur Seite, vor allem bei Problemen, die ich mit meinem Vater nicht besprechen konnte.

Nachdem ich Zarka verlassen hatte, blieb ich bei den Panzertruppen und ließ mich zum Kampfhubschrauberpiloten ausbilden.

In den späten achtziger Jahren lud mich General Norman Schwarzkopf, der kurz zuvor zum Kommandeur des US-Zentralkommandos CENTCOM ernannt worden war, zur Teilnahme an einem einwöchigen Übungseinsatz der US-Streitkräfte im Persischen Golf ein. Im Krieg zwischen Iran und Irak zeichnete sich ein Ende ab, doch hin und wieder wurden in der strategisch wichtigen Straße von Hormus Öltanker angegriffen, sodass die US-Marine ihren Schutz auf alle neutralen Schiffe ausgedehnt hatte. Unterstützt wurden sie durch Angehörige von Spezialeinheiten, die auf einer Schute stationiert waren und feindliche Schiffe aufspüren sollten.

Ein Aufenthalt im Golf war damals ausgesprochen gefährlich. Im Mai 1987 feuerte ein F-1-Jet der befreundeten Iraker zwei Exocet-Raketen auf die US-Fregatte USS Stark; 37 Marinesoldaten starben, das Schiff wäre beinahe gesunken. Nach Angaben der Iraker handelte es sich um ein Versehen. Im April 1988 wurde die Fregatte USS Samuel B. Roberts schwer beschädigt, als sie auf eine iranische Mine lief; beim amerikanischen Gegenschlag kam es zum Verlust eines US-Hubschraubers, beide Besatzungsmitglieder starben. Am 3. Juli 1988 dann wurde ein iranisches Passagierflugzeug vom amerikanischen Kreuzer USS Vincennes fälschlicherweise als angreifendes Militärflugzeug identifiziert. Der iranische Airbus wurde abgeschossen, alle 290 Zivilisten an Bord kamen ums Leben.

Als ich im Golf eintraf, war die Lage sehr angespannt, in der engen Wasserstraße drängten sich amerikanische, iranische, irakische, NATO- und sogar sowjetische Schiffe. Die strategische Kontrolle über den Golf war seit Jahrzehnten eine der Kernfragen im Nahen Osten. In Georgetown hatte ich über diese Themen noch abstrakt diskutiert und die Nahost-Politik als riesiges Schachbrett analysiert. Hier aber waren die Schachfiguren mit Boden-Luft-Raketen ausgestattet und konnten zurückfeuern. Und ich hatte die Möglichkeit, die größeren politischen Sachverhalte und ihr Zustandekommen in Echtzeit zu verfolgen; ich sah, was es in der Praxis hieß, eine Blockade des Golfs durch die Iraner zu verhindern, und begriff, wie schnell kleine Vorfälle eskalieren können.

Zwar hat eine zivile Laufbahn viele Vorteile, doch bestimmte Dinge lernt man nur durch den Dienst in der Armee. Als Rechtsanwalt in Amman hätte ich den Konflikt vollkommen anders bewertet. Aber ich war hier als Armeeoffizier, der Hubschraubereinsätze zum Schutz der zivilen Schifffahrt beobachtete. Der unmittelbare Einblick, den ich dadurch gewann, sollte sich für mich in den kommenden Jahren noch als ausgesprochen nützlich erweisen.

Ich verbrachte drei Tage auf der Fregatte USS Elrod. Obwohl man sich sehr um mich bemühte und ich im Kapitänsquartier untergebracht war, schloss ich einen Wechsel zur Marine nach dieser Zeit aus. Nach drei Tagen brachte man mich auf einen Flugzeugträger namens Hercules, auf dem geschäftiges Treiben herrschte. Es war interessant, die einzelnen Truppengattungen zu erleben – Einheiten der US-Delta Force, US Navy SEALs (See-, Luft- und Bodenspezialeinheiten) sowie reguläre Soldaten, Matrosen, Piloten –, die alle reibungslos zusammenarbeiteten. Ich fand diese Erfahrung so beeindruckend, dass ich mich später beim Aufbau unserer eigenen jordanischen Spezialeinheiten daran orientierte.

Nachdem ich im Februar 1989 in den Rang des Majors erhoben worden war, fuhr ich im Januar 1990 erneut zu einer militärischen Fortbildung nach England. Mein Lehrgang in der Generalstabsakademie dauerte nicht ganz ein Jahr. Das Institut lag gleich neben Sandhurst, und als ich durch das reich verzierte Tor fuhr, dachte ich an meine Kadettenzeit und an die Prophezeiung meines damaligen Hauptfeldwebels, wonach niemand von uns diesen »Palast« je von innen sehen werde. Seine Stichelei hatte ihre Wirkung nicht verfehlt.

Zu unserer Schulung in Internationaler Politik gehörte auch ein Besuch in Ost-Berlin, doch infolge der dramatischen Ereignisse, die sich damals vollzogen, wurde er im letzten Moment abgesagt. Im November 1989 hatten meine Kommilitonen und ich staunend mitverfolgt, wie die Berliner Mauer fiel und die alte, uns vertraute Weltordnung hinweggefegt wurde. Die Konfrontation zwischen den Westmächten und der Sowjetunion hatte den Globus in zwei miteinander konkurrierende Blöcke geteilt. Nun hatte sich die Bündnislage verschoben, und die alten Gewissheiten hatten binnen kürzester Zeit ihre Gültigkeit verloren.

Jene Länder im Nahen Osten, die die Sowjetunion lange Zeit als Schutzmacht betrachtet hatten, konnten sich nur schwer auf die veränderte Weltlage mit nur noch einer Supermacht einstellen. Opportunisten und Beutemacher planten in Bezug auf Krieg und Frieden nun anders als zuvor, als die Region in einen sowjetischen und einen westlichen Einflussbereich aufgespaltet gewesen war und ein kleiner Funke einen globalen Konflikt auslösen konnte. Niemand von uns in der Generalstabsschule aber ahnte, wie schnell wir mit den neuen Gefahren dieser veränderten Welt konfrontiert sein würden.

# Kapitel 8
## »Ihr habt keine Chance«

Nach meiner Zeit an der Generalstabsakademie in Camberley kehrte ich im Oktober 1990 zur Armee zurück und wurde in der Dienststelle des Generalinspekteurs Bevollmächtigter für das Panzerkorps. Meine Aufgabe war es, in sämtlichen Bereichen des jordanischen Militärs für einheitliche Ausbildungs- und Ausrüstungsstandards zu sorgen. Im Anschluss an die Akademie soll man mindestens ein Jahr lang im Hauptquartier auf einem Generalstabsposten dienen, und so wurde ich nach Amman abkommandiert.

Zwei Monate zuvor war der Irak in Kuwait einmarschiert. Für alle Nachbarn des Irak war dies eine furchtbare Zeit. Im Osten haben wir eine lange gemeinsame Grenze mit dem Irak, und wir mussten uns fragen, ob Saddam es bei Kuwait bewenden lassen würde. Mein Vater war schockiert über Saddams Vorgehen und hatte böse Vorahnungen. Der Einmarsch war schlimm genug, aber er hatte das Gefühl, dass es noch viel schlimmer kommen könnte. Am Tag nach der Invasion saß ich mit meinem Vater in den als »Diwan« bezeichneten Amtsräumen des königlichen Hofes und verfolgte mit ihm gemeinsam die ersten Berichte über den irakischen Vorstoß.

In jenem Herbst entwickelte sich Saddam Hussein zum Staatsfeind Nummer eins der USA. Er zählte jetzt zu den Schurken, während er noch wenige Jahre zuvor als Verbündeter gegen den Iran gegolten hatte. Obwohl mein Vater kein Freund Saddams war, hatte er doch eine enge Beziehung zu ihm geknüpft, als in den achtziger Jahren während des Krieges zwischen dem Irak und dem Iran die Transitstrecke für westliche Waffenlieferungen und Geheimdienste durch Jordanien nach Bagdad geführt hatte.

Ajatollah Khomeini, der im Zuge der iranischen Revolution 1979 an die Macht gekommen war, propagierte den Sturz der Regierungen unserer Region; an ihre Stelle sollten islamische Republiken treten. Saddam Hussein fürchtete die Bedrohung, die das neue, radikale Regime im Iran für die politische Ordnung in der Region darstellte, und glaubte, dass es einen Angriff auf den Irak vorbereitete. Im September 1980, nur ein Jahr nach seinem Amtsantritt als irakischer Präsident, führte er einen Präventivschlag gegen den Iran. Die neue Islamische Republik hielt dem Angriff jedoch tapfer stand, und so kam es zu dem acht Jahre währenden, erbitterten Konflikt zwischen Iran und Irak.

Ungeachtet der tatsächlichen Hintergründe dieses Krieges gewährten die Vereinigten Staaten Saddam Unterstützung. Sie befürchteten, der Iran könnte die Region destabilisieren, und waren wegen der Geiselnahme amerikanischer Staatsbürger im November 1979 in der US-Botschaft in Teheran außer sich. Da auch die Sowjetunion hinter Saddam stand, konnte der Irak bei seinen Kriegsanstrengungen auf die Unterstützung beider Supermächte zählen. Die Vereinigten Staaten versorgten den Irak insgeheim mit Satellitenbildern von iranischen Truppenbewegungen, was ihm bei seinen Militäroperationen Vorteile verschaffte und zum Erfolg der entscheidenden irakischen Offensive im Jahr 1988 führte. Im Juli 1988 willigte der Iran in einen Waffenstillstand ein.

Nach Dafürhalten meines Vaters sollten die jüngeren Familienmitglieder Erfahrungen in internationaler Diplomatie sammeln. Es war Mitte der achtziger Jahre, als er eines Morgens beim Frühstück verkündete, er werde in den Irak reisen und wünsche, dass der eine oder andere von uns ihn begleite. Am darauffolgenden Tag trafen sich mein jüngerer Bruder Faisal und ich sowie zwei unserer Cousins, Talal und Ghazi, im Nadwa-Palast, einem zweistöckigen Gebäude innerhalb des zum königlichen

Hof gehörenden Geländes, und starteten mit dem Flugzeug meines Vaters Richtung Bagdad.

Wir landeten bei Einbruch der Nacht und wurden am Flughafen von Saddam Hussein empfangen. Begleitet war er von seinen beiden Söhnen Udai und Kusai. Da er stets um seine Sicherheit fürchtete, war er mit mehreren Scheinkonvois unterwegs, die Verwirrung stiften sollten und in verschiedene Richtungen davonfuhren, während wir den Radwanijah-Palast unweit des Flughafens ansteuerten. Im Vergleich zu diesem Bau war das Zuhause meines Vaters mit seinen knapp ein Dutzend Räumen ausgesprochen bescheiden. Der Radwanijah-Palast hatte mit mehreren hundert Zimmern gewaltige Dimensionen; sie waren mit verziertem Marmor, mit vergoldeten Armaturen in sämtlichen Bädern und Imitaten von Louis-XIV-Möbeln ausgestattet. Dieser Kitsch entsprach nicht dem, was man beim Oberhaupt eines stolzen Landes erwartet hätte, das einst die Wunder des alten Babylon hervorgebracht hatte und Sitz der Kalifen gewesen war.

Nachdem man ein paar Höflichkeiten ausgetauscht hatte, verkündete mein Vater, dass wir über Nacht bleiben würden. Das war so nicht vorgesehen, sondern eine Geste der Solidarität, nun, da der Irak in einen langen, blutigen Krieg verwickelt war. In diesem Fall, so Saddam, sollten die jungen Leute am darauffolgenden Tag alle einen Ausflug nach Habbanija unternehmen, zu einem großen See in der Provinz Anbar westlich von Bagdad, um dort zu angeln und zu baden. Saddam war skrupellos, aber charismatisch und strahlte eine eigenartige innere Kraft aus. In ihm vereinigte sich das Auftreten eines traditionellen Stammesführers mit Bauernschläue. Ihn zu beobachten war faszinierend.

Am nächsten Morgen versammelten wir uns pünktlich in der Eingangshalle des Palastes. »Wir würden sehr gerne angeln gehen«, sagte ich zu Kusai, »aber Badezeug haben wir nicht dabei.«

»Das macht nichts«, sagte er. »Wir besorgen alles, was ihr braucht.« Wir flogen von Bagdad nach Habbanija und fuhren zu einem Palast am See, wo wir uns umzogen. Im Ankleideraum fanden Talal, Ghazi, mein Bruder und ich grellbunte Hawaiihemden für uns vor. Zwar sprachen der Irak und Jordanien dieselbe Sprache, allerdings offenbar nicht in Sachen Mode. Wir waren Gäste und hatten keine große Wahl, aber unser Sicherheitsbeamter prustete vor Lachen, als wir in unserer Kostümierung herauskamen.

Zu sechst stiegen wir in ein kleines Motorboot, wie man es vom Wasserski her kennt, und steuerten auf die Mitte des Sees zu. Dann fragte Faisal, wo denn die Angeln seien.

Udai lächelte und holte aus dem hinteren Teil des Bootes eine Plastiktasche voll Dynamit. Eine kubanische Zigarre paffend, nahm er eine Stange heraus, klappte ein Messer auf und ritzte die Zündschnur mehrfach ein. Beim Herunterbrennen würden bei jeder Markierung die Funken sprühen, so dass man sehen konnte, wie lange es noch bis zur Explosion dauerte. Grinsend hielt Udai das Dynamit hoch und zündete die Schnur mit seiner Zigarre an. Sie flammte kurz auf und erlosch. »Wohl ein Blindgänger«, grummelte er. Er warf die Stange auf den Boden und holte die nächste hervor.

Faisal und Ghazi unterhielten sich und schienen sich nichts weiter zu denken, aber Talal und ich hatten bei der Armee den Umgang mit Sprengstoff gelernt und wussten, dass das hier mehr als gefährlich war. Jeder ausgebildete Soldat ist sich bewusst, dass eine scheinbar erloschene Zündschnur durchaus weiterbrennen kann. Kreidebleich drückten wir uns an die Bootswand und beteten, dass der »Blindgänger« nicht hochging.

Auch die zweite Stange funktionierte nicht. Schließlich erwischte Udai doch noch eine, deren Lunte herunterbrannte, und warf sie auf den See hinaus. Eine Sekunde später zerstörte eine gewaltige Explosion die idyllische Szenerie. »Okay, dann wollen wir sie mal holen«, sagte Kusai und schlug vor, ins Wasser zu springen, um die auf der Oberfläche schwimmenden toten Fische herauszuholen.

Talal legte seine Hand auf meinen Arm und flüsterte: »Lass sie als Erste reinspringen. Unsere Familie war schon einmal im Irak vom Pech verfolgt.« König Faisal II. von Irak und mein Vater waren Cousins ersten Grades. Sie waren zur selben Zeit in Harrow gewesen und standen sich sehr nahe. 1958 war König Faisal durch einen Militärputsch gestürzt und zusammen mit dem Kronprinzen, seinem Onkel Abd al-Ilah, sowie sämtlichen Mitgliedern der haschemitischen Familie, die sich damals im Irak aufhielten, brutal hingerichtet worden. Die Putschisten hatten den Leichnam des Kronprinzen aus dem Fenster geworfen, woraufhin ihn ein wütender Mob durch die Straßen von Bagdad schleifte. Die durch den Putsch ausgelöste politische Instabilität führte zum Aufstieg der Baath-Partei und am Ende auch zur Machtübernahme Saddam Husseins im Jahr 1979.

Schließlich sprang Kusai über Bord und warf die Fische zu uns ins Boot. Zurück von unserer »Angeltour«, trafen wir unseren Vater im Palast an, der nun die Rückreise antreten wollte.

In Amman erhielt ich über den irakischen Botschafter dann hin und wieder Anfragen von Saddams Söhnen nach den neuesten Maschinengewehren oder anderen Schusswaffen, denn sie wussten, dass ich als Offizier der jordanischen Armee Zugang zu modernem Kampfgerät hatte. Normalerweise ging ich darauf ein, denn der Tausch von Waffen hat in der arabischen Kultur Tradition, und dem Sohn eines Staatsoberhauptes aus einem anderen arabischen Land hätte ich eine solche Bitte nur schwer abschlagen können. Einmal aber wurde ein Gewehr mit Schalldämpfer angefragt. Ich lehnte höflich ab, weil inzwischen Gerüchte zu mir vorgedrungen waren, Udai und Kusai probierten ihre Gewehre im Keller des Palasts an Landsleuten aus. Als ich Udai das letzte Mal sah, war er gerade aus dem Gefängnis entlassen worden, nachdem er den Diener seines Vaters getötet hatte. Kusai sollte ich im Januar 1991, unmittelbar vor Ausbruch des Golfkriegs, wiedersehen.

Nach wochenlangen, zunehmenden Spannungen marschierte Saddam Husseins Armee am 2. August 1990 in Kuwait ein. Irakische Truppen wüteten in der Stadt Kuwait, setzten Häuser in Brand, plünderten und griffen Zivilisten an. Scheich Fahad al-Ahmed al-Dschaber al-Sabah, der jüngere Bruder des Emirs, kämpfte heldenhaft für die Verteidigung seines Landes, bevor er von irakischen Soldaten getötet und sein Leichnam von einem Panzer überrollt wurde. In den Wirren des Krieges wurden rund 4000 Personen aus dem Westen gefangen genommen, darunter 1300 Briten und 900 Amerikaner. Einige der britischen und amerikanischen Geiseln benutzten die Iraker als »menschliche Schutzschilde« und hielten sie für den Fall eines Angriffs an strategisch wichtigen Orten des Landes fest. Sechzehn Tage nach Verabschiedung der Resolution 660, in der der Irak aufgefordert wurde, aus Kuwait abzuziehen, stimmte der UN-Sicherheitsrat am 18. August der Resolution 664 zu, wonach der Irak alle Staatsangehörigen von Drittländern ausreisen lassen sollte. Rasch zeichnete sich ab, dass die Vereinigten Staaten einen Militärschlag vorbereiteten, würde sich die irakische Armee nicht zurückziehen.

Über eine Million Menschen flohen vor dem Krieg über unsere Ostgrenze zu uns. Für ein kleines Land wie das unsere war dies ein riesiger Zustrom – rund ein Viertel unserer damaligen Gesamtbevölkerung. Die Menschen kampierten mitten in Amman in Zelten. Die Jordanier empfingen sie mit ihrer üblichen Gastfreundschaft und kamen mit Lebensmittel- und Kleidergeschenken aus ihren Häusern. Einige nahmen die unerwarteten Besucher sogar bei sich auf.

Mein Vater war ein Gegner der Invasion und Annektierung Kuwaits und bekräftigte Jordaniens Anerkennung der Regierung des Emirs. Allerdings ging er davon aus, dass es sich um ein arabisches Problem handelte, das auch von den arabischen Staaten gelöst werden müsse. Während der gesamten Krise tat er deshalb alles in seiner Macht Stehende, um die Besetzung Kuwaits durch den Irak auf diplomatischem Wege zu beenden. In einem nachträglich, im August 1991 von der Regierung veröffentlichten Weißbuch werden Jordaniens Position und Bemühungen deutlich, auch wenn sie damals von einigen falsch aufgefasst wurden.

Am 3. August 1990 flog mein Vater, der in enger Abstimmung mit König Fahd von Saudi-Arabien und dem ägyptischen Präsidenten Hosni Mubarak vorging, nach Bagdad zu einer Unterredung mit Saddam Hussein. Nach einer hitzigen Diskussion konnte er Saddam überzeugen, an einem kleinen arabischen Gipfel in Dschidda am 5. August teilzunehmen, um die Krise zu lösen. Saddam erklärte sich bereit, seine Truppen unter der Bedingung aus Kuwait abzuziehen, dass die Arabische Liga von einer Verurteilung des Irak absah. Er versprach sogar, am 5. August mit dem Abzug zu beginnen. Mein Vater glaubte, dass es ihm damit innerhalb der Frist von 48 Stunden, die er mit König Fahd und Präsident Mubarak vereinbart hatte, gelingen würde, eine Lösung zu erwirken. Doch die Arabische Liga wies seinen Vorschlag zurück. An jenem Abend verabschiedete sie eine Resolution, in der Iraks Angriff verurteilt und ein bedingungsloser Rückzug verlangt wurde. Damit waren die diplomatischen Bemühungen meines Vaters gescheitert.

Während die Araber verhandelten, schlugen die Vereinigten Staaten zunehmend kriegerische Töne an. Mein Vater war besorgt angesichts der Gefahr einer internationalen Ausweitung des Konflikts und der sinnlosen Opfer und der Zerstörung, die ein weiterer Krieg mit sich bringen würde. Der Einmarsch Amerikas und seiner Verbündeten in ein wichtiges arabisches Land und die Stationierung westlicher Truppen auf der Arabischen Halbinsel und im Golf würden sich destabilisierend auswirken. Es würde zu einer Kettenreaktion kommen, zu Vergeltungsschlägen radikaler Gruppen und zu weiteren Kriegen in unserer Region.

Wenige Tage nach seiner Zusammenkunft mit Saddam Hussein in Bagdad reiste mein Vater in die Vereinigten Staaten zu einer Unterredung mit George H.W. Bush in dessen Feriendomizil in Kennebunkport, Maine. Er war überzeugt, dass die festgefahrene Situation ohne Krieg zu lösen sei. »Wir können den Irak ohne Gewalt aus Kuwait herausbekommen«, sagte er. Er versuchte, die Risiken eines Krieges im Nahen Osten zu erläutern und wies mit klaren Worten auf das damit verbundene Leid und die Zerstörung hin, aber Präsident Bush hörte nicht auf ihn. »Ich kam als Freund nach Kennebunkport«, sagte mein Vater verbittert. »Ich habe dem Präsidenten gesagt, ich hätte das Einverständnis Saddams für einen Abzug aus Kuwait!« Aber der Entschluss des Präsidenten stand bereits fest.

Ich selbst verurteilte den Einmarsch des Irak in Kuwait ebenfalls aufs Schärfste, aber wie mein Vater war auch ich gegen einen Vergeltungskrieg der Vereinigten Staaten. Mein Vater befand sich jetzt in einer schwierigen Situation und zahlte einen hohen Preis für seinen Versuch, einen friedlichen Rückzug des Irak aus Kuwait zu erwirken. Er meinte, seine Vermittlungsbemühungen würden im Westen bewusst fehlinterpretiert, da man ihn beschuldige, sich auf Saddams Seite geschlagen zu haben. Die Haltung der britischen Premierministerin Margaret Thatcher und Präsident Bushs war in seinen Augen viel zu holzschnittartig; Zwischentöne gebe es für sie nicht. Die meisten Freunde, auch viele im Nahen Osten, wandten sich von ihm ab. Einer der wenigen, die weiterhin zu ihm hielten, war Prinz Charles: Er schien als Einziger zu begreifen, dass die Bemühungen meines Vaters, den Krieg zu verhindern, keineswegs bedeuteten, dass er Saddam den Rücken stärkte.

Im November 1990 verabschiedete der UN-Sicherheitsrat die Resolution 678, in der der bedingungslose Rückzug des Irak aus Kuwait bis zum 15. Januar 1991 gefordert wurde. Im Dezember bat mich mein Vater, ihn nach Bagdad zu begleiten. Es sollte seine dritte und letzte Reise während der Krise sein. Er hatte sich mit Jassir Arafat und Jemens Vizepräsident Ali Salem al-Beidh auf einen gemeinsamen Besuch geeinigt, um über die Freilassung der westlichen Geiseln zu verhandeln. In der Maschine meines Vaters legten wir die 800 Kilometer von Amman nach Bagdad in deutlich unter zwei Stunden zurück – weniger, als man von Washington nach Boston braucht. Doch trotz der räumlichen Nähe war Bagdad von der Geisteshaltung her eine andere Welt. Während mein Vater im großen Saal des Republikanischen Palastes mit Saddam sprach, wartete ich mit Kusai und seinem Schwager Hussein Kamel draußen in einem der Innenhöfe. Sie rauchten und waren offenbar guter Stimmung. Damals war ich Major der Armee. Ich erzählte den beiden, dass ich gerade die Generalstabsakademie in England absolviert und eine ziemlich genaue Vorstellung vom Vorgehen der NATO-Armeen und insbesondere der Luftwaffe hätte. Meiner Meinung nach seien die Iraker nicht in der Lage, die Streitkräfte des Bündnisses aufzuhalten. Wie sie denn, fragte ich sie, einem solchen geballten Angriff die Stirn bieten wollten. Zu diesem Zeitpunkt stand bereits fest, dass sich die meisten arabischen Staatsführer der internationalen Koalition unter Führung der Vereinigten Staaten und Großbritanniens anschließen würden.

Die irakische Führung war weitgehend isoliert, und niemand wollte, wie das in einer Diktatur häufig der Fall ist, dem Führer sagen, dass er irrte. So hatten auch Saddams Söhne eine hochtrabende – und unrealistische – Vorstellung von ihrer militärischen Stärke.

»Wir können sogar ihre Tarnkappenbomber aufspüren!«, sagte Kusai triumphierend. »Die Kampfmoral ist sehr gut, wir wollen Krieg.« Dann erzählten mir die beiden von einem neuen Artilleriegeschütz, das sie entwickelt hätten, von geheimen Radarsystemen und 9-Tonnen-Bomben. All das klang nicht sehr glaubwürdig.

»Eins sage ich euch«, erwiderte ich, »nach allem, was ich in England gelernt habe, habt ihr Jungs keine Chance.« Aber sie schwiegen nur. Vor lauter Nationalstolz unterschätzten sie die

Stärke ihres Gegners maßlos. Das war genau die Hybris, die zum Tod Zigtausender Menschen führen kann, und so sollte es auch bald kommen.

Kurz nach unserem Gespräch trat mein Vater, der optimistisch wirkte, aus dem Konferenzsaal, und wir kehrten nach Amman zurück. Am darauffolgenden Tag, dem 6. Dezember 1990, verkündete Saddam, er werde die Geiseln freilassen. Doch die Kriegsmaschinerie war bereits in Gang gesetzt und nicht mehr aufzuhalten.

Um Neujahr treffe ich mich regelmäßig mit engen Freunden aus den Vereinigten Staaten und anderen Ländern; das hat bis heute Tradition. In jenem Jahr war ich wegen des unmittelbar bevorstehenden Krieges an unseren Grenzen allerdings nicht sicher, ob überhaupt einer von ihnen nach Jordanien kommen würde.

Meine Familie und ich versuchten, eine gewisse Normalität aufrechtzuerhalten, obwohl ich merkte, wie erschöpft mein Vater war. Er telefonierte den ganzen Tag mit den Amerikanern, mit Saddam Hussein und den Kuwaitis und versuchte verzweifelt, ihnen die Gefahren einer kriegerischen Auseinandersetzung vor Augen zu führen. Ein paar Freunde von mir und ich versuchten, ihn aufzuheitern. Beim Durchstöbern seines Hauses in Hummar fanden wir in einer alten Kiste Fotos, die ihn zusammen mit Gamal Abdel Nasser, dem britischen General Sir John Glubb und etlichen anderen Persönlichkeiten der Geschichte zeigten. Als unsere Familie später zusammensaß und mein Vater die Fotos durchsah, hielt er aus dem Stegreif eine Geschichtsstunde und schilderte, was sich zur Zeit der jeweiligen Aufnahme in Jordanien ereignet hatte; er erzählte uns von den einzelnen Persönlichkeiten, beschrieb ihren Charakter und die verschiedenen Auseinandersetzungen, die er erlebt hatte.

In jenem Jahr verbrachte ich Silvester mit meinem Freund Gig, der mich trotz der Proteste seiner Familie mit ein paar weiteren Freunden aus Amerika besuchte. Wir waren im Jordantal und unterhielten uns über unsere Familien und die Zeit in Deerfield, doch vor allem drehte sich unser Gespräch um den drohenden Krieg gegen den Irak und mögliche Folgen für Jordanien. Konnte es womöglich dazu kommen, dass Jordanien aus amerikanischer Sicht plötzlich als Feind dastand? Das 229. Geschwader der 101. US-Luftlandedivision, in dem ich das Fliegen mit Cobra-Hubschraubern gelernt hatte, war in Richtung Irak in Marsch gesetzt worden, und der Gedanke, dass wir uns schon bald als Gegner gegenüberstehen könnten, war schockierend. Ich war Jordanier und Gig Amerikaner, aber unsere Freundschaft sollte stärker sein als die Politik.

Bis Januar 1991 wurden über eine halbe Million Soldaten eines von den Vereinigten Staaten und Großbritannien angeführten Bündnisses aus rund dreißig weiteren Staaten in Saudi-Arabien und am Persischen Golf zusammengezogen. Ihnen stand die rund eine Million Mann starke Armee Saddams gegenüber, die größte in der Region und viertgrößte weltweit. Der Irak war aus der ganzen Welt mit Waffensystemen versorgt worden und durch seinen langen Krieg gegen den Iran kampferprobt, sodass keineswegs feststand, dass der bevorstehende Konflikt für die Amerikaner ein reiner Durchmarsch werden würde.

Wir hatten die Sorge, von den Israelis oder den Irakern in den Krieg hineingezogen zu werden. Möglicherweise würden israelische Kampfjets in den jordanischen Luftraum eindringen, um den Irak anzugreifen, weil Saddam sein Vorgehen nach außen hin mit der Unterstützung Palästinas gerechtfertigt hatte, ein alter Schlachtruf, der bis heute durch die gesamte Region dringt. Andererseits war auch denkbar, dass die irakischen Truppen in Jordanien einmarschierten, um Israel anzugreifen. Mein Vater sagte zu Saddam: »Wenn auch nur ein irakischer Soldat die Grenze überschreitet, gibt es Krieg.« Seine Botschaft an Israel lautete genauso: Wenn nur ein israelischer Kampfjet in den jordanischen Luftraum eindringen würde, um den Irak anzugreifen, bedeute das Krieg.

Am 17. Januar 1991 begann der Krieg des Bündnisses gegen den Irak. Da der nationale Notstand ausgerufen worden war, bat mich mein Vater, ich möge mich bereithalten, mit dem 2. Bataillon der 40. Panzerbrigade nahe der Grenze zu Israel Stellung zu beziehen. Wenige Nächte vor Beginn der Kämpfe wurde ich eines Abends zur Inspektion einer Einheit entsandt, die im unteren Jordantal nahe dem Toten Meer an der Grenze Wache hielt. Es war eine Nacht, wie man sie nur in der Wüste erlebt, mit dem fahlen Licht des hellen Mondes und einem Sternenhimmel, den man wegen des künstlichen Lichts in der Stadt nie zu sehen bekommt. Es ist, als würde man vom Rande aus in das Universum hineinblicken.

Plötzlich fuhr ein Blitz durch die Dunkelheit. Eine irakische Scud-Rakete zog am Himmel ihre Bahn in Richtung Israel.

Unsere Luftwaffe war in höchster Alarmbereitschaft. Wir befürchteten, dass die irakischen Luftstreitkräfte versuchen könnten, nach Jordanien zu fliehen. Wie sich herausstellte, waren sie in den Iran gegangen, um nicht in einen Luftkampf mit der Koalition zu geraten, und die Israelis hielten sich zurück.

Saddams Armee war den Truppen des Bündnisses nicht gewachsen; nach sechs Wochen war der Krieg vorbei. Aufgrund dessen, was ich über die Taktik der NATO und die militärische Stärke der Amerikaner und Briten wusste, war mir völlig klar gewesen, wie der Krieg ausgehen würde, aber selbst ich war überrascht, wie schnell die irakische Armee besiegt wurde.

Mein Vater und Saddam Hussein hatten nicht viel füreinander übrig. Mein Vater wusste nur allzu gut, welches Leid die irakischen Streitkräfte den Kuwaitis zugefügt hatten. Doch er wollte auch dem irakischen Volk unnötiges Leid durch den Krieg ersparen. Viele Golfstaaten, darunter auch Kuwait, konnten nicht akzeptieren, dass mein Vater als Vermittler fungiert und versucht hatte, den Krieg zu verhindern. Sie beschuldigten ihn, für Saddam Partei zu ergreifen, was ihn sehr verletzte. Er war der Ansicht, seine alten Verbündeten hätten ihm mehr Vertrauen entgegenbringen und ihm dankbar sein sollen für seine Versuche, im Interesse aller zu handeln. Die Beziehungen zwischen Jordanien und Kuwait waren auf Jahre belastet, und nach dem Krieg verschlechterte sich auch unser Verhältnis zu den übrigen Golfstaaten. Die Folge waren ausbleibende finanzielle Unterstützung, Ölmangel, da der Irak die wichtigste Bezugsquelle gewesen war, und deutliche Einbußen bei den Geldsendungen von Jordaniern, die in der Golfregion arbeiteten, denn viele verloren ihre Arbeit und waren gezwungen, in ihre Heimat zurückzugehen. Auf diese Weise entstand der Wirtschaft schwerer Schaden.

Aber alle in der Region waren zutiefst betrübt über den Tod und die Zerstörung, die der Krieg verursacht hatte. Und vielleicht war das auch der Grund dafür, dass sich einige jetzt nachdrücklicher um Frieden mit unserem anderen Nachbarn bemühten: mit Israel.

Nach dem Ende des Kalten Krieges und dem Rückzug des Irak aus Kuwait beriefen die Vereinigten Staaten und die Sowjetunion im Oktober 1991 in Madrid eine Friedenskonferenz ein. Die Gespräche bedeuteten einen entscheidenden Wendepunkt in der langen Geschichte der Bemühungen seitens der gemäßigten arabischen Staaten und der internationalen Gemeinschaft, den arabisch-israelischen Konflikt insgesamt zu lösen und über eine Einigung zwischen Israelis und Palästinensern zu verhandeln. Zum ersten Mal kamen alle arabischen Parteien einschließlich der Palästinenser zusammen, um ihre unterschiedlichen Auffassungen mithilfe von Schlichtern darzulegen. Was in Madrid in den bilateralen und multilateralen Foren in Gang kam, belebte die brachliegenden Friedensbemühungen. Da sich die Israelis noch nicht imstande sahen, direkt mit den Palästinensern zu verhandeln, ermöglichte Jordanien gemeinsame Gespräche unter »jordanischem Schirm«, wobei eine Delegation aus den besetzten Gebieten Teil des jordanischen Verhandlungsteams war. Ziel des in Madrid angestoßenen Prozesses war ein umfassender Frieden in der Region, und Anfang November nahm Israel mit seinen arabischen Nachbarn jeweils bilaterale Gespräche auf: mit Jordanien, den Palästinensern, dem Libanon und Syrien.

Unter den arabischen Staaten herrschte stillschweigendes Einverständnis darüber, dass man eine geeinte Front aufrechterhalten wollte, um die Interessen der Palästinenser zu wahren, statt dass jeder für sich auf der Grundlage der eigenen Interessen verhandelte. Zu diesem Zweck kamen sie überein, ihre Positionen untereinander abzustimmen und sich gegenseitig über den Fortgang der Gespräche zu informieren.

Ohne Wissen meines Vaters begannen Israel und die PLO jedoch, zur selben Zeit in Oslo Geheimgespräche zu führen, und nach acht Monaten gelang ihnen unerwartet ein historischer Durchbruch, dessen Ergebnis als Oslo-Abkommen in die Geschichte einging. Diese Übereinkunft, in der sich Israel und die PLO gegenseitig anerkannten und die Palästinenser in Gaza und Jericho autonomen Status erhielten, stellte einen Wendepunkt in den israelisch-palästinensischen Beziehungen dar. Sie bildete das Grundgerüst für ein endgültiges Friedensabkommen und legte fest, in welchen Etappen die nähere Ausgestaltung erfolgen sollte. Die Grundsatzerklärung wurde im September 1993 in Washington von Israels Premierminister Jitzhak Rabin und PLO-Chef Jassir Arafat in einem feierlichen Akt unterzeichnet, der im Weißen Haus im Beisein von US-Präsident Bill Clinton stattfand.

Mein Vater war verärgert darüber, dass Arafat ihn nicht über die Geheimverhandlungen informiert und einen separaten Frieden mit Israel geschlossen hatte. »Das ist einfach unglaublich!«, sagte er zu mir. Er war auch beunruhigt darüber, dass die Syrer mit ihren Gesprächen schon weiter fortgeschritten waren, als sie uns gegenüber verlautbaren ließen. Tief enttäuscht darüber, dass die Araber es nicht geschafft hatten, ihre geeinte Front aufrechtzuerhalten, konzentrierte sich mein Vater nun auf Jordaniens eigene Friedensverhandlungen mit Israel.

Im Grunde hatte sich Jordanien bereits seit 1988 um direkte israelisch-palästinensische Friedensverhandlungen bemüht. Damals hatte mein Vater die historische Entscheidung getroffen, Jordaniens rechtliche und administrative Bindung an das von den Israelis besetzte Westjordanland aufzuheben. 1967, zu Beginn der israelischen Besetzung, war dieses Gebiet Teil des Haschemitischen Königreichs Jordanien. Die im Westjordanland lebenden Palästinenser waren jordanische Staatsbürger, und die Regierung in Amman blieb für die Dauer der Besetzung für alle sie betreffenden Angelegenheiten zuständig, für die Aufrechterhaltung palästinensischer Schulen, des Gerichtswesens und sonstiger Institutionen. Verwaltungsbeamte im Westjordanland waren auch nach 1967 noch Angestellte der jordanischen Regierung, und die Hälfte der Sitze im jordanischen Parlament war den Vertretern aus dem Westjordanland vorbehalten. Die Entscheidung für die Loslösung bedeutete, dass Jordanien nicht länger für diese Einrichtungen zuständig war, allerdings mit Ausnahme der heiligen Stätten. Mein Vater glaubte, wenn er auch die Zuständigkeit für die heiligen Stätten preisgäbe, würde ein Vakuum entstehen, das Israel nutzen würde, um sie unter ihre Kontrolle zu bringen. So hielt er daran fest, was Israel später in dem 1994 mit Jordanien geschlossenen Friedensabkommen auch anerkannte.

Die formale Loslösung des Westjordanlands bedeutete, dass die Palästinenser in den besetzten Gebieten nun selbst die Verantwortung für ihre politische Zukunft übernehmen konnten. In seiner Ansprache an die Nation vom 31. Juli 1988 verlieh mein Vater seiner Überzeugung Ausdruck, dass dies die logische Konsequenz aus dem Ergebnis des Gipfels von Rabat im Jahr 1974 sei, bei dem alle arabischen Staaten beschlossen hatten, die PLO als einzig legitime Vertreterin des palästinensischen Volkes anzuerkennen. Die Entscheidung wurde auch durch viele vergebliche Versuche befördert, sich mit der PLO auf eine gemeinsame Strategie zu einigen, sowie durch den Beginn des Aufstands gegen die israelische Besatzung im Westjordanland und im Gazastreifen im Dezember 1987 – die erste palästinensische Intifada. Die Palästinenser hatten unmissverständlich klargemacht, dass sie ihre politischen Ziele unabhängig von Jordanien zu verfolgen beabsichtigten. Mein Vater wollte ihnen dabei nicht im Weg stehen. Seine Entscheidung war von großer Bedeutung für den Wunsch der Palästinenser nach einem eigenen Staat: Von nun an bildete das Westjordanland das Herzstück eines künftigen palästinensischen Staates.

Eine weitere unbeabsichtigte Folge des Golfkriegs von 1991 war die Flut von Irakern, die in unser Land strömten. Vor dem Krieg, währenddessen und danach suchten viele hunderttausend Iraker und Menschen aus anderen Ländern, die im Irak gelebt hatten, Zuflucht in Jordanien. Die meisten Jordanier und Palästinenser, die nach Kuwait abgewandert waren, kehrten ebenfalls nach Jordanien zurück. Zwar wusste ich es damals noch nicht, aber das Glück, einem dieser Menschen zu begegnen, sollte mein Leben bald verändern.

# Kapitel 9
# Eine königliche Hochzeit

Im August 1992 war ich Bataillonskommandeur des 2. Panzerkavallerieregiments. Wir hatten zwei Monate lang Übungen im Gelände absolviert, unser Lager in der Wüste aufgeschlagen und in Zelten geschlafen. Entsprechend schlicht war die Unterbringung. Um dennoch warm duschen zu können, hatte ich eine Vorrichtung mit einem Kanister gebaut, in dem das Wasser von der Sonne erhitzt wurde. Die Übungen verliefen gut, sodass der Brigadekommandeur mir und anderen Offizieren für eine Nacht Freigang gab.

Ich legte meine Armeeuniform ab, zog ein T-Shirt und Turnschuhe an und fuhr nach Amman. Kaum war ich zu Hause eingetroffen, rief meine Schwester Aischa an: »Wie ich höre, bist du in der Stadt. Komm doch zum Essen zu uns.« Ich sagte, dass ich mir eigentlich nichts weiter als eine anständige Dusche und ein bequemes Bett wünsche, aber sie hatte mich schon länger nicht gesehen und versprach, dass es ganz zwanglos zugehen werde. Ich hatte mich zwei Monate lang von Bohnen und Dosenspaghetti ernährt, sodass die Aussicht auf ein richtiges Essen zu schön war, um abzulehnen.

Das Gesicht nach Wochen in der Wüstensonne krebsrot, begab ich mich zu Aischas Haus. Da mir nicht klar war, dass sie Gäste hatte, trug ich noch dieselben Sachen, die ich im Armeecamp übergezogen hatte. Ein Freund meiner Schwester arbeitete in Amman bei Apple, und er hatte eine Kollegin mitgebracht, Rania al-Jassin. Als ich sie sah, war mein einziger Gedanke: »Wow!«

Rania, damals knapp 22, lebte erst seit Kurzem in Jordanien. Sie stammte aus einer jordanischen Familie palästinensischer Herkunft und war in Kuwait aufgewachsen. Mit ihren Angehörigen war sie während des Golfkriegs nach Jordanien gekommen. Ihr Vater hatte schon lange vorgehabt, sich in Jordanien zur Ruhe zu setzen, und ein Haus in Amman gebaut, aber der Krieg hatte die Pläne der Familie beschleunigt.

Nach einem Wirtschaftsstudium an der American University in Kairo hatte Rania in der Citibank in Amman gearbeitet und anschließend bei Apple, wo sie den Freund meiner Schwester kennengelernt hatte. Wir unterhielten uns nur kurz an diesem Abend, aber mich beeindruckte, wie souverän, elegant und intelligent sie war. Ich war hingerissen und wusste, dass ich sie unbedingt wiedersehen musste. Es dauerte ein wenig, bis ich sie ausfindig gemacht hatte, aber schließlich kam ich an ihre Telefonnummer und rief sie im Büro an. Ich nannte meinen Namen und sagte, dass ich hoffte, sie wiederzusehen. »Ich habe schon das eine oder andere über Sie gehört«, sagte sie. Ohne sich näher zu äußern, gab sie mir zu verstehen, dass es nicht nur Gutes gewesen war. »Ich bin kein Engel«, erwiderte ich, »aber mindestens die Hälfte dessen, was Sie über mich hören, ist dummes Geschwätz.« Sie war nicht überzeugt und sagte, sie brauche Bedenkzeit.

Aber so einfach wollte ich mich nicht geschlagen geben. Ich brachte einen gemeinsamen Freund, Tafik Kawar, dazu, bei ihr im Büro vorbeizuschauen und sie meiner guten Absichten zu versichern. Rania war noch immer nicht überzeugt; sie hielt meinen Freund nicht für objektiv. Tafik kehrte von seiner Mission zurück und berichtete, dass er zwar kein Treffen für mich habe vereinbaren können, aber herausgefunden habe, dass Rania Schokolade mochte. Also schickte ich ihn mit einer Schachtel belgischer Pralinen wieder hin. Danach akzeptierte sie meine Einladung zum Abendessen. Es war November, als sie endlich zu mir nach Hause kam, und ich beschloss, sie zu überraschen und zu kochen.

Ursprünglich habe ich bei der Armee Kochen gelernt, weil ich es musste, aber später tat ich es gern. Es hilft mir, mich zu entspannen und abzuschalten. Ich besaß einen bei uns gefertigten japanischen Teppanyaki-Tisch, eine Grillplatte, auf der ich traditionelle japanische Gerichte mit Huhn, Garnelen und Rind nach Art eines Benihana-Restaurants zubereitete. Das Essen verlief bestens, und bis Jahresende sahen wir uns noch ein oder zwei weitere Male; sehr viel häufiger telefonierten wir. Wir mussten diskret sein. Amman liebt den Klatsch, und wir wollten beide keinen Anlass zu Spekulationen geben.

Kurz nach Neujahr traf ich mich mit Gig. Ich konnte meine Aufregung nicht länger verbergen und erzählte ihm, dass ich in Amman eine wundervolle Frau kennengelernt habe und glaube, sie sei die Richtige.

Zur Feier meines Geburtstags am 30. Januar lud ich Rania ein. Mein Vater nahm neben ihr Platz, und sie begannen sich zu unterhalten. Er war überwältigt von ihrer Intelligenz, ihrem Charme und ihrer Schönheit, und es dauerte nicht lange, bis er hinter unser Geheimnis kam. Als die Gäste gegangen waren und Rania und ich noch ein wenig zusammensaßen, läutete das Telefon. Es war mein Vater, der immer gerne den Eheanbahner gab. »Also«, sagte er, »wann kann ich ihre Eltern sehen?«

Früher fuhr ich oft Rallyes, auch bei Profirennen, und mein Kopilot Ali Bilbeisi und ich schafften 1986 und 1988 sogar den dritten Platz bei der Jordan International Rally. Einer meiner Lieblingsorte war Tel al-Rumman, ein Berg in der Nähe von Amman, wo mein Vater mit einigen seiner libanesischen Freunde ein Bergrennen ins Leben rief, das heute zu den ältesten Sportereignissen im Nahen Osten zählt. Ich fragte Rania, ob sie mich dorthin begleiten würde, und so fuhren wir den Berg hinauf. Ich hatte mir die Sache mit dem Antrag romantischer vorgestellt, aber als wir vor dem Auto standen und miteinander plauderten, sagte ich ihr, dass ich glaube, unsere Freundschaft würde sich zu etwas Ernstem entwickeln, und dass ich mir eine Ehe mit ihr vorstellen könne. Rania wandte sich zu mir um, lächelte und sagte nichts. Ich wertete ihr Schweigen als Zustimmung, erzählte meinem Vater von unserer Unterhaltung, und von da an kam Bewegung in die Dinge.

Ein paar Wochen später arrangierten wir einen Besuch meines Vaters bei ihren Eltern. Ich war für die Armee unterwegs gewesen, und als ich am Queen Alia International Airport in Amman aus dem Flugzeug stieg, sah ich meinen Vater am Gate stehen. Soweit ich mich erinnere, war es das erste Mal, dass er mich am Flughafen abholte. Ich glaube, er wollte sichergehen, dass ich keine kalten Füße bekam! Als alter Romantiker, der er war, wünschte er sich schon seit Jahren, dass ich heiratete und eine Familie gründete.

Wenn in unserem Kulturkreis ein Mann einer Frau einen Heiratsantrag macht, versammelt er die mächtigsten und einflussreichsten Mitglieder seiner Familie oder seines Stammes, um der Familie der künftigen Braut zu zeigen, dass ihre Tochter willkommen ist und gut versorgt sein wird. Hätte man sich einen besseren Fürsprecher vorstellen können als den König von Jordanien? Auf dem Weg zu Ranias Elternhaus machte mein Vater einen Abstecher zu seinem Büro, wo er noch verschiedene Schriftstücke unterzeichnen musste. Er ließ mich eine gute Dreiviertelstunde warten. Vor Angst, wir könnten uns verspäten, stand mir der Schweiß auf der Stirn.

Als wir schließlich eintrafen, glaubten Ranias Eltern, es handle sich um ein zwangloses Treffen. Sie ahnten nicht, dass mein Vater die Absicht hatte, an jenem Tag für mich um die Hand ihrer Tochter anzuhalten. Sie waren sehr gute Gastgeber; ihre Mutter hatte Gebäck, Tee und Kaffee zubereitet. Als sie meinem Vater eine Tasse Kaffee einschenkte, nahm er diese entgegen, ohne daraus zu trinken. Wenn ein Mann in Jordanien um die Hand einer Frau anhält, will es die Tradition, dass die Familie der Frau eine Tasse arabischen Kaffee anbietet, von dem die Familie des Mannes nicht trinkt, bis der Antrag angenommen ist. Lehnt ihre

Familie den Antrag ab, gilt diese Schmach für die Familienehre als getilgt durch die Schmach, die man den Gastgebern zufügt, indem man den Kaffee stehen lässt. Heutzutage ist das nur noch ein Ritual, bei dem alle Beteiligten wissen, welche Rolle sie zu spielen haben. Zwar hatten wir seit meinem Antrag schon über die Hochzeit gesprochen, doch in der Eile hatte ich vergessen, Rania über unser Vorhaben zu informieren.

Als mein Vater den Kaffee nicht trank, begriff Rania, was vor sich ging. Ihre arme Mutter aber fragte sich, was nicht stimmte. Eindringlich forderte sie meinen Vater auf, doch zuzugreifen und etwas zu trinken. Schließlich wandte sich mein Vater an Ranias Vater und erklärte, warum Rania und ich ein gutes Paar abgeben würden. Ich war so nervös, dass ich mich nicht mehr daran erinnere, was genau er sagte, aber es muss überzeugend gewesen sein. Zu meiner großen Erleichterung waren Ranias Eltern einverstanden, sodass mein Vater seinen Kaffee endlich trank. Rund eine Woche später, am 22. Februar 1993, gaben Rania und ich offiziell unsere Verlobung bekannt.

Im selben Monat wurde ich als Kommandeur eines Bataillons im Panzerkorps, wo ich den Großteil meiner militärischen Laufbahn verbracht hatte, abberufen und zum stellvertretenden Kommandeur der Spezialeinheit ernannt. So wie andere Eliteregimenter, etwa die U. S. Delta Force und der britische Special Air Service, war die jordanische Spezialeinheit für die Terrorbekämpfung zuständig und für Einsätze zu Land, zu Wasser und in der Luft ausgebildet. Ein persönlicher Vorteil war, dass ich von nun an im Hauptquartier arbeiten würde, das heißt, ich konnte den Armeestützpunkt verlassen und in das Haus unserer Familie in Amman ziehen. Da unsere Hochzeit nun rasch näherrückte, blieb nur wenig Zeit, mich einzurichten.

Mein Vater wollte ein großes Ereignis. Er ging sogar so weit, dass er aus London einen Organisator des Royal Tournament einfliegen ließ, einer jährlich stattfindenden Militärparade, damals eine der größten weltweit. Rania und ich hingegen wollten eine kleine Feier, sodass ich mit meinem Vater zu verhandeln begann. Er reagierte furchtbar aufgeregt, und mir war klar, dass ich ihn niemals von seinem Vorhaben würde abbringen können. Schließlich einigten wir uns darauf, dass er sich um die offiziellen Feierlichkeiten während des Tages kümmern sollte und wir das abendliche Unterhaltungsprogramm organisieren würden.

Der 10. Juni 1993 war ein sonniger Tag in Amman; die Menge säumte die Straßen, winkte und warf Blumen. Ich trug meine schwarze Militäruniform, und Rania sah in ihrem fließenden weißen Satinkleid mit Goldstickereien und weißem Schleier prächtig aus. Am Nachmittag wurden wir in einer kleinen Zeremonie im Zahran-Palast mitten in Amman im Kreis der Familie und einiger weniger Freunde getraut. Im Zahran, was so viel wie »blühende Blume« heißt, wohnte meine Großmutter Königin Zein.

Nach der Zeremonie fuhren wir in einem offenen, cremefarbenen und mit weißen Blumen bedeckten 1961er-Lincoln-Cabriolet durch die Straßen von Amman und winkten der Menge zu. Langsam durchquerten wir die Stadt in Richtung Raghadan-Palast, dem Sitz des königlichen Hofes, wo der offizielle Empfang stattfinden sollte. Der Palast, den der Begründer des modernen Jordanien, mein Urgroßvater König Abdullah I., auf einem Berg mit Blick auf Amman errichtet hatte, beherbergt den Thronsaal und wird häufig für offizielle Staatsempfänge benutzt.

An jenem Nachmittag ging es jedoch alles andere als förmlich zu, denn rund zweitausend fröhliche Gäste strömten aus dem Palast auf die von Bäumen gesäumten Grünflächen. Neben Freunden und Verwandten aus Jordanien hatten wir Freunde aus Übersee eingeladen, darunter Gig Faux, Perry Vella und andere ehemalige Mitschüler aus Deerfield. Auch ein paar meiner Lehrer aus Deerfield kamen, namentlich Jim Smith, und einer meiner alten Leibwächter. Freunde aus Sandhurst waren da, sonstige Freunde aus England, und Ranias Freunde und Verwandte aus Kuwait und Kairo. Der Kronprinz von Marokko war gekommen, wie auch General Joseph Hoar, der Leiter des US-Zentralkommandos. Königin Sofia von Spanien war ebenfalls zugegen, da mein Vater eng mit dem spanischen Königshaus befreundet war. Diese Verbindung war übrigens auf Umwegen zustande gekommen: Ein Klassenkamerad meines Vaters aus dem Victoria College in Ägypten war der im Exil lebende König Simeon II. von Bulgarien, der ihn in weitere europäische Königshäuser einführte, darunter auch das spanische. Das Schicksal wollte es, dass König Simeon nach dem Zusammenbruch des kommunistischen Regimes nach Bulgarien zurückkehrte, dort eine neue politische Partei gründete, die 2001 bei den Parlamentswahlen die Mehrheit errang, und schließlich Premierminister wurde.

Höhepunkt des Empfangs war das überraschende Eintreffen meines alten Fallschirmspringerlehrers Semih Dschanakat. Wie es sich für einen Offizier der Spezialeinheit gehört, kam er mit dem Fallschirm, indem er nach Einbruch der Dunkelheit über dem Palastgrundstück absprang. Vorbei an Bäumen, Gebäuden und dem Springbrunnen landete er formvollendet vor den versammelten Gästen und präsentierte Rania und mir ein Schwert, mit dem wir die Hochzeitstorte zerteilten.

Nach dem formellen Empfang im Palast zogen sich die Familie und enge Freunde zum Abendessen bei meiner Mutter in den Bergen oberhalb von Amman zurück, wo wir an einem Swimmingpool aßen, uns unterhielten und tanzten. Gegen zwei Uhr morgens schließlich verabschiedeten Rania und ich uns. Schon am nächsten Tag brachen wir zu unserer Hochzeitsreise auf. Wir konnten es kaum erwarten, endlich unser neues, gemeinsames Leben zu beginnen.

Zur Hochzeit schenkte uns mein Vater einen Erster-Klasse-Flug via London nach San Francisco, aber sobald wir dort angekommen waren, besorgten wir uns einen Visit USA Air Pass, mit dem wir einen Monat lang unbegrenzt in der Economy Class fliegen konnten. Rania war zwar schon mehrfach in den Vereinigten Staaten gewesen, aber ich wollte ihr unbedingt mehr zeigen. Zuerst flogen wir nach Hawaii, machten einen Abstecher nach Tahiti und Bora Bora und reisten dann weiter an die Ostküste, wo wir New York und Washington besuchten. Wenn das Bodenpersonal beim Einchecken gelegentlich mitbekam, dass wir auf Hochzeitsreise waren, buchten sie uns auf die Business-Klasse um.

Nach unserer Rückkehr aus Amerika suchten Rania und ich nach einem Haus, das wir kaufen könnten, als mein Vater uns eröffnete, er habe ein Haus für uns außerhalb von Amman, das er schon vor Längerem erworben habe und nun renovieren wolle. Die Arbeiten waren sehr umfangreich und zogen sich über ein Jahr hin. In der Zwischenzeit bewohnten wir ein kleines Gästehaus, das zum Anwesen meines Vaters gehörte. Da wir neben ihm wohnten, sahen wir ihn häufig, wodurch Rania und er sich besser kennenlernten. Oft saßen wir beim Frühstück oder abends vor dem Fernseher zusammen. In dieser Zeit sah sich Rania auch zum ersten Mal mit der Kehrseite des Königtums konfrontiert. Ihre große Nähe zum König sorgte bei einigen für gehörigen Neid, und Rania musste äußerst diplomatisch sein. Ich pendelte zwischen Amman und dem rund eine Stunde entfernten Hauptquartier der Spezialeinheit in Zarka hin und her. Zum ersten Mal seit vielen Jahren lebte ich nicht auf einem Militärstützpunkt. Unser Zuhause war alles andere als ein Palast – es gab ein Wohnzimmer, ein Esszimmer und zwei Schlafzimmer –, aber wir waren sehr, sehr glücklich. Und dass mein Vater ständig in unserer Nähe war, bescherte uns noch mehr Glück. Rückblickend wird uns erst so richtig bewusst, wie kostbar diese Zeit war.

Rania hatte ihren Job bei Apple aufgegeben. Ursprünglich hatten wir gedacht, sie würde unseren Haushalt ausstatten und sich dann eine Weile als Mitglied der königlichen Familie eingewöhnen. Aber sie war eine Karrierefrau und besaß viel zu viel Energie, um den ganzen Tag zu Hause herumzusitzen. Ein Dasein als Hausfrau war nicht das, was sie sich für ihre Zukunft vorgestellt hatte. Unsere Beziehung war von Beginn an eine gleichberechtigte Partnerschaft gewesen. Zwar hätte sie auch gern wieder gearbeitet, aber angesichts ihrer Stellung wäre es unpassend gewesen, wenn sie ihre Tätigkeit bei Apple wieder aufgenommen oder für ein anderes Unternehmen gearbeitet hätte. Gemeinsam überlegten wir, dass sie ihre Fantasie, ihr Talent und ihre Intelligenz am besten im öffentlichen Bereich einsetzen konnte. Ich suchte deshalb meinen Vater auf und fragte ihn, ob er für Rania eine passende Rolle im Auge habe. Er wusste um ihre Kenntnisse in Wirtschafts- und Geschäftsdingen und schlug vor, sie könne in der Jordan Export Development and Commercial Centers Corporation tätig werden und sich um die Unterstützung jordanischer Firmen auf Auslandsmärkten kümmern.

Zwar war mein Vater in mancher Hinsicht konservativ, doch er glaubte, dass Frauen in der Öffentlichkeit eine Rolle spielen sollen, was in unserer Region für einen Mann seiner Generation ungewöhnlich war. In den siebziger Jahren, zu einer Zeit, da die Ehefrauen vieler arabischer Oberhäupter kaum öffentlich in Erscheinung traten, bestand mein Vater darauf, dass seine Frau, Königin Alia, ihn bei der Wahrnehmung öffentlicher Aufgaben und bei Treffen mit Staatschefs aus dem nahen und fernen Ausland begleitete. Den Wunsch meiner Schwester Aischa, zum Militär zu gehen, unterstützte er ebenfalls nach Kräften.

Aischa, die immer eher ein Wildfang gewesen ist, war hart im Nehmen, wie wir schon als Kinder bemerkten. Wenn Faisal oder ich versuchten, sie zu ärgern, zahlte sie es uns mit gleicher Münze heim. Mit acht Jahren kam sie in die Vereinigten Staaten und ging in Washington zur Schule, bevor sie auf die Dana Hall High School in Wellesley, Massachusetts, wechselte. Eines Tages, als sie während der Sommerferien in Amman war, fragte sie mich, ob ich sie zum Fallschirmspringen mitnehmen würde. Ich war einverstanden, bestand aber darauf, es vor meinem Vater, der von der Idee nicht viel hielt, geheim zu halten. Sie war noch nicht sechzehn und so leicht, dass wir ihren Gurt mit Gewichten und Steinen beschweren mussten. Ich landete als Erster, während sie wegen ihres geringeren Gewichts aus dem vorgesehenen Landebereich abdriftete und in einem nahe gelegenen Feld aufsetzte. Ich lief über den steinigen Boden in ihre Richtung und sah sie aus einiger Entfernung reglos auf dem Boden liegen. Erschrocken rannte ich die letzten Meter bis zu ihr. Sie lag flach auf dem Rücken und sang glückselig vor sich hin ... In jenem Sommer nahm ich sie noch mehrmals mit, und so war sie die erste Frau in Jordanien, die fünf Fallschirmsprünge absolvierte und ihr Abzeichen erhielt.

Als es so weit war, beschlossen wir, dass wir unseren Vater einweihen müssten. Er war auf Reisen, also rief ich ihn an und sagte: »Übrigens, Vater, Aischa steht neben mir, und ich möchte dich beglückwünschen. Deine Tochter hat ihr Sprungabzeichen gemacht.« Einen Moment lang herrschte staunende Stille am anderen Ende der Leitung, dann fragte mein Vater mich, was mir eigentlich einfalle. Er tat, als wäre er wütend, aber wir alle wussten, dass er, wenn er sich erst von dem Schock erholt hätte, unendlich stolz sein würde. Auch meine Mutter, die selbst aus einer Familie von Militärs stammte, unterstützte Aischa sehr in ihrem Interesse für die Streitkräfte. Noch mehr Stolz empfanden meine Eltern, als Aischa 1987 als erste Frau aus dem Nahen Osten ihren Abschluss in Sandhurst machte. Derzeit ist sie Brigadegenerälin der Armee und dient – als erster weiblicher Offizier auf diesem Posten – als Militärattaché an der jordanischen Botschaft in Washington. Sie ist der Überzeugung, dass Frauen innerhalb der Armee stärker zum Zuge kommen sollten, und setzt sich mit Nachdruck dafür ein.

Frauen wie Aischa mit ihrer aktiven Rolle in der Armee und Rania, die in Hilfs- und Wohltätigkeitsorganisationen Führungspositionen innehat, zeigen, dass in Jordanien den Frauen alle Türen offenstehen.

Im Sommer 2009 flog ich mit meinem Sohn Hussein und Aischas Sohn Aun nach Arizona in den Urlaub. Als wir dort eine

Flugschule besuchten, fragten die Jungen mich, ob wir Fallschirm springen könnten. »Sag es bitte nicht meiner Mutter«, bat mich Aun. »Sie bringt dich um!« Da ich meine Schwester zur Genüge kenne, wusste ich, dass dies keine leere Drohung war. Nachdem die Jungen gesprungen waren, rief ich Aischa an und sagte: »Dein Sohn steht neben mir, und ich wollte dich beglückwünschen, er ist zum ersten Mal Fallschirm gesprungen.«

Das Fallschirmspringen habe ich immer geliebt. Als Rania und ich gerade frisch verheiratet waren, stand ich zwei- oder dreimal die Woche noch vor Morgengrauen auf, um springen zu gehen. Der Kick, aus mehreren tausend Meter Höhe aus einem Flugzeug abzuspringen, den Wind im Gesicht zu spüren und die Erde auf sich zurasen zu sehen, hält bei mir tagelang an. Für Rania, die zuvor nur wenig mit dem Militär zu tun gehabt hatte, war es etwas gewöhnungsbedürftig. Wann immer ich sprang, bestand sie darauf, dass jemand sie anrief, um ihr Bescheid zu geben, dass ich sicher gelandet war. Egal, wie früh ich aufbrach – sie wachte neben dem Telefon und wartete auf den Anruf. Als ich in der Armee weiter aufstieg und mehr Aufgaben wahrnahm, hatte ich immer weniger Gelegenheit zum Fallschirmspringen. Mein Vater bat mich, mehr Reisen zu übernehmen; ich sollte Jordanien auf internationalem Parkett repräsentieren, mich der informellen Diplomatie annehmen und ausländisches Kriegsgerät bewerten. Ich erklärte mich freudig einverstanden, denn für unsere Spezialeinheit wollte ich die beste, modernste Ausrüstung und die beste Ausbildung. Und gelegentlich bat er mich auch, wirklich ausgefallene Orte aufzusuchen.

# Kapitel 10
# Lehrstunden in Sachen Diplomatie

Für Ende 1993 war eine Asienreise vorgesehen, die meinen Vater nach Singapur, Japan, China und Nordkorea führen sollte. Damals bestanden starke Spannungen zwischen den Vereinigten Staaten und Nordkorea, das kurz zuvor erfolgreich eine Nodong-1-Rakete im Japanischen Meer getestet und damit gedroht hatte, aus dem Atomwaffensperrvertrag auszusteigen. Mein Vater war der Ansicht, der offizielle Besuch eines Staatsoberhaupts in Nordkorea könnte von den Vereinigten Staaten als Versuch aufgefasst werden, ihre zähen diplomatischen Bemühungen zu unterlaufen, sodass er die Reise absagte und mich bat, an seiner Stelle dorthin zu fahren. Ich solle Präsident Kim Il Sung, den die Koreaner den »Großen Führer« nennen, dafür um Entschuldigung bitten, dass er nicht persönlich komme.

Ende November machte ich mich auf den Weg nach Singapur, wo ich ranghohe Politiker traf und den Kauf leichter Waffen abwickelte. Von dort flog ich weiter nach Japan, um Gespräche über die Unterstützung der jordanischen Polizei zu führen, denn japanische Berater bildeten damals in Jordanien Kräfte für die Bombenentschärfung aus. Im Anschluss ging es nach China zu einer Begegnung mit ranghohen Mitgliedern der chinesischen Volksbefreiungsarmee. Alle Gespräche waren gut verlaufen, und meine Delegation und ich bereiteten uns auf die Weiterreise nach Pjöngjang vor. Die wurde jedoch zu einem Abenteuer ganz eigener Art.

Für die staatliche nordkoreanische Air Koryo, eine der rückständigsten Luftfahrtgesellschaften weltweit, gilt derzeit in der

EU ein Flugverbot wegen Sicherheitsbedenken. Unsere Maschine sah aus wie eine russische Kopie der Boeing 727, und in der »ersten Klasse« fanden wir anstelle von Sitzreihen mehrere Sofas vor. Um aufs WC zu kommen, musste man sich einen Weg durch Schachteln und Kartons bahnen, die in den hinteren Flugzeugteil gestopft worden waren. Spät abends landeten wir auf dem Sunan International Airport und rollten langsam, nach meinem Empfinden eine halbe Stunde lang, über die Landebahn. Der Flughafen war verdunkelt, möglicherweise auch, weil die nordkoreanischen Behörden in der verfahrenen Situation mit den Vereinigten Staaten eine Eskalation befürchteten.

Schließlich kam das Flugzeug zum Stehen, und meine Delegation und ich begaben uns zur Gangway und hinunter aufs Rollfeld. Dort trafen wir auf eine Gruppe Soldaten, von denen einer auf Koreanisch etwas sagte, was ich als »Willkommen« deutete. Wir wurden an den Rand des Rollfelds eskortiert und sollten uns an einer Mauer aufstellen, wo plötzlich grelles Scheinwerferlicht auf uns fiel. Ich blinzelte und dachte mit einem Mal: »O nein, jetzt werden wir erschossen!«

Wie sich herausstellte, wurde unsere Ankunft von unseren Gastgebern gefilmt. Sie wiesen uns den Weg zu einem offiziellen Gästehaus und führten uns in einen großen Speisesaal, der im Stil der siebziger Jahre eingerichtet war. Dort erwarteten uns rund zwanzig Generäle, Marschälle und ausgesuchte Armeeoffiziere. Das Abendessen verlief ausgesprochen hölzern und förmlich, und gegen Ende beugte sich einer der Offiziere zu mir herüber und fragte: »Welche Geschenke werden Sie dem Großen Führer überreichen?«

Ich sagte: »Ich habe eine Uhr mitgebracht, einen traditionellen jordanischen Dolch und ein Geschenkkästchen von meiner Hochzeit.« Der General nickte anerkennend. Wir beendeten die Mahlzeit und suchten das Gästehaus auf.

Kurz nach Mitternacht, ich war gerade im Begriff, einzuschlafen, klopfte es an meiner Tür. Ich stieg aus dem Bett und fand meinen Protokollbeamten Faisal Fajes an der Tür. Er sagte, die Generäle stünden draußen und wollten wissen, welche Bedeutung die Geschenke hätten. Also kehrte ich noch einmal in den Speisesaal zurück, wo mich die zwanzig Offiziere erwarteten, allesamt in Uniform und mit einem Notizblock. Der leitende General fragte mich, was meine Geschenke bedeuteten, und ich erwiderte, es seien Geschenke der Freundschaft. Das stellte ihn nicht zufrieden, und er forderte mich nachdrücklich auf, detailliertere Angaben zu jedem einzelnen Geschenk zu machen.

»Was bedeutet die Uhr?«, hakte der General nach. Ich war ratlos. Aber da es kurz vor ein Uhr früh war und ich ins Bett wollte, erinnerte ich mich an eines der Grundprinzipien internationaler Diplomatie und erfand einfach etwas.

»Die Uhr«, sagte ich, »steht für die wertvolle Zeit, die mein Vater und der Große Führer aus Anlass von Titos Begräbnis miteinander verbracht haben, und für die seither vergangene Zeit.« Die Generäle nickten einmütig und begannen, eifrig etwas in ihre Notizblöcke zu kritzeln. Ich war auf den Geschmack gekommen und fuhr fort: »Der Dolch ist ein Geschenk unter Kriegern.«

»Und das Geschenkkästchen?«, fragte der General. Ich sagte: »Ich betrachte den Großen Führer als Vater, und also ist dies ein Geschenk eines dankbaren Sohnes aus Anlass meiner Hochzeit, die vor Kurzem stattgefunden hat.« Die Generäle nickten und machten sich weiter Notizen. Als sie fertig waren, zogen Faisal und ich uns zurück, um wenigstens noch ein paar Stunden zu schlafen.

Am nächsten Tag fuhr man mit uns in das Dorf, in dem der nordkoreanische Präsident als junger Mann gelebt hatte, anschließend fand ein Mittagessen mit dem Großen Führer persönlich statt. Kim Il Sung trug einen zweiteiligen Safarianzug und begrüßte uns herzlich. Er war bester Laune und verlieh seiner Ansicht Ausdruck, die sich verschärfende Krise zwischen Nordkorea und den Vereinigten Staaten sei nicht allzu ernst. Wie alle Diktatoren dieser Welt, die sich abschotten, überschätzte er das Vermögen des eigenen Militärs und besaß keine richtige Vorstellung von der Stärke und der technologischen Leistungsfähigkeit westlicher Streitkräfte. »Ich habe die Amerikaner schon einmal geschlagen und kann sie auch ein weiteres Mal schlagen«, sagte er, womit er offenbar auf den Koreakrieg anspielte, als er Premierminister gewesen war. Seine Rhetorik erinnerte mich an die von Saddams Söhnen Udai und Kusai vor Ausbruch des Golfkriegs 1991.

Nach dem Mittagessen führte er uns in ein Nebenzimmer, wo unsere Geschenke neben den seinen auf einem Tisch lagen. Dann tauchte einer der Generäle auf, die in der vorangegangenen Nacht mit dabei gewesen waren, zückte seinen Notizblock und sagte: »Bitte erklären Sie dem Großen Führer die Bedeutung Ihrer Geschenke.« Mir wurde heiß und kalt, und krampfhaft versuchte ich, mich daran zu erinnern, was ich nachts gesagt hatte.

Glücklicherweise fiel mir das meiste noch ein, und Kim Il Sung schienen meine Erläuterungen zufriedenzustellen. Er deutete auf einen silbernen Suppentopf und sagte: »Ich hoffe, Sie werden Gelegenheit haben, vor Ihrer Abreise von diesem traditionellen Gericht zu kosten.« Ich dankte dem Großen Führer für seine Gastfreundschaft und fuhr zur Besichtigung eines Stützpunkts der nordkoreanischen Spezialeinheit, wo ich Zeuge einer der beeindruckendsten Vorführungen wurde, die ich je gesehen habe. Geboten wurde eine Übung mit scharfer Munition, bei der die Soldaten laufend, springend, Purzelbäume schlagend schossen und die Zielscheiben so trafen, dass sie umfielen. Wir sprachen über das Angebot Kim Il Sungs, die nordkoreanische Spezialeinheit nach Jordanien zu schicken, um einen neuen Militärstützpunkt aufzubauen und unsere Soldaten zu schulen, und verabschiedeten uns dann. In dem Wagen, der zurück zum Gästehaus fuhr, beugte sich einer der Generäle zu mir herüber und fragte: »Was halten Sie von unserem Großen Führer?«

»Er ist ein sehr charismatischer Mann«, gab ich zur Antwort. Der General holte blitzschnell seinen Notizblock hervor und fragte mit dem Stift in der Hand: »Was meinen Sie mit ›charismatisch‹?«

Ich wandte mich zu meinem Protokollbeamten Faisal und sagte in ruhigem Tonfall: »Versuch mal, uns auf einen früheren Flug zu buchen.«

Wir bekamen einen Flug sehr früh am nächsten Morgen, und nachdem ich dem Großen Führer einen offiziellen Dankesbrief für seine Gastfreundschaft geschrieben hatte, ging ich ins Bett. Gegen halb fünf morgens klopfte es wieder an meiner Tür. Faisal stand mit entsetztem Gesichtsausdruck vor mir und sagte: »Sie werden es nicht für möglich halten …«

Im Speisesaal saßen dieselben zwanzig Generäle um einen dampfenden Topf mit der in Nordkorea traditionellen süß-sauren Suppe. Offensichtlich wollten sie mich tatsächlich nicht abreisen lassen, ohne dass ich zuvor die Suppe probiert hätte. Ich nippte und sagte: »Sie ist sehr gut.« Einer der Generäle sah mich an und fragte: »Was meinen Sie mit ›sehr gut‹?«, während die anderen ihre Notizblöcke zückten.

Danach schafften wir es an diesem Morgen ohne weitere Verzögerungen zum Flughafen, von wo es weiterging nach Russland, der letzten Station unserer Reise. Wir flogen mit einer russischen Maschine, die Ähnlichkeit mit einer TriStar hatte, und nach ein paar Stunden Flugzeit warf ich beiläufig einen Blick ins Cockpit. Die Crew saß am Boden und spielte Karten, während der Co-Pilot seine Füße aufs Armaturenbrett gelegt hatte und schlief. So hielten sie es während des vierzehnstündigen Fluges fast die ganze Zeit. Nachdem wir in den Genuss der höchsten Gastfreundschaft Pjöngjangs gekommen waren, fühlte ich mich in Moskau beinahe schon wie zu Hause, und ich freute mich, Freunde aus der russischen Armee zu treffen, die mich am Flughafen abholten.

Im Juni 1994, kurz nachdem Rania und ich unser neues Haus bezogen hatten, kam unser erstes Kind, ein Junge, zur Welt. Wir nannten ihn Hussein, zu Ehren meines Vaters. Wenn ein

Mann aus dem arabischen Kulturkreis einen Sohn bekommt, reden ihn enge Freunde und Verwandte oft nicht mehr mit seinem eigenen Namen an, sondern als den Vater seines Sohnes. Viele Leute nannten mich fortan also »Abu Hussein«, was »Vater von Hussein« heißt. Ich kann kaum zum Ausdruck bringen, wie stolz mich diese Anrede machte – und noch immer macht.

Kurze Zeit später gab Rania ihre Tätigkeit für die Jordanian Export Development Corporation, in der sie seit 1993 tätig gewesen war, auf, um die Jordan River Foundation zu gründen, eine gemeinnützige Stiftung, die sich schwieriger sozialer Probleme annimmt. Sie wollte vor allem gegen Kindesmisshandlung ihre Stimme erheben, die in weiten Teilen der arabischen Welt ein Tabuthema ist. Außerdem wollte sie jordanischen Frauen durch die Förderung von Unternehmensgründungen zu mehr Teilhabe in der Gesellschaft verhelfen. Zu den ersten Projekten, die von der Stiftung unterstützt wurden, gehörten Schulungen, die Finanzierung von Handwerkskursen und Seminare zum Thema Existenzgründung. Wenn eine Frau selbst Geld verdient, kann sie als Miternährerin zu Hause auch mehr entscheiden. Versucht ihr Mann, sie klein zu halten, kann sie mit dem Hinweis darauf, dass sie ihren Beitrag zum Haushaltseinkommen leistet, Respekt einfordern. Dass Frauen die Gelegenheit bekommen, zu arbeiten und unternehmerisch tätig zu werden, kann also von erheblicher gesellschaftlicher Bedeutung sein.

Mein Vater unterstützte Ranias Arbeit sehr. Er hatte die jordanischen Frauen ermuntert, Berufe zu wählen, die als typische Männerbastionen galten, und sogar weibliche Rennsportteams gesponsert. Auf seine Anregung hin war die Royal Jordanian Airline die erste Fluggesellschaft im Nahen Osten, die Pilotinnen beschäftigte.

Ein paar Monate bevor Rania ihre Stiftung aufbaute, wurde ich Kommandeur der Spezialeinheit. Ende Januar 1993 war ich zum Oberst befördert worden und hatte die Führungsriege der

Armee endlich davon überzeugen können, dass ich bleiben würde. Im Wissen um die vielen Feinde, die Jordanien bedrohten, darunter auch Terrorkämpfer, die aus den Kriegen in Afghanistan, Bosnien und Tschetschenien zurückkehrten, sowie Schmuggler und Spione, trainierten wir hart. Das bot mir die Gelegenheit, einen Teil dessen, was ich in Sandhurst und beim Dienst in der britischen Armee gelernt hatte, in die Praxis umzusetzen. Dabei bestand ich vor allem darauf, dass alle Offiziere mit gutem Beispiel vorangingen.

Eines Morgens sah ich auf einem Luftwaffenstützpunkt den Soldaten bei ihren Vorbereitungen zum Fallschirmspringen zu. Für die Spezialeinheiten sind Luftlandeoperationen ein wesentlicher Bestandteil ihrer taktischen Vorgehensweise, weil die Truppen damit weit in feindliches Gebiet vordringen können. Der Geruch von Kerosin und der Motorenlärm von C-130 Transportmaschinen erfüllte die Luft. Voller Vorfreude – Springen war für mich damals schon eine Seltenheit – stieg ich in den Anzug. Grinsend kam einer der jungen Kapitäne auf mich zu und sagte: »Das ist das erste Mal, dass ein Offizier oberhalb des Majorsrangs mit uns springt.«

Da wurde mir klar, dass Offiziere, die Sprungabzeichen auf ihrer Uniform trugen, nicht unbedingt die Pflichtsprünge absolvierten, die zur Aufrechterhaltung der Lizenz vorgeschrieben sind. Um die Einheit dahin zu bringen, wo ich sie haben wollte, musste ich deshalb gewährleisten, dass sich die höheren Offiziere denselben Risiken und Härten aussetzten wie ihre untergebenen Soldaten. An jenem Abend stand ich in der Offiziersmesse auf und machte folgende Ankündigung: »Ab sofort muss jeder, der das Sprungabzeichen tragen will, regelmäßig Fallschirm springen.« Die restliche Zeit unseres Beisammenseins waren einige Offiziere sehr schweigsam. Ich ließ mich weiter als Sprungmeister ausbilden, der im Flugzeug die Aufsicht über die Absprünge der Fallschirmjäger hat, und sorgte dafür, dass meine Soldaten regelmäßig ihre Pflichtsprünge absolvierten.

Das Fallschirmspringen war nicht nur eine nützliche Übung für den Kriegsfall, sondern spielte bekanntlich auch in der internationalen Diplomatie eine nicht zu unterschätzende Rolle. Im Zweiten Weltkrieg war die C Company des 156. Fallschirmjägerregiments der britischen Armee im damaligen Transjordanien stationiert. Um ihr Können zu demonstrieren, führten die Fallschirmjäger für den Herrscher von Transjordanien, meinen Urgroßvater Abdullah, eine Übung durch. Sie sprangen über einer leer stehenden Festung in Schouneh ab, gut eineinhalb Kilometer östlich des Jordans, und eroberten sie von ihren imaginären Feinden; dabei nahmen sie die Flagge an sich. Mein Urgroßvater war so beeindruckt von ihrem Manöver, dass er ihnen die Flagge überließ, die sie anstelle ihrer Regimentsstandarte hissten. Die C Company kämpfte sich später durch Nordafrika und Europa und erlitt 1944 in der Schlacht von Arnheim in den Niederlanden schwere Verluste, als die britischen Fallschirmjäger versuchten, eine Rheinbrücke einzunehmen. Die C Company trug die transjordanische Flagge in die Schlacht, wurde jedoch von den deutschen Verbänden überwältigt. Der Kompanieadjutant verbarg die Flagge unter seinem Anzug und konnte sie in einem deutschen Kriegsgefangenenlager versteckt halten, bis er sie nach Kriegsende unbeschädigt nach Großbritannien zurückbrachte. Ich war tief berührt, als ich den Spielfilm *Die Brücke von Arnheim* sah, der von dieser Schlacht handelt, und mich an die Geschichte erinnerte, wie die C Company die Flagge über dem Divisionsstützpunkt in Oosterbeek zur Markierung ihrer Stellung hisste.

Im Rahmen einer Zeremonie zum fünfzigsten Jahrestag der Schlacht von Arnheim absolvierte ich in den Niederlanden einen Sprung aus einer Douglas Dakota, um damit an die historische Verbindung zwischen Jordanien und dem britischen Fallschirmjägerregiment zu erinnern. Nach meiner Landung überreichte ich Prinz Charles eine neue jordanische Flagge, die er wiederum an das Nachfolgeregiment C Company des 1. Fallschirmjägerbataillons übergab. Wir feierten das Ende eines historischen Krieges. Es sollte nicht lange dauern, bis wir einen neuerlichen Friedensschluss zu feiern hatten.

Am 25. Juli 1994, einem sonnigen Morgen, warteten rund sechshundert Journalisten, ausländische Würdenträger und Vertreter der US-Regierung geduldig vor einem Podium, das auf dem South Lawn, dem südlichen Rasenplatz vor dem Weißen Haus in Washington, errichtet worden war. Im Hintergrund waren die Flaggen Jordaniens, Israels und der Vereinigten Staaten gehisst. Die Gäste klatschten, als mein Vater und Jitzhak Rabin in Begleitung von Präsident Bill Clinton das Podium betraten. Es war das erste Mal, dass sich die beiden Männer gemeinsam in der Öffentlichkeit zeigten, obwohl sie sich privat so oft getroffen hatten. Sie waren ins Weiße Haus gekommen, um den seit 1948, also 46 Jahre lang, herrschenden Kriegszustand zwischen Israel und Jordanien zu beenden.

Die Unterzeichnung des Osloer Abkommens hatte es Jordanien ermöglicht, sich auf eigene Friedensverhandlungen mit Israel zu konzentrieren. Mein Vater war nun entschlossen, den von ihm lange herbeigesehnten Frieden zu sichern. Wenn wir über seine Verhandlungen mit den Israelis sprachen, hob er oftmals hervor, wie schwierig sie sich gestalteten. Doch er glaubte an einen Durchbruch.

Hatten sie einander anfangs argwöhnisch beobachtet, so waren mein Vater und Rabin sich mit der Zeit nähergekommen. Beide waren Militärs und starke Raucher. Als mein Vater herausgefunden hatte, dass Rabin beinahe so viel rauchte wie er, wurden die Zigaretten ständig hin und her gereicht. Die beiden trafen sich viele Male heimlich in Jordanien oder Israel. Nachdem sie zueinandergefunden hatten, saßen sie wie Freunde miteinander am Tisch und versuchten, die Dinge aus der Sicht des jeweils anderen zu betrachten und eine gemeinsame Grundlage für den Frieden zu schaffen. Mein Vater brauchte kein unterzeichnetes

Dokument vor sich. Für ihn galt Rabins Wort, und wenn der sagte, dass der Frieden komme, dann würde er auch kommen.

Vor der Unterzeichnung des als Washingtoner Erklärung bekannt gewordenen Vertrags, der den Krieg zwischen beiden Ländern offiziell beendete und Jordaniens besondere Rolle beim Schutz der muslimischen Heiligtümer in Jerusalem anerkannte, sagte mein Vater: »Viele, viele Jahre lang habe ich in jedem Gebet Gott den Allmächtigen angerufen, mir dabei zu helfen, am Frieden zwischen den Kindern Abrahams mitzuwirken. Der heutige Tag ist, glaube ich, mit keinem anderen in meinem Leben zu vergleichen.« Und er fuhr fort: »Dies ist ein Traum, den schon meine Vorgänger hatten, mein verstorbener Großvater und jetzt ich ... Dieser Tag ist ein Tag der verbindlichen Zusage, und es ist ein Tag der Hoffnung und der Vision.«

Auch Rabin wandte sich an die versammelten Gäste: »Bei uns im Nahen Osten setzt jetzt gerade die Dämmerung ein, und bald schon wird es dunkel sein. Aber die Bürger von Israel und Jordanien werden ein strahlendes Licht sehen.«

Nach der Zeremonie waren mein Vater und Rabin Gäste von Bill Clinton bei einem Bankett im Weißen Haus, und am darauffolgenden Tag wohnten sie gemeinsam einer Sitzung des US-Kongresses bei. Vor dem Kongress sagte mein Vater, dass »der Kriegszustand zwischen Israel und Jordanien beendet ist«.

Drei Monate später, am 26. Oktober 1994, trafen sich mein Vater und Rabin erneut in Begleitung von Bill Clinton in Südjordanien an der durch das Wadi Araba verlaufenden Grenze, um den Friedensvertrag zwischen Jordanien und Israel offiziell zu besiegeln. Es war ein historischer Augenblick. Jordanien war, nach Ägypten 15 Jahre zuvor, erst das zweite Land, das mit Israel Frieden schloss. Zwei Jahre nach der Unterzeichnung des Friedensabkommens 1979 war der ägyptische Präsident Anwar al-Sadat von einem ägyptischen Extremisten ermordet worden. Wir alle hofften inständig, dass mein Vater nicht denselben Preis für den Frieden würde zahlen müssen.

Anfänglich setzten Jordanier und Israelis große Hoffnungen auf den Frieden. Jordanien hatte sämtliche von Israel besetzten Gebiete östlich des Jordans und seinen Anteil an den Wasserrechten wiedererlangt. Die dringende Notwendigkeit, die Besetzung des Westjordanlands einschließlich Ost-Jerusalems und des Gazastreifens zu beenden, war Gegenstand direkter Verhandlungen zwischen Israelis und Palästinensern. Dank dem Friedensabkommen mit Israel würde Jordanien nun in der Lage sein, diese Verhandlungen voranzubringen.

Zum ersten Mal durften jordanische Flugzeuge Israel und die besetzten Palästinensergebiete überfliegen, und Flüge von Amman nach Europa führten fortan über Jerusalem. Zwar hatte ich als Kind Jerusalem besucht, doch war ich seit der israelischen Besetzung 1967 nicht mehr dort gewesen. Nun konnte ich an einem klaren Tag beim Blick aus dem Fenster einer Passagiermaschine die Sonne auf der goldenen Kuppel des Felsendoms glitzern sehen. Eine der drei wichtigsten heiligen Stätten des Islam, der alte al-Aksa-Schrein, steht dort, wo der Prophet Mohammed in den Himmel aufstieg, nachdem der Erzengel Gabriel ihn von Mekka nach Jerusalem begleitet hatte, was im Koran als Isra und Miradsch, die nächtliche Reise und die Himmelfahrt, beschrieben wird.

Jordaniens Friedensabkommen mit Israel machte den Weg frei für eine Ausweitung der politischen und wirtschaftlichen Zusammenarbeit. Eine Flut israelischer Touristen strömte nach Jordanien, und eine nicht minder neugierige Schar Jordanier machte sich auf den Weg nach Israel, darunter viele, die zum ersten Mal das Nachbarland besuchten, das eine so wichtige Rolle in unserer Geschichte gespielt hatte.

Dieser anfängliche Optimismus wurde jedoch, wie so vieles in der Region, schon bald von einer Tragödie überschattet.

Am 4. November 1995 wurde Premierminister Rabin bei einer Großkundgebung für den Frieden von einem jüdischen Fanatiker ermordet. Der Mörder war ein Gegner des 1993 geschlossenen

Oslo-Abkommens und des im September 1995 im Weißen Haus unterzeichneten Nachfolgeabkommens Oslo II, das den Palästinensern für über vierzig Prozent des Westjordanlands eine Teilkontrolle zusicherte. Wie viele Ultrarechte in Israel lehnte er den Rückzug aus dem Westjordanland aus religiösen Gründen ab und hatte beschlossen, die Dinge selbst in die Hand zu nehmen.

Mein Vater widmete sich bis zu seinem Lebensende der Arbeit an einer friedlichen Beilegung des israelisch-palästinensischen Konflikts, aber das einzige Mal, dass er nach 1967 Jerusalem besuchte, war aus Anlass der Beisetzung Rabins. Der erbarmungslose Krieger von 1967 hatte sich über die Jahrzehnte in einen Kämpfer für den Frieden verwandelt. Mein Vater war überzeugt, dass, hätte Rabin länger gelebt, sie gemeinsam noch größere Schritte auf dem Weg zu einer umfassenden arabisch-israelischen Einigung hätten machen können.

Bei Rabins Beisetzung sagte er in seiner Rede zum Gedenken an seinen Freund und früheren Gegner:

> Niemals hätte ich gedacht, dass mein erster Besuch in Jerusalem und die Annahme Ihrer Einladung, der Einladung des Sprechers der Knesset, der Einladung des Präsidenten Israels, aus einem solchen Anlass erfolgen würde … Wir schämen uns nicht, noch fürchten wir uns, noch lassen wir uns durch irgendetwas davon abbringen, das Vermächtnis zu erfüllen, für das mein Freund sterben musste und für das auch mein Großvater in ebendieser Stadt starb, als ich sie als Junge zusammen mit ihm besuchte.

Mit dem tragischen Tod Rabins hatten wir einen wahrhaften Partner für den Frieden verloren. Und in den Jahren nach seinem Tod gab es keinen israelischen Politiker, der seinem Beispiel gefolgt und bei der größten Herausforderung, nämlich einen dauerhaften Frieden zwischen Israel und den Palästinensern zu erreichen, Erfolge erzielt hätte.

In jenem Jahr richtete sich unser Augenmerk zu einem großen Teil auf unseren westlichen Nachbarn Israel, gleichzeitig verlangte aber auch unser östlicher Nachbar unsere Aufmerksamkeit. Im August 1995 floh Hussein Kamel, einer der mächtigsten Männer in der irakischen Regierung, nach einer Auseinandersetzung mit Udai Hussein nach Jordanien. Mit ihm kamen seine Frau Raghad, eine Tochter Saddam Husseins, und sein Bruder Saddam Kamel, ein hoher Offizier der Republikanischen Garde, mit seiner Frau Rana, einer Schwester Raghads. Die beiden Familien fuhren die achthundert Kilometer von Bagdad vorgeblich, um für einen offiziellen Besuch in Bulgarien von Amman aus nach Sofia zu fliegen. Die Vereinigten Staaten hatten damals Sanktionen gegen den Irak verhängt, sodass der internationale Flugverkehr in Bagdad eingestellt war. Als sie Amman erreicht hatten, trafen sie sich mit meinem Vater, der ihnen Asyl gewährte.

Hussein Kamel war verantwortlich für chemische und biologische Waffensysteme – und für das Atomwaffenprogramm. Er war das ranghöchste Mitglied des Regimes, das sich ins Ausland absetzte. Mein Vater sorgte dafür, dass er vor den UN-Waffeninspektoren Bericht erstatten konnte, und er beschloss, die Kamel-Brüder und ihre Familien im Haschemija-Palast unterzubringen, einem modernen Gebäude, in dem oft Staatsgäste nächtigten.

Am Abend ihrer Ankunft rief mein Vater mich an und sagte: »Könntest du bitte rübergehen, um sie zu begrüßen, und ihnen sagen, dass für ihre Sicherheit gesorgt ist? Sie sollen sich wie zu Hause fühlen.« Also ging ich hin und hieß sie willkommen. Ich stellte mich als Kommandeur der Spezialeinheit vor und sagte, eine meiner Einheiten sei zu ihrem Schutz abgestellt. Sie waren unsere Gäste. Aber nach dem, was ich bei meinen Besuchen in Bagdad mitbekommen hatte, wusste ich, mit wem ich es zu tun hatte, und hielt Abstand. Obwohl wir Nachbarn waren – Rania und ich wohnten damals gleich nebenan in unserem neuen Haus –, sah ich Hussein Kamel und Saddams zwei Töchter in der

Zeit ihres Aufenthalts in Amman vielleicht dreimal. Ich glaube, Hussein Kamel ging davon aus, dass er im Westen mit offenen Armen aufgenommen würde und die Vereinigten Staaten sich dafür stark machen würden, ihn als Iraks Oberhaupt einzusetzen. Er war eindeutig wahnhaft veranlagt.

Ein halbes Jahr später, im Februar 1996, ließ Saddam Hussein Kamel und seinen Bruder wissen, alles sei verziehen, sofern sie zurückkehrten. Weil sie nicht zuletzt mit ihrem ungenügenden Status in Jordanien unzufrieden waren, beschlossen sie, ihrem Schwiegervater zu glauben und gemeinsam mit ihren Familien zurückzugehen – und bewiesen damit endgültig ihr völlig unzureichendes Urteilsvermögen. Mein Vater ließ sie zur irakischen Grenze geleiten. Ein jordanischer Militärkonvoi brachte sie ostwärts durch die Wüste, und einer meiner Scharfschützentrupps beobachtete die Übergabe aus der Ferne für den Fall, dass es Probleme gab.

Als die Kamels an die Grenze kamen, wurden sie auf der anderen Seite von Kusai und Udai erwartet. Die Scharfschützen berichteten, dass Udai den beiden Brüdern die Hand reichte, bevor sie von irakischen Soldaten gepackt wurden. Während die Soldaten die Kamels in ein wartendes Fahrzeug stießen, fielen Udai und Kusai auf die Knie, um zu beten. Als ich das erfuhr, rief ich meinen Vater an und sagte: »Die Kamels sind so gut wie tot.« Drei Tage später wurden Hussein und Saddam Kamel von Saddams Soldaten erschossen. Seine beiden Töchter, Raghad und Rana, verloren ihre Ehemänner, seine Enkel ihre Väter.

Das Missachten von Regeln, wie ich es bei Udai und Kusai bei der Angeltour in den achtziger Jahren erlebt hatte, hatte sich in etwas weitaus Unheilvolleres verwandelt. Die Ehefrau eines Freundes, eine Irakerin, die in Bagdad aufgewachsen war, berichtete Rania und mir, sie habe als Studentin erlebt, wie Udai, umringt von Leibwächtern, die Seminarräume stürmte, die Studentinnen taxierte und, wenn er an einer Gefallen gefunden hatte, sie von seinen Leuten in seinen Palast bringen ließ.

Ich hörte, dass er im Keller seines Palastes Löwen und Geparden hielt und dass in den Garagen lauter Luxuslimousinen standen, darunter ein pinkfarbener Rolls-Royce. Der luxuriöse Lebensstil von Saddams Familie stand in schockierendem Kontrast zu dem Elend, in dem die normalen Iraker lebten, seit der Westen nach dem Golfkrieg 1991 Sanktionen gegen das Land verhängt hatte.

Auch wir hatten unsere Probleme mit Udai. Er war für die irakische Fußballnationalmannschaft verantwortlich, und gelegentlich spielte Jordanien gegen den Irak. Wenn wir gewannen, sorgte Udai dafür, dass die irakischen Spieler nach ihrer Rückkehr geschlagen wurden. Sein Bruder Kusai war ruhiger und trat weniger in Erscheinung, war aber der gerissenere von beiden und, wie ich vermutete, der gefährlichere.

Nach dem Einmarsch der USA in den Irak fragten Saddams Töchter an, ob sie wieder nach Jordanien kommen und hier leben könnten, um dem Chaos und den Gefahren in Bagdad zu entfliehen. Wir waren einverstanden, und so zogen sie zum zweiten Mal nach Amman. Eine von ihnen ließ sich später in Katar nieder.

Nach und nach wurden einige der älteren Offiziere in den Ruhestand versetzt, und ich hatte den Eindruck, dass die Armeeführung meine Modernisierungsbestrebungen inzwischen eher mittrug, sodass ich beschloss, in der Armee zu bleiben. Nach fast einem Jahr als stellvertretender Kommandeur der Spezialeinheit wurde ich zum Kommandeur ernannt; umgehend verfolgte ich mit Nachdruck die Idee, unsere Einheit nach dem Vorbild anderer führender Länder umzustrukturieren. Im November 1996 rief ich das Special Operations Command (SOCOM) ins Leben, das nach dem Modell Frankreichs und der USA aufgebaut wurde. Das Sondereinsatzkommando war Feldmarschall Abdul Hafis Kaabneh, dem Generalstabschef der Streitkräfte, unterstellt und vereinte die Spezialeinheit und eine Reihe von Elitebrigaden aus der ganzen Armee unter einem Dach. Wir verfügten über eine Einheit vergleichbar dem britischen Special Air Service (SAS) oder der U. S. Delta Force, eine entschlossene Antiterroreinheit, und über zwei Luftlandebataillone ähnlich den britischen Fallschirmjägern.

In jenem Jahr stellten wir das Können unserer Fallschirmspringer in den Dienst der internationalen Diplomatie. Eine internationale Gruppe von Veteranen, ehemalige Angehörige von Spezialeinheiten, hatte mich angesprochen, sie wollten in Jordanien ein Fallschirmspringen veranstalten. Soldaten von Spezialeinheiten sind einander auf ewig brüderlich verbunden, und ich sagte bereitwillig zu. So startete Mitte Juni 1996 eine C-130J Transportmaschine in Zarka mit lauter Veteranen aus verschiedenen Kriegen an Bord, darunter auch zwei über Achtzigjährige aus Deutschland. Ich selbst übernahm die Rolle des Sprungmeisters. Die Männer standen in Reihen zu acht nebeneinander, und wenn sie sich an der Schwelle der rückwärtigen Tür aufstellten, klopfte ich jedem Einzelnen auf den Rücken und verabschiedete sie so in die Lüfte.

Oberst Schaul Dori, ein pensionierter Offizier einer israelischen Spezialeinheit, trat nach vorn. »Sprung!«, schrie ich über den Motorenlärm hinweg und klopfte ihm auf den Rücken. Lächelnd sprang er aus dem Flugzeug und war so der erste Israeli, der bei der jordanischen Armee als Fallschirmspringer zum Einsatz kam.

»Wenn 1973, als ich am Suezkanal gekämpft habe, jemand zu mir gesagt hätte, dass eines Tages israelische Fallschirmspringer bei den Jordaniern springen würden«, so einer der anderen israelischen Veteranen, die an jenem Tag mit dabei waren, »hätte ich ihm gesagt, er sei nicht ganz richtig im Kopf.« Die ganze Veranstaltung war ein großer Erfolg und führte den stolzen Kämpfern unzähliger Kriege noch einmal ihre gemeinsamen Erfahrungen vor Augen. Während das Verhältnis zwischen Jordanien und Israel heute angespannt ist, hatte man damals das Gefühl eines Neuanfangs. Wir hofften, dass der Friedensvertrag zwischen den beiden Ländern einen umfassenden Frieden in der Region nach sich ziehen würde und wir in eine neue Phase der Nahost-Politik eintreten würden. Der Optimismus damals war so groß, dass ich ausgesprochen gern daran zurückdenke, aber auch mit einiger Bitterkeit, weil so viele Chancen nicht genutzt wurden.

Nachdem ich die französischen Spezialeinheiten und das britische Fallschirmjägerregiment gebeten hatte, uns Ausbilder zu schicken, nahmen wir erhebliche Veränderungen vor. So führten wir etwa Übungen im scharfen Schuss durch, statt Platzpatronen zu verwenden. Von Sandhurst wusste ich noch, wie sehr die Verwendung scharfer Munition die Konzentration steigert. Zum Glück wurde in all den Jahren seit der Einführung dieser Übungen nur ein einziger Mann verletzt.

1997 hatten wir anlässlich eines Besuchs des israelischen Verteidigungsministers Jitzhak Mordechai Gelegenheit, unserem Nachbarn unser Können zu demonstrieren. Mein Vater hatte mich gebeten, in Zarka eine Schauübung zu organisieren, und den Gefallen taten wir ihm gern. Zum Auftakt führten wir einfache Taktiken am Schützengraben beim Sturm auf eine befestigte Stellung vor. Dabei liefen die Soldaten zu den Schützengräben und schossen gleichzeitig mit scharfer Munition. Dann warfen sie Handgranaten und sprengten sich ihren Weg durch die Barrikaden frei. Die zweite Übung beinhaltete Kämpfe in bebautem Gebiet. Mithilfe von Flammenwerfern und Bangalores, Stabbomben zum Zerstören von Stacheldrahtverhauen, stürmten meine Truppen eine Reihe von Gebäuden.

Am Ende wandte Mordechai sich zu mir und sagte: »Ich bin sehr froh, dass Ihr Vater beschlossen hat, Frieden mit uns zu schließen!«

Verglichen mit unseren tatsächlichen Aufgaben sind die Übungen mit scharfer Munition harmlos. Aber es liegt in der Natur der Sache, dass viele Aktivitäten der Spezialeinheiten geheim bleiben. Eine Mission allerdings hebt sich in besonderem Maße von allen anderen ab.

# Kapitel 11
# Außergewöhnliche Aufgaben

1997 wurden Spezialeinheiten des SOCOM nach Ostjordanien entsandt, um die Polizei bei der Bekämpfung des Drogenschmuggels an der irakischen Grenze zu unterstützen. Die Schmuggler suchten nach Möglichkeiten, durch Jordanien zu den lukrativen Märkten in Saudi-Arabien und Ägypten vorzudringen. Saddams Sohn Kusai leitete in Bagdad einen Schmugglerring, aber das Problem lag nicht nur in den Nachbarländern – es war bekannt, dass auch auf jordanischer Seite Leute daran beteiligt waren.

Die letzte jordanische Stadt vor der irakischen Grenze, Ruwaischid, war eine Kleinstadt mit wenig Industrie. Die meisten Menschen lebten vom Grenzhandel, legal wie auch illegal. Von hier zog sich eine achtzig Kilometer lange, völlig flache Ebene bis zur Grenze. Die Schmuggler benutzten alte frisierte GM-Laster, an denen sie den Auspuff nach unten gedreht hatten, damit sie beim Fahren eine Staubwolke aufwirbelten und nicht identifiziert werden konnten. Sie verfügten über ein verschlüsseltes Kommunikationssystem, Nachtsichtgeräte und schwere Maschinengewehre, die auf die Autos montiert waren.

Die Wüstenpolizei dagegen fuhr nachts in alten Jeeps Patrouille und besaß keine Nachtsichtgeräte. Die Schmuggler brausten einfach in voller Geschwindigkeit an ihnen vorbei und tauchten in einem Labyrinth von Zelten und Gebäuden am Stadtrand unter. Es schien, als sei die Polizei mit einer gut ausgerüsteten Armee konfrontiert – und sie war hoffnungslos unterlegen. Als ein Polizist beim Versuch, Schmuggler festzunehmen, getötet wurde, bat mein Vater das Kommando der Armee, mich hinzuschicken. Zwar wurden die Schmuggler von Kusais Stützpunkt in Bagdad aus dirigiert, doch hatten die einen langen Arm. Wie lang er war, hatte ich zu meinem Unmut erst wenige Wochen zuvor erfahren müssen.

Rania und ich wohnten im Bezirk Haschemija in Amman, und ich verließ jeden Morgen früh das Haus, um zur Arbeit zu fahren. Eines Tages fiel mir ein Pick-up auf, der am Straßenrand parkte und in dem ein Mann saß. Als ich von der Arbeit zurückkehrte, stand er immer noch da. Auch am nächsten Tag saß der Mann in seinem Wagen und beobachtete die Umgebung. Da ich befürchtete, jemand wolle die Lage für einen Terroranschlag auskundschaften, alarmierte ich meine Leibwächter. Als ich am darauffolgenden Morgen aus der Einfahrt fuhr, gab der Mann Gas, und der kleine Laster raste auf mich zu. Da wir glaubten, es handele sich um einen Angriff, packten wir unsere Gewehre und stürzten aus dem Wagen, bereit zu schießen.

Doch der Mann sprang aus seinem Laster, schrie: »Nein, nein, nein!« und schwenkte eine Aktentasche. Als er auf mich zutrat, sagte er: »Ich weiß, dass Sie ins Grenzgebiet beordert wurden. Hier sind hunderttausend Dollar, wenn Sie das sein lassen.« Mein Herz klopfte. Ich fragte den Kerl, ob er wisse, mit wem er es zu tun habe, und er erwiderte, ich sei der Kommandeur des SOCOM.

»Aber wissen Sie auch, dass ich der Sohn des Königs bin?«

Der Mann, ein Jordanier, antwortete: »Ja, hier sind hunderttausend Dollar.«

Seine Dreistigkeit schockierte mich. Mein Vater war bekannt für seine transparente und offene Regierungsführung, und dieser Kerl glaubte tatsächlich, er könne den Sohn des Königs einfach bestechen, damit er wegsah. Ich ließ ihn auf der Stelle verhaften. In der Armee bekommt man nicht unbedingt mit, was sich in der übrigen Gesellschaft tut, und so wurde mir zum ersten Mal die Dimension des Drogenterrors und der korrumpierenden Wirkung großer Geldsummen klar. Es ist einfach, die Grenze zu bewachen und Jordanien gegen seine Feinde zu verteidigen, aber das hier war weitaus komplizierter. Die Operation an der Grenze war für mich plötzlich zu einer persönlichen Angelegenheit geworden.

Ein Jahr zuvor waren wir bereits mit unserer regulären Ausrüstung – Pistolen, Gewehren und Maschinengewehren – dort gewesen und hatten nur wenig ausrichten können. Nun ging ich zu meinem Vater und sagte: »Bitte, gib mir freie Hand.« Ich bat ihn um die Erlaubnis, schwere Waffen aus dem Arsenal des SOCOM einzusetzen. Er gab seine Einwilligung, und so kehrten wir mit einer für eine direkte Konfrontation mit den Schmugglern angemessenen Waffenstärke an die Grenze zurück. Da wir befürchteten, sie könnten den Zeitpunkt unserer Operation ausgekundschaftet haben, bezogen wir unsere Stellungen drei Tage früher als geplant. Ich verfügte über Artillerie und einige Flakgeschütze.

An jenem Abend verbargen sich meine Soldaten in Schützengräben nahe der Grenze und warteten. Aber nichts geschah, bis wir gegen elf Uhr einen irakischen Wagen mit blinkenden Scheinwerfern an der Grenze ausmachten. In etwa drei Kilometern Entfernung auf jordanischer Seite wurde das Signal erwidert. Die Schmuggler benutzten also ihre Scheinwerfer, um sich zu verständigen. Die Soldaten hörten den Motor eines LKWs aufheulen und sahen, wie ein Konvoi über die Grenze fuhr. Als sie das Feuer eröffneten, brach die Hölle los. Die Schmuggler schossen mit automatischen Waffen zurück, und überall an der Grenze kam es zu Feuergefechten. In den ersten Nächten gab mein Bataillon wohl an die zehntausend Schüsse ab. Die Schmuggler wollten weder Männer noch Ausrüstung an uns verlieren, und so tauchten, als wir einen ihrer Laster getroffen hatten, Bagger auf, die das brennende Autowrack über die irakische Grenze schleppten.

Nach ein paar Tagen hörten die Schmuggler auf, ihre Ware an uns vorbei über die Grenze zu bringen, und schossen stattdessen auf meine Soldaten. Obwohl sie niemanden trafen, verlor ich an diesem Punkt die Geduld. Ich machte mir selbst ein Bild von der Lage und beschloss, schwere Geschütze einzusetzen, und ließ die M61 Vulcan 20-mm-Kanone auffahren, die sechshundert Schuss pro Minute abfeuert. Eine näher an der Grenze stationierte Kompanie geriet in heftige Kämpfe mit den Schmugglern. Mein Bruder Faisal, der damals bei der Luftwaffe war, befehligte eine Kampfeinheit, die unsere Operation unterstützte. Als F5-Kampfjets über uns hinwegflogen und Leuchtbomben abwarfen, gab ich den Befehl zu schießen. Meine Leute eröffneten das Feuer mit Artilleriegeschossen und unseren Vulcan-Flakgeschützen, die zwar ursprünglich zur Abwehr sowjetischer Kampfflieger gedacht, aber auch am Boden ausgesprochen effektiv waren. Mit einem lauten »Brrrrrrrp, Brrrrrrrp« ging der Kugelhagel nieder, und man sah, wie die Geschosse entlang der Grenze einschlugen.

Danach hatten wir kaum noch Probleme mit den Schmugglern. Doch wie bald klar wurde, stellten die Schmuggler nicht die einzige Bedrohung für Jordanien dar.

Der 25. Mai 1998 war ein schöner Frühlingstag. In Jordanien war Feiertag – der jordanische Unabhängigkeitstag –, und ich befand mich zu Hause und trainierte auf dem Laufband. Das Telefon läutete. Es war mein Onkel, Prinz Hassan, der vom Zentrum für Krisenmanagement der Polizei anrief. »Seid ihr in der Lage, Terroristen lebend zu fassen?«, fragte er mich. »Eher nicht«, erwiderte ich. »Meine Einheit ist dafür ausgebildet, sie zu töten.« »Tja, wir haben ein großes Problem in Sahab«, sagte er. »Entweder macht ihr das oder die Polizei.« Sahab war eine Kleinstadt in der Nähe von Amman. Ich zog meine Uniform an und verließ das Haus.

Anfang des Jahres hatte eine Reihe brutaler Morde in wohlhabenden Vierteln von Amman ganz Jordanien in Angst und Schrecken versetzt. Im Januar waren acht Iraker in einer Villa in Rabia und im April drei Jordanier in Schmeisani umgebracht worden. Bei einem dieser Überfälle wurde auch ein bekannter Arzt getötet, der sich zufällig vor dem Haus aufhielt. Ob die Morde das Werk von Terroristen, Drogenbanden oder Kleinkriminellen waren, wusste niemand. Nun hatte die Polizei zwei Tatverdächtigte, einen Killer und seinen Komplizen, in einem Haus in Sahab aufgespürt und umzingelt. Einigen höheren Beamten war es wichtig, die Männer lebend zu fassen, um in Erfahrung zu bringen, ob ausländische Drahtzieher hinter den Morden steckten. Außerdem wollten sie die ängstliche und misstrauische Öffentlichkeit beruhigen, indem sie die Mörder hinter Schloss und Riegel brachten. Die Polizei hatte das Haus in der Nacht zuvor um ein Uhr aufgesucht und an die Tür geklopft. Daraufhin hatten die Verbrecher das Feuer eröffnet und einen Polizisten verwundet. Die Polizei hatte zurückgeschossen, und bei dem darauffolgenden Schusswechsel wurde der Komplize des Killers getötet. Seither saß der Mann in dem Haus fest.

Ich mobilisierte das 71. Bataillon, das bestens für die Terrorbekämpfung ausgebildet war. Die Männer waren binnen weniger Minuten angezogen und bereit aufzubrechen. Mich begleitete mein Adjutant Nathem Rawaschdeh, ein Offizier aus der Stadt Kerak etwa 150 Kilometer südlich von Amman. Da das Bataillon nicht über genügend kugelsichere Westen verfügte, machten wir bei unserer Dienststelle halt, um neu eingetroffene, russische Westen zu holen, und fuhren dann in Höchstgeschwindigkeit zu unserer Einheit, die an einem Kreisverkehr am Stadtrand auf uns wartete. Von dort ging es ins Stadtzentrum. Mit quietschenden Reifen bog unser Jeep um die letzte Ecke und hielt auf dem Stadtplatz, wo sich eine riesige Menschenmenge versammelt hatte.

Während meine Soldaten aus ihren Lastwagen stiegen und Waffen und Ausrüstung zusammenstellten, erkundigte ich mich nach dem Einsatzleiter. Ein kleiner Polizist erklärte mir in aggressivem Ton, er sei für die Operation zuständig. »Hören Sie«, erwiderte ich, »Prinz Hassan hat mir das Kommando übertragen. Er will, dass der Terrorist lebend gefasst wird. Also treten Sie beiseite.« Nach einem hitzigen Streit gab er schließlich nach, und ich übernahm die Einsatzleitung.

Normalerweise hätte die Polizei das Gebiet räumen und einen Sicherheitskordon bilden müssen, auch wenn wir uns mitten in der Stadt befanden und von angsterfüllten Menschen und neugierigen Zuschauern umringt waren. Das aber war nicht geschehen, und mir blieb nichts anderes übrig, als aus dieser chaotischen Situation das Beste zu machen.

»Also«, sagte ich schließlich, »wie weit ist es bis zu dem Haus?« Der Polizist deutete auf ein Gebäude, das nur etwa zehn Meter entfernt auf der anderen Straßenseite stand. Wir durften uns auf keinen Fall ungeschützt in Schussweite eines berüchtigten Mörders aufhalten. Also suchten wir Deckung in einer Schneiderei auf der anderen Straßenseite. Aber hier machte uns ein großes Glasfenster mit Blick auf den Platz zur leichten Zielscheibe. Einer meiner Männer, Dschamal Schawabkeh, der später das SOCOM leitete, führte das Angriffsteam an. Er wohnte in Sahab und war als einer der Ersten zur Stelle gewesen. Nachdem er mich über die Lage informiert hatte, meinte er: »Da wir jetzt das Kommando übernommen haben, sollten wir das Gebäude stürmen und ihn töten. Das dauert nicht länger als fünf Minuten.« Ich erklärte ihm jedoch, dass wir den Mann lebend fassen müssten. So laute mein Befehl, denn der Verbrecher sollte für seine Taten vor Gericht gestellt werden. Selbst wenn wir riskierten, dass dabei einige von uns getötet würden. Es war nicht leicht, einen solchen Befehl zu erteilen, aber Dschamal akzeptierte ihn, ohne mit der Wimper zu zucken. »Na gut« meinte er, »ich werde als Erster reingehen.«

Ein Polizist, der unser Gespräch gehört hatte, kam zu mir und sagte: »Ich denke, Sie sollten nicht versuchen, eine Wand oder die Fenster zu sprengen. Er hat Dynamit bei sich.« In diesem Moment blickte ich aus dem Fenster der Schneiderei und sah, dass auf dem Dach des Hauses überall Polizisten standen.

Aufgebracht erwiderte ich: »Dann holen Sie verdammt noch mal die Männer dort vom Dach!«

Wir beratschlagten weiter über den Angriff. Ein Mann mittleren Alters stand neben mir. Ich hielt ihn für einen Geheimdienstbeamten in Zivil. Als ich seinen Blick auffing, meinte er: »Möchte jemand Tee?« Wie sich herausstellte, war er Falafelhändler, der seinen Karren auf der Straße hatte stehen lassen, um zu sehen, was hier los war. Es war ein surrealer Augenblick. Wir befanden uns in einer lebensgefährlichen Situation, und die Umstehenden sahen zu wie bei einem Fußballspiel. Dabei konnte es jeden Moment zu einer Tragödie kommen.

Der Polizei gelang es nicht, eine Sicherheitszone um das Gebäude zu errichten. »Wir müssen hier erst einmal Ordnung schaffen! Schick den Kerl weg und sperr die Straße ab«, sagte ich zu Nathem. Trotzdem blieb die Lage relativ unübersichtlich.

Als wir die Umgebung schließlich abgeriegelt hatten, gab ich Dschamal den Befehl zum Angriff, und er machte sein Team einsatzbereit. Darunter befand sich auch ein Offizier der Spezialeinheit namens Abu Khascheb. Der Mann war ein echtes Phänomen; er diente seiner Einheit gewöhnlich als Testperson für neue Kampfmittel wie Elektroschocker und Pfefferspray, wenn sie sichergehen wollten, dass sie auch funktionierten. Niemand konnte ihn aufhalten, und so war er der ideale Mann, einen abgebrühten Killer anzugreifen. Die Zuschauer hielten den Atem an, als Dschamal über den Platz auf das Haus zuging. Er stieß die Tür auf und steckte den Kopf hinein.

»Bleib draußen!«, rief der Killer. »Wenn du reinkommst, nehme ich so viele von euch mit, wie ich kann.«

»Hör zu«, sagte Dschamal mit leiser Stimme, »wir sind nicht die Polizei! Wir sind die Spezialkräfte. Du weißt, was das bedeutet. Entweder du gibst auf, oder ich werfe eine Granate in den Raum, und das war's dann für dich.« Dann lief Dschamal über den Platz zurück und informierte mich. »Wenn wir reingehen, dann jetzt«, sagte er.

Ich erteilte ihm den Befehl. Er stellte sich wieder an die Eingangstür des Hauses, während gleichzeitig ein Kampfteam um das Haus herumschlich. Dann trat er ein, ohne seine Waffe zu ziehen. So lenkte er den Killer ab, und das restliche Team stürmte das Haus durch ein Seitenfenster.

Sieben Minuten später rührte sich etwas in dem Haus. Dschamal trat in die Tür, gefolgt von Abu Khascheb mit dem Killer im Schlepptau. Ich lief zu ihnen und fragte: »Was ist passiert?«

»Ich bin langsam in den Raum getreten«, erwiderte Dschamal, »sodass er sehen konnte, dass ich in Zivil war. Er hat seine Waffe direkt auf den Punkt zwischen meinen Augen gerichtet. Ich habe zu ihm gesagt, er solle keine Dummheiten machen, wir würden ihn nicht umbringen, er bekomme einen fairen Prozess.« Dschamal atmete schwer und fuhr fort: »Dann drangen die Männer ins Haus ein und ergriffen ihn.« Er entschuldigte sich dafür, dass dem Mann Blut übers Gesicht lief. In Anbetracht der Tatsache, dass Dschamal dem brutalen Verbrecher Auge in Auge gegenübergetreten war, fand ich ein paar Kratzer durchaus hinnehmbar!

Als die Menge begriff, was geschehen war, stürmte sie auf den Platz – Polizisten, Zivilisten, Falafelverkäufer – und schrie: »Es lebe die Spezialeinheit! Gott ist groß!« Mehrfach wurde versucht, unseren Gefangenen zu attackieren, deshalb mussten wir ihn rasch in einen Transporter bugsieren und wegschaffen. Da ich den Ruhm nicht für mich beanspruchen wollte, bat ich die anwesenden Beamten, zu erklären, es habe sich um einen Einsatz der Polizei gehandelt, ihr gebühre der Beifall.

Später spürte die Polizei noch vier weitere Komplizen auf, von denen jedoch einer entkam und nach Europa floh. Insgesamt hatte die Bande sieben Mitglieder, Verbrecher, die es darauf abgesehen hatten, reiche Geschäftsleute zu erpressen.

Als ich am nächsten Morgen in mein Büro kam, schüttelten ein paar meiner Leute lächelnd den Kopf. Ich hatte es vor Ort gar nicht bemerkt, aber die ganze Sache war vom Fernsehen gefilmt worden. Die Geschichte sorgte in den Morgennachrichten für Schlagzeilen, und in den Zeitungen standen auf der Titelseite dick und fett unsere Namen. So viel zu meinem Versuch, die Sache geheim zu halten.

Mein Vater war über die Operation informiert worden, aber er kannte keine Einzelheiten, deshalb war er ziemlich überrascht, mich in den Morgennachrichten zu sehen. Ich wurde in den Palast zitiert. Als ich dort ankam, stand mein Vater am Frühstückstisch und runzelte die Stirn. Er nahm eine Zeitung und schwenkte sie vor meinen Augen. »Was um Himmels willen hast du gestern gemacht? Du hast dein Leben aufs Spiel gesetzt.« Ich erklärte ihm, dass ich die Operation zwar geleitet, die Medien meine Rolle dabei aber übertrieben dargestellt hätten. »Das Haus ist von Dschamal und seinen Leuten gestürmt worden. Sie haben sich in Gefahr begeben«, sagte ich. »Hm«, erwiderte er, »ich will nicht noch einmal erleben, dass du dich an einem solchen Wahnsinn beteiligst!« Obwohl er vorgab, wütend zu sein, erfuhr ich später von Mitgliedern meiner Familie, dass er auf meine Rolle bei der Operation sehr stolz war.

Durch meine militärische Ausbildung war ich auf einen tätlichen Angriff jederzeit vorbereitet – nicht jedoch auf ein Leben in der Politik. Ist man das Ziel von Schüssen, weiß man, wer der Feind ist. Ganz anders verhält es sich mit Menschen, die einen anlächeln und mit schönen Worten umgarnen.

# TEIL DREI

# Kapitel 12
# In den Fußstapfen einer Legende

Als erstgeborener Sohn König Husseins war ich in meinen frühen Lebensjahren Kronprinz, doch 1965, als ich drei war, beschloss mein Vater, mich aus der Erbfolge zu streichen. Damals hatte es bereits 18 nachgewiesene Attentatsversuche auf ihn gegeben, die meisten in den turbulenten fünfziger Jahren, als der radikale arabische Nationalismus aufkam, und es schien nicht sicher, ob er überleben würde, bis ich erwachsen war. Daher ersuchte er das Parlament, die Verfassung zu ändern, und ernannte seinen Bruder Prinz Hassan zu seinem neuen Thronfolger.

Als junger Mann hielt ich es für meine Lebensaufgabe, Soldat und als solcher Schild und Schwert meines Vaters zu sein. Es gab jedoch einen Angreifer, vor dem ich ihn nicht schützen konnte. Im Sommer 1992 ließ er sich in die Mayo-Klinik in Rochester, Minnesota, einweisen, wo man bei ihm Krebs diagnostizierte. Er unterzog sich einer Operation. Als klar wurde, dass sie erfolgreich verlaufen war, atmeten die Familie und das ganze Land erleichtert auf. Doch im Juli 1998 fühlte er sich erneut krank, und er fuhr wieder in die Vereinigten Staaten, um sich medizinisch untersuchen zu lassen.

Zu jener Zeit besuchte ich einen Schnellkurs an der Naval Postgraduate School in Monterey, Kalifornien. An dem Kurs nahm auch Abdul Rasak Ibrahim teil, ein jordanischer General, der auf meinem ersten Armeeposten mein Bataillonskommandeur gewesen war – ein großartiger Mentor für einen jungen Leutnant, der sich erst noch in die Materie einarbeiten musste. Er hatte gehört, dass mein Vater wieder in der Mayo-Klinik lag, und in einem ruhigen Augenblick zwischen den Unterrichtsstunden nahm er mich beiseite und sagte: »Ohne Ihren Vater wird Jordanien nicht überleben.«

Meine Abschlussfeier fand am Tag nach der Ankunft meines Vaters in der Mayo-Klinik statt, und sobald sie zu Ende war, fuhr ich mit Rania und den Kindern nach Minnesota, um bei ihm zu sein. Mein Sohn Hussein stand seinem Großvater sehr nahe. Sie trugen nicht nur denselben Namen, sondern interessierten sich auch beide für Flugzeuge. Nach der Arbeit fuhr mein Vater häufig bei uns vorbei, doch wenn er hörte, dass Hussein nicht zu Hause war, kam er nicht einmal herein. »Ist gut. Wiedersehen«, sagte er dann hastig und fuhr weiter. Schon mit zwei Jahren begann Hussein, die Namen verschiedener Flugzeugtypen auswendig zu lernen. Mein Vater zeigte ihm mit großem Vergnügen kleine Corgi-Modelle und freute sich, wenn der Kleine ausrief: »Stuka« oder »Jumbo«. Als mein Vater einmal mit uns in seiner TriStar nach London flog – er steuerte die Maschine selbst –, rief er den damals zweieinhalbjährigen Hussein bei der Landung in Heathrow zu sich ins Cockpit. Zur Verblüffung der Crew und zur Freude meines Vaters erkannte mein Sohn bei der Landung zwei Maschinentypen auf dem Rollfeld, eine Concorde und eine Boeing 747.

Nachdem die ganze Familie in Minnesota die Freude des Wiedersehens genossen und wir viel miteinander gelacht hatten, bat mich mein Vater um ein Gespräch unter vier Augen. Er legte mir die Hand auf den Arm und sagte: »Der Krebs ist zurückgekommen.« Ich hatte mich damals noch nie ernsthaft mit dem Gedanken befasst, dass mein Vater sterben könnte, sondern geglaubt, er werde den Krebs auch dieses Mal besiegen. Aber etwas in seiner Stimme sagte mir, dass es jetzt anders war.

Wir blieben noch zwei Tage, dann bat er mich, nach Jordanien zurückzukehren und wieder meinen Pflichten in der Armee nachzugehen. 1996 war ich von der Führung der Sondereinheit der Streitkräfte zum Oberbefehlshaber des SOCOM aufgestiegen und konzentrierte mich nun auf die Modernisierung unserer Strategie, unserer Einrichtungen und unserer Ausrüstung. Doch schon bald sollte ich gezwungen sein, mir noch über ganz andere Dinge Gedanken zu machen.

Ende Juli 1998 ließ mein Vater in der Mayo-Klinik eine Fernsehansprache aufnehmen, in der er erklärte, dass er erneut an Krebs erkrankt sei und sich einer Chemotherapie unterziehen werde. In jenem Sommer war es in Amman sehr heiß und die Lage angespannt. Überall kursierten Gerüchte, und es wurde viel geredet. Und in dieser Atmosphäre goss Kronprinz Hassan noch ungewollt Öl ins Feuer.

Ich saß mit einigen Offizieren an einem langen Eichentisch in meinem Brigadehauptquartier und ging mit ihnen das wöchentliche Ausbildungsprogramm durch, als man mir sagte, der Kronprinz, der in der Abwesenheit meines Vaters die Rolle des Regenten übernommen hatte, werde an unserer Sitzung teilnehmen. Als er den Raum betrat, erhoben wir uns. Er forderte uns auf, wieder Platz zu nehmen, und fragte uns, womit wir gerade beschäftigt seien. Nachdem ich es ihm erklärt hatte, sagte er, es sei etwas Dringendes zu besprechen. Er habe soeben erfahren, dass es König Hussein sehr schlecht gehe und er nicht mehr lange zu leben habe. »Man kann nichts mehr tun, es ist nur noch eine Frage der Zeit«, meinte er. Wir verstummten. Für einen Sohn ist es ein schwerer Schlag, wenn er hört, dass er bald seinen Vater verlieren wird. Und ein Soldat empfindet einen Schock, wenn man ihm mitteilt, sein König und Oberbefehlshaber werde wohl sterben. Mir gingen hunderterlei Gedanken durch den Kopf, was diese schreckliche Nachricht, wenn sie denn zutraf, für mein Land und meine Familie zu bedeuten hatte.

Als mein Onkel gegangen war, sahen wir uns fragend an. Wir wussten nicht, ob wir glauben sollten, was wir soeben gehört hatten. Doch wenn es stimmte, würde es einen neuen König geben und als Folge davon möglicherweise Umstrukturierungen in der Armee. Mir schwirrte noch der Kopf, als ich zu einem vereinbarten Lunch in Amman aufbrach. Dort traf ich mich mit General Samih Battikhi, dem Chef der Geheimdienstabteilung (General Intelligence Department, GID), der sowohl für die innere als auch für die äußere Sicherheit verantwortlich war, und Feldmarschall Abdul Hafis Kaabneh, dem Generalstabschef der Streitkräfte. Auch sie waren soeben vom Kronprinzen darüber informiert worden, dass mein Vater im Sterben lag, und blass vor Sorge. Da sie ebenfalls nicht einschätzen konnten, wie es um ihn bestellt war, versprach ich ihnen, meinen Vater anzurufen, um die Wahrheit zu erfahren.

Nach dem Mittagessen telefonierte ich mit dem Adjutanten meines Vaters, Oberst Hussein Madschali, der sich bei meinem Vater in der Mayo-Klinik befand, und fragte ihn, ob die Nachricht zutreffe. Doch anstelle einer Antwort erwiderte er, er werde meinen Vater bitten, mich zurückzurufen. Zwei lange Stunden später hatte ich meinen Vater am Apparat, und er fragte mich verärgert, wer solch ein Gerücht verbreite. Ich erwiderte, der Kronprinz habe mir und anderen erzählt, dass sich sein Zustand verschlechtert habe.

»Aber das stimmt doch gar nicht«, erwiderte mein Vater. »Ich habe hier Besseres zu tun als mir über diesen Unsinn Gedanken zu machen. Trotzdem, danke, dass du mir Bescheid gesagt hast.«

Das Gespräch hatte mich beruhigt. Mein Vater hatte ganz wie der unverzagte Kämpfer geklungen, als den ich ihn kannte. Dennoch nahmen die Gerüchte und Spekulationen kein Ende, zumal sie durch die Behauptungen meines Onkels genährt wurden.

Prinz Hassan hatte mehr als drei Jahrzehnte als Kronprinz treue Dienste geleistet und war, wie die Menschen in seiner Gefolgschaft, der Ansicht, sich das Anrecht auf den Königsthron erworben zu haben. Andere im Land aber glaubten, mein Vater werde in seinen letzten Lebenstagen einen neuen Kronprinzen bestimmen. Und dann gab es noch jene, die bereits einen Kandidaten im Kopf hatten. Eine Gruppe, zu denen auch der Sicherheitschef meines Vaters, sein Protokollchef und der Chef des GID gehörten, drängten darauf, Prinz Hamsah, dem ältesten Sohn des Königs von seiner vierten Frau, Königin Noor, den ersten Rang in der Thronfolge einzuräumen. Mit seinen damals erst achtzehn Jahren hatte der Kadett der Royal Military Academy in Sandhurst von den Intrigen in seiner Umgebung nichts mitbekommen. Wie allen meinen vier Brüdern stand ich auch ihm sehr nahe.

Bei jeder sich bietenden Gelegenheit machten sich die beiden Gruppen hinter den Kulissen für ihren Kandidaten stark und versuchten, den anderen zu diskreditieren. In Amman brodelte die Gerüchteküche.

Als Kronprinz Hassan meinen Vater nicht besuchte, erhielten die Spekulationen noch zusätzliche Nahrung. Seine Anhänger wandten ein, er gehe nur seinen Pflichten als Regent nach und sorge in dieser unsicheren Zeit für die dringend erforderliche Stabilität im Land. Später erfuhr ich jedoch von Feldmarschall Kaabneh, Prinz Hassan habe während des Krankenhausaufenthalts meines Vaters angeordnet, einige Offiziere in den vorzeitigen Ruhestand zu versetzen und andere zu befördern. Als Kaabneh sich dem widersetzte, habe Prinz Hassan entgegnet: »Ich bin jetzt der oberste Befehlshaber.«

»Nein, Sir«, hatte Kaabneh erwidert. »Davon weiß ich nichts. Ich nehme nur Befehle von Seiner Majestät König Hussein entgegen. Der König befindet sich in Amerika, aber wir können ihn jederzeit anrufen.« Und obwohl der Kronprinz auf seiner Anweisung beharrte, blieb Kaabneh standhaft. Die Kontrolle über das Militär war allein dem König vorbehalten, und es war ein beispielloser und verfassungswidriger Akt, dass der Kronprinz dem Militär Befehle erteilte. Prinz Hassan mag vielleicht gute Absichten gehabt haben; womöglich wollte er angesichts eines wachsenden Machtvakuums Führung und Kontinuität wahren, um den zahllosen Gerüchten, die in Amman kursierten, ein Ende zu bereiten. Aber sein Versuch, die institutionellen Strukturen zu umgehen, trug nur zur wachsenden Unruhe bei.

Ich hoffte immer noch auf das Beste und betete, dass mein Vater seinen Kampf gewinnen würde.

Anfang Oktober nahm ich mir frei und reiste erneut zu meinem Vater in die Mayo-Klinik. Er liebte die japanische Küche, deshalb hatte ich frisches Kobe-Rind aus Japan besorgt. Als ich am Abend in der Klinik eintraf, fand ich meine Schwestern Aischa und Zein vor, die ebenfalls bei meinem Vater waren. Auf Video lief gerade *Patton – Rebell in Uniform*, einer der Lieblingsfilme meines Vaters (er war ein großer Filmliebhaber und sah sich, wenn möglich, jeden Abend einen an). Die Anfangsszene brachte seine Augen immer zum Leuchten. Patton spricht unter einer großen amerikanischen Flagge zu seinen Soldaten und erklärt ihnen, bevor er sie in die Schlacht schickt: »Denkt daran, es ist nicht das Ziel des Krieges, für das eigene Land zu sterben, sondern den anderen Bastard für seins sterben zu lassen.«

Während sich mein Vater, meine Schwestern und andere Mitglieder der Familie den Film ansahen, bereitete ich das Kobe-Fleisch nach Teppanyaki-Art zu, die er besonders gern mochte. Unterdessen kamen wir wieder auf die Situation in Jordanien zu sprechen, und einige meiner Verwandten erzählten von den in Amman kursierenden Gerüchten. An diesem Punkt wurde ich wütend und bat sie, mit mir vor die Tür zu gehen. »Hört zu«, sagte ich, »wir sind hier, um ihm Mut zu machen, und nicht, um herumzusitzen und hässliches Gerede aufzuwärmen.« Wieder bei meinem Vater, genossen wir das Essen und sahen uns den Rest des Films an, bevor wir uns für die Nacht zurückzogen.

Am nächsten Morgen fuhr ich gleich in der Früh ins Krankenhaus, um mich bei meinem Vater für meinen Ausbruch zu entschuldigen. Er forderte mich auf, Platz zu nehmen, und es begann ein langes persönliches Gespräch, das fast drei Stunden dauerte. Wir sprachen zwar oft miteinander, aber meist ging es dabei um die Staatsgeschäfte oder um militärische Fragen, um die Familie, Autos und Motorräder. Persönliche Gefühle kamen dabei nur selten zur Sprache. Als jemand, der ägyptische und englische Internate besucht hatte, konnte er sehr zurückhaltend sein, und er hielt auch seine Kinder dazu an. Aber dieses Gespräch war anders als sonst.

Er erklärte mir, wie stolz er auf meine Arbeit beim Militär sei, aber auch auf mich als seinen Sohn. Vielleicht hätte ich mich manchmal von ihm vernachlässigt gefühlt, tatsächlich aber sei das Gegenteil der Fall gewesen. Er habe meine Laufbahn genau verfolgt, aber gewollt, dass ich beim Militär meinen eigenen Weg gehe. Daher habe er es sich oftmals verboten, mich zu unterstützen, und gehofft, ich werde mit meinen Problemen allein fertig werden. Womöglich aber, so räumte er ein, habe er es übertrieben. »Mir kommt es so vor, als hätte ich dich als Vater im Stich gelassen«, sagte er, »denn mir wurde oft geschildert, wie du beim Militär hast zurückstecken müssen, und ich habe nicht eingegriffen. Sicher ärgerst du dich, dass dir dein Vater nicht geholfen hat.«

In den vergangenen zwanzig Jahren sei es, offen gesagt, tatsächlich einige Male so gewesen, dass ich ein wenig Unterstützung gebraucht hätte, erwiderte ich lächelnd. Im Rückblick aber könne ich ihm gar nicht genug danken, denn gerade in den schwersten Zeiten hätte ich am meisten gelernt. Mein Vater fuhr fort, er erwarte viel von mir, und wenn er nach Jordanien zurückkehre, wolle er ein paar entscheidende Veränderungen vornehmen. Ich ging davon aus, dass er sich damit auf Veränderungen in der Regierung oder Maßnahmen zur Ankurbelung der Wirtschaft bezog, die sich zum Teil auch wegen des schlechten Gesundheitszustands des Königs auf Talfahrt befand. Nach wie vor hoffte und betete ich, dass mein Vater noch viele Jahre vor sich haben möge. Wollte er mir sagen, dass er seinen Tod erwartete? Mich dieser Aussicht zu stellen, war ich noch nicht in der Lage.

Zwei Jahr zuvor, im Mai 1996, hatte Likud-Chef Benjamin Netanjahu in Israel die Macht übernommen. Netanjahu war kein Anhänger des Oslo-Abkommens, das die Palästinenser 1993 mit seinen Vorgängern von der Arbeitspartei, Schimon Peres und Jitzhak Rabin, unterzeichnet hatten. Wenige Monate nach Netanjahus Amtsantritt wurde entlang der Westseite des Tempelbergs in Jerusalem ein Tunnel eröffnet, der den Zorn der Araber erregte und im Westjordanland gewaltsame Proteste auslöste. Der Tunnelbau widersprach zudem dem Friedensvertrag, den Israel 1994 mit Jordanien geschlossen hatte und in dem Jordanien eine besondere Rolle bei der Überwachung der Heiligtümer in Jerusalem zuerkannt wurde. Nun verschlechterten sich die Beziehungen zwischen Israel und den Palästinensern rasant. Angesichts der zunehmenden Spannungen lud Präsident Clinton Premierminister Netanjahu und den palästinensischen Präsidenten Jassir Arafat zu einem viertägigen Gipfeltreffen am 15. Oktober 1998 im Wye River Park ein, einer Anlage an der Ostküste von Maryland. Die Gespräche dort liefen nicht gut, und am 18. Oktober bat Clinton meinen Vater hinzu, um die stockenden Verhandlungen wieder in Gang zu bringen. Als mein Vater, der unter Schmerzen sein Krankenhausbett verlassen hatte, zwei Tage später ausgemergelt und fast kahlhäuptig zu den Gesprächen erschien und den Frieden beschwor, waren die streitenden Parteien so bewegt, dass sie ihre Differenzen beilegten. Nach tagelangen Verhandlungen erreichten die beiden Delegationen einen Durchbruch gemäß der Formel »Land gegen Frieden«. Israel sollte sich demnach aus weiteren 13 Prozent des Westjordanlands zurückziehen. Viele Jordanier waren zwar begeistert, dass sich ihr König an den Friedensgesprächen beteiligt hatte, doch nachdem sie die Berichte im Fernsehen verfolgt hatten, waren sie schockiert über seinen Zustand. Zwei Monate zuvor hatte er noch ausgesprochen robust gewirkt, jetzt aber war er abgemagert und schien geschwächt. In Amman schloss man aus seinem raschen körperlichen Verfall, dass er kränker war als gedacht. Offenbar musste das Land damit rechnen, bald einen neuen König zu bekommen.

Mit dem am 23. Oktober im Weißen Haus unterzeichneten Wye-River-Memorandum wurde der Friedensprozess zwischen den Israelis und den Palästinensern nach eineinhalb Jahren Stillstand wieder aufgenommen. Im Gegenzug für die Kontrolle über zusätzliche Gebiete im Westjordanland erklärten sich die Palästinenser bereit, »Terrorakte, Verbrechen und Feindseligkeiten« gegen Israel zu verhindern und die Forderung nach der Abschaffung des Staates Israel aus der palästinensischen Verfassung zu streichen. Israel wiederum verpflichtete sich, Hunderte palästinensische Gefangene freizulassen, den Flughafen in Gaza zu öffnen und die Palästinenser ungehindert zwischen dem Gazastreifen und dem Westjordanland hin- und herreisen zu lassen. Beide Seiten näherten sich offenbar endlich der Lösung der schwierigsten Fragen, etwa der politischen Kontrolle über Jerusalem, der Rückkehr der Kriegsflüchtlinge von 1948 und 1967 und der endgültigen Grenzen eines palästinensischen Staates.

Da mein Vater mich gebeten hatte, zu ihm in die Vereinigten Staaten zu kommen, flog ich am 22. Oktober, am Tag vor der feierlichen Unterzeichnung des Abkommens, nach Washington. Gleich nach der Landung am Abend erfuhr ich, dass mein Vater mich zu sehen wünsche, und am Flughafen stand auch schon ein Wagen für mich bereit. Während der Fahrt nach Maryland zum Wohnsitz meines Vaters betrachtete ich das Glitzern der Abendsonne auf dem Potomac und fragte mich, was anstand. Kaum war ich eingetroffen, rief mich mein Vater zu sich in sein Arbeitszimmer. Ich wartete in Habachtstellung, bis er mir mit einer Geste zu verstehen gab, ich solle Platz nehmen. Ich blieb mir stets bewusst, dass er zwar mein Vater war, aber auch mein König. Obwohl ich entsetzt feststellte, wie schwach und abgezehrt er war, fand ich in seinem Blick immer noch die Kraft, die ich stets als beruhigend empfunden hatte.

Mein Vater sagte mir, wie sehr er mich vermisst und dass er seit unserer letzten Begegnung nur Gutes von mir gehört habe. Zweifellos hatte er viel über die Intrigen zu Hause erfahren und wusste, dass ich mich nicht daran beteiligte. Mit leiser Stimme äußerte er seinen Unmut über Prinz Hassans Versuch, die militärische Befehlskette zu umgehen und dem Generalstabschef Order zu erteilen. Worauf ich ihm versicherte, der Generalstabschef trage Sorge, dass ihm die Streitkräfte nach wie vor uneingeschränkt und loyal ergeben seien. Eher werde er zurücktreten, als Befehle von einem anderem als dem König zu befolgen.

Er habe, sagte mein Vater, lange über die Angelegenheit nachgedacht. »Und ich habe den Entschluss gefasst, einen anderen Thronfolger einzusetzen.« Als ich nickte, fuhr er fort: »Ich hoffe, dir ist klar, dass das in Amman bei vielen auf Ablehnung stoßen wird, aber ich glaube, du bist der Herausforderung gewachsen. Ich erwarte einiges von dir.« Mein Vater ging nicht darauf ein, wen er zu seinem Nachfolger bestimmen wollte, und ich drängte ihn nicht. Er war erschöpft von den Behandlungen, und dieses Gespräch war sicherlich nicht einfach für ihn. Und so fragte er abschließend nur: »Willst du nicht ausgehen und dich ein bisschen amüsieren?«

Mir schwirrte der Kopf, als ich mit einem Freund der Familie zum Restaurant Morton's in Georgetown fuhr, um ein Steak zu essen. Vielleicht hatte mein Onkel mit seiner Voraussage doch recht gehabt. Wenn mein Vater die Thronfolge ändern wollte, würde mein Onkel nicht König werden. Aber wer dann? Wenn mein Vater sich für Hamsah entschieden hatte, warum hatte er es mir dann nicht gesagt? Noch immer wollte ich nicht wahrhaben, dass mein Vater nicht mehr lange zu leben hatte. Und die Möglichkeit, dass er mich zu seinem Nachfolger machen könnte, kam mir erst recht nicht in den Sinn.

Am späten Nachmittag des folgenden Tages fand im Weißen Haus die feierliche Unterzeichnung des Abkommens durch Benjamin Netanjahu und Palästinenserpräsident Jassir Arafat statt. Mein Vater hielt zu diesem Anlass eine kleine Rede.

»Wir können streiten, wir können uns einigen; wir können freundlich miteinander umgehen, wir können uns hassen«, sagte er. »Aber wir haben nicht das Recht, durch unser unverantwortliches Handeln oder unsere Engstirnigkeit über die Zukunft unserer Kinder und Kindeskinder zu bestimmen. Es hat genug Zerstörung gegeben, genug Sterben, genug Verluste. Es ist an der Zeit, dass wir jenseits unserer eigenen Grenzen, jenseits der Grenzen unserer Völker, einen Ort finden, der allen, die unter dieser Sonne leben, gerecht wird ... den Nachkommen der Kinder Abrahams.«

Nach der Zeremonie wartete ich in unserer Washingtoner Botschaft auf meinen Vater, der dort ranghohe Mitglieder der jordanischen Regierung empfangen wollte. Normalerweise traf er derartige Abordnungen in seinem Haus, und es war eine politische Geste, diese Treffen nun in der Botschaft abzuhalten – eine Reihe von persönlichen Gesprächen, unter anderem mit dem Generalstabschef der Streitkräfte, mit einer Delegation aus dem Büro von Kronprinz Hassan und zwei ehemaligen Premierministern. Als die Besucher im Warteraum vor dem Botschaftsbüro versammelt waren, kam mein Vater herein und umarmte vor aller Augen den ehemaligen Premierminister Abdul Karim Kabariti, bekanntermaßen ein Gegner Prinz Hassans. Wie ich später erfuhr, erklärte er den Geladenen in Einzelgesprächen, dass er »größere Veränderungen« vornehmen wolle, sobald er wieder in Jordanien sei – eine Ankündigung, die er Ende November dann auch zum ersten Mal öffentlich wiederholte.

In jenem Herbst wurden die Spekulationen um die Nachfolge immer lauter, und die Gerüchte beschränkten sich nun auch nicht mehr auf Amman. »Die Fehde der jordanischen Königinnen: Kampf um die Nachfolge«, titelte die Londoner *Sunday Times*. »König Hussein krank – Sein Bruder in Warteposition«, hieß es in der *New York Times*. Zeitungen auf der ganzen Welt beteiligten sich an dem Spiel. Der *Calgary Herald* brachte einen Artikel mit der Überschrift »Prinzen rangeln um Husseins Krone«, in dem von einer Fehde zwischen Königin Noor und Prinzessin Sarvath, der Frau von Kronprinz Hassan, die Rede war und den beiden Frauen Manipulation in der Nachfolgefrage vorgeworfen wurde. Ich empfand es als verletzend, all das in der Presse zu lesen und Einzelheiten über die Krankheit meines Vaters und über die Vorgänge in unserer Familie öffentlich ausgebreitet zu sehen. Dass über unsere privaten Sorgen auf den ersten Seiten berichtet wurde, war für mich eine bestürzende Erfahrung.

Ende November erhielten wir ausnahmsweise einmal eine gute Nachricht: Mein Vater war für den Friedensnobelpreis nominiert worden. Aber diese Entscheidung fiel seltsamerweise aus dem üblichen Schema heraus. Der ägyptische Präsident Anwar al-Sadat und der israelische Premierminister Menachem Begin hatten 1978 den Friedensnobelpreis für die Beendigung des Kriegszustands zwischen Ägypten und Israel bekommen, und 1994 hatten sich Palästinenserpräsident Jassir Arafat, der israelische Premierminister Jitzhak Rabin und der israelische Außenminister Schimon Peres den Preis für ihre Bemühungen um den Friedensprozess geteilt. Diesmal aber würde mit meinem Vater nicht auch gleichzeitig Jitzhak Rabin für die Unterzeichnung eines Friedensvertrags zwischen Israel und Jordanien im selben Jahr geehrt werden.

Anfang Januar 1999 verließ mein Vater die USA und flog nach London. Am 7. Januar landete ich in Heathrow und fuhr dann durch den gefrierenden Regen zu seinem Haus bei Ascot, gut zwanzig Kilometer vom Flughafen entfernt. Obwohl ich ihn nie allein sah – immer tauchte auch ein anderes Familienmitglied auf –, genossen wir die Gesellschaft des anderen ohne viele Worte, wie es oft bei Vätern und Söhnen vorkommt. An meinem letzten Tag in London hoffte ich, ihn endlich einmal unter vier Augen sprechen zu können, doch dann stattete mein Onkel, Kronprinz Hassan, meinem Vater einen Überraschungsbesuch ab. Er war in Jordanien heftig kritisiert worden, weil er nicht zu seinem Bruder in die Mayo-Klinik gereist war. Der König hatte seinen Groll über Prinz Hassans Eigenmächtigkeit im Umgang mit der Armee zwar noch nicht überwunden, doch während des Besuchs konnte er seinen Zorn verbergen. Mir gelang es an jenem Abend immerhin, wenigstens ein paar Augenblicke allein mit meinem Vater zu sprechen. »Bleib doch ein paar Tage hier«, bat er. »Sir«, erwiderte ich – ich hörte nie auf, ihn so anzusprechen –, »ich muss wirklich nach Jordanien zurück.« Ich erklärte ihm, dass ich einen wichtigen Teil der Sicherheitsvorkehrungen für seine Ankunft in Amman beaufsichtigen müsse. Seufzend meinte er, wir würden unser Gespräch dort nachholen.

Wieder in Jordanien, begann ich mit den Vorbereitungen für die Rückkehr meines Vaters. Er war fast sechs Monate lang außer Landes gewesen, und Hunderttausende Jordanier wollten ihn nach der, wie sie glaubten, erfolgreichen Krebsbehandlung begrüßen. Wir hatten vorgesehen, dass er vom Flughafen durch die Straßen Ammans zu seinem Haus im Bezirk Hummar nordwestlich der Stadt fuhr. Das Haus hieß Bab al-Salam, der arabische Begriff für »Friedenstor«, und war nach einem der Eingänge der Großen Moschee in Mekka benannt. Meine Familie hatte in Mekka über viele Generationen die Herrschaft innegehabt – bis 1924, als Abd al-Asis ibn Abd al-Rahman Al Saud aus dem Nadsch, dem Zentrum der Arabischen Halbinsel, die Hedschas genannte Region am Roten Meer einnahm und das heutige Saudi-Arabien gründete.

In den nächsten zehn Tagen sprach man auch weiterhin über kaum etwas anderes als über die Spekulationen, mein Vater habe beschlossen, die Erbfolge zu ändern. Mehrere Leute traten an mich heran und gaben mir verschwörerisch zu verstehen, ich sei unter den Kandidaten. Dabei ging sie das meiner Meinung nach überhaupt nichts an. In all den Jahren hatte ich es stets vermieden, mich in die Politik einzumischen, und mich stattdessen meiner militärischen Laufbahn gewidmet. Und daran wollte ich auch jetzt nichts ändern.

Am 19. Januar 1999 landete mein Vater auf dem Zivilflughafen Marka nahe Amman. Er hatte seine Maschine, eine Gulfstream IV, die ganze Strecke von London selbst geflogen. Bekleidet mit einem dunklen Anzug und der Kufija, dem traditionellen jordanischen Kopftuch, stieg er aus dem Flugzeug. Es war eine emotional aufgeladene Szene. Hunderte Menschen hießen meinen Vater noch auf der Landebahn willkommen, Tausende säumten Ammans Straßen. Seit jener Nacht im Juli, als er mir gesagt hatte, sein Krebs sei wieder ausgebrochen, hatte ich davon geträumt, dass ihn unser Volk bei der Rückkehr in seine Heimat wie nach seiner ersten Erkrankung 1992 zu Tausenden auf den Straßen empfangen würde. Nun wurde dieser Traum wahr – nur dass er im wirklichen Leben kein glückliches Ende nahm.

Meiner Frau Rania liefen Tränen über das Gesicht, und ich hatte alle Mühe, meine Gefühle unter Kontrolle zu halten. Die Familienangehörigen, Politiker und Mitglieder des Hofes, die sich an diesem Tag in einer Reihe aufstellten, um ihren König zu Hause zu begrüßen, zeigten hingegen nicht alle ihre wahren Gefühle. Die Art und Weise, wie mein Vater mit den Menschen in dem Spalier umging, war eine wortlose Lehrstunde in Sachen Staatskunst. Manche küsste und manche umarmte er, anderen schüttelte er die Hand, und an einigen ging er schnurstracks vorüber, ohne sie auch nur zur Kenntnis zu nehmen. Er wusste, wer in seiner Abwesenheit loyal geblieben war und wer nicht. Als ein Verwandter versuchte, ihn beim Händeschütteln zu küssen, stieß mein Vater ihn zurück. Sicher wurde dem Mann in diesem Augenblick bewusst, dass mein Vater sein Verhalten als scheinheilig erkannt hatte, und er brach unter Tränen zusammen.

Als mein Vater zu mir kam, sah er mir nicht einmal in die Augen. Er schüttelte mir nur die Hand und ging gleich weiter.

Seltsam, aber in diesem Moment begriff ich alles. Er wollte die Aufmerksamkeit nicht auf mich lenken, weil ich Kronprinz werden sollte. Hätte er mich überschwänglicher begrüßt, hätten es die Höflinge, die jede Regung genauestens beobachteten, als Zeichen dafür gewertet, dass ich in der Gunst meines Vaters gestiegen war, und dann hätte womöglich ein Gerangel um Einflussnahme auf mich begonnen. Und diejenigen, die keine gute Absichten verfolgten, hätten angefangen, gegen mich zu arbeiten.

Am nächsten Tag trafen der Kronprinz von Dubai, Scheich Mohammed ibn Raschid al-Maktum, sowie der Kronprinz von Abu Dhabi, Scheich Mohammed ibn Sajid al-Nahjan, ein, um meinem Vater ihre Hochachtung zu erweisen. Der hatte mich zum Flughafen beordert, um sie zu empfangen. Dem Protokoll nach hätte sie eigentlich der Kronprinz begrüßen müssen, aber mein Vater sagte: »Ich möchte, dass du die beiden kennenlernst. Sie sind unsere Freunde, und du solltest sie abholen.« So hieß ich die beiden Gäste willkommen, fuhr sie zu meinem Vater und brachte sie anschließend wieder zum Flughafen.

Wenige Tage später, am 22. Januar, rief mein Vater bei mir zu Hause an und sagte: »Ich möchte dich sprechen.« Sofort brach ich auf und fuhr über die steile Serpentinenstraße nach Hummar auf der Anhöhe über Amman. Mein Vater erwartete mich bereits im Esszimmer und schloss die Tür hinter mir. Er sah viel schlechter aus als in London. Von den Wächtern hatte ich erfahren, dass er mehrere Bluttransfusionen bekommen hatte, und ich bekam Angst. Er nahm meine Hand und sagte: »Ich möchte dich zum Kronprinzen ernennen. Du hast das Recht darauf. Du bist der Fähigste, und du bist von allen der Einzige, der das Land nach vorn bringen kann.« Ich war so verblüfft, dass ich zunächst kein Wort herausbrachte. Dann fragte ich schließlich: »Und was ist mit meinem Onkel, Prinz Hassan?«

Darauf erwiderte er, er habe sich auch deshalb für mich entschieden, weil ich stets das Wohl der anderen im Auge habe und in der Lage sei, in diesen schwierigen Zeiten das Land zu führen und die Familie zusammenzuhalten. Und Hassan werde stets sein Bruder und mein Onkel bleiben. Dann sagte mir mein Vater, dass er sterben werde. Mir traten die Tränen in die Augen. In wenigen Tagen werde er wieder in die Vereinigten Staaten fliegen, um eine Knochenmarktransplantation vornehmen zu lassen. Es sei seine letzte Chance, meinte er. Die Kraft, die sonst in seinem Blick lag, schien dabei ein wenig getrübt, und ich empfand plötzlich eine große Kälte. Ich glaube, das war der erste Augenblick in meinem Leben, in dem ich mich wirklich allein fühlte. Am liebsten wäre ich in Tränen ausgebrochen und hätte ihm gesagt, wie viel er mir bedeute, aber ich wusste, dass das meinem Vater nicht entsprach. Meine Liebe und Zuneigung konnte ich am besten zeigen, indem ich mich auf die Konsequenzen seiner Entscheidung konzentrierte und meine neue Aufgabe ernst nahm. Und so sprachen wir weiter über praktische Dinge, auch wenn wir sehr bewegt waren.

Zunächst beschäftigte mich die Frage, wen ich zum Kronprinzen ernennen sollte. Nach der Verfassung würde der Thron auf meinen Sohn Hussein übergehen, aber er war erst fünf Jahre alt. Ich bat meinen Vater um Rat. »Das bleibt dir überlassen«, erwiderte er. Von Gefühlen überwältigt, hielt er inne. Dann änderte sich plötzlich sein Tonfall. »Um deiner eigenen Sicherheit willen rate ich dir, wähle Hamsah zum Kronprinzen«, sagte er leise, »aber das ist deine Sache. Du musst auf der Hut sein.« Erst jetzt wurde mir klar, wie genau mein Vater über die politischen Intrigen in Amman Bescheid wusste.

Als ich nach dem Gespräch heimfuhr, hatte ich Mühe, mich nicht von meiner Trauer überwältigen zu lassen. Im Haus fand ich Rania inmitten von Familienfotos auf dem Boden sitzend. Wir besaßen einen ganzen Schrank voller Familienbilder, die sie schon seit Jahren ordnen wollte, und jetzt hatte sie beschlossen, endlich damit zu beginnen. Ich betrachtete meine Frau, umgeben von den Erinnerungen an glückliche Familienzeiten, dann erklärte ich ihr, dass mein Vater mich zum Kronprinzen machen werde. »Sein Gesundheitszustand ist sehr, sehr schlecht«, sagte ich. »Ich glaube, er hat nicht mehr lange zu leben.« Sie sah mich besorgt und traurig an, als hätte sie eine leise Vorahnung. Tatsächlich sollten wir nur allzu bald in einer Weise ins Rampenlicht geraten, wie wir es uns nie hätten vorstellen können. Und draußen warteten zahllose Wölfe darauf, dass uns ein Fehler unterlief.

Am Morgen des 25. Januar läutete in meinem Haus das Telefon. Es war der Protokollchef, der mir mitteilte, König Hussein bitte mich und meinen Onkel am Nachmittag um vier Uhr in den Palast. Jetzt würde also der Wechsel stattfinden, dachte ich. Weil es noch früh war, beschloss ich, die Zeit bis dahin im Haus meiner Mutter in den Bergen außerhalb von Amman zu verbringen. Ich ging über die ummauerte Wiese, auf der ich als Kind gespielt und im Krieg von 1967 beobachtet hatte, wie israelische Kampfjets über uns hinwegflogen. Im Haus hatte sich meine Familie versammelt, um sich in dieser schweren Stunde gegenseitig zu stützen: mein Bruder Faisal, meine ältere Halbschwester Alia, meine jüngeren Schwestern Zein und Aischa, meine Cousins Talal und Ghazi und meine Mutter. Wir unterhielten uns über glücklichere Zeiten und tauschten Erinnerungen an unseren Vater aus. Ich wartete bis vier Uhr, doch gerade, als ich aufbrechen wollte, teilte man mir mit, dass es eine Verzögerung gebe. Später erfuhr ich, dass mein Vater mit der letzten Fassung eines Briefes an Prinz Hassan rang. Am späten Abend läutete das Telefon erneut. Der Protokollchef bat mich, sofort zu kommen.

Als ich zum Bab al-Salam kam, wurde ich in das Büro meines Vaters geführt, wo er bereits mit Prinz Hassan auf mich wartete. Nun erklärte er seinem Bruder, er habe beschlossen, die Thronfolge zu ändern und mir den Titel des Kronprinzen zu übertragen. Der Prinz meisterte diese Situation mit großem Anstand und Würde und übergab mir seine persönliche Kronprinzenstandarte.

Ich aber reichte sie ihm zurück und sagte: »Bitte, Onkel, behalte sie. Es ist deine Standarte.« Dann traten wir hinaus, stellten uns vor die wartenden Kameraleute, schüttelten uns die Hand, und mein Vater verkündete die Nachricht dem Land.

Noch am selben Tag veröffentlichte mein Vater einen harsch formulierten Brief an Prinz Hassan, in dem er seinen Bruder insbesondere wegen der innenpolitischen Machtkämpfe in Jordanien scharf kritisierte:

> Ich habe vieles erlebt, und schon in frühem Alter fiel mir auf, dass sich manche auf gefährliches Terrain begeben, um die Beziehung zwischen Bruder und Bruder oder zwischen Vater und Sohn zu zerstören. Damals schwor ich mir, es in meinem Leben nie dazu kommen zu lassen. Doch ich bin mir bewusst, dass die erklärten oder verborgenen Feinde gerade dieses Ziel anstrebten und ihnen jedes Mittel recht war, um das Vertrauen zwischen der Führung und dem Volk zu schwächen. Doch es ist ihnen nicht gelungen.
> Im Augenblick verfolgen sie und jene, die Jordanien vernichten wollen, den Plan, innerhalb der Führung Machtkämpfe anzuzetteln, denn es ist ihnen nicht gelungen, das Fundament zu zerstören. Außerdem stehen sie bei all ihren Vorhaben vor dem Hindernis, dass ich noch lebe. Dabei vergessen sie, dass al-Hussein sein Leben lang nichts anderes erstrebt hat als den Segen Gottes, ein reines Gewissen und das Beste für alle Angehörigen seines Volkes, ungeachtet ihrer Herkunft, die mit ihm das Banner hochhalten, die Botschaft Jordaniens mit erhobenem Kopf weitertragen und sich vor niemandem verbeugen außer vor Gott.

Dann kam mein Vater auf Prinz Hassans Versuche zu sprechen, auf die Armee einzuwirken: »Ich habe von meinem Krankenbett aus interveniert, um eine Einmischung in Angelegenheiten der Arabischen Armee zu verhindern. Mit dieser Einmischung sollten wohl alte Rechnungen beglichen werden. Dazu gehörte auch die Pensionierung tüchtiger Offiziere, die für ihre Loyalität und Treue bekannt und deren Laufbahn und glänzende Leistungen über jeden Vorwurf erhaben sind.«

In Jordanien waren viele über den Ton des Briefes erstaunt. Aber sie vertrauten ihrem König bedingungslos, denn sie kannten ihn als einen weisen und vernünftigen Herrscher und wussten, dass er die Thronfolge nicht ohne guten Grund geändert hatte. Prinz Hassan selbst verfasste am 28. Januar einen Brief, in dem er teilweise auf die Äußerungen des Königs einging, seinem Bruder und König unverbrüchliche Treue schwor und versprach, mich als den neuen Kronprinzen mit aller Kraft zu unterstützen.

Am nächsten Tag fuhren Rania und ich meinen Vater zum Flughafen. Er würde sich erneut in die Mayo-Klinik begeben, um sich weiter behandeln zu lassen. Mein Vater und ich saßen vorn, Königin Noor und Rania auf dem Rücksitz. Mein Vater hatte, bedingt durch seine Krankheit, einen hartnäckigen Schluckauf und eine so starke Hepatitis, dass sogar seine Augen gelb waren. Vergeblich versuchte ich, mich ungezwungen mit ihm zu unterhalten. Als wir Amman hinter uns ließen, betrachtete mein Vater die Landschaft, als sehe er sie zum letzten Mal. Ich legte meine Hand auf seine, und den Rest der Strecke legten wir schweigend zurück.

Am Flughafen wartete eine Reihe von Verwandten, um sich vom König zu verabschieden. Ich hatte Mühe, Haltung zu wahren, und für einen kurzen Augenblick verlor ich die Kontrolle über meine Gefühle. Da spürte ich eine Hand auf meinem Arm. »Beherrsch dich«, flüsterte eine meiner Tanten. »Man beobachtet dich.« Ihre Worte erinnerten mich jäh daran, wie sehr sich mein Leben ändern würde. Noch nie hatte ich mich so elend und so allein gefühlt. Die Jordanier mögen es nicht, wenn ein Mann aus der Königsfamilie weint, und so blieb mein Gesicht von da an reglos. Ich stieg mit meinem Vater ins Flugzeug und bemühte mich um eine militärisch korrekte Haltung. Als er sich umwandte, trafen sich unsere Blicke, aber keiner von uns sagte ein Wort. Auch ihm fiel es schwer, seine Gefühle zu beherrschen. Ehe ich die Möglichkeit hatte, ihn zum Abschied zu umarmen, nickte er, drehte sich um und begab sich auf seinen Platz. Es war das letzte Mal, dass ich ihn bei Bewusstsein sah.

Die Woche nach der Abreise meines Vaters war sehr angespannt. Völlig unvermittelt war ich ins Zentrum der jordanischen Politik gerückt und musste nun in meiner neuen Rolle tätig werden. Dabei hatte ich bislang kaum Kontakt zu hochrangigen jordanischen Politikern und Persönlichkeiten aus dem privaten Sektor gehabt, so dass ich mich auf unbekanntem Terrain bewegte. Einige der führenden Männer wie der Premierminister und der Chef des königlichen Hofes waren von Prinz Hassan ernannt worden. Andere wie der Protokollchef und der Kommandant der königlichen Leibgarde standen Königin Noor sehr nahe. Es gab viele, die hofften, ich würde Fehler machen, und so konnte ich mich nur auf die Menschen stützen, die mir am nächsten standen, wie meine Kameraden in der Armee und bei der Spezialeinheit.

Prinz Hassan hatte sich inzwischen offenbar an seine Anhänger gewandt. Mir wurde berichtet, er habe bereits eine ganze Reihe ranghoher Politiker bei sich empfangen, darunter auch einige der wichtigsten Stammesführer. Um mir einen besseren Überblick zu verschaffen, bat ich Mohammed Madsched, meinen Stellvertreter beim SOCOM, am Abend mit einigen meiner wichtigsten Offiziere in meinem Haus zu erscheinen. Als diese Männer, die mein uneingeschränktes Vertrauen genossen, gegen sieben Uhr eintrafen, informierte ich sie über Prinz Hassans lebhafte Aktivitäten. Ich wolle mich nicht durch eine wie auch immer geartete Torheit überrumpeln lassen. In meiner Zeit beim Militär hatte ich gelernt, mich nach allen Seiten abzusichern. Vorsichtshalber wolle ich einige Einheiten in Alarmbereitschaft versetzen, für alle Fälle. Als ich das sagte, lachten einige meiner Kommandeure in sich hinein. Verärgert und enttäuscht fuhr ich sie an, dies sei eine ernste Angelegenheit; was denn daran so lustig sei. Sie erwiderten, dass sie die Kommandozentrale bereits vor Tagen in Alarmbereitschaft versetzt und Verbindung zur 3. Division aufgenommen hätten. Die Kommandeure der 40. und der 60. Brigade und ihre Einheiten seien einsatzbereit. Als ich in ihre Gesichter blickte, kam zum ersten Mal in dieser Woche die Zuversicht in mir auf, dass am Ende doch alles gut werden würde.

Knapp eine Woche später erfuhren wir, dass die Behandlung meines Vaters fehlgeschlagen war. Er würde nach Jordanien zurückkehren, weil er in dem Land sterben wollte, das er liebte. Als seine Maschine am 5. Februar in Amman landete, beförderte man ihn auf einer Trage heraus. Er war bewusstlos und wurde künstlich am Leben erhalten. Die Familie holte ihn ab und begleitete ihn zum König-Hussein-Krankenhaus. Dort hatten sich Tausende Menschen aus dem ganzen Land versammelt und beteten, weinten und entzündeten Kerzen. Sie warteten die ganze Nacht auf der Straße und nahmen endgültig Abschied von ihrem König. Hochrangige jordanische Politiker und alte Krieger weinten, und viele richteten den Blick auf mich, um zu sehen, wie ich mit der Situation umging. »Wir haben immer geglaubt, er sei größer als Jordanien«, sagte jemand zu mir. »Wir dachten, er werde nie sterben.« Wir, die engsten Familienangehörigen, hielten die ganze Nacht über abwechselnd Wache am Bett: Königin Noor, meine Mutter, meine Frau, meine Brüder und Schwestern und einige unserer Cousinen und Cousins.

Am nächsten Abend, als die Familie noch immer um sein Bett versammelt war, bat einer der Ärzte, mich unter vier Augen sprechen zu können. Der Krebs hatte sich weitaus schneller ausgebreitet als erwartet, man konnte nichts mehr tun. Überwältigt von Trauer, verlor ich für einen kurzen Augenblick die Fassung. Dann ging ich ins Zimmer zurück, um die anderen Familienmitglieder zu informieren, und so verabschiedeten wir uns von einem tapferen Mann mit einer außerordentlichen Willenskraft, den wir unendlich liebten. Die Ärzte meinten, der Tod werde noch in der Nacht eintreten, aber dann dauerte es doch noch bis zum nächsten Vormittag. Schon oft war festgestellt worden, dass mein Vater ein starkes Herz hatte, und so schlug es noch kräftig weiter, als sein übriger Körper bereits versagt hatte. Es gab als Letztes auf.

Die Bestattung fand am nächsten Tag, am 8. Februar 1999, statt. Der Himmel war verhangen, und es fiel ein leichter Regen. Die Leute sagten, selbst der Himmel weine um König Hussein. Die meisten Jordanier hatten keinen anderen König gekannt, deshalb traf sie sein Tod ganz persönlich, so, als hätten sie einen Familienangehörigen und nicht ihr Staatsoberhaupt verloren. Hunderttausende verzweifelte Trauernde säumten die Straßen, als sein blumengeschmückter, mit der jordanischen Flagge bedeckter Sarg in einem kugelsicheren Wagen zum Raghadan-Palast gefahren wurde, seiner letzten Ruhestätte. Die Menschen schluchzten und klagten und versuchten vergeblich, einen letzten Blick auf meinen Vater zu erhaschen oder seinen Sarg zu berühren. Dem Wagen folgten eine Ehrengarde und ein Mann, der Amr, das weiße Lieblingspferd meines Vaters, führte. Aus Respekt vor dem König sollte Amr nie mehr geritten werden.

»Das Begräbnis des Jahrhunderts«, wie es ein Beobachter nannte, hatte Staatsoberhäupter aus aller Welt auf dem Palastgelände zusammengeführt, die wohl gegensätzlicher nicht hätten sein können. Einige der Trauergäste führten Krieg gegeneinander, und ein oder zwei hatten sich sogar einmal umbringen wollen. Doch nun einte sie die Achtung und Bewunderung für meinen Vater. Präsident Hosni Mubarak aus Ägypten, Kronprinz Abdullah aus Saudi-Arabien und Präsident Hafis al-Assad aus Syrien waren ebenso gekommen wie Kronprinz Mohammed von Marokko, Präsident Jassir Arafat und Saif al-Islam, der Sohn des libyschen Präsidenten Muammar al-Gaddafi; Präsident Clinton und mit ihm die drei früheren US-Präsidenten George H.W. Bush, Jimmy

Carter und Gerald Ford waren ebenso anwesend wie der russische Präsident Boris Jelzin sowie Prinz Charles und der britische Premier Tony Blair; Premierminister Benjamin Netanjahu aus Israel war da, ebenso Khaled Meschaal, ein Hamas-Führer, den Netanjahu im Jahr zuvor hatte umbringen lassen wollen. Insgesamt waren Repräsentanten aus gut 75 Ländern nach Amman gekommen, um meinem Vater die letzte Ehre zu erweisen. Er lag im Palast aufgebahrt, bewacht von der königlichen Garde, die traditionell aus tscherkessischen, im 19. Jahrhundert aus dem Kaukasus nach Amman eingewanderten Muslimen bestand. Sie hatten meinem Vater viele Jahre lang treu gedient. Nun standen sie ihm bei seiner letzten Reise zur Seite.

Meine Brüder und ich trugen den Sarg von der Moschee der königlichen Garde zu seinem Grab auf dem Palastfriedhof neben den Gräbern seines Vaters, König Talal, und seines Großvaters, König Abdullah I. Während ein Trompeter den Zapfenstreich spielte, standen meine Brüder und ich in Habachtstellung. Und als der Sarg in die letzte Ruhestätte meines Vaters hinabgelassen wurde, feuerte die königliche Garde 15 Salutschüsse ab.

Obwohl es ein Tag großer Trauer war, empfanden die Jordanier Stolz, weil die ganze Welt gekommen war, um ihrem König ein letztes Mal die Ehre zu erweisen. Aber auch eine gewisse Entschlossenheit war zu spüren, da viele erkannten, dass sie stark sein mussten, um das Land zusammenzuhalten. Viele Jordanier nannten ihren König liebevoll Abu Abdullah, »Vater von Abdullah«, wie es in der arabischen Welt üblich ist. In den folgenden Wochen und Monaten erhielt ich öfter, als ich zählen kann, Beweise der Liebe der Jordanier zu meinem Vater und ihrer Entschlossenheit, seinem Sohn zum Erfolg zu verhelfen.

Am Tag vor der Bestattung begab ich mich zum Parlament, um meinen Eid als König zu leisten. Ich hatte den Protokollchef gebeten, für den feierlichen Akt ein Porträt meines Vaters zu besorgen. So sah ich beim Betreten des Saals ein riesiges Bild meines Vaters über dem Podium hängen, das den ganzen Raum beherrschte. Ich nahm Habachtstellung ein. Dabei hatte ich das Gefühl, dass sein freundlicher Blick auf mir ruhte, und mir traten Tränen in die Augen. Um Selbstbeherrschung ringend stand ich einige Sekunden reglos und in Saluthaltung da. Dann sprach ich den Eid auf die Verfassung: »Ich schwöre bei Gott, dass ich die Verfassung achten und dem Land treu dienen werde.« Darauf erwiderte der Senatspräsident: »Gott schütze Seine Majestät König Abdullah und schenke ihm Erfolg. Lang lebe Jordanien, wie es Seine Majestät König Hussein gewünscht hat.«

Nach dem feierlichen Akt trat ein Regierungsmitarbeiter auf mich zu und sagte: »Eure Majestät, bitte hier entlang.« Aus Gewohnheit drehte ich mich nach meinem Vater um, und mein Blick fiel erneut auf sein Porträt, das auf mich herabsah. Fast ein halbes Jahrhundert lang hatte mein Vater das Land regiert, mal Kriege geführt, mal Friedensverträge ausgehandelt und stets andere ermuntert, ihre Waffen niederzulegen und die Hoffnung über die Angst zu stellen. Jetzt war es meine Aufgabe, mit den Konflikten an den Grenzen Jordaniens und den kriegführenden Parteien fertigzuwerden und die Erinnerung an meinen Vater zu wahren, indem ich seinen unermüdlichen Kampf für den Frieden fortsetzte.

# Kapitel 13
# Mein Amtsantritt als König

Die Tage und Wochen nach dem Tod meines Vaters waren eine ausgesprochen bedrückende Zeit. Das ganze Land trauerte um seinen König. Die meisten Jordanier hatten in ihrem Leben kein anderes Staatsoberhaupt gekannt. Ich hatte schwer mit dem Verlust meines Vaters zu kämpfen, der für mich stets ein Fels in der Brandung und Leitfigur gewesen war. Doch mir blieb nur wenig Zeit für Trauer. Am Abend vor der Beisetzung hatte ich mich als Vater einer vierköpfigen Familie ins Bett gelegt, und als ich am nächsten Morgen aufwachte, bestand meine Familie aus fünf Millionen Menschen. Ein König sollte, so hatte mich mein Vater gelehrt, weniger über sein Volk herrschen als über es wachen.

Nach der Vereidigung war einer meiner ersten Schritte ein Erlass, in dem ich meinen Bruder Hamsah zum Kronprinzen bestimmte. Fünf Jahre später entließ ich ihn aus dieser Verantwortung. Trotz der Spannungen in den Monaten vor dem Tod meines Vaters hielt meine Familie zusammen, wir unterstützten uns gegenseitig, und in unserer gemeinsamen Trauer entstand zwischen vielen von uns eine größere Nähe. Ich empfand große Dankbarkeit für ihre Liebe und Hilfsbereitschaft, aber ich wusste auch, dass viele im Ausland und manche in Jordanien selbst nur auf einen Fehler von mir warteten. In den Salons im Westen Ammans kursierten weiterhin Gerüchte, und ich erfuhr, dass einige, die ich für gute Freunde gehalten hatte, prophezeiten: »Er wird sich nicht länger als drei Monate halten können.«

Die vor mir liegende Aufgabe erschien mir anfangs wie ein nicht zu bezwingender Berg, doch allmählich wurde mir klar, dass mein Vater mich schon seit Langem darauf vorbereitet hatte. Auch als ich noch gar nicht Kronprinz gewesen war, hatte er mich zu zahllosen Staatsbesuchen, wichtigen außenpolitischen Missionen und Reisen in alle Winkel Jordaniens mitgenommen. So hatte ich die unschätzbare Gelegenheit gehabt, zu beobachten, wie er durch die gefährlichen Gewässer der internationalen Diplomatie steuerte, ohne dass ich dabei dem prüfenden Blick der Öffentlichkeit ausgesetzt war, der stets auf den Thronerben gerichtet ist. Für die kurzen Reisen von meinen militärischen Aufgaben befreit, hatte ich manches Mal das Gefühl, persönlich erleben zu dürfen, wie Geschichte geschrieben wurde.

Drei Wochen nach der Bestattung meines Vaters empfing ich meine ersten offiziellen Staatsgäste, Premierminister Benjamin Netanjahu aus Israel und seinen Außenminister Ariel Scharon. Damals waren die Beziehungen zwischen den beiden Ländern angespannt, und gerade Netanjahu hatte das Verhältnis zwischen unseren Ländern mehr als einmal an die Grenze der Belastbarkeit gebracht.

Benjamin Netanjahu war 1996, ein Jahr nach der Ermordung Jitzhak Rabins, zum Premierminister gewählt worden. Das Land wurde in jenen Tagen von einer Welle von Selbstmordattentaten erschüttert, die an die sechzig israelische Todesopfer forderten und für die die Hamas (die Islamische Befreiungsbewegung Palästinas) verantwortlich gemacht wurde. Am 25. September 1997 übte Netanjahu mit einem Anschlag auf den Führer der Hamas, der sich damals in Jordanien aufhielt, Vergeltung.

Die Hamas hatte sich bereit erklärt, nicht von jordanischem Staatsgebiet aus politisch oder militärisch aktiv zu werden und dort lediglich ein Pressebüro zu unterhalten, hielt sich aber nach einiger Zeit nicht mehr an ihr Versprechen. Als Khaled Meschaal, ein hochrangiger Vertreter des politischen Flügels der Hamas, eines Morgens zu seinem Büro in Amman ging, sprangen plötzlich Agenten des israelischen Geheimdiensts aus ihrem Auto und sprühten ihm eine unbekannte Substanz ins Ohr. Daraufhin erkrankte Meschaal lebensgefährlich. Ein Leibwächter des Hamas-Führers verfolgte zwei der Mossad-Agenten durch die Stadt, bis sie von der Polizei gefasst werden konnten. Vier andere Mitglieder des Mordkommandos entkamen in die israelische Botschaft, zwei weitere flüchteten sich ins Hotel InterContinental.

Zu diesem Zeitpunkt meldete sich Netanjahu bei meinem Vater und sagte: »Wir haben da ein Problem.« Er schickte den Chef des Geheimdiensts, Danni Jatom, nach Amman, um die Vorgänge zu erläutern und um die Freilassung der Mossad-Agenten zu bitten. Später erfuhren wir, dass Netanjahu den Attentatsversuch selbst gebilligt hatte. Als im Januar 2010 in Dubai ein Hamas-Führer ermordet wurde – ein Attentat, hinter dem man den Mossad vermutet, weil Agenten des Geheimdiensts mit falschen Pässen gefasst wurden –, war das wie ein Déja-vu-Erlebnis. Und wieder ist Netanjahu Premierminister von Israel.

Mein Vater war außer sich vor Wut. Er hatte sich unermüdlich für Fortschritte im Friedensprozess eingesetzt, wie im Januar des Vorjahres, als er eine wichtige Rolle beim Zustandekommen des Hebron-Abkommens gespielt hatte, in dem sich Israel im Zuge der Umsetzung der Oslo-Verträge bereit erklärte, seine Soldaten aus Hebron abzuziehen. Wenige Tage vor dem Mordversuch hatte er den Israelis einen Vorschlag der Hamas für einen dreißigjährigen Waffenstillstand übermittelt. Und jetzt hatte Netanjahu versucht, auf den Straßen unserer Hauptstadt einen Hamas-Führer umbringen zu lassen.

Jordanische Ärzte kämpften um Meschaals Leben. Aber sie standen auf verlorenem Posten, solange sie nicht wussten, welches Gift verwendet worden war. Daher forderte mein Vater die Israelis auf, umgehend Auskunft zu geben, um welche Substanz es sich handelte, und ein Gegengift zu liefern.

Als Jatom kam und erklärte, Meschaal sei eine komplexe chemische Zusammensetzung injiziert worden, an der er innerhalb von vierundzwanzig Stunden sterben werde, erklärte ihm mein Vater, wenn es dazu komme, werde er den Friedensvertrag aufkündigen und die diplomatischen Beziehungen zu Israel abbrechen. Jatom verließ den Raum, um Netanjahu anzurufen, und teilte meinem Vater schließlich mit, ein anderes Mitglied des Mossad, eine Ärztin, wohne im Hotel InterContinental und habe das entsprechende Gegengift bei sich.

Die Jordanier und Palästinenser waren empört über das schamlose israelische Vorgehen. Selbst wenn es gelang, Meschaals Leben zu retten, standen wir immer noch vor der schier unlösbaren Frage, was wir mit den beiden inhaftierten Mossad-Agenten und den anderen machen sollten, die sich in die israelische Botschaft in Amman verkrochen hatten. Sie alle waren mit gefälschten kanadischen Pässen in unser Land gereist und hatten sich an einem Attentatsversuch beteiligt. Obwohl sie keine diplomatische Immunität besaßen, weigerten sich die Israelis, die vier in die Botschaft geflüchteten Komplizen auszuliefern. Jordanische Sicherheitskräfte umstellten die Botschaft, um sicherzustellen, dass sie nicht entkamen. Zu dieser Zeit war ich Kommandeur der Spezialeinheit, und ich kann sagen, dass es eine ausgesprochen angespannte Zeit war.

An jenem Abend wurde Meschaal, dessen Gesundheitszustand sich rapide verschlechterte, in das König-Hussein-Krankenhaus verlegt und im Königin-Alia-Herzzentrum, einer der führenden medizinischen Einrichtungen des Landes, behandelt. Die Mossad-Ärztin, die inzwischen in ein anderes Hotel umgezogen war, konnte ausfindig gemacht werden und wurde, mit einer Ampulle des Gegengifts in der Tasche, zum Krankenhaus gebracht. Aber die Führung der Hamas war misstrauisch und ließ nicht zu, dass dem schlafenden Meschaal noch eine weitere Substanz injiziert wurde, deren chemische Zusammensetzung nicht bekannt war. Sie verlangten, umgehend Auskunft darüber zu erhalten.

Daraufhin rief mein Vater Präsident Clinton an und bat ihn eindringlich, den engen Verbündeten Amerikas aufzufordern, den Schaden wiedergutzumachen. Clinton willigte ein, und schließlich gab Netanjahu nach. Bei dem Gegengift handele es sich um Naloxon, erklärte er, ein Medikament, das bei einer Opiatüberdosierung eingesetzt wird.

Später erfuhren wir, dass das Meschaal injizierte Gift eine chemisch verstärkte Version des Schmerzmittels Fentanyl gewesen war, die innerhalb von achtundvierzig Stunden zum Tod führt, ohne Spuren zu hinterlassen. Das Gift war in einer umgebauten Kamera versteckt gewesen. Sie besaß anstelle der Linse eine lange, ausfahrbare Nadel, die einer der Attentäter Meschaal ins Ohr gestochen hatte. Sobald man das Gegengift kannte, durfte ein jordanisches Ärzteteam es dem Kranken verabreichen, sodass er gerettet werden konnte.

Khaled Meschaal war mit dem Leben davongekommen, doch die Beziehungen zwischen Jordanien und Israel hatten ein kritisches Stadium erreicht. Mein Vater bestand darauf, dass die Israelis für ihr Vorgehen einen hohen politischen Preis zahlen und Scheich Ahmed Jassin, den blinden und an einen Rollstuhl gefesselten geistlichen Führer der Hamas und einen ihrer Gründer, aus dem Gefängnis entlassen sollten. Man warf Jassin vor, er sei an einer Verschwörung beteiligt gewesen, die darauf abzielte, israelische Soldaten zu entführen, und hatte ihn zu lebenslanger Haft verurteilt. Seit acht Jahren saß er hinter Gittern. Schließlich einigte man sich auf folgende Lösung: Im Austausch für die Freilassung etlicher palästinensischer Gefangener, darunter auch Scheich Jassin, durften die Mossad-Agenten aus Jordanien ausreisen. Am 29. September 1997 um ein Uhr dreißig in der Nacht flog der israelische Premierminister Netanjahu nach Amman, um sich öffentlich zu entschuldigen. Auch dies war Teil der Vereinbarung.

Zwei Jahre später: Ich habe unerwartet die Nachfolge meines Vaters angetreten und bin der neue König Jordaniens. Benjamin Netanjahu ist immer noch Premierminister Israels, und Khaled Meschaal, inzwischen vollkommen wiederhergestellt, hält sich nicht an seine Zusage, die Hamas werde sich in Jordanien auf

Öffentlichkeitsarbeit beschränken. In seinem letzten Lebensjahr hatte mir mein Vater mehrfach gesagt, wie sehr ihn Meschaals anhaltende politische Aktivitäten ärgerten. Meschaal versuchte, Waffen über die Grenze ins Westjordanland zu schmuggeln, er mischte sich in die jordanische Politik ein, und mein Vater war der Meinung, er und die übrigen Hamas-Führer in Amman nutzten die Gastfreundschaft Jordaniens für ihre Zwecke aus.

Meschaal und andere in Jordanien lebende Hamas-Führer wurden unzählige Male in Verhandlungsgesprächen und Unterredungen aufgefordert, alle Aktivitäten einzustellen, die gegen die von ihnen selbst akzeptierten Bedingungen für ihren Aufenthalt im Land verstießen. Vergeblich, sie blieben stur und wollten weiter ungestraft ihre Operationen durchführen. Im August 1999 forderte die Regierung Meschaal schließlich auf, Jordanien zu verlassen. Und da die Regierung von Katar offenbar willens war, Meschaal und andere Hamas-Führer aufzunehmen, reisten sie mit dem Ziel Doha aus.

Ein paar Tage vor unserem geplanten Treffen hielt Benjamin Netanjahu an der Bar-Ilan-Universität in der Nähe von Tel Aviv eine Hetzrede. Darin beschuldigte er meinen Vater, er habe sich im Golfkrieg 1991 auf die Seite des Irak geschlagen. Außerdem gab er zu verstehen, Jordanien werde sich möglicherweise zukünftig mit Saddam Hussein verbünden, womit er das Bild der irakischen Bedrohung heraufbeschwor, die über Jordanien auch Israel erreichen werde.

Die Rede wurde in der Region fast überall mit Kritik aufgenommen, selbst in Israel. Ehud Barak, der israelische Oppositionsführer, sagte: »Es gibt kein Fettnäpfchen, in das der Premierminister noch nicht getreten ist. Das Ärgerliche dabei ist, dass er das ganze Land mit hineinzieht. Selbst in der Zeit der Trauer für König Hussein hielt es Netanjahu für angebracht, das wenige zu gefährden, das vom Friedensprozess noch übrig ist.«

Ich erinnere mich nicht gern an unsere Begegnung. Bei einem Mittagessen sprachen wir zwei Stunden lang über den Friedensprozess und über Wasserrechte. Doch Netanjahus falsche Darstellung der Rolle meines Vaters im Golfkrieg, mit der er politisch Punkte hatte sammeln wollen, hatte bei mir einen üblen Nachgeschmack hinterlassen. Mein Vater hatte sich nicht auf die Seite Saddams gestellt, sondern vielmehr versucht, einen Krieg zu verhindern, mit dem seiner Meinung nach niemandem gedient war. Nach dem Gespräch hatte ich den Eindruck, dass es viel Zeit und Kraft kosten würde, den Friedensprozess wieder in Gang zu bringen.

In einem Land wie Jordanien zwingt der Druck von außen zu einer Konzentration auf die Außenpolitik, aber ich hatte auch schwierige innenpolitische Themen auf meiner Agenda. Eine meine ersten Entscheidungen als König betraf die Frage, ob ich einen neuen Premierminister ernennen sollte. Jordanien besitzt ein parlamentarisches Regierungssystem mit einer Erbmonarchie. Gemäß der Verfassung werden die Mitglieder des Oberhauses, also des Senats, vom König ernannt. Infrage kommen dabei Personen, die sich im öffentlichen Leben verdient gemacht haben, etwa ehemalige Premierminister, Botschafter und ranghohe Militärs. Die Zusammensetzung des Unterhauses, der Abgeordnetenkammer, wird durch allgemeine Wahlen bestimmt, die alle vier Jahre stattfinden. Als Staatsoberhaupt ernennt der König den Premierminister, der wiederum Minister beruft, um eine Regierung zu bilden. Diese können Abgeordnete des Parlaments sein, aber auch von außen kommen. Wenn das Kabinett steht, muss es noch das Vertrauensvotum der Abgeordnetenkammer bekommen. Ist dies nicht der Fall, wird das Kabinett aufgelöst, und die Prozedur beginnt wieder von vorn.

Der Königshof oder Diwan existiert unabhängig von diesem parlamentarischen System. Jeder jordanische Bürger hat das Recht, zu allen denkbaren Belangen beim König Eingaben zu machen, die dann dem vom Volk als »das Haus für alle Jordanier« bezeichneten Diwan vorgelegt werden.

Die Petition kann sich auf alle möglichen Sorgen beziehen, von »Ich bin bankrott« oder »Ich kann meine Schulden nicht bezahlen« bis zu »Ich kann meine Kinder nicht zur Schule schicken«, »Ich habe ein Gesundheitsproblem« oder »Ich finde keine Arbeit«. Es gehört zu den Aufgaben des Hofchefs, mit jedem, der etwas auf dem Herzen hat, zu sprechen, sich sein Anliegen anzuhören und es an den König weiterzuleiten. Dieses traditionelle System entstand, als Jordanien noch ein kleines Land war. Heute, mit einer Bevölkerung von fast sechs Millionen Menschen, ist es dem Hofchef nicht mehr möglich, jeden persönlich anzuhören. Deshalb wurden einzelne Abteilungen für bestimmte Problemfelder geschaffen. Personen in prominenter Position allerdings empfängt der Hofchef nach wie vor selbst. Und wenn ich aufs Land fahre, kommen die Menschen häufig direkt auf mich zu und übergeben mir ein Stück Papier, auf dem ihr Anliegen steht.

Obwohl die Verfassung es nicht verlangt, tritt die amtierende Regierung traditionell nach der Proklamierung eines neuen Königs zurück. Natürlich hatte man eine ganze Weile nicht auf diese Tradition zurückgreifen müssen, weil mein Vater fast ein halbes Jahrhundert lang regierte. In meiner ersten Zeit als König erzählten mir Regierungsbeamte häufig von großen Plänen, dies oder jenes zu verbessern. Wenn ich dann aber die einfache Frage stellte: »Wann?«, bekam ich selten eine zufriedenstellende Antwort. Das war für mich der erste Hinweis, dass eine Regierung nicht wie eine Armee funktioniert.

Bei Personalveränderungen auf hoher Ebene meinen die Jordanier häufig, es habe persönliche Gründe, und der Beamte, der seines Postens enthoben wird, habe sich bei mir unbeliebt gemacht. Aber das ist nie der Fall gewesen. Vielmehr erwarte ich von all meinen Mitarbeitern die Fähigkeit, mein Programm umzusetzen und die Dinge umgehend in Angriff zu nehmen. Wenn sie ihrer Aufgabe nicht gerecht werden, müssen sie gehen. Schließlich arbeiten wir alle für das Volk von Jordanien, und dieses Volk hat es verdient, dass wir unser Bestes geben.

Anfang März 1999 forderte ich die bestehende Regierung zum Rücktritt auf und bat Abdul Rauf Rawabdeh, einen erfahrenen Parlamentarier und Verwaltungsbeamten, das Amt des Premierministers zu übernehmen. Abdul Karim Kabariti, der stets ein loyaler Vertrauter meines Vaters und von 1996 bis 1997 Premierminister gewesen war, ernannte ich zum neuen Hofchef. Meine Entscheidung, die Regierung zu entlassen, war eine der aufreibendsten, die ich je habe treffen müssen. Es war das erste Mal, dass ich vor dieser Aufgabe stand, und es fiel mir ungeheuer schwer, auch wenn es in späteren Fällen nicht viel leichter war. Ich weiß noch, wie ich mich fragte, ob ich das Richtige tat, als ich im Basman-Palast auf dem Gelände des königlichen Hofs saß und die Entlassung der alten Regierung und die Einsetzung der neuen vorbereitete. Kaum jemand betrachtete Abdul Rauf als Kandidaten für das Amt des Premierministers. Gleichzeitig war mir klar, dass ich mit jeder Entscheidung, egal, wie sie ausfiel, auf Kritik stoßen würde.

Als ich in Gedanken versunken in einem Zimmer neben der großen Eingangshalle des Diwans stand, blickte ich hoch und sah das Bild meines Vaters in Militäruniform, der lächelnd zu mir heruntersah. Das nahm ich als Zeichen, dass ich das Richtige tat. Mein Vater hatte mir vertraut, sonst hätte er mich nicht zum König gemacht. Jetzt musste ich meinem Instinkt vertrauen. Ich verkündete meine Pläne und hielt den Atem an.

Ein paar Wochen später, als die vierzigtägige Trauerzeit nach dem Tod meines Vaters zu Ende ging, musste ich eine weitere heikle Entscheidung treffen. Ich war mir sicher, dass Jordanien von der Energie, der Klugheit und dem Mitgefühl meiner Frau profitieren würde, und so verlieh ich ihr den Titel der Königin. Dabei war mir durchaus klar, was dieser Schritt für Noor, die Witwe meines Vaters, die zwei Jahrzehnte lang Königin gewesen war, bedeutete. Daher ging ich zu ihr, um mit ihr unter vier Augen zu sprechen. Doch sie zeigte Verständnis. Es sei Zeit, meinte sie, dass eine neue Generation antrete. Und sie fügte hinzu, mein Vater sei zwar manchmal reserviert gewesen, aber er habe ihr immer wieder gesagt, wie sehr er mich liebe, wie stolz er auf meine Leistungen in der Armee sei und dass er glaube, ich sei am besten geeignet, nach seinem Tod das Land zu führen. Ich dankte meiner Stiefmutter für ihre Freundlichkeit und ihre Unterstützung.

Am 21. März 1999 wurde Rania zur Königin erklärt. Ich verkündete ihr dies in einem offenen Brief, in dem ich schrieb: »In den vergangenen Jahren haben Sie mit mir die Segnungen geteilt, die uns unter dem großen Vater, meinem Vater, dem Vater aller Jordanier, zuteil wurden … Nun, da mich Gott dazu bestimmt hat, die höchste Verantwortung in Jordanien auf mich zu nehmen, habe ich beschlossen, Sie, meine Lebensgefährtin und die Mutter Husseins, heute zu Ihrer Majestät Königin Rania al-Abdullah zu ernennen.« Da wir alle immer noch um meinen Vater trauerten, verschoben wir die offizielle Krönungszeremonie um ein paar Monate. Am folgenden Tag flog Königin Noor mit ihren Kindern Haschem, Iman und Raijah in die Vereinigten Staaten, wo für sie die Schule wieder begann. Rania und ich boten ihr an, sie zum Flughafen zu fahren. In den Tagen nach dem Tod meines Vaters war unser Verhältnis enger gewesen als je zuvor, doch nun spürte ich, dass sich etwas verändert hatte. Noor war höflich, aber äußerst förmlich und reserviert, und die Fahrt war nicht angenehm. Unser Verhältnis ist seitdem eher unterkühlt.

Ganz oben auf meiner Agenda stand ein umfassendes Programm sozialer Reformen. Vor allem wollte ich dafür sorgen, dass die Schwächsten unserer Gesellschaft mehr Unterstützung erhielten. Daher überlegte ich mir gemeinsam mit meiner neuen Regierung Maßnahmen zum Schutz von Frauen und Kindern, und wir sprachen öffentlich Themen wie häusliche Gewalt und Kindesmissbrauch an, die bislang tabu gewesen waren.

Eins der stärksten Tabus waren die sogenannten Ehrenmorde, mit denen ich erstmals als junger Offizier der Armee konfrontiert worden war. Manchmal wird eine Frau von Angehörigen der eigenen Familie umgebracht – häufig von ihrem Vater oder Bruder, wenn diese glauben, die Ehre der Familie sei besudelt, weil sie eine unmoralische Beziehung unterhalte. Einer meiner Soldaten hatte sich an mich als seinen Vorgesetzten gewandt, nachdem er seine Cousine mit einem Messer umgebracht hatte. Nachdem sich seine Familie zusammengesetzt und beratschlagt hatte, wer den Mord ausführen sollte, war die Wahl auf ihn gefallen. Dieser Soldat, einer meiner besten Panzerkommandanten, war gezwungen worden, einer verzerrten Auffassung von »Ehre« zu folgen, die einer jungen Frau das Leben raubte. Ich übergab ihn der Militärpolizei und bedauerte diesen schrecklichen Verlust zweier junger Menschen. Er wurde wegen Mordes verurteilt und ins Gefängnis gesteckt.

Damals hatte ich das als sinnlose Vergeudung von Menschenleben gesehen. Und nun, da ich in der Lage war, die Politik mitzugestalten, war ich entschlossen zu handeln. Natürlich konnte ich die Einstellung von Menschen nicht von heute auf morgen verändern, aber ich konnte dafür sorgen, dass diese Verbrechen intensiver verfolgt und härter bestraft wurden, und ich konnte Einfluss darauf nehmen, wie die Gesellschaft damit umging.

Ich griff an mehreren Fronten an. Wir führten eine Aufklärungskampagne durch, wobei wir betonten, dass diese Morde moralisch verwerflich seien, den Lehren des Islam zuwiderliefen und gegen Recht und Gesetz verstießen. Rania kritisierte die »Ehrenmorde« in der Öffentlichkeit und beteiligte sich an einem Protestmarsch gegen diesen schrecklichen Brauch. Außerdem eröffneten wir Beratungsstellen für Frauen, die unter häuslicher Gewalt litten, und schufen Zufluchtsstätten für geschlagene Frauen.

Eines der größten Probleme bestand darin, dass die Familie des Opfers meist keine Anzeige erstattete. Hinzu kam, dass viele Richter »Ehrenmorde« als Verbrechen aus Leidenschaft einstuften und deshalb in der Regel nur Gefängnisstrafen zwischen sechs

Monaten und zwei Jahren verhängten. Heute gelten alle Verbrechen dieser Art als Mord. Es wurden besondere Gerichte geschaffen, die sich mit diesen Fällen befassen und strengere Urteile fällen. Und das Strafrecht wurde dahingehend verändert, dass die Täter keine mildernden Umstände geltend machen können.

Mit der Zeit trugen unsere Bemühungen Früchte. Die Urteile wurden härter, die Zahl der »Ehrenmorde« sank. Hatte es 2008 13 Fälle gegeben, so waren es 2009 nur noch zehn. Die Mörder, denen 2009 der Prozess gemacht wurde, wurden jeweils zu einer Gefängnisstrafe von zehn Jahren verurteilt. Vor der Gesetzesänderung hatte das Strafmaß zwischen sechs Monaten und zwei Jahren Gefängnis gelegen. Doch in meinen Augen ist die Ehre aller Jordanier beschmutzt, solange es auch nur einen einzigen dieser Morde gibt, und ich werde nicht ruhen, bis eine derart barbarische Auffassung von Gerechtigkeit in unserem Land keinen Platz mehr hat.

Eines der besonders ärgerlichen westlichen Vorurteile lautet, die Araberinnen seien allesamt ungebildet, würden unterdrückt, müssten zu Hause bleiben und sich um die Kinder kümmern und dürften das Haus nur verschleiert verlassen. Dabei besuchen zahllose Frauen in ganz Jordanien und überall in der arabischen Welt die Universität und leisten in ihrer beruflichen Laufbahn Großes. Statistiken zeigen, dass die Mädchen in den höheren Schulen Jordaniens Jahr für Jahr bei Prüfungen die besten Noten erzielen. Unsere modernen, gebildeten, erfolgreichen Frauen haben mit den berufstätigen Frauen in London, New York oder Paris mehr gemein als mit den unterdrückten Gefangenen, für die man sie im Westen hält. Manche von ihnen verhüllen ihr Haar mit einem Kopftuch, andere, wie Rania, nicht. Aber das sagt nichts über ihre beruflichen Qualitäten aus. Die traditionell gekleidete Jordanierin, die ein Kopftuch trägt, hat vielleicht am MIT oder in Harvard promoviert. »Wir sollten«, pflegt Rania zu sagen, »Frauen danach beurteilen, was in ihrem Kopf vorgeht, und nicht danach, was sie auf dem Kopf tragen.«

Doch leider steckt in dem Klischee mehr als nur ein Körnchen Wahrheit. Viele arabische Männer halten hartnäckig an der vorgefertigten Meinung fest, dass Frauen entweder zu Hause bleiben und die Kinder aufziehen sollten oder nur bestimmte Berufe ausüben dürften. Selbst einige meiner Brüder und Vettern waren dagegen, dass meine Schwestern Aischa und Iman nach Sandhurst gingen. Allerdings traute sich niemand, sie davon abzuhalten. Wir werden bald mehr Frauen wie sie brauchen, die aufstehen und sagen: »Ich führe mein Leben so, wie ich es mir vorstelle!«

Rania hat sich mit Feuereifer der Aufgabe gewidmet, Vorurteile über die Rolle der Frau in der arabischen Gesellschaft abzubauen. Sie kämpft mit offenem Visier für die Rechte der Frauen, und seit ein paar Jahren bedient sie sich dabei auch der modernsten Kommunikationsplattformen wie YouTube, Facebook und Twitter. Ihr wurde rasch klar, dass das Internet uns Jordaniern in einer global vernetzten Welt die Möglichkeit eröffnet, uns über die Grenzen des Landes hinaus zu Wort zu melden und damit die Tatsache, dass wir nur ein kleines Land sind, dem es an Ressourcen mangelt, wettzumachen.

In gewisser Weise werden durch diese Technik Schranken aufgehoben, denn mit ihr kann selbst die First Lady eines kleinen Landes wie Jordanien auf internationaler Bühne eine wichtige Stimme werden. Dabei stellt sich allerdings die Frage, wie man die Aufmerksamkeit der Menschen gewinnt. Wie kann man dieses Instrument möglichst effektiv nutzen, sodass die anderen nicht das Interesse verlieren, es ihnen Spaß macht, sich mit dem Thema zu beschäftigen, und man gehört wird? Um das zu erreichen, muss man sehr kreativ sein. In diesem Punkt hat Rania hervorragende Arbeit geleistet. Mithilfe der Technik konnte sie ihre Botschaft verbreiten, dass der Bildung eine große Bedeutung zukommt, und den Vorurteilen über den Islam und die arabische Welt entgegenwirken. Ihre wichtigste Leistung aber besteht darin, die Bildungsstandards der Schulen in ganz Jordanien verbessert zu haben.

Im April 2008 startete Rania die Initiative Madrasati (»Meine Schule«), ein wegweisendes Projekt zur Verbesserung der Unterrichtsqualität in fünfhundert öffentlichen Schulen für benachteiligte oder behinderte Kinder im gesamten Königreich. Madrasati liegt ein einfacher Gedanke zugrunde: Wir tragen alle Verantwortung für die Bildung unserer Kinder. Deshalb werden im Rahmen dieses Projekts Menschen aus der Wirtschaft, Nichtregierungsorganisationen, Gemeinden und das Bildungsministerium mit Eltern, Lehrern und Kindern zusammengeführt, um ein gemeinsames Ziel zu verfolgen: notleidende Schulen zu sanieren. Seit Beginn des Projekts im Jahr 2008 wurden mehr als dreihundert öffentliche Schulen renoviert, sodass über 110 000 Schüler jetzt unter günstigeren Bedingungen lernen können. Durch die Initiative konnte die Infrastruktur dieser Schulen deutlich aufgewertet werden, außerdem wurde eine Reihe von Programmen eingeführt, die helfen sollten, die pädagogische Praxis zu verbessern. Sie betrafen solche Bereiche wie gesundheitliche Aufklärung, Zugang zu Technologien und die Lehrerausbildung.

Alarmiert von dem schlechten Zustand der Schulen in Ostjerusalem und angesichts der negativen Folgen einer steigenden Schulabbrecherzahl für eine Bevölkerung, die nicht nur großen Wert auf Bildung legt, sondern sie für ihr Überleben dringend benötigt, gründete Rania im Jahr 2010 Madrasati Palestine. Hierbei handelt es sich um ein Projekt, das auf die in Jordanien gemachten Erfahrungen zurückgreift, zugleich aber auch die spezifischen Bedürfnisse der 94 000 palästinensischen Kinder in Ostjerusalem berücksichtigt, die sich im schulfähigen Alter befinden. Es besteht die Hoffnung, wenigstens einen Teil der 10 000 Kinder in der Stadt, die nicht mehr zur Schule gehen, wieder zu integrieren, sodass mehr von ihnen, insbesondere Jungen, von denen gegenwärtig über 50 Prozent die Schule abbrechen, einen Abschluss machen.

Anfang März 1999 reaktivierten wir die diplomatischen Beziehungen zu Kuwait, da die Botschaft seit dem Golfkrieg ihre Aufgaben nicht wahrgenommen hatte, obwohl die Beziehungen offiziell nicht abgebrochen worden waren. Damals waren bei den Kuwaitern die Emotionen hochgekocht, weil manche die Versuche meines Vaters, den Krieg zu verhindern, irrtümlich als Parteinahme für Saddam interpretiert hatten. Dass Rania in Kuwait aufgewachsen war, erleichterte es uns, diese schwere Last hinter uns zu lassen. Im selben Monat traf ich mich auch mit Jassir Arafat, dem Vorsitzenden der PLO und damaligen Präsidenten der Palästinensischen Autonomiebehörde, der mich zum ersten Mal seit meiner Amtsübernahme in Amman besuchte. Wir sprachen über die mangelnden Fortschritte im Friedensprozess und seinen bevorstehenden Besuch in Washington. Arafat hatte sich über lange Jahre immer wieder mit meinem Vater gestritten, dennoch hatte ich den Eindruck, dass er ihn respektierte. Als er sich bei der Beisetzung vor dem Sarg meines Vaters verneigt hatte, war er sehr bewegt gewesen. Jetzt war ich bereit, ihm zuzuhören und zu helfen, wo ich konnte.

Als symbolische Geste zum Ende der vierzigtägigen Trauerzeit für meinen Vater schlugen einige meiner Berater eine Amnestie für bestimmte Gefangene vor, wie sie traditionell bei der Thronbesteigung eines neuen Herrschers erlassen wird. Ich stimmte zu unter der Bedingung, dass niemand, der wegen eines schweren Verbrechens wie Mord oder Vergewaltigung inhaftiert war, entlassen werde. Meine Mitarbeiter legten mir eine Liste von siebenhundert Personen vor, die, wie sie sagten, genauestens geprüft worden waren, und ich billigte ihre Freilassung. Beide Häuser des Parlaments stimmten für die Amnestie, und wenige Tage später verließen die ersten Häftlinge die Gefängnisse als freie Menschen. Unter ihnen befand sich auch Ahmed Fadil Khalajeh, ein Mann, der heute unter dem Namen Abu Musab al-Sarkawi berüchtigt ist. Er hätte nie entlassen werden dürfen. Später bedauerte ich zutiefst, dass sein Name auf der Liste gestanden hatte.

Manche Politiker wie Netanjahu und Arafat hatten mir einen Besuch abgestattet, manche wiederum erwarteten, dass ich zu ihnen kam. Es war eine schwierige Zeit. Die anderen Herrscher Arabiens hatten meinen Vater und meinen Onkel alle gekannt, manche sogar seit Jahrzehnten, und ich würde mich sehr anstrengen müssen, ihren Respekt als ebenbürtiger Staatsmann zu gewinnen. Manche hatten gegen meinen Vater gekämpft oder ihn sogar umbringen wollen. In diesen Fällen konnte ich mir die Tatsache zunutze machen, dass ich mein Amt gerade erst angetreten hatte und völlig neu begann.

# Kapitel 14
# Freunde und Nachbarn

Im Westen wird oft verkannt, wie vielfältig der Nahe Osten ist. In Europa mögen sich die einzelnen Länder in ihren religiösen und politischen Strukturen gleichen, doch es gibt erhebliche kulturelle und gesellschaftliche Unterschiede zwischen einem Schweden und einem Griechen, einem Deutschen und einem Spanier. Selbst europäische Völker mit einer gemeinsamen Sprache wie Iren, Engländer, Schotten und Waliser haben hart darum gekämpft, sich ihre kulturelle und historische Identität zu bewahren. Daher ist es kaum möglich, von einem »Europäer« zu sprechen; die meisten Menschen in Europa definieren sich wohl eher über die Zugehörigkeit zu einer Nation.

Im Nahen Osten ist die Vielfalt ähnlich ausgeprägt. Ein Marokkaner ist kaum mit einem Jordanier oder einem Jemeniten zu vergleichen. Und obwohl die Menschen in den arabischen Ländern in der Regel ein und derselben Religion angehören – dem Islam – und ein und dieselbe Sprache sprechen – Arabisch –, gibt es auch hier deutliche Unterschiede im Hinblick auf Kultur und historische Wurzeln; außerdem sind in ihren Ländern zahlenmäßig große religiöse Minderheiten beheimatet. Die Ägypter können ihre Geschichte bis zur antiken Zivilisation der Pharaonen zurückverfolgen, während sich die Golfstaaten durch die Wüstentradition der Beduinen auszeichnen. Türken und Iraner sprechen verschiedene Sprachen und haben eine jeweils eigene Kultur und Geschichte. Daher ist es ebenso unsinnig, pauschal von »den« Arabern zu sprechen wie von »den« Europäern.

Ich hatte meine Amtskollegen aus unserer Region zwar bereits während ihrer Treffen mit meinem Vater kennengelernt, doch niemand sollte mich für ein Leichtgewicht halten, nur weil ich der Sohn meines Vaters war. Ich lebe in einer Gegend, in der raue Sitten herrschen – wie rau, sollte ich rasch merken, nachdem ich mein Amt als König angetreten hatte. Westlich von Jordanien lagen Palästina und Israel, die einzige Atommacht in unserer Region. Im Osten erstreckte sich der baathistische Irak unter der Herrschaft Saddam Husseins, der mit zweien seiner Nachbarländer Krieg geführt hatte und über eine Million Soldaten verfügte. Im Norden war die Grenze zu Syrien, wo Hafis al-Assad seit fast drei Jahrzehnten die Macht innehatte. Und im Süden lag Saudi-Arabien mit den heiligen Stätten Mekka und Medina, wo die Staatsgeschäfte, bedingt durch die Krankheit von König Fahd, immer mehr auf dessen Bruder, Kronprinz Abdullah ibn Abd al-Asis, übergingen. Hinter dem Horizont erstreckte sich Ägypten, dessen Präsident Hosni Mubarak ein erfahrener Staatschef und guter Freund meines Vaters war. Etwas weiter entfernt waren Libyen, die Golfstaaten Bahrain, Kuwait, Katar, die Vereinigten Arabischen Emirate, und jenseits des Persischen Golfs der Iran. Viele Staatsoberhäupter dieser Länder hatten ihr Amt schon seit Jahrzehnten inne und würden es wohl auch noch eine Weile ausüben. Die Präsidenten waren oft länger im Amt als die Könige.

Mein Vater hatte sie alle persönlich gekannt und, da er einer der dienstältesten Staatschefs der Welt gewesen war, oft auch ihre Vorgänger. Er hatte mir beigebracht, dass Jordanien in der Regionalpolitik eine feine Balance wahren musste. Die Beziehungen zu unseren Nachbarn waren bisweilen turbulent gewesen. Auf dem Höhepunkt des arabischen Nationalismus in den fünfziger und sechziger Jahren hatten einige von ihnen sogar versucht, meinen Vater beseitigen zu lassen. Doch sie alle kamen zu seiner Bestattung, um ihm die letzte Ehre zu erweisen, und betrauerten sein Ableben. Ich musste nun eine eigene Beziehung zu ihnen aufbauen. Und aus den Erfahrungen meines Vaters wusste ich, dass man nur schwer abschätzen konnte, wann mit ihrer Unterstützung zu rechnen war und wann nicht.

Ein Staatsoberhaupt, zu dem ich kaum engen Kontakt halten würde, war Saddam Hussein. Nach meinem Amtsantritt hatte ich nur selten persönlich mit ihm zu tun. Ich entschied mich gegen einen Besuch in Bagdad; trotzdem konnte man den Irak kaum übergehen. Das Land bot nach wie vor Anlass zur Sorge, denn viele aus der internationalen Staatengemeinschaft fürchteten, es könne erneut einen seiner Nachbarn angreifen. Außerdem wurde gemutmaßt, Saddam habe die Produktion von biologischen Kampfstoffen und Atomwaffen wieder aufgenommen.

Im letzten Lebensjahr meines Vaters hatten sich die Spannungen zwischen Bagdad und den Vereinigten Staaten drastisch verschärft. Im September 1998 hatte der US-Kongress den Iraq Liberation Act vorgelegt, den Entwurf für das »Gesetz zur Befreiung des Irak«, in dem es hieß: »Die Politik der Vereinigten Staaten sollte darauf ausgerichtet sein, Bestrebungen zu unterstützen, das von Saddam Hussein angeführte Regime im Irak seiner Macht zu entheben und die Bildung einer demokratischen Regierung anstelle dieses Regimes zu befördern.« Präsident Clinton unterzeichnete das Gesetz am 31. Oktober 1998, und damit wurde der »Regimewechsel« in Bagdad erklärtes Ziel der US-Politik. Tags darauf wies Saddam Hussein die UN-Waffeninspektoren an, sein Land zu verlassen. Sechs Wochen später ließ Clinton von Flugzeugträgern im Persischen Golf vier Tage lang Luftangriffe auf irakische Waffenfabriken fliegen. Auch britische Streitkräfte waren an den Angriffen beteiligt.

Bill Clinton stand in dieser Zeit unter starkem innenpolitischen Druck. Im Jahr 1998 untersuchte man seine Affäre mit einer Angestellten des Weißen Hauses, und der Präsident war gezwungen, vor einer Grand Jury auszusagen. Am letzten Tag der Luftangriffe, dem 19. September, stellte das US-Repräsentantenhaus einen Antrag auf Amtsenthebung wegen Meineids. Clinton wurde im darauffolgenden Februar vom Senat zwar entlastet, doch seine Probleme waren damit noch nicht aus der Welt geschafft.

Die Hartnäckigkeit, mit der man auch juristisch gegen den US-Präsidenten vorging, machte meinen Vater wütend. Ungeachtet seiner persönlichen Verfehlungen hatte mein Vater ihn als treuen Freund Jordaniens und als starke Stütze im Friedensprozess erlebt, und wie immer war es für ihn selbstverständlich, seinen Freunden beizustehen. Mein Vater bewunderte die demokratische Tradition Amerikas, aber mitunter trieb man die Dinge seiner Ansicht nach zu weit. Die Nachforschungen zu Clintons Privatleben hielt er für eine Seifenoper, und die bösartigen Attacken auf den Präsidenten regten ihn auf. Ich weiß noch, wie ich einmal gemeinsam mit ihm in der Mayo-Klinik Fernsehen schaute und Kenneth Starr, der Leiter der Ermittlungen, in den Nachrichten gezeigt wurde. Mein Vater begann zu schimpfen und äußerte seinen ganzen Unmut über Starrs Vorgehensweise. »Wenn er mir je über den Weg laufen sollte«, brach es aus ihm heraus, »werde ich ihm die Meinung sagen.« Und das war noch nicht alles, was er äußerte. Als ich an jenem Abend nach Hause fuhr, freute ich mich, dass mein Vater so guten Mutes war und seinen Kampfgeist noch nicht verloren hatte.

Anders als in Europa und Amerika ist die Politik im Nahen Osten in hohem Maße an Personen gebunden. Im Westen sind die internationalen Beziehungen oft Sache von Ministerien und einem Kader permanent damit befasster Beamter, die für Kontinuität sorgen, während die Staatsoberhäupter auf der politischen Bühne erscheinen und wieder abtreten. Persönliche Beziehungen spielen dort offenbar keine so große Rolle wie die richtige Zusammenstellung der Gesprächsthemen.

In meinem Teil der Welt hingegen begegnet man seinem Gegenüber gern von Angesicht zu Angesicht. Wir rühmen uns seit jeher unserer Kultur der Gastfreundschaft, und das bedeutet oft ausgedehnte Abendessen und Empfänge. Im Westen gilt es als durchaus angemessen, für ein Treffen mit einem Staatsoberhaupt zwanzig Minuten anzusetzen, um sich auszutauschen, ehe man weiterreist. In der arabischen Welt hingegen würde ein derart kurzer Besuch als unhöflich gelten. Hier ehrt man seine Gäste durch die Einladung zu einem Bankett. Mit den konkreten Fragen beschäftigt man sich in zwanglosen Gesprächen im Anschluss an das Festmahl, und nicht bei offiziellen Konsultationen.

Mir war klar, dass ich mich um ein persönliches Verhältnis zu meinen Amtskollegen bemühen musste. Die Machtzentren des Nahen Ostens sind Ägypten, Saudi-Arabien, Syrien und der Irak (wegen ihrer Größe und ihrer historischen Bedeutung) sowie die Golfstaaten (wegen ihres Reichtums und ihres Einflusses). Es war wichtig, den Führern dieser Nationen einen Besuch abzustatten, damit ich gute Beziehungen zu ihnen aufbauen konnte. Daher startete ich Ende März 1999 zu einem Reisemarathon durch unsere Region.

Meine erste Station war Ägypten, wo ich mich mit Staatspräsident Hosni Mubarak traf. Ägypten mit seinem großen Staatsgebiet, seiner Geschichte und seinen religiösen Institutionen ist in unserer Region seit vielen Jahrhunderten ein bedeutendes Machtzentrum. Kairo beherbergt mit der mehr als tausendjährigen al-Ashar-Universität eine der ältesten Hochschulen der Welt, und die Ägypter bezeichnen ihr Land liebevoll als *um al-dunya* – »die Mutter der Welt«.

Da unsere Familie seit Anfang der achtziger Jahre mit den Mubaraks befreundet war, kannte ich Hosni Mubarak und seinen Sohn Gamal bereits gut. Mubarak begrüßte mich überaus herzlich. Wir sprachen über Probleme, die uns beide betrafen, insbesondere die Aufgabe, den jungen Menschen in unseren Ländern, die oft mit Beschäftigungslosigkeit und schrecklicher Armut konfrontiert waren, angemessene Arbeitsmöglichkeiten und Aufstiegschancen zu bieten. Mubarak erwähnte, wie sehr unsere Region durch die Ermordung Rabins einige Jahre zuvor zurückgeworfen worden sei. Rabin war bereit gewesen, für den Frieden beträchtliche Opfer zu bringen, und wir malten uns aus, in welchem Maße der gesamte Nahe Osten von seiner eisernen Entschlossenheit, sich mit den Palästinensern zu einigen, profitiert hätte. In Israel, da waren wir uns einig, sahen wir weit und breit keine Führungspersönlichkeit mit Rabins Energie, seine Landsleute mitzureißen. Die Pattsituation im Friedensprozess und Strategien zu dessen Wiederbelebung zählten auch bei unseren folgenden Beratungen zu den zentralen Punkten auf unserer Agenda. Wir beschlossen gemeinsam, auf einen Durchbruch hinzuarbeiten, damit unsere Region zu einem Abkommen auf der Basis einer Zwei-Staaten-Lösung finden konnte.

Kurz darauf, Anfang April, besuchte ich König Fahd ibn Abd al-Asis Al Saud und seinen Bruder, Kronprinz Abdullah, in Dschidda. In den letzten Jahren waren die Staatsgeschäfte weitgehend von Kronprinz Abdullah übernommen worden, da es mit König Fahds Gesundheit nicht zum Besten stand. Persönlich hatte ich Prinz Abdullah bereits Ende 1970 kennengelernt, als ich während meiner Schulzeit in Deerfield in den Ferien gemeinsam mit meinem Vater und Faisal in das in den Bergen gelegene Taif fuhr, die Sommerresidenz des saudischen Königshofs. Ich saß bei einem Bankett neben ihm und weiß noch, wie ich darüber nachdachte, dass dieser fast vierzig Jahre ältere Mann den gleichen Namen trug wie ich. Er war ein ausgezeichneter Schütze und erzählte mir, dass er mit der Pistole die Glut von Zigaretten abschießen könne. Er war zudem ein kühner Reiter, und die Ausführungen über seine Pferde fand ich sehr spannend.

Prinz Abdullah und ich hatten zwar ein gutes persönliches Verhältnis, doch die Beziehungen zwischen Jordanien und Saudi-Arabien waren in der Vergangenheit nicht einfach gewesen. Die Dynastie der Haschemiten stammte ursprünglich aus dem Hedschas und hatte mehr als siebenhundert Jahre über die heiligen Stätten Mekka und Medina geherrscht. 1925 verloren die Haschemiten diese Region an ibn Saud, den Begründer des heutigen Königreichs Saudi-Arabien. Später wurden die einstmals äußerst stabilen Beziehungen meines Vaters zu den Saudis durch seine Haltung im Golfkrieg von 1991 erschüttert. Kronprinz Abdullah ließ die Politik jedoch nicht über die private Freundschaft siegen und besuchte meinen Vater während seiner letzten Lebensmonate in seinem Haus in Washington. Er brachte ihm Wasser aus dem Semsem-Brunnen in der heiligen Stadt Mekka, das er, um meinem Vater Kraft zu schenken, vor ihm versprengte, und überreichte ihm eine Ausgabe des Heiligen Koran. Mein Vater war von dieser Geste zutiefst gerührt und sprach in den folgenden Tagen mehr als einmal in den wärmsten Tönen darüber.

In meiner Zeit bei der Spezialeinheit war ich mehrmals in Saudi-Arabien gewesen und hatte einige jüngere Mitglieder der Familie kennengelernt, darunter Mutaib und Abd al-Asis, zwei von Kronprinz Abdullahs Söhnen. Wir hatten die Konflikte, die unsere Familien in der Vergangenheit ausgetragen hatten, zur Sprache gebracht und beschlossen, die Vergangenheit ruhen zu lassen und uns auf die Stärkung unserer Beziehungen zu konzentrieren.

Abdullah, der im Jahr 2005 auf König Fahd folgte, repräsentiert eine seltene Mischung aus Tradition und Moderne. Er hat ein gutes Gespür dafür, was in den Menschen in unserer Region vorgeht. Seine Wertvorstellungen sind tief in der Tradition und in der Kultur seines Landes verwurzelt, und er hat weitreichende Visionen für die Zukunft seines Volkes. Die Gesellschaft Saudi-Arabiens ist konservativ und hat stets die strikte Trennung zwischen Männern und Frauen beibehalten. Dennoch wurde am 5. September 2009 am Roten Meer in der Nähe von Dschidda die König-Abdullah-Universität für Naturwissenschaft und Technik eröffnet, die als Erste in Saudi-Arabien neben jungen Männern auch Frauen offensteht. Als ein hochrangiger Vertreter der saudischen Geistlichkeit die Koedukation an dieser Universität kritisierte, wurde er von König Abdullah aus seinem Amt entlassen. Saudi-Arabien hat unter seiner Herrschaft bereits gewaltige Fortschritte im Bildungswesen, in der Telekommunikation und in der Infrastruktur erlebt. Seine Politik fördert den Ausbau der Wirtschaft und privaten Wohlstand. König Abdullah hat mehrere umfassende Justizreformen eingeleitet, die Strafordnung reformiert und einen Obersten Gerichtshof eingerichtet, um die Rechtsprechung zu vereinheitlichen. Und zum ersten Mal in der Geschichte des Landes wurde eine Frau im Kabinett auf den Posten einer stellvertretenden Ministerin berufen.

König Abdullah gehört zu den Menschen, die man erst mit der Zeit richtig kennenlernt, doch sobald eine Beziehung aufgebaut wurde, ist sie in der Regel sehr stabil. Er sieht sich beim Essen gern die Nachrichten an, und man darf sich als Gast geehrt fühlen, wenn er so entspannt ist, dass er einen in ungezwungener Atmosphäre bei laufendem Fernsehgerät empfängt. Er ist ein ausgesprochen großzügiger Gastgeber. Bei meinen Besuchen ist er während des Staatsbanketts gelegentlich schon einmal neben mir her gegangen und hat einen prüfenden Blick auf die verschiedenen Platten mit den traditionellen Reis- und Lammgerichten und Pasteten geworfen, um vor einem besonders verlockenden Gericht stehen zu bleiben, davon zu probieren und dann auch mir etwas davon auf den Teller zu legen. Er ist ein treuer Freund und leistet Jordanien wichtigen Beistand.

Noch im April fuhr ich nach Oman und traf mich mit Sultan Qabus ibn Said al-Said in der Wüste nahe Nizwa, etwa 180 Kilometer südwestlich der Hauptstadt Maskat. Jedes Jahr begibt sich der Sultan in Begleitung seiner Regierungsminister auf eine dreimonatige Reise durch die Regionen Omans. Er hat wie ich Sandhurst besucht und ist ein bescheidener, gründlicher, stets gut gekleideter Mann. Er verfolgt sehr genau, wie sein Land regiert wird, und hat Oman aus dem 12. ins 21. Jahrhundert geführt, ohne das reiche kulturelle Erbe seiner Seefahrernation aus dem Auge zu verlieren (der Überlieferung nach wurde Sindbad der Seefahrer in einem kleinen Fischerdorf nordwestlich von Maskat geboren).

Der Sultan von Oman hat beachtlicherweise kaum Feinde. Dass es ihm beispielsweise gelungen ist, zugleich mit dem Iran und den Vereinigten Staaten freundschaftliche Beziehungen zu pflegen, zeugt von seiner ausgewogenen Politik und seinem diplomatischen Geschick. Seine Beziehung zu meinem Vater war ausgesprochen freundschaftlich, wohl auch, weil ihm mein Vater jordanische Streitkräfte schickte, die dabei halfen, die Aufständischen zu besiegen, die sich in den sechziger und siebziger Jahren gegen ihn erhoben. Die Dhofar-Revolte begann als Widerstand gegen die Herrschaft seines Vaters Said ibn Taimur. Als der jetzige Sultan Anfang 1970 an die Macht kam, hatten sich die Rebellen jedoch inzwischen dem Marxismus verschrieben, und sie wurden von China und der Sowjetunion unterstützt. 1975 konnte der Aufstand schließlich niedergeschlagen werden, und Sultan Qabus begann in der Folge, sein Land zu modernisieren.

Er konzentrierte sich dabei auf den Bereich der Bildung, auf die Rolle der Frau und auf politische Stabilität. Außerdem bemühte er sich um größere Effizienz in den Institutionen und eine positive Grundhaltung seiner Landsleute. Seine Regierung arbeitet nach einem Fünfjahresplan, und für den Tag, an dem die Ölvorräte zur Neige gehen, hat Oman durch Kapitalbildung langfristig vorgesorgt. Auf der Weltbühne bewegt sich der Sultan eher im Hintergrund, genießt in unserer Region jedoch hohes Ansehen. Westliche Staatsmänner, die ihn kennen, achten sehr genau auf seine Worte. Als mein Vater starb, gehörte der Sultan zu den Menschen, die mir am meisten halfen. Er steht einem immer mit klugem Rat zur Seite, und oft sieht er ein Problem aus einem völlig neuen Blickwinkel. Gerade in meinen ersten Jahren als Amtsträger war er mir ein wichtiger Beistand.

Ich fuhr weiter in die Vereinigten Arabischen Emirate zu einem Besuch bei Scheich Sajid ibn Sultan al-Nahjan, dem Emir von Abu Dhabi und Präsidenten der Vereinigten Arabischen Emirate. Der damals Achtzigjährige war ein Herrscher der traditionellen Art mit entwaffnender Persönlichkeit. Er veranlasste die erstaunliche Transformation Abu Dhabis und der Vereinigten Arabischen Emirate zu einem der modernsten Länder der arabischen Welt mit pulsierenden Wirtschaftszentren und bedeutenden Institutionen für Kultur und Bildung. Als er 2004 starb, verlor die Region einen großen Staatsmann, der für seine Weisheit, seine Weitsicht und sein Mitgefühl berühmt war. Sein Nachfolger, Scheich Khalifa, trat das Erbe seines Vaters an und setzte eine Regentschaft in Toleranz und Weisheit fort. Scheich Sajid hat Jordanien in großem Maße unterstützt und war immer für mich da, wenn ich Hilfe brauchte. Mit seinem Sohn, Mohammed ibn Sajid al-Nahjan, bin ich eng befreundet.

Als Nächstes reiste ich nach Sirte, einer libyschen Küstenstadt knapp 400 Kilometer östlich von Tripolis, zu einem Treffen mit Oberst Muammar al-Gaddafi. Nachdem er durch einen Militärputsch im Jahr 1969 an die Macht gekommen war, hatte sich Gaddafi mit verschiedenen radikalen Splittergruppen unserer Region verbündet. 1982 ließ er Boden-Luft-Raketen nach Jordanien schmuggeln und auf den Flughäfen von Amman und Akaba aufstellen, um das Flugzeug meines Vaters abzuschießen. Der libysche Botschafter in Jordanien, den Gaddafi mit der Ausführung des Anschlags beauftragt hatte, war entsetzt. Doch da er wusste, dass ihm die Festnahme oder Schlimmeres drohte, wenn er sich weigerte, gab er vor, die Anweisung ausführen zu wollen. Als der Tag des Anschlags näherrückte, lief er jedoch über und verriet meinem Vater, was geplant war.

Im Jahr darauf lud mein Vater zur Überraschung vieler westlicher Beobachter Oberst Gaddafi nach Amman ein, um sich offiziell mit ihm zu versöhnen. Am 10. Juni 1983 landete auf dem Militärflughafen in Amman ein Kampfjet mit Oberst Gaddafi an Bord. Er entstieg der Maschine mit einer Schar weiblicher Leibwächter, junge Frauen in kurzen Kampfhosen kubanischen Stils, mit Safariwesten und knappen Schirmmützen auf der Afro-Frisur und bewaffnet mit Gewehren. Nach einem zweistündigen Gespräch bot mein Vater Gaddafi an, in Jordanien zu übernachten, ehe er nach Syrien weiterfliegen würde. Auf einen Außenstehenden mag eine solche Einladung seltsam wirken, nachdem der Gast im Jahr zuvor versucht hatte, seinen Gastgeber umzubringen. Doch mein Vater hielt sich stets an das Motto, sich einen Freund in der Nähe zu halten und einen Feind noch näher.

Meinem Vater war bewusst, dass im Nahen Osten alles eng beieinander lag, und seine drei Jahrzehnte als König hatten ihn gelehrt, dass der Feind von heute durchaus der Freund von morgen sein konnte. Alten Groll zu hegen war folglich sinnlos. Wie die Angehörigen einer weitläufigen Familie mussten die Staatschefs der 22 arabischen Länder auch in Zukunft miteinander auskommen. Im Laufe der Zeit näherten sich mein Vater und Gaddafi weiter an, sodass ich schließlich in meiner Funktion als Chef der Kommandozentrale für Spezialkräfte nach Libyen gesandt wurde, um Fragen der militärischen Zusammenarbeit zu erörtern. Bei diesen Reisen lernte ich auch Gaddafis Söhne kennen.

Ebenso geschickt war mein Vater im Umgang mit Widersachern im eigenen Land. Jordanien ist klein, und ihm war klar, dass er mit den Menschen, die er bestrafte, und ihren Familien auch zukünftig zusammenleben musste. Traditionell wird die Beteiligung an einer Verschwörung im Nahen Osten mit dem Tod bestraft. Mein Vater aber verbannte Männer, die an einem Komplott beteiligt waren, oft nur für einige Jahre ins Ausland und hieß sie anschließend wieder in Jordanien willkommen. Gelegentlich bot er einem heimkehrenden Verschwörer sogar einen Posten in der Regierung an. Es war seine Art, Kontrahenten zu vergeben und bei ihnen Treue zu wecken. Beim nächsten Mal würden sie nicht ohne weiteres den Mann stürzen wollen, der so viel Großzügigkeit bewiesen hatte. Ich lernte viel, während ich meinen Vater bei seinen Regierungsgeschäften beobachtete, wusste aber auch, dass ich nach seinem Tod einen eigenen Ansatz finden musste.

Ende April besuchte ich Syrien. Die Beziehungen zwischen Jordanien und Syrien waren angespannt, nachdem mein Vater 1994 einen Friedensvertrag mit Israel unterzeichnet hatte. Assad warf meinem Vater vor, dass Jordanien nicht gewartet hatte, bis Syriens eigene Verhandlungen über die von der israelischen Armee 1967 eroberten Golanhöhen abgeschlossen waren. Bis zum Begräbnis meines Vaters blieb Assad Jordanien fern. Daher sah ich in meinem Besuch in Damaskus eine Gelegenheit zur Wiederaufnahme der Beziehungen.

Ich hatte eine gewisse Vorstellung von dem Mann, mit dem ich zusammentreffen würde. In den späten achtziger Jahren, als die Spannungen zwischen Assad und Saddam Hussein ihren Höhepunkt erreicht hatten – Saddam führte damals einen langen, blutigen Krieg mit dem Iran, und Assad stand aufseiten der Iraner –, hatte mein Vater die beiden Männer mittels Geheimdiplomatie zu einem Gespräch bewegen können – getreu Winston Churchills Rat: »Besser einander beschimpfen als einander beschießen«. Das Treffen sollte in Al Jafr stattfinden, einem abgelegenen Ort in der Wüste, knapp zweihundert Kilometer südlich von Amman. Ich war damals Offizier in einer Einheit mit Cobra-Militärhubschraubern, die für diesen Anlass zur Sicherung des Luftraums abgestellt war. Die königliche Garde schirmte den Begegnungsort und die Landebahn mit bewaffneten Soldaten ab, und wir hatten das Gelände in zwei Hälften geteilt, eine für die Syrer und eine für die Iraker, und Unterkünfte eingerichtet.

Nach Abschluss der Vorbereitungen bat mich mein Vater zu sich. »Bleib bei mir und sieh dir an, was geschieht«, sagte er. Heute weiß ich, dass er mir einen Einblick in die Verfahrensweisen internationaler Diplomatie ermöglichen wollte, eine Welt, die mir als Armeeoffizier noch gänzlich fremd war.

Beide Regierungschefs, der syrische wie der irakische, waren Vertreter der Baath-Partei, die eine Art säkularen arabischen Sozialismus entwickelt hatte. Ende der sechziger Jahre hatte sich die ursprünglich in Syrien entstandene Baath-Partei aufgespaltet, und die Parteigründer mussten das Land verlassen. Sie gingen in den Irak, wo sie bald eine große Gefolgschaft um sich sammelten und 1968 die Regierung übernahmen. In den folgenden Jahren waren die Beziehungen zwischen dem baathistischen Syrien und dem baathistischen Irak mal von enger Kooperation und dann wieder von erbitterter Feindschaft geprägt, und als sie mein Vater 1987 zusammenbrachte, rangen die beiden starken Militärmächte um die politische Dominanz in unserer Region.

Am vorgesehenen Tag hörten wir am späten Nachmittag das Dröhnen von Flugzeugmotoren über der Wüste, und kurz darauf rollten mehrere Kampfjets mit der syrischen Flagge auf dem Heck über die provisorische Landebahn. Umringt von etwa fünfzig mit AK-47 Sturmfeuergewehren bewaffneten Soldaten kam Hafis al-Assad auf uns zu. Mein Vater begrüßte ihn und geleitete ihn mit seiner Abordnung in die syrische Hälfte des Geländes. Etwa eine halbe Stunde später landeten die nächsten Flugzeuge, diesmal geschmückt mit den irakischen Nationalfarben. Dem ersten entstieg Saddam Hussein, und auch ihn begleiteten rund fünfzig schwer bewaffnete Soldaten. Mein Vater begrüßte ihn und führte ihn in den irakischen Bereich des Geländes.

Ich beobachtete die Ereignisse gemeinsam mit Dr. Samir Farrai, dem Leibarzt meines Vaters. Bei Anbruch der Dunkelheit stellten unsere Soldaten Scheinwerfer auf, die das Gelände taghell erleuchteten, denn wir wollten vermeiden, dass es in der Nacht aufgrund von Fehldeutungen zu Verwicklungen käme.

Saddam und Assad trafen sich im vorbereiteten Konferenzraum, während mein Vater mit uns draußen wartete. So vergingen Stunden, in denen er nur gelegentlich Kaffee und Speisen in den Raum bringen ließ. Am frühen Morgen war das Treffen beendet. Mein Vater zog Saddam auf die Seite und erkundigte sich nach dem Verlauf. Saddam erklärte müde, er sei in der ganzen Zeit vielleicht nur eine Viertelstunde zu Wort gekommen. Jemanden mit einem derart ausgeprägten Ego wie Saddam Hussein zum Schweigen zu verdammen war nicht gerade die glücklichste Strategie. Trotz der Bemühungen meines Vaters konnte keine Versöhnung zwischen den beiden erzielt werden, und als Assad und Saddam von ihrem Treffen in der Wüste aufbrachen, waren sie ebenso verfeindet wie zuvor. Beide aber respektierten meinen Vater für seinen Versuch, Frieden zu stiften. Und ich hatte viel darüber gelernt, dass man in der Diplomatie vor allem Geduld braucht.

Für Mai war ich von Präsident Clinton zu einem Besuch in Washington eingeladen worden. Als ich mich jetzt mit Präsident Assad in Damaskus traf, bat er mich, Clinton zu übermitteln, dass er zu Gesprächen mit den Vereinigten Staaten bereit sei. Ich versprach, die Botschaft weiterzuleiten. Anschließend unterhielten wir uns über den Friedensprozess und die Wasserrechte, aber auch über seinen Sohn Baschar, der mir während meines Aufenthalts vorgestellt wurde. Wir verstanden uns gut. Hafis al-Assad war knapp siebzig, und ich glaube, ihn freute die Vorstellung, dass sein Sohn und ich Freunde würden.

Als Präsident Assad rund ein Jahr nach meinem Besuch unerwartet starb, trat sein Sohn die Nachfolge an. Auch wenn Baschar und ich nicht in jeder regionalpolitischen Frage übereinstimmen, kooperieren unsere Länder jetzt mehr denn je. Wir konsultieren uns in Fragen des Friedensprozesses und haben unsere Zusammenarbeit auf viele Gebiete wie etwa regionale

Energieprojekte ausgeweitet. Außerdem ermutigen wir die Privatwirtschaft, ihre Kontakte zu vertiefen. Auch unsere Kinder haben sich miteinander angefreundet. Bei ihrer ersten Begegnung waren sie alle sehr schüchtern, dann aber entdeckten sie ihre gemeinsame Begeisterung für die Super Mario Brothers. Inzwischen verstehen sie sich gut.

Die letzte Station meiner Antrittsbesuche in den Nachbarländern war Gaza, wo ich zu meiner ersten offiziellen Konsultation mit Jassir Arafat zusammentraf. Arafat war zwar zur Bestattung meines Vaters nach Amman gekommen, aber damals hatte sich keine Gelegenheit für ein Gespräch ergeben.

Mein Vater und Arafat waren sich im Alter nähergekommen. Einige Male wohnte ich ihren Treffen bei, und mein Vater musste immer lachen, wenn ich es hilflos über mich ergehen ließ, dass Arafat mich mit Küssen überschüttete. Damals war er schon gemeinsam mit Jitzhak Rabin und Schimon Peres mit dem Friedensnobelpreis ausgezeichnet worden, und mit der Zeit hatte er sich die Rolle des »elder statesman« zugelegt. Als wir in Begleitung unserer Delegationen zum Lunch zusammenkamen, sagte Arafat: »Das palästinensische Volk westlich und östlich des Jordans heißt Sie in Gaza willkommen.« Meine Berater erstarrten. Arafat deutete mit seinen Worten an, dass er in Jordanien, also »östlich des Jordans«, nach wie vor politischen Einfluss besaß. Unwillkürlich fühlte man sich an die siebziger Jahre und seine gescheiterten Umsturzversuche gegen meinen Vater erinnert.

Außerdem bezog sich Arafat damit auf die große Zahl von Jordaniern palästinensischer Herkunft. Er hatte stets auf seinem Anspruch beharrt, alle Palästinenser zu vertreten, die von den Israelis aus ihrer Heimat vertrieben worden waren oder während der Kriege hatten flüchten müssen. Im Zuge des arabisch-israelischen Krieges von 1948 ergoss sich eine Flüchtlingswelle aus Palästina nach Jordanien, dessen damalige Einwohnerzahl von

433 000 Menschen rasant stieg, weil die Flüchtlinge die jordanische Staatsbürgerschaft erhielten. Die Flüchtlinge der zweiten Welle, die im Anschluss an den Krieg des Jahres 1967 nach Jordanien kamen, besaßen bereits die jordanische Staatsbürgerschaft, da sie zumeist aus dem zu Jordanien gehörenden Westjordanland stammten. 1999 hatten etwa 43 Prozent aller Jordanier palästinensische Wurzeln.

Ich ließ die rätselhafte Bemerkung unkommentiert, doch in dem anschließenden Gespräch unter vier Augen nahm ich kein Blatt vor den Mund. »Ich werde das palästinensische Volk in seinem Streben nach einem Staat Palästina stets und uneingeschränkt unterstützen«, sagte ich. »Wenn die Palästinenser ihr Recht auf einen eigenen Staat durchgesetzt haben, können Jordanier palästinensischer Herkunft endlich frei entscheiden, wo sie leben möchten. All jenen, die die palästinensische Staatsbürgerschaft wählen und nach Palästina übersiedeln wollen, werden wir keine Steine in den Weg legen. Und alle unsere Landsleute, gleich welcher Herkunft und Vergangenheit, die weiterhin in Jordanien leben möchten, bleiben jordanische Staatsbürger. Damit verbindet sich freilich eine Treuepflicht gegenüber Jordanien und nicht gegenüber Palästina, auch wenn das heute von einigen nicht so gesehen wird.«

Die Andeutung eines Lächelns huschte über das Gesicht des alten Freiheitskämpfers. Mit seiner Bemerkung »östlich des Jordans« hatte er mich auf die Probe stellen wollen, ob ich meiner Aufgabe gewachsen war. Und eine derart klare Entgegnung hatte er offenbar nicht erwartet.

Nach diesen internen arabischen Fragen beschäftigten wir uns mit den Möglichkeiten, das Wye-Abkommen wiederzubeleben, sowie mit den Konsequenzen von Ehud Baraks Wahl zum israelischen Ministerpräsidenten. Arafat und ich waren uns einig, dass wir Araber den Israelis in unseren Verhandlungen geschlossen gegenübertreten mussten. Nach unser beider Einschätzung bestand die Gefahr, dass Israels neuer Premierminister durch die

Aufnahme von Friedensgesprächen mit Syrien versuchen würde, die Araber zu spalten. Arafat, der sich nach meinen Gesprächen mit Assad erkundigte, fürchtete, der syrische Staatschef könnte auf israelische Angebote eingehen, ohne die Palästinenserfrage zu berücksichtigen. Ich versicherte Arafat, dass Assad meiner Ansicht nach so etwas nicht akzeptieren würde. Bei meiner Rückreise nach Jordanien überlegte ich, ob wir mit Barak jemanden vor uns hatten, der unsere Hoffnungen und Erwartungen möglicherweise erfüllen könnte.

# Kapitel 15
# Reformen in Jordanien

Als ich im Februar 1999 König wurde, musste ich mich nicht unmittelbar mit Krieg oder Terroranschlägen auseinandersetzen. Vielmehr stand ich vor der Herausforderung, die Wirtschaft Jordaniens aus ihrer aktuellen Krise zu führen und ihr zu starkem und nachhaltigem Wachstum zu verhelfen.

Mein Vater hatte unserem Land mit Frieden, politischer Stabilität und einer gefestigten Stellung in der internationalen Staatengemeinschaft ein reiches Erbe hinterlassen, doch auf wirtschaftlicher Ebene hatte Jordanien zu kämpfen. Während der neunziger Jahre litt unsere Wirtschaft unter den Auswirkungen der irakischen Invasion in Kuwait. Die meisten Golfstaaten hatten die Bemühungen meines Vaters, den Krieg zu beenden, als Parteinahme für Saddam interpretiert und in der Folge ihre Staatsbeihilfen und -darlehen für Jordanien drastisch gesenkt und ihre Investitionen reduziert. Da viele jordanische Arbeiter aus den Golfstaaten zurückkehren mussten, zumeist aus Kuwait und Saudi-Arabien, fehlten uns ihre Geldtransfers.

Besonders hart aber trafen uns die gegen den Irak verhängten Sanktionen, da der Irak unser wichtigster Handelspartner und unsere Hauptbezugsquelle für Öl war, das wir über Konzessionen bezogen. Unser Wirtschaftswachstum geriet ins Stocken, und die Regierung musste sich zur Finanzierung ihrer Ausgaben auf Auslandsanleihen stützen. Ende 1998 waren die Auslandsschulden auf mehr als 100 Prozent unseres Bruttoinlandsprodukts gestiegen, und in naher Zukunft würden wir keine Rückzahlungen mehr leisten können. Wie schon bei der letzten Schuldenkrise im Jahr 1989 wandte sich Jordanien deshalb an den Internationalen Währungsfonds. Einen Monat nach meiner Amtsübernahme als König sicherte uns der IWF seine neuerliche Unterstützung zu, und im Pariser Club der Gläubigerstaaten wurde unsere Umschuldung durchgeführt.

Die akuten Probleme waren damit gelöst, doch es bedurfte mehr als nur einer kurzfristigen Überbrückung. Aus meiner Militärzeit und den Gesprächen mit Soldaten, deren Dörfer ich bereist hatte und mit deren Familien ich zusammengetroffen war, wusste ich, wie viele unserer Mitbürger unter finanzieller Not litten. Daher war und ist es mein größtes Anliegen, den Jordaniern ein menschenwürdiges Leben zu ermöglichen. Das erklärte Ziel meiner Regierung war also, die Grundlage für ein solides und starkes Wirtschaftswachstum zu schaffen.

Für eine so kleine und anfällige Volkswirtschaft wie die unsere war das keine leichte Aufgabe. Jordanien besitzt kein Öl und nur wenige natürliche Rohstoffe. Wir leiden unter Wassermangel, und die landwirtschaftlich nutzbare Fläche ist knapp. Unsere industrielle Basis war nie besonders ausgeprägt, und mit einer Bevölkerung von nur viereinhalb Millionen Einwohnern im Jahr 1999 stand kaum zu erwarten, dass wir zu einem wirtschaftlichen Riesen werden würden. Wir mussten also lernen, uns in der neuen Ära der Globalisierung besser auf dem Weltmarkt zu behaupten, da die Länder im Zuge fallender Handels- und Investitionsschranken einem noch heftigeren Wettbewerb um Märkte und Kapital ausgesetzt sind.

Ich berief eine Gruppe kompetenter Wirtschaftsexperten ein, darunter Bassim Awadullah, einen früheren Investmentbanker und promovierten Volkswirt von der London School of Economics, und Samir Rifai, Harvard- und Cambridge-Absolvent und Sohn von Said Rifai, dem Vertrauten und Berater meines Vaters. Ich bat sie um mutige, innovative Ideen, die Jordaniens Wirtschaft neue und rasch wirksame Impulse geben konnten. »Wir haben keine Zeit für komplexe Theorien und Debatten«, erklärte ich ihnen, »mich interessiert nur, was jetzt das Richtige ist.« Beim nächsten Mal unterbreiteten sie mir einen Maßnahmenkatalog, der sich auf das Strukturanpassungsprogramm des IWF Ende der achtziger Jahre stützte: Privatisierung von Staatsunternehmen, Bürokratieabbau, Abschaffung von Subventionen, Verstärkung der Bildungsbemühungen, Förderung innovativer Technologien, Aufhebung von Handelsschranken. Außerdem sollten sich der öffentliche und der private Sektor gemeinsam um den Aufbau von Wirtschaftszweigen wie Informationstechnologie, pharmazeutische Produkte und neue Medien bemühen.

Dabei standen wir vor einem Problem. Viele dieser Schritte würden kurzfristig schmerzhafte Auswirkungen haben, der größere Nutzen würde sich erst in späteren Jahren zeigen. Wir alle erinnerten uns nur zu gut, dass frühere Bemühungen um eine Strukturreform zu Unruhen geführt hatten. Viele Menschen hatten es sich im Althergebrachten bequem gemacht und widersetzten sich dem Wandel – oder behaupteten, dieser sei ohnehin nicht zu schaffen.

Nach einmütiger Auffassung meiner Berater war es für Jordanien von vorrangiger Bedeutung, Mitglied in der Welthandelsorganisation (WTO) zu werden, der 1995 gegründeten internationalen Vereinigung zur Förderung des freien Handels zwischen Staaten durch den Abbau von Import- und Exportzöllen. Durch einen Beitritt könnte Jordanien zu deutlich verringerten Zolltarifen in die mehr als einhundert angeschlossenen Länder exportieren, die umgekehrt ihre Waren zu gleichen Bedingungen nach Jordanien importieren dürften. Jordanien hatte bereits 1995 Beitrittsgespräche geführt, doch die Verhandlungen waren zum Erliegen gekommen. Ich setzte alles daran, sie wieder aufzunehmen.

Mitte Mai 1999, drei Monate nach meiner Amtsübernahme als König, besuchte ich zum ersten Mal in meiner neuen Funktion die Vereinigten Staaten. Mein Vater und US-Präsident Bill Clinton hatten einen sehr engen Kontakt gepflegt. Vor Antritt meiner Reise schrieb ich Präsident Clinton einen Brief, in dem ich ihm versicherte, wie viel meinem Vater an ihrer Freundschaft gelegen hatte. Ob es dieser Brief war oder seine Hochachtung für meinen Vater – mein Empfang im Weißen Haus durch Präsident Clinton fiel jedenfalls ausgesprochen herzlich aus. »Und wie kann ich Jordanien helfen?«, fragte er mit einem breiten Lächeln. »Indem Sie unseren Beitritt zur Welthandelsorganisation unterstützen«, erwiderte ich rasch – wohl zu seiner großen Überraschung. Gewöhnlich bitten Länder in finanzieller Bedrängnis eher um direkte Hilfe. Doch ich wollte keine Almosen. Was wir brauchten, war die Möglichkeit zur Selbsthilfe. Unsere dahingehenden Gespräche setzten wir im weiteren Kreis der US-Regierung fort, die unseren Antrag letztlich unterstützte. Elf Monate später, im April des Jahres 2000, wurde Jordanien Mitglied der WTO.

Als wir auf die politischen Belange in unserer Region zu sprechen kamen, berichtete ich dem Präsidenten von meiner Reise nach Damaskus kurz zuvor und dem Wunsch Präsident Hafis al-Assads, Clinton zu treffen. Clinton dankte mir lächelnd und meinte, er wolle sehen, was er tun könne. Er hielt Wort, denn im kommenden Jahr kam es in Genf zu einer ersten Begegnung, in der die beiden Präsidenten hauptsächlich über die Friedensverhandlungen zwischen Syrien und Israel sprachen, ohne jedoch ein Ergebnis zu erzielen. Assad blieb bei seiner Forderung eines uneingeschränkten Rückzugs der Israelis von den Golanhöhen auf Grundlage des Grenzverlaufs vom 7. Juni 1967. Clintons Versuche, Assad zu einer Änderung seiner Position zu bewegen, waren gescheitert, und alles blieb beim Alten.

Die US-Regierung empfing mich ausgesprochen freundlich, trotzdem war dieser Besuch etwas völlig anderes als meine früheren Aufenthalte in Amerika. Ich konnte nicht einfach davonschleichen und mit Freunden ins Kino gehen. Stattdessen eskortierten mich sechs Fahrzeuge des Secret Service mit Sirenengeheul zum Kino, als ich mir *Matrix* ansah. Hätte ich abends noch in Ruhe einen Film sehen wollen, hätte ich meine Sicherheitsbeamten loswerden und heimlich losziehen müssen.

Einige Staatschefs des Nahen Ostens glauben, die Verhandlungen mit den Vereinigten Staaten stehen und fallen allein mit der Beziehung zum Präsidenten. Da die Macht in unseren Breiten in hohem Maße gebündelt ist, muss man die Staatsführer persönlich kennen. Was der Mann an der Spitze anordnet, wird auch durchgeführt. In den Vereinigten Staaten hingegen verteilt sich die politische Macht eher auf viele. Wie komplex die Strukturen des politischen Systems in den USA sind, hatte ich bereits in meiner Zeit in Deerfield und an der Georgetown University gelernt.

1985 hielt ich mich zu einer militärischen Schulung in den Vereinigten Staaten auf, als mein Vater Präsident Reagan besuchte. Ich traf meinen Vater im Anschluss an dessen Konsultationen, und er war ganz euphorisch, denn Reagan hatte Jordanien großzügige Unterstützung in Form einer Lieferung von Waffen zu Verteidigungszwecken zugesichert. Ich wies meinen Vater darauf hin, dass ein solches Vorhaben wohl kaum vom US-Kongress abgesegnet werden würde. Er hingegen meinte, Reagans persönliche Zusicherung reiche aus. »Der Präsident der Vereinigten Staaten hat mir sein Wort gegeben!«, erklärte er mir. Doch mit einem Versprechen des Präsidenten ist es nicht getan, man braucht auch die Zustimmung des Kongresses.

Ein Staatsbesuch in Amerika dauert sinnvollerweise mindestens eine Woche. Zunächst trifft man sich mit dem Präsidenten und dem Vizepräsidenten, dann mit dem Außenminister, dem Verteidigungsminister und idealerweise auch mit dem Nationalen Sicherheitsberater. Es folgen hochrangige Geheimdienstmitarbeiter und Militärs, und schließlich führt man noch politische Konsultationen mit Vertretern des Senats und des Repräsentantenhauses. Normalerweise plante ich zwei ganze Tage ein, um mich im Kongress mit Angehörigen von bis zu zehn verschiedenen Ausschüssen des Senats und des Repräsentantenhauses zu beraten, Republikanern wie Demokraten. In Amerika muss man den Weg durch die Institutionen nehmen, und die Kunst besteht darin, zuletzt sowohl das Weiße Haus als auch das Kapitol hinter sich zu bringen.

Nach meiner Rückkehr erwarteten mich viele drängende innenpolitische Probleme in Jordanien. Zwar wollte ich die Lebensbedingungen der Jordanier so rasch wie möglich verbessern, doch ich musste davon ausgehen, dass die Privatisierung von Staatsbetrieben und meine Absicht, Beamte und Staatsdiener stärker in die Verantwortung zu nehmen, nicht sonderlich gut aufgenommen werden würden. Ich musste daher zunächst konkrete Veränderungen einleiten, die für die Betroffenen nachvollziehbar waren.

Das Beispiel des al-Baschir-Krankenhauses in Amman verdeutlicht, vor welchen Aufgaben wir standen. Dieses staatliche betriebene Krankenhaus war das größte unserer Hauptstadt und entsprechend stark ausgelastet. Als ich es im April des Jahres besuchte, fand ich dort allerdings erschreckende Zustände vor. Die Stationen waren überbelegt und schmutzig, sämtliche Aufzüge defekt, und die Patienten warteten in langen Schlangen auf überlastete Ärzte. Entsetzt wies ich den Gesundheitsminister an, diese Zustände unverzüglich abzustellen.

Wenn man beim Militär eine Order erteilt, wird sie ausgeführt. In einer Zivilregierung, so musste ich erfahren, bedarf es jedoch einer anderen Herangehensweise. In einer Armee ist alles festgelegt – es wird zu einer bestimmten Zeit geweckt, zu einem bestimmten Zeitpunkt angegriffen und generell erwartet, dass Befehle innerhalb einer bestimmten Frist ausgeführt werden. Für eine Regierung aber gelten andere Gesetzmäßigkeiten.

Zwei Wochen später besuchte ich das Krankenhaus erneut, doch die Zustände waren unverändert. Die Aufzüge waren nach wie vor defekt, die Verhältnisse so unhygienisch wie beim letzten Mal. Ich machte meinem Gesundheitsminister klar, dass ich ernsthaft Verbesserungen wünschte. Als ich von meiner Amerikareise zurückkam, stattete ich dem Krankenhaus einen dritten Besuch ab.

Allmählich begriff die Verwaltung, worauf ich hinauswollte, und leitete erste Veränderungen in die Wege. Doch Misswirtschaft in öffentlichen Einrichtungen war nicht auf Amman beschränkt, sondern ein landesweites Problem. Am Königshof hatte ich von zahlreichen anderen Missständen erfahren. Wenn ich das Thema gegenüber dem verantwortlichen Minister ansprach, wurde mir zu meinem Ärger oft mitgeteilt, die Berichte seien übertrieben und alles sei in Ordnung. Bald war mir klar, dass ich mir selbst einen Eindruck von der Lage verschaffen musste.

Wenn mein Vater erfahren wollte, wie es um das Land bestellt war, schlug er sich, wie er mir oft erzählte, das traditionelle karierte Tuch um den Kopf und kutschierte nachts in einem zerbeulten Taxi durch die Stadt. Stieg ein Fahrgast bei ihm ein, fragte er: »Wie laufen die Geschäfte? Was denken Sie über die Palästinenserfrage? Wie finden Sie die neuen Maßnahmen des Königs?« Einmal sagte er zu einem Fahrgast, um das Gespräch in Gang zu bringen: »Der König taugt nichts!« Der Mann zog ein Messer. »Wenn Sie schlecht über den König reden«, sagte er, »schneide ich Ihnen auf der Stelle die Kehle durch.« Er ließ sich nur dadurch besänftigen, dass mein Vater sein Tuch vom Kopf zog und ihm zeigte, wer er wirklich war.

Ich wollte ebenfalls nach einem diskreten Weg suchen, um mir Regierungseinrichtungen anzusehen und mir ein Bild von den wahren Verhältnissen zu machen. Zu diesem Zweck ließ ich verschiedene Verkleidungen anfertigen, die ich hier nicht näher beschreiben werde, da ich sie immer noch benutze. Der Hinweis möge genügen, dass man mich darin nicht für einen König hält.

Inkognito und nur mit rudimentärem Begleitschutz besuchte ich also staatliche Behörden und Einrichtungen wie Krankenhäuser, Finanzämter, Polizeiwachen und andere Regierungsstellen im ganzen Land, von Nord bis Süd. Gelegentlich wurde ich von der Bevölkerung bei solch einem geheimen Besuch erkannt, aber das war die Ausnahme. Wenn ich auf Missstände stieß, sprach ich das Thema beim betreffenden Minister in Amman an, und dann wusste ich, wenn er mir etwas vorenthielt.

Einmal kam ich in ein Finanzamt, in dem ein fürchterliches Chaos herrschte. Die Steuerakten lagen offen in Kartons über den Boden verstreut. Weil ich wissen wollte, was geschehen würde, trat ich vor einen der Kartons, griff mir eine Handvoll Akten und wandte mich zur Tür. Wie erwartet, hielt mich niemand auf. Offenbar hatte keiner der Beamten etwas gemerkt.

Am nächsten Tag rief ich die Verantwortlichen des Ministeriums zu mir und bat um eine Erklärung, warum man so nachlässig mit den vertraulichen Unterlagen unserer Bürger umgehe. Einer der Beamten wandte ein, ich sei falsch informiert worden. Als ich die von mir mitgenommenen Akten auf den Tisch legte, wurde er bleich und sagte nichts mehr. Mein Besuch wurde öffentlich bekannt gemacht – zum einen weil ich die Steuerunterlagen zurückgeben musste, zum anderen weil jeder wissen sollte, dass mir die Reformen ein wichtiges Anliegen waren und ich sie unter allen Umständen durchsetzen wollte. Regierungsbeamte können eine gewisse Selbstgefälligkeit entwickeln, wenn sie glauben, niemand würde ihnen auf die Finger sehen. In meiner militärischen Ausbildung habe ich gelernt, dass man die besten Ergebnisse erzielt, wenn man von anderen viel verlangt.

Im Lauf der Zeit führte meine Vorliebe für geheime Stippvisiten zu mysteriösen »Sichtungen«. Auf jeden Besuch, den ich tatsächlich absolvierte, kamen Berichte über dreißig, vierzig vermeintliche an anderen Orten. Einmal hörten wir, ich sei in einer Fabrik im Norden Jordaniens gesehen worden, wo Tomaten verpackt werden. Die Bauern warteten in einer langen LKW-Schlange, um ihre Fracht abzuliefern, wobei die Tomaten in der Sonne nicht besser wurden. Ein Bauer sagte bei seiner Ankunft am Tor, er glaube, der König sitze verkleidet in einem der Laster. Ob er das wirklich glaubte oder sich nur einen Scherz erlaubte, werden wir nie erfahren, aber das Resultat war das

Gleiche: Plötzlich kam Bewegung in die Schlange, und von da an ging alles sehr rasch.

Unter den Staatsbediensteten unseres Landes machte sich Unruhe breit. Wenn der nächste Mann in der Schlange der König sein konnte, waren sie gut beraten, jeden Bürger wie einen König zu behandeln. Ich wollte ihnen damit deutlich machen, dass die Bürokratie im Dienst der Menschen steht, und nicht umgekehrt. Eine Zeitung druckte einen Comic, in dem ich nacheinander als Straßenkehrer, Häftling, Bettler und Ähnliches mehr zu sehen war. Meine Inkognitobesuche fanden bei vielen Jordaniern Anklang, doch natürlich konnte ich nicht alle Missstände beheben und die Veränderungen, die Jordanien dringend brauchte, allein herbeiführen. Dies würde nur gelingen, wenn der private und der öffentliche Sektor künftig Hand in Hand arbeiteten.

Am 26. November 1999 hielten wir an der Küste des Toten Meeres unser erstes Nationales Wirtschaftsforum ab. Die zweitägige Konferenz fand im Mövenpick-Hotel statt, einer neu eröffneten Anlage mit einem luxuriösen Wellnessbereich, den die Delegierten allerdings kaum nutzten, da sie zu sehr mit Streitereien beschäftigt waren. Wir hatten etwa 160 Vertreter von Behörden und jordanischen Unternehmen aller Bereiche eingeladen: landwirtschaftliche Großbetriebe, Elektronikfirmen, Pharmaunternehmen und viele mehr. Was die Geschäftswelt von der Regierung forderte, schien einleuchtend, doch sobald die Staatsdiener zu den Beratungen hinzugerufen wurden, wurde es laut.

Als sich nach der ersten Tageshälfte abzeichnete, dass wir so nicht weiterkommen würden, änderte ich meinen Ansatz. Ich ließ die Delegierten wissen, dass niemand von ihnen abreisen dürfe, ehe wir nicht Lösungen erarbeitet hätten. Dazu würde ich notfalls auch die Türen verschließen. Als sie merkten, dass es mir ernst war und sie die nächsten zwei Tage hier festsäßen, wenn sie zu keiner Einigung kämen, legten sie ihre Meinungsverschiedenheiten bei und entwickelten Ideen, wie man Jordanien weiterbringen konnte. Da keine Pressevertreter im Raum waren, konnten sie sich alle freimütig äußern.

Die Teilnehmer der Diskussion warteten mit ebenso einfachen wie ehrgeizigen Vorschlägen auf. Zu Ersteren zählte die Einführung der Fünftagewoche. Bisher gab es in Jordanien generell nur einen freien Arbeitstag, den Freitag. Wir wollten festlegen, welcher Tag zum Wochenende hinzukäme, sollte es in Jordanien künftig die Fünftagewoche geben. Der vom Islam geheiligte Ruhetag ist der Freitag, daher wünschten sich die meisten ein Wochenende am Donnerstag und Freitag. Doch viele Geschäftsleute mit engen Kontakten zu westlichen Firmen sprachen sich eher für Freitag und Samstag aus, worauf sich die Delegierten nach einer lebhaften Debatte auch einigten.

Wir sind nicht die Einzigen, die ihre Wirtschaft nach den internationalen Märkten ausrichten. Vier Jahre später, im Juli 2003, folgte Katar unserem Beispiel und entschied sich für das Freitag-Samstag-Wochenende, im Jahr 2006 zogen die Vereinigten Arabischen Emirate mit Dubai und Abu Dhabi nach, 2006 Bahrain und 2007 Kuwait.

Zu den ambitionierteren Themen, denen wir uns bei der Konferenz zuwandten, gehörte der Ausbau der erfolgreichen Qualifying Industrial Zones (QIZs). Dabei handelt es sich um Gewerbegebiete, die 1996, also zwei Jahre nach Unterzeichnung des jordanisch israelischen Friedensvertrags, von der US-Regierung eingerichtet worden waren und aus denen Produkte zollfrei in die Vereinigten Staaten ausgeführt werden dürfen, sofern 20 Prozent der Lieferung in Jordanien oder in Israel beziehungsweise in beiden Ländern hergestellt werden. Man produziert dort für US-Firmen wie GAP, JCPenney und Levi Strauss, und die jordanischen Exporte in die USA waren bis zum Jahr 1998 von praktisch null auf 18 Millionen US-Dollar hochgeschnellt. Nun überlegten die Delegierten, wie sie noch weiter gesteigert werden konnten.

Zu Ende der Konferenz hatte man sich auf einen ehrgeizigen Plan zur Wirtschaftsentwicklung geeinigt. Er umfasste Gesetzesänderungen zur Erleichterung der Arbeitsbedingungen von Unternehmen, Investitionsanreize, Privatisierungsmaßnahmen und eine Bildungsreform. Außerdem sollte ein Nationaler Wirtschaftsrat eingerichtet werden, in dem Behörden und die Privatwirtschaft vertreten waren, um die Debatte fortzusetzen und die Durchführung der Beschlüsse zu betreuen. Im Gegensatz zu vielen anderen Ländern hat Jordanien kein Öl und vergleichsweise wenige andere natürliche Ressourcen. Die Delegierten wussten daher, dass wir Jordaniens eigentlichen Reichtum entwickeln mussten – unsere Bevölkerung –, wenn wir uns im Konkurrenzkampf einer globalen Wirtschaft behaupten wollten.

Zwei Tage nach dieser Konferenz fand in Seattle der jährliche Gipfel der Welthandelsorganisation statt. Während vor den Türen Gegendemonstranten tobten und Knüppel schwingende Bereitschaftspolizisten beschimpften und mit Pflastersteinen bewarfen, warb die jordanische Delegation im Tagungszentrum eifrig für den Beitritt unseres Landes. Mochten einige in Amerika mit vollem Einsatz gegen die Globalisierung kämpfen – unser Ziel war es, möglichst bald an ihr beteiligt zu sein. Nach einer Abstimmung im darauffolgenden Monat wurde Jordanien am 11. April 2000 in die Welthandelsorganisation aufgenommen, ein Umstand, durch den die Konsolidierung unserer Wirtschaft eine Eigendynamik entwickelte.

Im Januar 2000 fuhr ich in die Schweiz nach Davos zum Weltwirtschaftsforum, der jährlichen Zusammenkunft führender Wirtschaftsvertreter, Staatsmänner, Wissenschaftler und Abgesandter von Wohlfahrtsorganisationen und internationalen Institutionen aus aller Welt. Ich besuchte dieses Treffen zum ersten Mal und hatte eine Gruppe junger Geschäftsmänner und -frauen mitgebracht, um ihnen die Möglichkeit zu geben, inmitten der 3000 Konferenzteilnehmer einige nützliche Kontakte zu knüpfen.

Die Gästeliste war ebenso exquisit wie das Umfeld – von Präsident Clinton und dem britischen Premierminister Tony Blair über den südafrikanischen Präsidenten Thabo Mbeki und Staatschefs aus etwa dreißig anderen Ländern bis hin zu Wirtschaftsbossen wie Bill Gates von Microsoft, John Chambers von Cisco Systems und AOL-Chef Steve Case.

Am Sonntag, dem 30. Januar, hatte ich vormittags zu einem Arbeitsfrühstück geladen, zu dem einige Führungskräfte aus der Technologiebranche kamen. Privat traf ich mich außerdem mit Bill Gates, den ich nach Jordanien einlud. Bei einer Sitzung später am Tag referierte ich über Probleme des Nahen Ostens wie die bedrückende Arbeitslosigkeit und die Bedeutung der Technologie als möglichem Ausweg. Doch selbst in den Schweizer Alpen wurde ich mit unserer Regionalpolitik konfrontiert, denn auch Jassir Arafat war unter den Teilnehmern und traf sich am Rande der Konferenz mit Präsident Clinton. Außerdem nahm man zwei Exil-Iraner fest, weil sie den iranischen Außenminister mit Farbbeuteln beworfen hatten. 2003 richtete Jordanien das Weltwirtschaftsforum zum Nahen Osten aus, eine Regionalkonferenz, die von uns seitdem jeden Sommer organisiert wird. Im gleichen Jahr wurde Rania als erste Repräsentantin der arabischen Welt in den Stiftungsrat des Weltwirtschaftsforums berufen.

Nicht immer bewegte ich mich in einem so eleganten Rahmen wie in Davos, um Wirtschaftsvertreter von Investitionen in Jordanien zu überzeugen. Wenige Monate nach meinem Amtsantritt besuchte ich den Sudan. Der Kontrast hätte kaum größer sein können.

Als ich kurz vor unserer Landung auf dem Flughafen von Khartum aus dem Fenster blickte, konnte ich unten kein Empfangskomitee entdecken. Aus dem Augenwinkel sah ich jedoch einen alten T-55-Panzer auf uns zurumpeln, an dessen Flanken sich Soldaten festklammerten. Ich war zunächst beunruhigt, doch als nach der Landung das Empfangskomitee auf uns zukam, wurde mir klar, dass die Männer auf dem Panzer Teil der Präsidentengarde waren, die in der Gegend patrouillierte und für Sicherheit sorgen sollte. Präsident Omar al-Baschir bat uns in eine betagte Mercedes-Limousine, und als ich mich neben ihn setzte, fiel mir auf, dass man die ausgeblichenen Ledersitze mit einer Holzperlenmatte überzogen hatte. Mein Bruder Ali, in jenen Tagen Leiter meiner privaten Personenschutztruppe, saß vorn. Auf unserem Weg ins Stadtzentrum von Khartum bemerkte er zwei Einschusslöcher auf der Beifahrerseite und erkundigte sich beim Fahrer, vorher sie stammten. »Ach, die sind vom letzten Attentatsversuch«, erwiderte er. Mehr sagte er nicht.

Die Sudanesen bereiteten uns einen herzlichen Empfang, und nach meiner Rückkehr nach Jordanien bedankte ich mich mit einem Staatsgeschenk: einer nagelneuen gepanzerten Limousine. Ein paar Tage später wurde mir von der Protokollabteilung mitgeteilt, dass sich die Sudanesen mit einem Geschenk revanchiert hätten: Auf dem Flughafen von Amman war eine C-130-Frachtmaschine mit zwei jungen Löwen an Bord gelandet. Man hatte sogar einen Tierpfleger mitgeschickt, der uns die Betreuung der Löwen erklärte, ehe er wieder nach Khartum zurückflog.

Ich konnte zwar den Symbolwert dieses Geschenks würdigen, wusste aber nicht so recht, was ich mit den Tieren anfangen sollte. Daher ließ ich sie zunächst auf einem Tennisplatz hinter unserem Haus unterbringen. Als Rania bemerkte, dass sie Interesse an unseren damals fünf- und zweijährigen Kindern Hussein und Iman (die im September 1996 zur Welt gekommen war) entwickelten, sprach sie ein Machtwort und verlangte, sie fortzuschaffen. Ich schenkte sie einem Freund, der exotische Tiere sammelte.

Etwa zur gleichen Zeit erfuhr ich, dass John Chambers nach unserer Begegnung in Davos verkündet hatte, angesichts von Jordaniens beeindruckendem Potenzial wolle Cisco eine Million Dollar in einen Risikokapitalfonds investieren, der heimischen Hightechfirmen zur Verfügung stehe. Cisco Systems, das Hard- und Software für den Internetbetrieb herstellt, wurde in der Folge unser wichtigster Partner beim Aufbau unserer landesweiten Internetversorgung. Chambers fühlte sich auch persönlich mit Jordanien verbunden. Nachdem er in Amman ein Büro eröffnet hatte, stiftete er nicht nur Computerausrüstungen, sondern warb auch bei anderen Firmenchefs mit den Möglichkeiten, die Jordanien bot.

Für die Entwicklung unserer Informationstechnologie durften wir uns allerdings nicht nur auf Außenstehende verlassen. Bald entstanden auch einheimische Unternehmen. 1994 hatte Randa Ajubi Rubicon gegründet, ursprünglich eine Softwarefirma für Lernprogramme, die mithilfe des Risikokapitals ihren Tätigkeitsbereich erweitern und auch Animation anbieten konnte. Heute macht Rubicon einen Umsatz von mehreren Millionen Dollar und hat neben dem Hauptsitz in Amman Zweigstellen in Los Angeles, Manila und Dubai. Mit *Ben & Izzy* produzierte die Firma eine Zeichentrickserie für Kinder, in der zwei Jungen, ein Amerikaner und ein Jordanier, gemeinsam auf Entdeckungsreise durch die Geschichte gehen. Außerdem konnte sie von MGM die Lizenzrechte für den Zeichentrickfilm *Der rosarote Panther* für den Nahen Osten erwerben. Ein Unternehmen aus der Golfregion kaufte sich mit mehreren Millionen Dollar in Ajubis Firma ein.

1997 gründeten zwei junge Jordanier, Samih Toukan und Hassam Khouri, einen webbasierten E-Mail-Dienst in arabischer Sprache. Mit mehr als 16 Millionen Usern ist Maktub (was übersetzt so viel heißt wie: »Es steht geschrieben«) eines der größten Webportale unserer Region und hat Investitionen in Millionen-Dollar-Höhe angezogen. Im August 2009 wurde Maktub von der amerikanischen Internetfirma Yahoo! aufgekauft. Dass ein Start-up-Unternehmen im Hightechbereich von einem Technologieriesen übernommen wird, mag in Silicon Valley ja nichts Neues sein, doch in Jordanien und in der arabischen Welt geschah es zum ersten Mal. Ich war ungeheuer stolz, denn die Firmengründer hatten der Welt gezeigt, dass auf den globalen Märkten mit uns zu rechnen war.

Einer der Vorzüge der Informationstechnologie ist ihre Auswirkung auf alle Ebenen der Gesellschaft. In meiner Zeit als Armeeoffizier hatte ich erlebt, wie rasch sich meine Soldaten mit dem computergesteuerten Zielsystem des Challenger-I-Panzers vertraut machten. Mit ihrer beeindruckenden Intelligenz und Flexibilität würden sie sich in jedem Umfeld behaupten können, wenn sie nur die entsprechenden Möglichkeiten hätten. Viele von ihnen hatten sich bei der Armee verpflichtet, weil dies ihre einzige Aufstiegschance war. Eine ganze Reihe von ihnen hätte eigentlich das Potenzial gehabt, zu studieren, nur fehlten ihnen dazu die Mittel.

Viele dieser begabten Männer schieden relativ jung aus der Armee aus – größtenteils mit Ende dreißig oder Anfang vierzig –, sodass sie noch Wertvolles leisten konnten. Deshalb boten wir ehemaligen Berufssoldaten über den Königshof ein Stipendium zum Erwerb von Computerkenntnissen an. Sie lernten mit Begeisterung, und fast alle konnten den Kurs abschließen. Viele gingen als technische Berater in die Schulen und brachten Lehrern die neuesten Computerprogramme bei.

Außerdem brachten wir eine tief greifende Unterrichtsreform auf den Weg. Computer- und Englischunterricht wurden für alle Schulen des Landes ab der ersten Klasse zur Pflicht, und wir erhöhten den Standard in Mathematik und den Naturwissenschaften. Diese Anstrengungen haben sich gelohnt. Die International Association for the Evaluation of Educational Achievement, ein internationaler Verband für Bildungsforschung, der sich auf gemeinnütziger Ebene für die Verbesserung von Bildungsmöglichkeiten einsetzt, führt alle vier Jahre eine internationale Studie zur Qualität des Unterrichts durch. Im Jahr 2007 zählten Jordaniens Achtklässler zu den besten in der arabischen Welt und rangierten in den Naturwissenschaften noch vor Malaysia, Thailand und Israel.

Unsere erste staatliche Hochschule, die Universität von Jordanien, wurde 1962 gegründet, die erste Privathochschule, die al-Ahlija-Amman-Universität, folgte im Jahr 1990. Inzwischen gibt es in unserem Land zwanzig private und zehn staatliche Hochschulen, die von 243 000 Studenten besucht werden. Viele lassen sich in Ingenieurwissenschaften und in technischen Berufen ausbilden, sodass ausländische Unternehmen, aber auch heimische Start-up- und Hightechfirmen auf eine große Zahl gut ausgebildeter Mitarbeiter zurückgreifen können. Außerdem wurden in abgelegenen Landesteilen Schulungszentren eingerichtet, in denen die Bewohner kostenlos den Umgang mit Computern lernen können.

Informationstechnologie und Bildung sind von entscheidender Bedeutung, will man die Wirtschaft eines Landes fördern. Doch um die Entwicklung voranzutreiben, mussten wir uns der Welt noch stärker öffnen. Der Beitritt zur Welthandelsorganisation war da nur der erste Schritt.

Im Juni 2000 fuhr ich erneut in die Vereinigten Staaten. Präsident Clinton gratulierte mir zu unserer Aufnahme in die WTO und fragte mich erneut, was er für Jordanien tun könne. Er rechnete offenbar auch diesmal mehr oder weniger damit, dass ich um eine Erhöhung der Hilfsleistungen bitten würde. Ich aber antwortete: »Ich hätte gern ein Freihandelsabkommen mit den Vereinigten Staaten.« Ein Freihandelsabkommen geht weit über die allgemeinen Bedingungen der WTO hinaus und ermöglicht weitestgehende Zollfreiheit im Handel zwischen zwei Staaten. Besonders geschätzt werden die so genannten FTAs (Free Trade Agreements), wenn sie den Zugang zum amerikanischen Markt ermöglichen. Damals hatten nur drei Länder ein solches Freihandelsabkommen mit den USA geschlossen: Kanada, Mexiko und Israel.

Clinton war zwar ein wenig konsterniert, versprach mir jedoch seine volle Unterstützung. Am 6. Juni 2000 begannen wir mit den Verhandlungen, und am 24. September 2001 stimmte der US-Senat einem Freihandelsabkommen mit Jordanien zu. Jordanien war das erste arabische Land, das einen derartigen Vertrag mit den Vereinigten Staaten abschließen konnte. Durch die Reduzierung der Einfuhrzölle stieg die Gesamtsumme der jordanischen Exporte in die USA von 18 Millionen Dollar im Jahr 1998 auf etwa eine Milliarde im Jahr 2009 – und war damit höher als unsere Gesamtexportsumme bei meiner Amtsübernahme.

Anknüpfend an unsere Gespräche im Jahr zuvor berichtete mir Präsident Clinton von seinem Zusammentreffen mit dem syrischen Präsidenten Assad wenige Monate zuvor, das leider enttäuschend verlaufen war. Da keine Fortschritte erzielt worden waren, stand auch nicht zu erwarten, dass die Verhandlungen zwischen Syrien und Israel wieder aufgenommen werden würden.

Um unsere Attraktivität für ausländische Investoren weiter zu steigern, gründeten wir in unserer südlichen Hafenstadt Akaba eine Freihafenzone, ein Gewerbegebiet mit Zollbefreiung und deutlich verringerten Abgaben. Bis zum Jahr 2020 soll sie nach Möglichkeit Investitionen in Höhe von sechs Milliarden Dollar angezogen haben – ein ehrgeiziges Ziel. Bislang hat der Erfolg unsere Erwartungen übertroffen, denn bis Ende 2008 konnten wir unter anderem aus Fonds der Vereinigten Arabischen Emirate, Katars, Kuwaits und des Libanon ausländische Investitionen von mehr als 20 Millionen Dollar verzeichnen.

Die Kuwaitis, allen voran Emir Sabah al-Ahmed al-Dschaber al-Sabah, gehören zu den wichtigsten Förderern Jordaniens. Rania wurde in Kuwait geboren, und der Emir spricht von ihr stets als von seiner Tochter. Mich behandelt er bei jedem unserer Treffen wie ein Mitglied seiner Familie. »Und wie geht es unserer Tochter?«, fragt er dann.

Angeregt von dem Erfolg in Akaba errichteten wir in Mafrak, Maan, Irbid, am Toten Meer und in Ailun weitere zollfreie Wirtschaftszonen mit reduzierten Steuersätzen, die bereits einige größere Investoren aus Saudi-Arabien, Japan und dem Libanon angezogen haben.

Der Zugang zum Weltmarkt war für unsere Wirtschaft damit gesichert. Einige unserer größeren Unternehmen wie der Kurierdienst Aramex und der Pharmahersteller Hikma konnten sich gegen internationale Konkurrenz behaupten, zumal sich ihnen durch unsere Mitgliedschaft in der WTO neue Märkte eröffneten. Doch viele kleinere Firmen hatten noch zu kämpfen. Wir mussten uns auf unsere regionalen Stärken besinnen, daher überlegten wir uns Maßnahmen zu ihrer Unterstützung. Der König-Abdullah-II.-Entwicklungsfonds bietet vielversprechenden jordanischen Unternehmen Kapital und Beratung. Bald fanden wir auch genau die Art von Projekt, die wir dafür im Sinn gehabt hatten.

In den Bergen von Ailun im Norden Jordaniens stehen einige der ältesten Olivenbäume der Welt. Viele der Besitzer verwendeten für die Herstellung des Öls allerdings eine Ausrüstung, die fünfzig Jahre alt war, und einige produzierten es sogar nach einem tausend Jahre alten Verfahren mittels einer kleinen Presse und verkauften es in gebrauchten Schraubgläsern auf dem heimischen Markt. Der Rest ihrer Ernte ging für einen Spottpreis an ausländische Produzenten, meist in Italien und Spanien, die dank ihrer modernen Verfahren aus unseren Oliven ein teures und für die Firmen äußerst profitables Öl herstellten. Der Fonds stellte die Mittel für eine Press-, Abfüll- und Verpackungsanlage zur Verfügung und beauftragte Experten, ein Konzept für die Werbung und Vermarktung auszuarbeiten. Die Produkte werden heute in den exklusivsten Geschäften Londons angeboten.

Ein wichtiges Anliegen war für mich auch die Förderung jordanischer Herstellungs- und Fertigungsbetriebe, insbesondere im Bereich der Waffentechnologie. Eine Schlüsselrolle kam dabei dem 1999 gegründeten König-Abdullah-II.-Institut für Entwurf und Entwicklung zu. Mit seiner Hilfe konnten die jordanischen Panzer und Kampffahrzeuge aufgerüstet und viele neue (oft geheime) Projekte ins Leben gerufen werden. Unsere Zusammenarbeit mit den Streitkräften anderer Länder wie der Vereinigten Staaten, Bruneis und Aserbaidschans wurde ausgebaut. Außerdem unterzeichneten wir Verträge mit europäischen Rüstungsbetrieben zur Wartung der F-16-Kampfjets, zur Entwicklung von Militärfahrzeugen und zur Herstellung unbemannter Flugkörper (sogenannter Drohnen). Gemeinsam mit einem russischen Partner entwickelte das Institut eine neue und äußerst wirkungsvolle schultergestützte Panzerabwehrakete, die RPG-32. Wir verkauften unsere Produkte in den Jemen, nach Oman, Libyen und in andere Länder.

Ein weiteres zukunftweisendes Projekt war der Abbau von Jordaniens bedeutenden, bisher unerschlossenen Uranvorkommen. Dass wir über ergiebige Uranlagerstätten verfügten, war uns seit Langem bekannt, doch deren wirtschaftliches Potenzial hatten wir bislang noch nicht erkundet. 2008 gründeten wir in einem Joint Venture mit dem französischen Energiekonzern AREVA die Jordanisch-Französische Gesellschaft zur Urangewinnung. Als sich bei ersten Untersuchungen in der zentraljordanischen Wüste beträchtliche Uranmengen fanden, die auf 4 bis 6 Prozent der weltweiten Uranvorräte geschätzt wurden, begannen wir mit dem Bau der ersten jordanischen Uranmine. Weitere Förderlizenzen gingen an die chinesische Firma Sino Uranium und an die anglo-australische Gesellschaft Rio Tinto. Unter der Aufsicht der jordanischen Atomenergiebehörde betreiben wir die Entwicklung eines Kernenergieprogramms, um von teuren Erdöl- und Gasimporten unabhängiger zu werden. Ein eigener Kernreaktor, der nach vorläufigen Planungen im Süden unseres Landes errichtet werden soll, könnte bis zu einem Drittel unseres landesweiten Energiebedarfs abdecken. Aber das wäre nur der erste Schritt. Die von ihm erzeugte Energiemenge könnte überdies Meerwasser-Entsalzungsanlagen betreiben und uns so mit Wasser zu einem erschwinglichen Preis versorgen.

Jordanien hat den Atomwaffensperrvertrag unterzeichnet und ist Mitglied der Internationalen Atomenergiebehörde. Doch unsere Mitarbeit geht über die Unterzeichnung von Verträgen hinaus: Wir haben uns gegenüber diesen Organisationen zu uneingeschränkter Zusammenarbeit und Transparenz verpflichtet. Die Entwicklung unseres Kernenergieprogramms soll beispielhaft sein.

Im Jahr 2009 erklärte ich in einem Interview mit der israelischen Zeitung *Haaretz*, Jordanien wolle die Kernenergie für friedliche Zwecke nutzen. Ich fügte hinzu: »Persönlich bin ich der Auffassung, jedes Land mit einem Atomprogramm sollte sich nach dem internationalen Regelwerk richten und internationale Kontrollbehörden zulassen, die sicherstellen, dass ein wie auch immer geartetes Nuklearprogramm in die richtige Richtung führt.«

Im Nahen Osten ist Kernenergie ein besonders sensibles Thema. Israel, die einzige Atommacht unserer Region, weigert sich nach wie vor, den Atomwaffensperrvertrag zu unterzeichnen oder die Inspektion seiner Nuklearanlagen zuzulassen. Bislang hat die internationale Staatengemeinschaft kaum Schritte eingeleitet, um daran etwas zu ändern. Die jüngsten Kontroversen um das Atomprogramm des Iran wecken weltweit Sorge, denn die internationale Gemeinschaft möchte mit allen Mitteln verhindern, dass der Iran seine Anlagen zur Urananreicherung ausbaut, weil er, so wird befürchtet, mit seinem Atomprogramm insgeheim militärische Ziele verfolgt. Israels »privilegierter« Status hat die öffentliche Meinung in unserer Region wieder einmal zu dem Schluss geführt, dass man bei der Umsetzung internationaler Regelungen nach unterschiedlichen Standards verfährt.

Unser Nuklearprogramm hat keine Kontroversen ausgelöst. Jordanien gilt in unserer Region als glaubwürdige Kraft für den Frieden. Durch die transparente Haltung und die Tatsache, dass wir bei der Entwicklung des Programms mit internationalen Institutionen zusammenarbeiten und uns nach dem internationalen Regelwerk richten, haben wir die Unterstützung der internationalen Gemeinschaft gewonnen.

Zwar konnten wir der jordanischen Wirtschaft durch den Abschluss von Handelsabkommen, durch Reformen im Bildungswesen, durch Fördermaßnahmen für die heimische Produktion und durch größere Autonomie in der Energieversorgung zu einem anhaltenden Aufschwung verhelfen, doch gelegentlich erhielten wir Impulse auch von ganz unerwarteter Seite.

1988 kamen Steven Spielberg und George Lucas nach Jordanien, um hier Szenen für den Film *Indiana Jones und der letzte Kreuzzug* zu drehen. Sie wurden begleitet von den beiden Hauptdarstellern Harrison Ford und Sean Connery. Mein Vater bat mich, sie bei ihrer Ankunft in Akaba zu begrüßen und sie zu ihrem etwa 120 Kilometer nördlich gelegenen Drehort bei Petra zu bringen. Die Ruinen der vor mehr als zweitausend Jahren von den Nabatäern erbauten Grabtempel gehören zu den weltweit beeindruckendsten antiken Kulturdenkmälern. Für Spielberg waren die in den Fels gehauenen massiven Tempel der ideale Drehort für seine letzte Filmszene, die im Tempel des Halbmonds spielt.

Ich war damals Offizier bei der Armee, und mein Vater hatte den vier Männern aus Hollywood angeboten, sie im Hubschrauber nach Petra fliegen zu lassen, um ihnen einen Blick aus der Luft auf die beeindruckende Szenerie zu ermöglichen. Ich war als Pilot dabei. Als wir uns gerade anschnallten, beugte sich mein Kopilot zu mir herüber und fragte, auf Sean Connery deutend, auf Arabisch: »Wer ist das? Dieser Kerl kommt mir irgendwie bekannt vor.« »Sean Connery«, antwortete ich. »Er hat James Bond gespielt.« »Ach so«, sagte mein Kopilot und lachte in sich hinein. »Dann wollen wir ihm mal zeigen, wer der *echte* James Bond ist!«

Nach unserem Start am Flughafen schrammten wir knapp über einen Zaun am Ende der Rollbahn hinweg und legten dann die Strecke Richtung Petra durch das nach Norden führende Tal nur wenige Meter über dem Boden zurück. Spielberg klammerte sich so fest an die Sitzlehnen, dass seine Knöchel weiß waren. Nach rund zwanzig Minuten beugte er sich vor und fragte, ob wir wirklich so tief fliegen müssten.

Ich war entschlossen, meinem Kopiloten den Spaß nicht zu verderben. »Sir«, erwiderte ich, »wir könnten weiter aufsteigen, aber unsere Flugstrecke führt entlang der israelischen Grenze, und man weiß nie, was sie da gerade im Sinn haben ... Aber wenn Sie das Risiko eingehen wollen, kein Problem.« Als Spielberg nickte, stiegen wir ein wenig höher.

Wir landeten unweit der Ruinen, und die Filmcrew begann, in dem schmalen, gewundenen Tal mit dem Sandsteintempel al-Khasneh die Kulissen des Sonnentempels aufzubauen, im Film das Versteck des sagenumwobenen Heiligen Grals.

Ich hatte keine Möglichkeit, zur Premiere des Films im folgenden Jahr zu fahren, doch mein Bruder Faisal war dort. Als er Harrison Ford vorgestellt wurde, sagte er: »Mein Bruder war der Hubschrauberpilot, der Sie nach Petra gebracht hat.« »Der Kerl hat uns zu Tode erschreckt! Wir haben uns vor Angst fast in die Hosen gemacht«, erwiderte Ford.

Jahre später, nach dem Tod meines Vaters, traf ich Steven Spielberg wieder, und er konnte sich noch gut an den Flug erinnern. »Warum das Ganze?«, fragte er. »Tja«, sagte ich, »ich dachte, Sie würden früher oder später mal einen Film über Hubschrauberpiloten drehen. Und dann wären Ihnen die zwei verrückten Kerle in Jordanien wieder eingefallen.«

Seither wurden zahlreiche weitere Filme zumindest teilweise in Jordanien gedreht: *Transformers – Die Rache*, *Die Mumie kehrt zurück* oder auch Kathryn Bigelows *Tödliches Kommando The Hurt Locker*.

Spielberg und ich blieben in Kontakt, und nachdem ich König geworden war, bat ich ihn, uns beim Aufbau einer heimischen Filmindustrie zu helfen. Zum Glück hatte er mir meinen jugendlichen Übermut verziehen und stellte uns dem Dekan des Fachbereichs Film an der University of Southern California vor, der ältesten Filmhochschule der USA. Mit der Unterstützung der Amerikaner gründeten wir in Akaba das Red Sea-Institut of Cinematic Arts, die erste jordanische Filmakademie. Im September 2008 wurde sie mit einer Anfängerklasse von 25 Studenten eröffnet.

Kreative Gewerbe wie Film, Medien und Informatik spielen eine Schlüsselrolle für Jordaniens wirtschaftliche Zukunft – selbst wenn der erste Anstoß dazu aus einer etwas unerwarteten Richtung kommt.

Heute können wir auf elf erfolgreiche Jahre zurückblicken. Nachdem unsere Wirtschaft Zugang zu den Weltmärkten bekommen hatte, konnten wir unsere Exporte zwischen 1998 und 2008 versechsfachen und die Arbeitslosenrate von 15,3 auf 12 Prozent senken. Das Bruttoinlandsprodukt pro Kopf hat sich verdoppelt. In einer Studie der UNO zur Attraktivität von Investitionsstandorten im Verhältnis zu ihrer Wirtschaftsgröße aus dem Jahr 2007 steht Jordanien an sechster Stelle – im Vergleich zu Rang 132 im Jahr 1995. Im jährlichen Bericht des Weltwirtschaftsforums über die wettbewerbsfähigsten Volkswirtschaften kam Jordanien noch vor Italien, Russland, Brasilien und Indien auf Platz 48.

Von den Auswirkungen der Weltwirtschaftskrise ist allerdings auch Jordanien nicht verschont geblieben. Das Wachstum hat sich dramatisch verlangsamt, und das Haushalthaltsdefizit des Jahres 2009 ist mit 8,5 Prozent des Bruttoinlandprodukts so hoch wie schon lange nicht mehr in der Geschichte unseres Königreichs. Wie Länder auf der ganzen Welt war auch Jordanien 2009 zu harten Einschnitten und Ausgabenkürzungen gezwungen. Im Gegensatz zu vielen anderen hatten wir jedoch nicht die finanziellen Mittel für Wirtschaftsanreize, sondern mussten die politischen Rahmenbedingungen überprüfen, ein günstigeres Investitionsklima schaffen und für ein effizienteres Wirtschaftsmanagement sorgen.

Die Weltwirtschaftskrise stellte uns vor schwere Aufgaben, zugleich aber bot sie auch Chancen. Viele internationale Unternehmen, besonders jene mit Sitz in den benachbarten reichen Golfstaaten, suchten nach Möglichkeiten, ihre Kosten zu senken und ihre Wettbewerbsfähigkeit zu steigern. Und Jordanien sollte, so mein Entschluss, auf ihrem Radar grün aufleuchten.

Mit unseren bestens ausgebildeten Fachkräften, unserer guten Infrastruktur, unserer günstigen Lage im Zentrum unserer Region, mit dem Zugang zu den größten Märkten der Welt und einem offenen Geschäftsumfeld hatten wir eine ausgezeichnete Ausgangsposition. Also suchten wir nach den konkreten Rahmenbedingungen, die für Investoren interessant sein könnten, und modernisierten unser Wirtschaftsrecht. Wenn ich früher mit Investoren zusammentraf, erzählte ich ihnen für gewöhnlich, welch gute Bedingungen sie in Jordanien vorfänden. Heute kann ich auf konkrete Projekte und eindeutige Vorzüge verweisen, die für eine Unternehmensansiedlung in Jordanien sprechen.

Wir haben eine Reihe von Großprojekten ins Leben gerufen, um unseren Bedarf an Wasser und Lebensmitteln zu decken, um die Infrastruktur zu verbessern und unsere führende Stellung als regionaler Energieproduzent und im Transportwesen auszubauen. Die Regierung wurde angewiesen, auf einen besseren Umgang mit diesen lebenswichtigen Ressourcen zu achten. Manchmal aber wurde unser Wirtschaftswachstum von politischen Ereignissen gebremst. Es gibt nur einen Weg, unserer Region zu anhaltendem Wohlstand zu verhelfen: Wir müssen Bomben und Kugeln durch Touristen und Unternehmer ersetzen – also eine dauerhafte Lösung des Konflikts zwischen Israel und den Palästinensern finden, der Ursache ist eines großen Teils der regionalen Instabilität und Gewalt.

Ich habe die Vision, dass sich die Volkswirtschaften Israels, Palästinas und Jordaniens nach dem Vorbild der westeuropäischen Beneluxländer zu einem gemeinsamen Markt zusammenschließen. Mit unserem Unternehmergeist und unserem technischen Wissen könnten wir die Levante gemeinsam zu einem Wirtschaftszentrum machen. Die Zusammenarbeit im Tourismusbereich bietet sich geradezu an, und das Gleiche gilt für ausländische Investitionen. Kooperationsmöglichkeiten gibt es unendlich viele. Die Israelis etwa sind weltweit führend in der Agrarwirtschaft, doch ihnen fehlen Land und Arbeitskräfte. Mit vereinten Kräften könnten wir die Wüste zum Blühen bringen. Doch solche Träume sind eine Fata Morgana, solange uns mutige Politiker fehlen, die den Frieden herbeiführen. Im Interesse aller Menschen in unserer Region müssen wir beten, dass wir den Hass und das Misstrauen überwinden, die uns so lange gespalten haben.

Wir haben in den vergangenen elf Jahren viel geleistet, doch ich gebe auch unumwunden zu, dass wir noch einen langen Weg vor uns haben. Die politischen Reformen kommen zu langsam voran, und wir haben bestimmte Vorhaben nicht ausreichend begründet. Ökonomische Reformen haben bei mir stets Vorrang gehabt, da sie sich, sofern sie vernünftig sind, direkt auf die Lebensqualität der Jordanier auswirken. Zugleich war mir klar, dass wir ihr Potenzial nicht voll ausschöpfen können, wenn sie nicht von breiter angelegten Modernisierungen in Politik, Gesellschaft und Verwaltung begleitet werden. Leider aber verliefen unsere politischen Reformen manchmal nach dem Muster: zwei Schritte vor, einer zurück. Widerstand gegen den Wandel kam von den unterschiedlichsten Gruppen, aus den verschiedensten Gründen. Einige haben sich dagegengestemmt, weil sie den Verlust liebgewonnener Privilegien fürchteten, anderen mangelte es schlichtweg an Vorstellungskraft; sie verteidigten den Status quo, weil sie ihn kannten und akzeptiert hatten. Oft stieß ich auf Beamte, denen es an Mut fehlte, wichtige Reformen umzusetzen, oder denen mehr daran gelegen war, eigene Interessen zu verfolgen, als sich für das Wohl des Volkes einzusetzen, dem sie eigentlich dienen sollten.

Ein weiterer Grund für die langsamen Fortschritte im Modernisierungsprozess sind die bedrohlichen Umstände in unserer Region, die uns oft zwingen, uns in erster Linie um Sicherheit und Stabilität zu kümmern. Doch wir sind entschlossen, die Defizite auszuräumen. Für die Zukunft Jordaniens ist es unabdingbar, dass wir den Demokratisierungsprozess weiter vorantreiben, damit jeder Jordanier das Gefühl hat, bei Regierungsentscheidungen zur Zukunft unseres Landes ein größeres Mitspracherecht zu haben.

Im November 2009 habe ich den Weg für eine Neuwahl des Parlaments freigemacht, und einige Tage später ernannte ich einen neuen Premierminister und beauftragte ihn mit der Regierungsbildung. Die Jordanier hatten zunehmend Unmut über die Leistungen des Unterhauses geäußert. Viele Abgeordnete hatten sich notwendigen Gesetzesvorhaben in den Bereichen Wirtschaft und Soziales in den Weg gestellt. Politischer Kleinkrieg und das Streben nach Vergünstigungen verhinderten eine konstruktive Zusammenarbeit zwischen den beiden Häusern des Parlaments, so dass bedeutendere Themen aus Wirtschaft und Gesellschaft in den Hintergrund traten. Die Zufriedenheit mit dem Unterhaus war so weit gesunken, dass mehr als 80 Prozent unserer Bevölkerung, so das Ergebnis von Meinungsumfragen, seine Auflösung befürworteten.

Allerdings brauchten wir nicht nur einen personellen Wechsel, sondern auch einen neuen Ansatz. In der Ernennungsurkunde für den neuen Premierminister Samir Rifai (den Harvard-Absolventen, der mich nach meiner Amtsübernahme bei den Wirtschaftsreformen beraten hatte) hatte ich verschiedene Zielsetzungen aufgeführt – Reformen im Bereich Wirtschaft, Sozialwesen, Verwaltung und Politik –, die innerhalb eines festgesetzten Zeitrahmens umgesetzt werden sollten. Außerdem betonte ich, dass so schnell wie möglich ein neues Parlament gewählt werden und dass die Abhaltung freier, fairer und transparenter Wahlen für die Regierung oberste Priorität haben müsse. Ich forderte die neue Regierung auf, das Wahlrecht und die Wahlverfahren mit dem Ziel zu verbessern, den Urnengang für die Bevölkerung zu vereinfachen und staatsbürgerlichen Einrichtungen die Überwachung der Wahl zu erleichtern.

Außerdem wies ich die Regierung an, ein Dezentralisierungsprogramm auszuarbeiten. Die Bevölkerung sollte die Möglichkeit haben, auf lokaler Ebene Räte zu wählen, deren Stimme in den Regierungsbezirken, vor allem bei Entscheidungen über die Abfolge unserer Modernisierungsmaßnahmen, ein großes Gewicht haben würde.

Zwei Monate nach Ablegung ihres Amtseids unterbreitete mir die neue Regierung einen detaillierten Arbeitsplan, in dem jedes Ministerium seine vorgesehenen Projekte sowie den Zeitrahmen für ihre Durchführung darlegte. Unsere Regierung wird sich daran messen lassen müssen, inwieweit sie diese Ziele verwirklicht, und zu diesem Zweck ihre Fortschritte auf den Websites der einzelnen Ministerien veröffentlichen. Die Regierung hat sich zu einem Moralkodex verpflichtet, der sich am Vorbild der international geläufigen »best practises« orientiert. Dazu zählen Korruptionsbekämpfung, verbesserte Transparenz, der Schutz von Frauen und Kindern sowie der Abbau von Schranken, die die Entwicklung einer freien und professionellen Medienbranche behindern.

Die Regierungspläne sehen Modernisierungen in Form klar definierter Maßnahmenpakete vor und enthalten sieben Schlüsselbereiche: größere Effizienz der Regierung und Stärkung ihrer Verantwortlichkeit, Förderung der Bürgerbeteiligung in politischen und gesellschaftlichen Fragen, Optimierung der Rahmenbedingungen für Unternehmen und Investoren, Steigerung der Konkurrenzfähigkeit unserer Landsleute auf dem Arbeitsmarkt durch Entwicklung ihrer Fertigkeiten, größere Sicherheit in der Wasser- und Lebensmittelversorgung durch groß angelegte Infrastrukturprojekte, Verbreiterung der Mittelschicht und Unterstützung der Benachteiligten, Verbesserung der Leistungen des öffentlichen Dienstes. Ich war schon immer der Ansicht, dass gesellschaftlicher Fortschritt ohne eine solide Mittelschicht nicht denkbar ist. Durch unsere Konzentration auf Wirtschaftsprogramme, die eine solche Entwicklung möglich machen, schaffen wir die Grundlage für die Entwicklung einer Zivilgesellschaft mit Organisationen, die unsere Regierung kritisch überprüfen, sie zur Verantwortung ziehen und größere Transparenz einfordern.

Als dieses Buch in Satz ging, stand die Wahl des jordanischen Parlaments nach einem neuen Wahlrecht an. Unser Strafrecht wurde tief greifenden Veränderungen unterzogen, die Frauen und Kindern größere Rechte zusichern. Einige Menschen müssen sich wegen Korruption vor Gericht verantworten. Unser Haushaltsdefizit hat sich verringert, und die Zeitungen verkünden gute Nachrichten aus der Wirtschaft. Ich glaube, wir haben einen langen Reformprozess eingeleitet, der noch viel Arbeit erfordern und nicht immer einfach sein wird. Von Anfang an war mir klar, dass wir im Interesse von Jordaniens größtem Kapital, den hier lebenden Menschen, unserer Jugend die denkbar besten Bildungschancen bieten müssen. Ich habe lange darüber nachgedacht, und da ich meine Schulzeit nicht nur in Jordanien, sondern auch in England und den USA verbracht habe, habe ich auch einige unkonventionelle Sichtweisen mit eingebracht.

## Kapitel 16
## Ein Deerfield in der Wüste

Im Mai 2000, zwanzig Jahre nach meinem Abschluss in Deerfield, kehrte ich an die Akademie zurück, um auf der Entlassungsfeier zu sprechen. Eric Widmer, ein hochgewachsener, vornehm wirkender Deerfield-Absolvent, der an der Brown University chinesische Geschichte gelehrt hatte, ehe er an seiner früheren Ausbildungsstätte Rektor wurde, nahm mich in Empfang. Erinnerungen stürmten auf mich ein, als wir am Ephraim Williams House vorbeigingen, einem Gebäude mit weiß gestrichenen Holzwänden und Giebeldach, das damals mein Studentenwohnheim gewesen war. Ich dachte an den ausgezeichneten Unterricht, den ich in Deerfield genossen hatte. Hier hatte ich gelernt, neugierig zu sein, zu hinterfragen, was man mir erzählte, und eigene Lösungen zu Fragestellungen zu entwickeln. Es ging darum wie man denkt, und nicht, was man denkt. Deerfield hatte uns zu kritischem, lösungsorientiertem und kreativem Denken angeregt. So eine Schule, dachte ich, wäre für Jordanien und seine Nachbarn ein großer Gewinn. Meine Klassenkameraden hatten in Wirtschaft, Wissenschaft und Politik mittlerweile führende Positionen eingenommen. Warum gab es nichts Vergleichbares auch in Jordanien? Ein Junge oder Mädchen aus Jordanien, Palästina, Ägypten oder den Golfstaaten sollte nicht nach Amerika gehen müssen, um eine erstklassige Schulbildung zu erhalten.

Am nächsten Tag versammelte sich die ganze Deerfield-Gemeinde zur Abschlussfeier. Unter dem Beifall von Freunden, Angehörigen und Mitarbeitern der Schule führten zwei Dudelsackspieler die Absolventen des Jahrgangs 2000 durch die Albany

Road im Zentrum des Städtchens zu einem großen, grün-weiß gestreiften Zelt. In meiner Ansprache hob ich die Werte hervor, die Deerfield vermittelte – Ehrlichkeit, unabhängiges Denken, Integrität und Freundschaft. Angesichts unserer hektischen, von ständigem Wandel geprägten Zeit seien sie für einen jungen Menschen wichtiger denn je. Und ich schilderte, was Deerfield mir geboten hatte: die Weisheit und Geduld der Lehrer, die egalitäre Gesinnung, die darin zum Ausdruck kam, dass man im Wechsel mit den Mitschülern die Tische abräumen musste; die Gelegenheit, Menschen unterschiedlichster Herkunft, darunter viele Stipendiaten, kennenzulernen und sich mit ihnen anzufreunden, sowie ständige Neugier und eine lebenslange Begeisterung fürs Lernen. Als ich in die jungen Gesichter vor mir blickte und die vielen leuchtenden Augen sah, fasste ich den Entschluss, Heranwachsenden im Nahen Osten eine ähnliche Erfahrung zu ermöglichen.

Nach der Feier erzählte ich Dr. Widmer, dass ich vorhätte, in Jordanien eine Schule nach dem Modell von Deerfield zu gründen. Es wäre das erste an der Tradition der amerikanischen Ostküstenschulen orientierte Internat im Nahen Osten. Die Idee gefiel ihm, und er bot mir Rat und Hilfe an. Damit war der Keim für die King's Academy gelegt.

Im Nahen Osten gibt es eine ganze Reihe von Privatschulen für die Kinder der Elite. Die Sprösslinge werden, das Handy am Ohr, im Mercedes vors Schultor gefahren. Schulen in der Tradition von Deerfield hingegen, die allen Begabten offenstehen und jenen, die sich das Schulgeld nicht leisten können, mit einem Stipendium beispringen, sucht man vergeblich. In unserer oft von ethnischen und religiösen Konflikten geplagten Region wollte ich einen neuen Stamm gründen: den Stamm der begabten Leistungsträger.

Zurück in Jordanien unternahm ich umgehend erste Schritte zur Verwirklichung meiner Vision. Ich bat Safwan Masri, einen an der Columbia University in New York lehrenden Jordanier, das Projekt zu leiten, und überredete meinen guten Freund Gig, der zu jener Zeit einen hohen Posten bei der CityGroup hatte, Sponsoren zu suchen. In den darauffolgenden Jahren verwendeten Safwan, Gig und ein kleiner Stab von Mitarbeitern viel Zeit und Mühe auf die Beschaffung von Geldern sowie auf die Suche nach einem geeigneten Ort und einem Architekten.

Ein Gelände in der Nähe von Madaba, knapp dreißig Kilometer südlich von Amman gelegen, schien uns am besten geeignet. In Madaba steht die griechisch-orthodoxe Georgskirche mit ihrer Mosaiklandkarte aus dem 6. Jahrhundert, einer der ältesten geografischen Abbildungen des Heiligen Landes. Wir entschieden uns für ein Grundstück an der historischen Königsstraße, einer alten Handelsroute, die einst von Heliopolis in Ägypten den Sinai durchquerte, dann Richtung Norden durch Jordanien nach Damaskus führte und schließlich in Resafa am Ufer des Euphrats endete.

Am 22. Juli 2004 konnten wir mit dem Bau beginnen. Um die Schule mit dem Geist von Deerfield zu erfüllen, brauchten wir allerdings mehr als nur Gebäude. Eric Widmer, seit 1902 erst der vierte Rektor von Deerfield, würde im Jahr 2006 in den Ruhestand gehen, und das war meine Chance. Ich konnte ihn überzeugen, Gründungsrektor der King's Academy zu werden.

Als ich 2005 zum Anlass der 25-Jahr-Feier unseres Abschlusses wieder nach Deerfield kam, reagierten meine früheren Mitschüler begeistert auf meine Berichte über die King's Academy, und ich lud sie alle nach Jordanien ein. In jenem August kamen fast hundert ehemalige Klassenkameraden mit ihren Angehörigen nach Madaba, um sich selbst ein Bild von der neuen Schule zu machen und unser Land kennenzulernen. Für viele von ihnen war es die erste Reise in den Nahen Osten, und sie alle staunten, wie herzlich und großzügig sie von den Menschen in Jordanien empfangen wurden. Wie eng der Zusammenhalt unter den Abgängern des Jahrgangs 1980 immer noch war, zeigte sich daran, dass sie für die King's Academy über eine

Million Dollar spendeten. Sie unterstützen unsere Schule auch heute noch und widmen ihr Zeit und Spenden, damit sie sich weiterentwickeln kann.

Im darauffolgenden Jahr war ich erneut nach Deerfield eingeladen, um auf der Abschlussfeier zu sprechen. Am 28. Mai 2006 stand ich wieder in dem grün-weißen Zelt vor der Schar freudestrahlender junger Menschen. Eric Widmer, der zum letzten Mal die Abschlussfeier als Rektor leitete, sagte in seiner Begrüßungsrede zu mir gewandt: »Einerseits würde ich Sie gern als meinen neuen Boss vorstellen, andererseits aber möchte ich Ihnen raten, mich gut zu behandeln, denn schließlich ist es sehr wahrscheinlich, dass ich die Ausbildung Ihrer Kinder beaufsichtigen werde.« Tatsächlich war es mein Traum, dass meine Kinder inmitten von Jungen und Mädchen aus Jordanien und unserer Region bald in der King's Academy den gleichen anregenden Unterricht würden genießen können wie ich einst in Deerfield.

In meiner Ansprache betonte ich die Bedeutung enger Beziehungen zwischen den Vereinigten Staaten und dem Nahen Osten, dann schilderte ich, wie ich mir die King's Academy vorstellte: »Wir wollen das Konzept von Deerfield in den Nahen Osten bringen«, erklärte ich. »Ein Internat für Jungen und Mädchen, in dem Lehrer und Schüler eng zusammenarbeiten, in dem der Schwerpunkt auf der wissenschaftlichen Arbeit liegt und in dem das Leben durch sportliche Wettkämpfe, musische Fächer und einen echten Dienst an der Gemeinschaft bereichert wird.« Um unseren Schülern in der heutigen globalen Wirtschaft die besten Erfolgschancen zu bieten, sollten sich die Lehrpläne am amerikanischen Modell des »Advanced Placement« ausrichten, sich also am Hochschulniveau orientieren, und der gesamte Unterricht in Englisch abgehalten werden. Daneben würden wir allerdings auch Kurse in klassischer arabischer Sprache und Literatur sowie über Politik, Religion und Gesellschaft des Nahen Ostens anbieten. Auch die Koedukation war mir ein großes Anliegen. Deerfield war zu meiner Schulzeit zwar eine reine Jungenschule gewesen, doch einige Jahre später, ab 1989, wurden auch Mädchen aufgenommen. Mir war klar, dass in unserer Region manche den gemeinsamen Unterricht von Jungen und Mädchen ablehnen würden, doch ich wollte unseren Töchtern die gleichen Chancen bieten wie unseren Söhnen.

Im Juli 2006 führte ich Dr. Widmer in einer kleinen Feier als Rektor ein, danach aßen wir alle gemeinsam in der Mensa der King's Academy zu Abend. In Deerfield'scher Tradition saßen wir an runden Tischen, die uns die Unterhaltung und den Umgang miteinander erleichterten. Die Architekten und Bauleute hatten hervorragende Arbeit geleistet und auf dem sechzig Hektar großen Gelände zwanzig Häuser und großzügige Sportanlagen errichtet. Es gab eine Aula, eine Mensa, eine Sporthalle und eine Bibliothek, die Schlafräume und ein Gebets- und Meditationszentrum, allesamt untergebracht in soliden, eleganten Gebäuden, hell verputzt und mit roten Ziegeln gedeckt. Nun fehlten nur noch die Menschen, um sie zu füllen.

Im darauffolgenden Jahr konzentrierten Dr. Widmer und sein Team ihre ganze Energie auf die Einstellung von Lehrern, darunter viele mit Internatserfahrung in den USA, auf die Überwachung der letzten Bauarbeiten, die Zulassungsbedingungen und die Sichtung der Bewerbungen für den ersten Jahrgang. Sie bereisten den Nahen Osten und erklärten besorgten Müttern und misstrauischen Vätern das Konzept einer auf Englisch unterrichtenden Koedukationsschule. Weil ein Internat – und erst recht eins, das Mädchen und Jungen aufnahm – bei uns etwas völlig Neues war, schienen einige Eltern skeptisch. Andere aber sahen, welche Chance sich ihren Kindern damit bot.

Es ist sicher keine leichte Aufgabe, aus dem Nichts eine neue Schule zu gründen, doch Eric und seine Mitarbeiter vollbrachten wahre Wunder. Sie reisten durch die ganze Welt und stellten ein Team aus vorzüglichen Lehrern zusammen. Außerdem entwarfen sie nicht nur den Lehrplan, sondern entwickelten auch etwas deutlich weniger Greifbares: das Ethos der Schule. Während sich der »Geist von Deerfield« über mehr als zwei Jahrhunderte entwickeln konnte, musste Eric für die King's Academy im Zuge seiner Vorbereitungen einen Wertekatalog aufstellen.

Die King's Academy wurde am 29. August 2007 eröffnet. Beim Klang von Dudelsackpfeifen versammelten sich Lehrkörper und Kuratoren auf dem Campus und läuteten mit ein paar Worten das erste Schuljahr ein. Unser Eingangsjahrgang umfasste 106 Schüler aus Jordanien, Ägypten, Palästina, mehreren arabischen Golfstaaten sowie den Vereinigten Staaten und sogar aus Taiwan. Die 66 Jungen und 40 Mädchen verteilten sich auf die neunte und zehnte Klasse, waren Internats- und Tagesschüler, Letztere zumeist aus Amman. Im darauffolgenden Jahr kamen noch einmal mehr als 150 Schüler hinzu, sodass insgesamt über 250 Jugendliche an der Academy studierten. Sie stammten aus 21 verschiedenen Nationen, zum ersten Mal auch aus dem Irak und aus Afghanistan.

Unter ihnen war auch mein ältester Sohn Hussein. Wie alle Eltern wünschten wir uns für unsere Kinder die bestmögliche Ausbildung und hatten erwogen, ihn auf eine Schule im Ausland zu schicken, so wie meine Eltern es mit mir gehalten hatten. Doch als Vater fiel es mir schwer, ihn fortzugeben. Glücklicherweise hatten wir jetzt eine Schule im eigenen Land, wo er einen Unterricht bekommen würde, der den Vergleich mit meiner Ausbildung in den USA nicht zu scheuen brauchte.

Auch wenn es Mitgliedern der Königsfamilie in Jordanien nie ganz möglich ist, ein normales Leben zu führen, musste Hussein nun lernen, sein Bett selbst zu machen, mit anderen ein Gemeinschaftsbad zu benutzen und seinen Mitschülern in der Mensa das Essen zu servieren. Als er am ersten Wochenende nach Hause kam, wurde er von Rania, seinen Geschwistern und mir schon gespannt erwartet, denn wir hatten ihn sehr vermisst. Kaum aber war er eingetreten, sagte er: »Hallo, ich muss noch Hausaufgaben machen. Wir sehen uns also später.« Hussein zieht sich zurück, um Hausaufgaben zu machen? Wir waren perplex.

Die Schüler sollten, so hatte ich mir vorgestellt, nicht nur aus verschiedenen Ländern stammen, sondern auch aus allen sozialen Schichten. Einige meiner besten Freunde in Deerfield waren Stipendiaten gewesen, und ich hatte gesehen, wie gut es für Schule und Gesellschaft ist, wenn junge Menschen so weit gefördert werden, wie es ihre Begabung zulässt. Wir waren in der Lage, annähernd der Hälfte unserer Schüler mit einer bedarfsgerechten finanziellen Unterstützung unter die Arme zu greifen. Auf diese Weise konnten wir uns beim Aufnahmeverfahren ungeachtet der Herkunft allein auf ihre bisherigen Leistungen konzentrieren. So sollten beispielsweise die jeweils besten Schüler aus unseren zwölf Regierungsbezirken sowie aus den Flüchtlingslagern ein Stipendium bekommen. Außerdem unterstützte ich selbst etwa dreißig Schüler, die sogenannten King's Students, mit einem privaten Stipendium und verfolgte ihre Entwicklung mit großer Aufmerksamkeit. Dass im Jahr 2008 stolze 70 Prozent der Auszeichnungen an Stipendiaten vergeben werden konnten, beweist, dass Armut nichts über die Intelligenz eines Menschen aussagt. Diese jungen Männer und Frauen können ihr Potenzial verwirklichen und lernen, wie es ihrer außergewöhnlichen Begabung gerecht wird.

Innerhalb der Schule werden alle gleich behandelt: Gemäß der ehrwürdigen Tradition Deerfields müssen die Jugendlichen turnusmäßig das Essen servieren und tragen alle die gleiche Schuluniform aus Blazer, Krawatte und langer Hose. Außerhalb der Internatsmauern aber genießen viele von ihnen Vorzüge, die den Stipendiaten verwehrt bleiben. Aus diesem Grund organisierte ich für die dreißig von mir privat unterstützten Schüler einen Ausflug. Ich fuhr mit ihnen in das Wadi Rum, eine Reihe von tiefen ausgetrockneten Flusstälern, die sich bei Akaba über rund 120 Kilometer durch die Wüste ziehen.

Das Wadi Rum, eines der bekanntesten Naturwunder Jordaniens, war von T. E. Lawrence als »weit und mit seinem Echo ehrfurchtgebietend« beschrieben worden. Die höchsten Felswände erheben sich rund dreihundert Meter über die Wüste. Dahinter liegt der Dschabal Ram, mit seinen mehr als 1500 Metern der zweithöchste Berg Jordaniens. Wir flogen über die Felsformationen und fuhren zu dem in einem tiefen Tal errichteten Camp.

Dort erwarteten uns Zelte, Geländefahrzeuge, verschiedene Spiele und ein Schießstand. Als die Sonne unterging, kamen die Schüler zu den Feuerstellen, und wir bereiteten ein traditionelles Lammgericht zu, indem wir das Fleisch im Sand vergruben und darüber ein Holzfeuer anzündeten, sodass es in aller Ruhe garen konnte. Nach dem Essen setzte ich mich im Schneidersitz in den Sand, und die dreißig jungen Leute scharten sich ums Feuer. Unter ihnen waren ein kurdisches Mädchen aus dem Irak, eine Waise aus Afghanistan, eine junge Pakistanerin und jordanische Schüler aus allen Teilen unseres Landes. Es entspann sich ein lebhaftes, auf Arabisch und Englisch geführtes Gespräch, das drei Stunden dauerte und in dem sie mir alle erdenklichen Fragen stellten – wie etwa, was es bedeutet, in der gegenwärtigen Lage im Nahen Osten König zu sein. Ich versprach ihnen, sie alle während ihres Hochschulstudiums zu unterstützen. Den ausländischen Schülern sagte ich, dass ich hoffte, sie würden ihr neu erworbenes Wissen in den Dienst ihrer Heimat stellen. Mit leuchtenden Augen gaben sie mir ihr Wort. Die Schüler ließen mir kaum die Zeit, einen Bissen zu essen. Ihre Klugheit und ihr Engagement waren einfach überwältigend. Ich wandte mich an Gig, der mitgekommen war, und sagte: »Ganz gleich, was es kostet, such mir mehr von diesen Kids. Was wir in sie investieren, wird sich für Jordanien und unsere Region hundertfach auszahlen.«

Schließlich legten wir uns alle schlafen. Wir standen schon bei Morgengrauen auf, und wieder entspannen sich stundenlange Unterhaltungen und Diskussionen. Ich fand es erstaunlich, mit welcher Begeisterung, Hingabe und Leidenschaft sich diese jungen Leute dem Lernen widmeten. Im Zuge meiner Regierungsgeschäfte war ich vielen faszinierenden Menschen begegnet, doch der Campingausflug mit den Schülern der King's Academy war für mich das schönste Erlebnis jenes Jahres.

Im Juni 2010 konnte ich voller Stolz an 84 Schüler unseres ersten Jahrgangs die Abschlusszeugnisse aushändigen. Sie alle würden ein Studium aufnehmen. Vierzehn von ihnen wollten ihre Ausbildung an den besten Hochschulen des Nahen Ostens fortsetzen, zehn an Universitäten in Großbritannien und neun in Kanada. Nicht weniger als 44 unserer Schüler waren von amerikanischen Hochschulen aufgenommen worden, darunter Harvard, Stanford, Yale, Brown, Columbia, Cornell, Princeton, Johns Hopkins und Georgetown.

Ich weiß, dass sie für ihren Weg ins Leben gut gerüstet sind und noch Bemerkenswertes leisten werden, und hoffe, dass sie ebenso feste Freundschaftsbande knüpfen konnten wie ich einst in Deerfield. Und ich wünsche mir, dass die in dieser Wüste gelegte Saat aufgeht und in einer neuen Generation von Führungskräften Früchte trägt, welche die Botschaft von unermüdlicher Arbeit, intellektueller Neugier und Toleranz in der Region verbreiten.

Zu unserem Kummer fehlte einer meiner Stipendiaten bei der Abschlussfeier. Ahmed Tarawneh war ein Junge aus Kerak, der bei uns zum ersten Mal englischsprachigen Unterricht erhielt. Er war einer der besten Schüler seiner Klasse und hatte geplant, an einer der führenden Universitäten im Westen ein Ingenieurfach zu studieren. Leider kam er zwei Wochen vor dem Abschluss bei einem tragischen Autounfall ums Leben. Mir kam es vor, als hätte ich einen Sohn verloren.

Während der Feier gedachten wir seiner. Meine ehemaligen Mitschüler aus Deerfield hatten eine Auszeichnung gestiftet, die als König-Abdullah-II.-Preis an eine Schülerin oder einen Schüler verliehen werden sollte, in denen sich die Werte der Schule – Respekt, Begeisterung fürs Lernen, verantwortliches

Handeln, Integration ins Schulleben und globales Denken – in besonderer Weise vereinten. Postum vergaben wir diese Auszeichnung an Ahmed.

Kaum etwas, was ich erreicht habe, macht mich so stolz wie diese Schule. Die King's Academy verfügt über die Rechte an der englischen Ausgabe dieses Buches, und die Erlöse aus dem Verkauf fließen in einen Stipendienfonds für bedürftige Schüler.

# TEIL VIER

## Kapitel 17
## Jerusalem: Der Kern des Konflikts

Am 17. Mai 1999, kurz vor meinem ersten Besuch in den Vereinigten Staaten als König, fanden in Israel Wahlen statt. Unter Premierminister Benjamin Netanjahu war der Friedensprozess nahezu zum Stillstand gekommen, und wir alle hofften, dass eine neue israelische Regierung wieder Schwung in die Sache bringen würde. Im Jahr zuvor hatten Netanjahu und Arafat in Washington eine Vereinbarung unterzeichnet, die als Leitlinie für den Fortgang des Friedensprozesses gedacht war, das Wye-River-Memorandum. Das Abkommen, das einen weiteren, schrittweisen Rückzug der Israelis aus dem Westjordanland vorsah und von meinem schwer kranken Vater in seinen letzten Lebensmonaten nachhaltig unterstützt wurde, schien ein Durchbruch zu sein. Doch sieben Monate später, schon nach der ersten der drei vorgesehenen Rückzugsetappen, mauerte Netanjahu wieder, und eine weitere Umsetzung der in dem Abkommen vereinbarten Schritte war im Grunde nicht mehr zu erwarten. In Jordanien und der gesamten arabischen Welt hoffte man, ein Wechsel in der Staatsführung werde die Friedensbemühungen wiederbeleben.

Ehud Barak, der ehemalige Generalstabschef der israelischen Armee und ein hochdekorierter Offizier, bekam bei Umfragen viel Zustimmung. Er hatte einer Eliteeinheit angehört, und als er die Armee verließ und in die Politik ging, setzte er sich für den Frieden ein. Barak errang einen erdrutschartigen Sieg. Als die Wahlergebnisse bekannt gegeben wurden, sprach ich gerade mit Präsident Clinton im Weißen Haus. Wir waren beide optimistisch, dass Barak erfolgreich sein würde, wo Netanjahu versagt hatte, und mutige Schritte zu einem Frieden zwischen Israel und den Palästinensern unternehmen würde.

Im April 2000 brach ich zu meinem ersten offiziellen Besuch in Israel auf, zwei Monate später als ursprünglich geplant. Ich hatte die Reise verschoben, nachdem Israel willkürlich Ziele im Südlibanon angegriffen hatte. Meine Delegation fuhr von Akaba per Schiff nach Eilat, wo wir von Barak empfangen wurden. Er führte uns durch eine Fischfarm und begleitete uns anschließend zu einem Arbeitsessen in einem nahe gelegenen Hotel. Wir sprachen über die Endstatus-Verhandlungen, die gemäß dem Scharm-el-Scheich-Abkommen vom September 1999 zu einer umfassenden Einigung führen sollten. Ich gab Barak zu verstehen, dass er im Verhältnis zu den Palästinensern entscheidend vorankommen müsse, wenn er eine Verbesserung der Beziehungen zwischen Israel und Jordanien anstrebe.

Während sich Clintons Amtszeit dem Ende zuneigte, bemühte sich der israelische Premierminister ernsthaft um eine Atmosphäre, die israelisch-palästinensische Vereinbarungen für einen dauerhaften Frieden möglich machte. So war der Sommer 2000 eine Zeit intensiver diplomatischer Kontakte. Im Mai zog Ehud Barak die israelischen Truppen nach fast zwei Jahrzehnten Besatzung aus dem Südlibanon ab – allerdings nicht vollständig. Israel behielt die Kontrolle über die Schebaa-Farmen und deren Umgebung sowie einige weitere kleinere libanesische Gebiete. Bei einem vollständigen Abzug aus dem Libanon wäre es später wohl nicht zu den Konflikten gekommen, die wir dann erleben mussten. Dass die israelische Regierung einen Schritt vor dem vollständigen Rückzug stehen blieb und sich derart absichern wollte, war bedauerlich und sollte uns noch teuer zu stehen kommen.

Als Reminiszenz an die berühmten Verhandlungen zwischen Anwar al-Sadat und Menachem Begin in Camp David im Jahr 1978 lud Präsident Clinton Barak und Arafat im Juli 2000 zu einem Gipfeltreffen in Camp David ein. Ziel war es, die zu dieser

Zeit nur zögerlichen Fortschritte in den Friedensgesprächen zu beschleunigen und sich verstärkt um ein Schlussabkommen zu bemühen. Kurz vor ihrer Abreise nach Amerika traf ich mich mit Barak und Arafat zu Einzelgesprächen.

Ich erinnerte die beiden Politiker daran, dass mein Vater und Präsident Clinton große Anstrengungen unternommen hatten, um den Friedensprozess voranzubringen. Clinton hatte beschlossen, alles auf eine Karte zu setzen. Er wollte die verbleibenden Einzelschritte des israelischen Rückzugs aus dem Westjordanland überspringen und Bedingungen für die Gründung eines palästinensischen Staates ausarbeiten, die sowohl die Israelis als auch die Palästinenser akzeptieren konnten. Ich ermahnte Barak und Arafat, diese historische Gelegenheit nicht ungenutzt zu lassen.

Als Arafat und Barak am 11. Juli nach Camp David flogen, begleiteten sie die Hoffnungen aller Völker unserer Region. Jeder wünschte sich die friedliche Lösung eines Konflikts, der unseren Teil der Welt seit mehr als sechzig Jahre beherrschte. Leider wurden diese Hoffnungen nicht erfüllt. In den vierzehntägigen Verhandlungen von Camp David näherten sich die beiden Seiten zwar mehr als je zuvor und danach einem dauerhaften Frieden an. Aber der letzte Schritt fehlte. Von den vier Problembereichen, die verhandelt wurden, waren der Status von Jerusalem und der Status der palästinensischen Flüchtlinge die schwierigsten und strittigsten.

Barak legte ein Paket vor, das über alle bisherigen Vorschläge Israels hinausging, doch nach Meinung der palästinensischen Unterhändler war es immer noch zu wenig. Laut diesem Paket würde Israel mehr als zehn Prozent des Westjordanlands dauerhaft behalten und in weiteren zehn Prozent zwanzig Jahre lang die Kontrolle ausüben. Die Rückkehr der Flüchtlinge wurde im Rahmen eines Programms zur Familienzusammenführung abgehandelt, wobei die Frage des Rückkehrrechts der Palästinenser (das Recht der 1948 und 1967 vertriebenen oder geflohenen

Palästinenser, in ihre Heimat zurückzukehren) ausgeklammert wurde. In der entscheidenden Frage des Status von Jerusalem boten die Israelis den Palästinensern lediglich die Verwaltungshoheit über die heiligen Stätten in der Altstadt an, also nicht annähernd die volle Souveränität über Ost-Jerusalem, die diese beanspruchten.

Die Palästinenser wollten einen Durchbruch, aber Arafat war der Ansicht, er könne keinen Vertrag unterzeichnen, der mehr als fünf Millionen palästinensische Flüchtlinge ihrer Rechte berauben und Israel die Kontrolle über Ost-Jerusalem geben würde.

Obwohl Barak und Arafat viel Mut bewiesen, begannen doch bald die gegenseitigen Schuldzuweisungen. Schließlich wurden die Verhandlungen abgebrochen, und der Gipfel endete am 25. Juli ohne Ergebnis. Während in den folgenden Monaten das Interesse der Israelis an einer Vereinbarung immer mehr schwand, wuchs bei den Palästinensern die Frustration. Ehud Barak würde sich demnächst wieder zur Wahl stellen müssen, und seine Bereitschaft, Gebiete im Westjordanland zurückzugeben, stieß in der israelischen Öffentlichkeit weitgehend auf Ablehnung. Dann entzündete Ariel Scharon einen Funken, der in der Region einen Flächenbrand auslöste. In gewissem Sinne wunderte es niemanden, dass gerade ein Ereignis in Jerusalem die Unruhen auslöste, die zur zweiten Intifada führten und die Hoffnung auf Frieden zunichte machten.

Jerusalem hatte in den Herzen der Araber schon immer einen besonderen Platz eingenommen. Die Stadt gilt allen drei großen monotheistischen Religionen, dem Judentum, dem Christentum und dem Islam, als heilig und war gerade deswegen oft die Ursache für Konflikte. Im Lauf seiner Geschichte wurde es mehrmals erobert, und manche Besatzer vergossen dabei viel Blut. Der Islam bewies allerdings großen Respekt.

Im 7. Jahrhundert wurde das damals zum byzantinischen Reich gehörende Jerusalem von den Streitkräften des muslimischen Kalifen belagert, der seinen Sitz in Mekka hatte. Als sich die Stadt schließlich ergab, zog Kalif Omar ibn al-Khattab aus Respekt vor ihrem Rang als Ort des Friedens zu Fuß und nur von seinem Diener und einem Kamel begleitet in die Stadt ein. Daraufhin wurde er von dem orthodoxen Patriarchen Sophronius eingeladen, in der Grabeskirche zu beten. Doch er weigerte sich, weil er fürchtete, seine Muslime könnten es als Signal auffassen, die Kirche in eine Moschee umzuwandeln. Stattdessen besuchte er die damals in Trümmern liegende al-Aksa-Moschee, von der der Prophet Mohammed in den Himmel aufgestiegen war. Omar ließ nahe dieser Stelle eine neue Moschee erbauen und unterzeichnete einen Friedensvertrag, in dem er den Christen Schutz und das Recht zusicherte, ihre Religion auszuüben. In seinem Buch *Jerusalem: Its Place in Islam and Arab History* zitiert Abdul Latif Tibawi den Vertrag:

> Im Namen Allahs, des Gnädigen und Allerbarmers, dies hat der Sklave Gottes, Omar ibn al-Khattab, der Emir der Gläubigen, dem Volk von Aelya (Jerusalem) zu ihrer Sicherheit angeboten: ihren Schutz, den Schutz ihres Geldes, ihrer Kirchen, ihrer Kinder, ihrer Armen und Unschuldigen und aller Übrigen. Auch sollen ihre Kirchen nicht bewohnt werden, noch soll davon etwas abgetrennt werden, auch ihre Kreuze und ihr Geld sollen sie behalten, und sie sollen nicht gezwungen werden, eine andere Religion anzunehmen, noch soll ihnen Schaden zugefügt werden.

Nicht alle Herrscher über Jerusalem waren so gütig und entgegenkommend wie Kalif Omar. Am Ende des 11. Jahrhunderts rief Papst Urban II. zur Wiedereroberung Jerusalems auf. Aus ganz Europa kamen daraufhin Ritter und ihr Gefolge zusammen und zogen ins Heilige Land. Dies war der erste Kreuzzug. Im Jahr 1099, als Jerusalem aufgegeben werden musste, fielen die Kreuzritter in die Stadt ein und töteten Tausende Juden, Muslime und orthodoxe Christen, die Jerusalem verteidigt hatten, darunter auch viele Muslime, die in der al-Aksa-Moschee Schutz gesucht hatten.

Doch die Kreuzritter konnten sich nicht lange halten, kaum hundert Jahre später wurden sie aus Jerusalem vertrieben. Danach blieb die Stadt über siebenhundert Jahre in muslimischer Hand. Nach dem Sieg über die osmanischen Türken am Ende des Ersten Weltkriegs fiel die Verantwortung für Jerusalem meiner Familie zu, den Haschemiten, und die Bevölkerung Jerusalems erklärte meinem Ururgroßvater, al-Hussein ibn Ali, ihre Loyalität. Im Jahr 1948 konnten die jordanischen Streitkräfte unter der Führung meines Urgroßvaters, König Abdullah I., das Westjordanland einschließlich Ost-Jerusalems gegen den neu gegründeten Staat Israel verteidigen. 1950 wurde das Westjordanland nach der Erklärung der Jericho-Konferenz durch ein Vereinigungsgesetz Teil des Haschemitischen Königreichs Jordanien. Ein Jahr später wurde mein Urgroßvater bei einem Besuch Jerusalems Opfer eines Attentats. Als die Schüsse fielen, stand mein Vater direkt neben ihm. Wenig später wurden ihm sowohl die Rolle des Wächters über die Heilige Stadt Jerusalem als auch das Erbe seines Großvaters übertragen, das mit Jordanien vereinigte Westjordanland. Mein Vater fühlte sich also aus religiösen wie aus familiären Gründen mit Jerusalem verbunden, und er tat alles in seiner Macht Stehende, um seiner Verantwortung als Wächter und Beschützer der Stadt und ihrer heiligen Stätten gerecht zu werden. Selbst der israelische Verteidigungsminister Mosche Dajan räumte nach der Besetzung Ost-Jerusalems im Jahr 1967 ein, dass die heiligen Stätten weiterhin von der jordanischen Regierung verwaltet werden sollten, allerdings nicht direkt, sondern durch eine religiöse Stiftung, die sogenannte Wakf.

Jerusalems Bedeutung für die Muslime kann man nicht hoch genug veranschlagen. In Sure 17 des Koran wird das Wunder von Isra und Miradsch geschildert, in dessen Verlauf der Engel Gabriel den Propheten Mohammed von Mekka nach Jerusalem begleitete. Der Felsen im Inneren des Felsendoms bezeichnet die

Stelle, an der der Prophet in jener Nacht in den Himmel aufstieg und die Zeichen Gottes sah. Dort begegnete er auch den früheren Propheten. Nachdem er mit ihnen gebetet hatte, kehrte er nach Mekka zurück.

In der Frühzeit des Islam verrichteten alle Muslime ihr Gebet Jerusalem zugewandt. Nach einiger Zeit erhielt der Prophet jedoch von Gott die Anweisung, in Richtung Mekka zu beten. Er verkündete, dass die Wallfahrten auf die Moscheen in Mekka, Medina und Jerusalem beschränkt sein sollten, ein Gebet in Jerusalem aber so viel wert sei wie hundert Gebete an einem anderen Ort. Der Bereich um die al-Aksa-Moschee, zu dem auch der Felsendom gehört, heißt bei den Muslimen heute Haram asch-Scharif, das »edle Heiligtum«.

Auf Arabisch heißt Jerusalem al-Quds, »die Heilige«. Dass die Stadt 1967 an Israel fiel, wirkte auf Araber und Muslime überall auf der Welt wie ein Schock. Wut und Trauer über die Besetzung Jerusalems durch Israel mündeten in zornige Protestdemonstrationen, fanden aber auch in Dichtung und Kunst ihren Ausdruck. So sprach die berühmte libanesische Sängerin Fairuz Millionen Arabern aus dem Herzen, als sie in einem bis heute populären Lied den Verlust der »Blume unter den Städten« betrauerte. Für Araber ist Jerusalem überdies Symbol des nationalistischen arabischen Aufstands, der von meinem Urgroßvater Scharif Hussein angeführt wurde.

Mein Vater bewahrte stets einen besonderen Platz für Jerusalem in seinem Herzen. Anfang der neunziger Jahre verkaufte er sein Haus in London, um mit dem Geld die goldene Kuppel des Felsendoms zu restaurieren. Aber ich bin auch stolz auf die jordanischen Ingenieure und Handwerker, die 2007 eine Replik der Salaheddin-Minbar bauten und in der al-Aksa-Moschee aufstellten. Dabei handelt es sich um eine reich geschmückte Kanzel, auf der Imame jahrhundertelang gepredigt hatten. Die ursprüngliche Minbar war 1969 verbrannt, als ein radikaler Zionist eine Brandbombe in die Moschee warf.

Ich nehme meine Aufgabe, die arabische Identität Jerusalems zu wahren und seine heiligen Stätten zu schützen, sehr ernst. Aber diese Identität wird durch das einseitige Vorgehen der Israelis bedroht, deren Ziel es ist, Muslime und Christen aus der Stadt zu vertreiben. Jerusalem ist ein Pulverfass, das, wenn es explodiert, die gesamte Region in Brand setzen und überall auf der Welt Unruhen auslösen kann. Wir haben die Israelis wiederholt vor den schrecklichen Folgen ihres Vorgehens in der Stadt gewarnt. Neben den Versuchen, die muslimischen und christlichen Bewohner aus der Stadt zu vertreiben, finden Ausgrabungsarbeiten statt, die heilige Stätten von Muslimen und Christen gefährden, es entstehen immer neue israelische Siedlungen, und Häuser von Palästinensern werden abgerissen. Bei jedem Gespräch mit Vertretern Israels weise ich darauf hin, dass Jerusalem ein entscheidendes und sehr heikles Thema ist. Einseitige und illegale Aktionen können den Konflikt nur verschärfen und Palästinensern wie Israelis weiteres Leid bringen. Aber wie es scheint, lässt sich die israelische Regierung durch nichts von ihren Aktionen abbringen. Damit aber setzt sie die Beziehungen zu Jordanien aufs Spiel und riskiert, dass all unsere Bemühungen um einen dauerhaften Frieden in der Region zunichtegemacht werden.

Genau das tat der Likud-Vorsitzende Ariel Scharon im September 2000, als er einen Besuch des Haram asch-Scharif ankündigte. Die Juden nennen diesen Komplex Tempelberg, weil sie glauben, dass an dieser Stelle einst der Erste und der Zweite Tempel standen. Manche sind überzeugt, dass hier auch der Dritte Tempel stehen wird, dessen Bau der Ankunft des Messias vorangeht. Einige israelische Eiferer aber wollen nicht so lange warten: Eine radikale Gruppe mit dem Namen »Tempel Mount Faithful« (Die Getreuen des Tempelbergs) unter der Führung ihres Gründers, des israelischen Offiziers Gerschon Salomon, fordert die Verlegung der al-Aksa-Moschee und des Felsendoms nach Mekka, damit an dieser Stelle der Dritte Tempel errichtet werden kann.

Viele Muslime sahen in Scharons geplantem Besuch des Tempelbergs einen Beleg dafür, dass die Vorstellungen der »Getreuen« in die offizielle israelische Politik Eingang gefunden hatten. Arafat sprach sich dafür aus, Scharon den Zugang zu den heiligen Stätten zu untersagen. Scharon aber ignorierte die Proteste und erschien am 28. September 2000 mit einer Gruppe von Mitgliedern des Likud auf dem Haram asch-Scharif. Als er, bewacht von tausend israelischen Bereitschaftspolizisten und unter Missachtung der Gefühle der Muslime in aller Welt, das Gelände durchschritt, protestierten erzürnte Palästinenser gegen dieses Eindringen in eine der heiligsten Stätten des Islam.

Am nächsten Tag eskalierte der Protest. Bei gewaltsamen Zusammenstößen mit israelischen Streitkräften wurden mindestens vier Palästinenser getötet und mehr als vierhundert verletzt. Danach geriet die Situation mehr und mehr außer Kontrolle. Die gewaltsamen Proteste breiteten sich von Ost-Jerusalem über das gesamte Westjordanland bis nach Gaza aus. Am 30. September kam es an der Netzarim Junction, einer Straßenkreuzung südöstlich der Siedlung Netzarim, zu einem Vorfall, der auf der ganzen Welt Empörung hervorrief. Der Schreiner Dschamal Dura und sein zwölfjähriger Sohn Mohammed waren in eine gewaltsame Auseinandersetzung zwischen palästinensischen Demonstranten und der israelischen Armee geraten. Als sie hinter einer Tonne Schutz suchten, wurden sie von einem Kugelhagel getroffen. Ein Fernsehteam filmte die grausame Szene, und Millionen Fernsehzuschauer sahen voller Entsetzen, wie Dschamal vergeblich versuchte, seinen Sohn zu schützen. Er wurde in seinen Armen getötet. In der gesamten muslimischen Welt wurde dieses Bild zum Symbol für die Brutalität der israelischen Besetzung Palästinas. In den folgenden fünf Tagen blutiger Auseinandersetzungen wurden an die fünfzig Palästinenser getötet und Hunderte verwundet. Auch drei Israelis kamen bei den Zusammenstößen ums Leben.

Die durch Scharons Besuch ausgelöste Gewalt führte zur sogenannten al-Aksa-Intifada. Ich verurteilte damals Scharons

Vorgehen als Akt der Provokation und erklärte, der einzige Weg, der Gewalt Einhalt zu gebieten, bestehe darin, wieder an den Verhandlungstisch zurückzukehren und eine Einigung zu suchen, die das legitime Recht des palästinensischen Volkes auf einen eigenen Staat auf palästinensischem Boden mit Ost-Jerusalem als seiner Hauptstadt berücksichtige. Aber Scharon hatte seine eigenen Vorstellungen.

Im Herbst kam es zu weiteren israelisch-palästinensischen Gesprächen auf unterer Ebene, aber niemand glaubte daran, dass sie viel bringen würden. In einem letzten Versuch vor dem Ende seiner Amtszeit im Dezember 2000 legte Bill Clinton einen Katalog von Vorschlägen zu den ungeklärten Streitpunkten Siedlungsbau, Jerusalem und der Flüchtlingsfrage vor, die sogenannten Clinton-Parameter.

Um den Konflikt zu beenden, schlug Clinton vor, dass die Palästinenser 94 bis 96 Prozent des Westjordanlands erhielten, wobei ein Gebietsaustausch von ein bis drei Prozent vorgenommen würde. Damit würden vier Fünftel der israelischen Siedler in Gebieten leben, die zu Israel gehörten. In dem Abkommen sollten auch territoriale Regelungen getroffen werden wie etwa ein ständiger freier Korridor zwischen dem Westjordanland und Gaza. Die Dauer des Rückzugs der Israelis aus dem Westjordanland wurde auf drei Jahre veranschlagt. In dieser Zeit sollten nach und nach internationale Truppen in dem Gebiet stationiert werden.

Zur Flüchtlingsfrage hieß es in dem Papier, Rückkehrwillige sollten sich vor allem in dem (zu schaffenden) palästinensischen Staat ansiedeln, wobei aber nicht ausgeschlossen wurde, dass Israel einige der Flüchtlinge aufnahm. Das Leitprinzip für die Lösung der Jerusalem-Frage lautete, dass die arabischen Teile den Palästinensern und die jüdischen Israel zugesprochen werden sollten. Die Palästinenser sollten die Hoheit über den Haram asch-Scharif, die Israelis über die Klagemauer bekommen. Das Zustandekommen eines Vertrags entlang dieser Parameter würde das Ende des Konflikts bedeuten.

Zwischen dem 21. und 27. Januar 2001 versuchten Barak und Arafat im ägyptischen Taba ein letztes Mal, zu einer Einigung zu gelangen. Aber Barak schnitt in Meinungsumfragen zunehmend schlecht ab, und in den Vereinigten Staaten hatte soeben nach einer nervenzehrenden und umstrittenen Wahl ein neuer Präsident sein Amt angetreten, von dem niemand wusste, wie er vorgehen würde. Die Gespräche in Taba dauerten nicht lange, und die Gewalt eskalierte erneut. In Israel wurden erste Stimmen von Kommentatoren laut, der Osloer Friedensprozess sei voll und ganz zum Stillstand gekommen.

In den nun folgenden Monaten tobte der Streit über die Frage, wer für den Zusammenbruch der Friedensverhandlungen verantwortlich war. In der Debatte um die zentralen Verhandlungspunkte und das Versagen beider Seiten kam immer wieder Scharons provokativer Besuch des Haram asch-Scharif zur Sprache. Manche wiesen Arafat die Schuld für die anschließenden gewaltsamen Auseinandersetzungen und das Scheitern der Verhandlungen zu. Es hieß, er habe die Gewaltakte organisiert, um die Israelis zu weiteren Zugeständnissen zu bewegen. Andere behaupteten, die Amerikaner stünden auf der Seite Baraks und hätten nicht genügend Druck auf ihn ausgeübt, den Palästinensern in ausreichendem Maße entgegenzukommen. Wieder andere betonten, die Verhandlungen in Camp David seien nicht ausreichend vorbereitet worden, und was man den Palästinensern angeboten habe, entspreche nicht dem, was ihnen zustehe oder was sie forderten. Die Wahrheit aber ist, dass in den sieben langen Jahren seit der Unterzeichnung des Oslo-Abkommens zu viele Versprechen gebrochen wurden und kein Vertrauen mehr vorhanden war. Die Palästinenser wussten, dass Ehud Barak bald abgewählt werden würde, und bezweifelten aufgrund der Schwächung seiner Regierung, dass er in der Lage war, eine Lösung herbeizuführen. Es war ein tragisches Scheitern, das noch einen hohen Preis fordern sollte.

## Kapitel 18
## Krieg statt Frieden

Während der Amtszeit Bill Clintons lieferten sich der Irak und Amerika etliche Wortgefechte; mehrfach wurden auch Raketen abgeschossen, doch zu einem richtigen Krieg kam es nicht. Als jedoch im Januar 2001 George W. Bush sein Amt antrat, begannen sich die Dinge zu verändern. Neokonservative wie Paul Wolfowitz, Dough Feith, Elliott Abrams und Richard Perle hegten lange schon den Ehrgeiz, Saddam Hussein zu Fall zu bringen und das zu Ende zu führen, was Bushs Vater in ihren Augen begonnen hatte. Nach und nach besetzten sie strategische Posten im Pentagon, im Nationalen Sicherheitsrat und im Außenministerium. Damit saßen sie an den entsprechenden Schaltstellen und warteten nur noch auf die passende Gelegenheit. Die sollte sich ihnen schon bald bieten.

Die Bush-Regierung zeigte wenig bis gar kein Interesse daran, auf der Arbeit der Vorgängerregierung aufzubauen. Am 21. Januar 2001, einen Tag nach Bushs Amtsübernahme, kamen Israelis und Palästinenser in Taba in Ägypten zusammen, um die im Vorjahr in Camp David geführten Verhandlungen fortzusetzen und mithilfe der Vorschläge, die Clinton in letzter Minute unterbreitet hatte (die »Clinton-Parameter«), noch bestehende Differenzen zu überbrücken. Aber die Gespräche wurden bald wieder abgebrochen. Nach Taba drehte sich in Israel das Amtskarussell wieder.

Im März unterlag Ehud Barak der Likud-Partei unter Führung von Ariel Scharon. Mit der Wahl Scharons setzte die israelische Öffentlichkeit ein klares Zeichen. Und Scharon sollte durch sein

Vorgehen schnell deutlich machen, dass er wenig Interesse am Frieden hatte.

Am Abend des 18. Mai 2001 starteten israelische F-16-Kampfjets nach Einbruch der Dunkelheit von ihren Stützpunkten in Richtung Westjordanland und Gaza. Einige ihrer Bomben fielen auf das Hauptquartier der palästinensischen Sicherheitskräfte in Nablus, machten das Gebäude dem Erdboden gleich und töteten acht Menschen. Weitere trafen Ziele in Ramallah und im Gazastreifen, wodurch elf Menschen getötet und viele weitere verletzt wurden. Es war das erste Mal seit dem Junikrieg 1967, dass Israel Kampfflugzeuge gegen die Palästinenser einsetzte, und die Angriffe wurden international verurteilt. Scharon aber gab sich stur und äußerte sich in einem Interview mit einer israelischen Zeitung: »Wir werden alles Nötige tun und alles mobilisieren, was uns zur Verfügung steht, um die Bürger Israels zu schützen.«

Der israelische Angriff war der Höhepunkt einer Woche zunehmender Gewalt. Am 14. Mai starben fünf palästinensische Polizeibeamte durch israelische Soldaten. Vier Tage später, am Morgen des 18. Mai, führte die Hamas einen Selbstmordanschlag in einem Einkaufszentrum des Badeorts Netanja durch, bei dem fünf Zivilisten getötet und hundert weitere verletzt wurden. Am Abend dann erfolgte der geschilderte israelische Einsatz mit Kampfflugzeugen und Bomben. Jede Seite schien die andere an Brutalität überbieten zu wollen. Doch ein Menschenleben ist heilig, und unschuldige Zivilisten anzugreifen, sei es durch Selbstmordattentate oder F-16-Kampfjets, ist der falsche Weg.

Wenige Tage später mahnte US-Vizepräsident Dick Cheney in einem Fernsehinterview zur Ruhe: »Ich denke, sie sollten innehalten, beide Seiten sollten innehalten und sich vor Augen führen, dass dieser Weg ins Desaster führt.« Doch keine der beiden Seiten beachtete seine Worte.

Zu einem späteren Zeitpunkt im selben Jahr, am 8. September 2001, schrieb ich einen Brief an Präsident Bush und bat ihn dringend um eine Aussprache über die palästinensische Frage. Ich erhielt umgehend eine Einladung in die Vereinigten Staaten, um meinen Plan mit ihm zu besprechen. Am 11. September 2001 war ich in einem Privatflugzeug über dem Atlantik auf dem Weg zum Baker Institute in Texas, wo ich eine Rede halten sollte, bevor ich mich mit Präsident Bush in Washington treffen würde. Ich hatte eine Schlaftablette genommen und war entsprechend benommen, als mich mein Bruder Ali wachrüttelte und sagte: »Es gibt ein großes Problem. In den Vereinigten Staaten ist etwas passiert.« Uns hatten Berichte der BBC erreicht, wonach ein Flugzeug in einen der beiden Türme des World Trade Center in New York gerast war, aber da wir kein Fernsehsignal empfangen konnten, hatten wir noch keine Vorstellung vom furchtbaren Ausmaß der Zerstörung.

Rania, die in Jordanien geblieben war, verfolgte auf CNN entsetzt die verheerenden Ereignisse, von denen minütlich mehr bekannt wurde. Es gelang ihr, uns über das Bordtelefon zu erreichen, und sie forderte mich eindringlich auf, nach Großbritannien zurückzufliegen. Ich aber hatte gelernt, dass man engen Verbündeten in schweren Zeiten beisteht, und sagte: »Wir fliegen weiter nach Amerika. Ich will mich meinen Freunden solidarisch zeigen.«

»Abdullah, du verstehst nicht, was dort passiert ist«, sagte sie. »Sie können sich jetzt nicht auch noch um dich kümmern.«

Während wir miteinander sprachen, hatte der Pilot die US-Luftraumüberwachung kontaktiert und die Landeerlaubnis für die Vereinigten Staaten erhalten. Doch als wir auf Labrador in Kanada zusteuerten, beschloss ich umzukehren. Im Cockpit konnten wir einen BBC-Sender empfangen, der über den Angriff berichtete, und allmählich wurde mir klar, was eigentlich passiert war.

Stunden später landeten wir wieder in Großbritannien auf dem Brize-Norton-Luftstützpunkt in Oxfordshire, knapp hundert Kilometer westlich von London. Während die Crew die

Maschine auftankte, lief ich im Dunkeln über die Rollbahn zur Flughalle. Als ich durch den Haupteingang trat, sah ich die schrecklichen Bilder von den beiden Flugzeugen, die in die Twin Towers einschlugen und explodierten. Ich war schockiert von der nackten Gewalt gegen Zivilisten. Dann dachte ich: »O mein Gott, wenn eine islamistische Gruppierung dafür verantwortlich ist, bricht die Hölle los.«

Mein nächster Gedanke war, wie Jordanien helfen könnte. Ich fand ein Telefon, von dem aus ich ungestört eine Reihe von Anrufen in die Vereinigten Staaten tätigte. Präsident Bush war zu dem Zeitpunkt sehr beschäftigt, aber es gelang mir, zu George Tenet durchzukommen, dem Direktor der CIA. »George«, sagte ich, »was immer wir tun können – Jordanien steht hinter den Vereinigten Staaten.« Er bestätigte meine Befürchtung, dass der Anschlag auf al-Qaida zurückging, und sprach davon, dass es zu Militäraktionen in Afghanistan kommen könnte.

Dann rief ich bei General Tommy Franks an, dem Kommandeur des U. S. Central Command (CENTCOM), der für alle Militäreinsätze im Nahen Osten zuständig war. Ich kannte Tommy seit vielen Jahren noch aus meiner Zeit bei der Spezialeinheit und versicherte ihm, dass wir uns verpflichtet fühlten, Amerika beizustehen.

Als ich wieder in Jordanien war, berief ich meine ranghöchsten Offiziere ein und eröffnete ihnen, dass ich mich am Kampf gegen diese Wahnsinnigen beteiligen würde. Dazu waren die Offiziere im Namen Jordaniens ebenfalls bereit; seit Jahren schon gingen sie gegen militante Extremisten in Jordanien vor und wussten daher sehr genau, mit welcher Bedrohung sie es hier zu tun hatten.

Als die Vereinigten Staaten im Oktober 2001 mit ihren Alliierten nach Afghanistan in den Krieg zogen, schickten wir ein Feldlazarett und ein Kommando von Spezialkräften in den Norden nach Masar-i-Scharif. Nach dem 11. September hatte die Verfolgung ihrer Feinde oberste Priorität für die USA.

Die Israelis ließen nunmehr keine Gelegenheit aus, ihren Kampf gegen Arafat und die Palästinenser mit dem zu verbinden, was die Amerikaner den »weltweiten Kampf gegen den Terror« nannten. Ich wurde sehr bald auf diese beunruhigende Entwicklung aufmerksam und hatte Angst vor dem, was passieren würde, wenn ihre Rechnung aufging.

Am frühen Morgen des 3. Januar 2002 kreuzte ein schon etwas ramponiertes blaues Schiff durch die ruhigen Gewässer des Roten Meeres, umrundete das Horn von Afrika und steuerte entlang der saudi-arabischen Küste nordwärts. Der 4000-Tonnen-Frachter Karine A hatte beim Zwischenstopp in Dubai eine Ladung Matratzen, Sonnenbrillen und Sandalen an Bord genommen. Zuvor hatte der Kapitän, ein ehemaliger hochrangiger Offizier der palästinensischen Küstenwache, einen Zwischenstopp auf einer Insel vor der iranischen Küste eingelegt. Als es dunkel war, durchbrach der Lärm israelischer Armeehubschrauber die Stille des Ozeans; sie steuerten in Begleitung israelischer Marineschiffe den Frachter an. Israelische Kommandos brachten ihn unter ihre Kontrolle, überwältigten die Mannschaft und lenkten die Karine A in den südisraelischen Hafen Eilat. Zwischen Flip-Flops und Bettzeug fanden sie Kisten mit Kalaschnikow-Gewehren, Katjuscha-Raketen und Plastiksprengstoff.

Durch die Beschlagnahmung der Karine A wurde der damals schon ins Stocken geratene Friedensprozess weiter behindert. Jassir Arafat war fast einen Monat lang an seinem Sitz in Ramallah festgehalten worden; Israels Willkürmaßnahmen untergruben seine Autorität massiv. Scharons Regierung hatte die Ermordung mehrerer Hamas-Führer durch gezielte Attentate angeordnet, und die Intifada der verzweifelten Palästinenser wurde täglich gewalttätiger. Acht Jahre nach Unterzeichnung des Osloer Abkommens hatte sich für sie wenig geändert, denn die israelischen Premierminister, die in der Folge an die Macht gekommen waren, hatten sich nicht an die Versprechen und Vereinbarungen gehalten. Scharon sperrte regelmäßig den Zugang zu Israel und riegelte Gaza und Teile des Westjordanlands ab, sodass Palästinenser, die in Israel beschäftigt waren, ihre Arbeitsstellen nicht erreichen konnten.

Am 7. Januar gab Scharon neben dem aufgebrachten Schiff in Eilat eine Pressekonferenz. Er zeigte auf die beschlagnahmten Waffen und nannte Arafat einen »Todfeind«, der tödliche Waffen aus dem Iran habe kommen lassen, um sie ins Westjordanland und in den Gazastreifen zu schmuggeln und weitere Angriffe auf Israel zu veranlassen. Präsident Bush hätte seinen Einfluss geltend machen können, um die Situation zu entschärfen, aber er setzte andere Prioritäten und schien nicht den Wunsch zu haben, Scharon in die Schranken zu weisen. Seine Regierung hatte offenbar beschlossen mit anzusehen, wie der Friedensprozess in sich zusammenfiel und zum Erliegen kam.

Am 31. Januar, nach Präsident Bushs Bericht zur Lage der Nation, in dem er den Iran, den Irak und Nordkorea als »die Achse des Bösen« bezeichnet hatte, begab ich mich ins State Department zu einem Treffen mit Außenminister Colin Powell. Ich wollte bekräftigen, wie wichtig es für die gesamte Region sei, dass man die Friedensgespräche wieder aufnahm, und wollte mich genauer darüber informieren, was es mit der neuen Konzentration der US-Regierung auf den Irak auf sich hatte. Im Februar des Vorjahres hatte Powell im Rahmen einer längeren Nahost-Reise auch Jordanien besucht, und ich hatte ihn am Flughafen abgeholt. Normalerweise ist diese Geste Staatsoberhäuptern vorbehalten, aber ich kannte ihn schon seit vielen Jahren und betrachtete ihn als Freund. Während einer langen Unterredung im Raghadan-Palast hatten wir über den Irak und den Stillstand im Friedensprozess gesprochen. Als ich ihn zum Flughafen zurückbringen wollte, zeigte er Gefallen an meinem neuen Mercedes S 500 Sedan und fragte, ob er sich ans Steuer setzen dürfe. So chauffierte er uns beide und hielt erstaunlicherweise auf dem ganzen Weg zum Flughafen die vorgeschriebene

Höchstgeschwindigkeit ein. Powell war auf dem Weg ins Westjordanland, wo er mit Präsident Arafat zusammentreffen wollte, und als wir ausstiegen, sagte er, auf seinen Personenschutz deutend: »Ich wäre ja mit dem Wagen bis nach Ramallah gefahren, aber sie sind dagegen.«

Als ich Powell im Januar in Washington traf, kam er auch auf den Vorfall mit der Karine A zu sprechen, den er für unglücklich hielt, weil sich bis dahin eine Verbesserung abgezeichnet hatte. Sogar Scharon hatte sich ähnlich geäußert. Aber die Beschlagnahmung des Schiffes und seiner Waffenladung unterlief die US-Bemühungen – Powells Gesandter General Anthony Zinni war zwischen den Israelis und Palästinensern hin und her gereist, um einen Waffenstillstand auszuhandeln – und rückte mögliche Fortschritte in weitere Ferne. Powell bestand darauf, dass die Lage einigermaßen ruhig sein und Arafat sich gegenüber der US-Öffentlichkeit zu dem Schiff äußern müsse.

Ich sagte Powell, dass die Vereinigten Staaten den Palästinensern eine Botschaft der Hoffnung senden müssten. Sie sollten die Palästinenser in dem Glauben bestärken, dass am Ende der Friedensverhandlungen ein eigener Staat stünde. Man sollte doch die Hand ausstrecken und denen helfen, die durch die Intifada verletzt worden waren und wegen der Absperrungen ihre Arbeit verloren hatten. Die Vereinigten Staaten müssten deutlich machen, was sie von Arafat erwarteten, um die Situation zu entspannen. Ich schlug vor, einen Plan zu entwerfen, in dem sowohl die Verpflichtungen der Palästinenser als auch die der Israelis aufgeführt wurden. Dann kamen wir zu dem einzigen Thema, über das in Washington überhaupt noch jemand reden wollte: den Irak. Diplomatisch wie immer versuchte Powell, die Worte des Präsidenten in dessen Rede zur Lage der Nation abzumildern, und sagte, wenn der Irak seine Unterstützung des Terrorismus und seine Programme für Massenvernichtungswaffen aufgebe, könnten die USA ihre Haltung ändern.

Tags darauf traf ich Präsident Bush im Oval Office. Ich brachte das Thema vor, das meiner Ansicht nach damals wie heute für Amerika der wichtigste Aspekt der Nahost-Politik ist: den Friedensprozess. Ich sagte, dass er allzu oft zum Nebenschauplatz verkomme, tatsächlich aber die zentrale Frage sei. Die Lösung des israelisch-palästinensischen Konflikts würde, so meine Worte damals, die Parolen der al-Qaida-Sympathisanten zum Verstummen bringen und dafür sorgen, dass auch andere arabische Führer Amerikas Ziele in der Region unterstützten.

Bush war jedoch nicht in der Stimmung, über den Friedensprozess zu reden. Rasch brachte er seine Frustration über die jüngste Entwicklung zur Sprache. Er sagte, Arafat habe »uns auf einen Weg geführt und ihn dann wieder verlassen«, er müsse die Extremisten besser unter Kontrolle bringen; andernfalls würden die Vereinigten Staaten ihr politisches Gewicht für die Lösung des Konflikts nicht in die Waagschale werfen. »Wenn es um Terror geht, können wir uns keine Doppelmoral erlauben«, sagte er. Er war der Ansicht, dass Arafat mit den Terrororganisationen gemeinsame Sache mache. Wie ich schon befürchtet hatte, begann er, den eigenen Kampf gegen al-Qaida mit dem palästinensisch-israelischen Konflikt zu verknüpfen.

Ich verteidigte Arafat und wies darauf hin, dass er für die Palästinenser eine Symbolfigur sei. Außerdem warnte ich Bush, dass Arafat sich entziehen werde, wenn er sich in die Enge getrieben fühle. Ich beschrieb die Situation in der Region als die zweier einander bekämpfender Krieger, deren Völker leiden, und sagte, die Vereinigten Staaten sollten ihre Forderungen an Arafat so formulieren, dass das palästinensische Volk sie verstünde. Es seien allein die Probleme mit den beiden Führern, die uns in diese Sackgasse geführt hätten, während die Israelis und Palästinenser mehrheitlich eine Verbesserung der Situation wünschten.

Der Präsident sagte, er werde sich diese Idee genauer ansehen und sie mit Scharon besprechen. Die Vereinigten Staaten wollten Scharon, so kündigte er an, bei seinem bevorstehenden Besuch in Washington klarmachen, dass Amerika in seinem Kampf gegen den Terror geschwächt würde, wenn er die Dinge auf die Spitze trieb. Er habe Scharon bereits erklärt, dass er ein echtes Problem hätte, wenn Arafat von den Israelis umgebracht würde.

Ich bat Bush um seine Unterstützung. Wir müssten, sagte ich, Israel davon überzeugen, Arafat das Verlassen des Geländes in Ramallah zu gestatten, in dem er seit Dezember 2001 vom israelischen Militär unter »Hausarrest« gehalten wurde, damit er an dem im März stattfindenden Gipfel der Arabischen Liga in Beirut teilnehmen könne. Wenn man Arafat den Gipfelbesuch verweigere, werde man nur die radikalen Kräfte stärken. Bush versprach, die Angelegenheit mit Scharon zu besprechen. Im Anschluss redeten wir über Arafats Funktion im Friedensprozess ganz allgemein. Bush wiederholte, Doppelmoral könne man sich im Umgang mit Terror nicht leisten. Erneut äußerte er seine Überzeugung, wonach Arafat die Terrororganisationen unterstütze, und sagte dann: »Vielleicht gibt es jemand Besseren?« Er wolle damit nicht auf einen Umsturz anspielen, aber man müsse beizeiten darüber nachdenken, wer Arafat ersetzen und die Palästinenser in eine bessere Zukunft führen könne.

Ich war sehr beunruhigt über diese Wendung des Gesprächs und sagte, eine Alternative zu Arafat gebe es nicht. Er sei zur Symbolfigur des palästinensischen Volkes geworden, und je mehr Druck Israel auf ihn ausübe, desto mehr würde ihn sein Volk unterstützen. Israel habe die Palästinenser »kantonisiert« und eine Zersplitterung der politischen Autorität im Westjordanland und in Gaza eingeleitet. Ich fügte hinzu, Scharon habe eine sehr kurze Sicht der Dinge, was zwar nicht heiße, dass wir in Friedenszeiten nicht irgendwann Partner sein könnten, aber wir seien mit seinen Methoden definitiv nicht einverstanden.

An dieser Stelle lenkte Bush unser Gespräch auf den Irak. Deutlich harscher als Powell kritisierte der Präsident das irakische Regime und sagte: »Saddam muss zur Rechenschaft gezogen werden.«

»Damit würden Sie im Nahen Osten ein großes Problem schaffen«, sagte ich betont langsam und in aller Deutlichkeit. »Und zwar nicht dadurch, dass die Vereinigten Staaten Saddam absetzen. Die Frage ist vielmehr, was dann geschieht.« Bush aber beharrte unnachgiebig auf seiner Position.

Am darauffolgenden Tag kehrte ich nach Jordanien zurück. Bei anschließenden Konsultationen mit anderen arabischen Staatsführern wie dem ägyptischen Präsidenten Hosni Mubarak und Kronprinz Abdullah von Saudi-Arabien erfuhr ich, dass sie ganz ähnliche Gespräche mit Mitgliedern der Bush-Regierung geführt hatten. »Was passiert am Tag nach Saddams Sturz?«, hatten sie gefragt. Wir alle empfanden es als äußerst besorgniserregend, dass die US-Regierung darauf keine konkrete Antwort wusste.

Es war deutlich geworden, dass die Vereinigten Staaten bei der Suche nach einer Lösung der israelisch-palästinensischen Krise nicht länger die Führungsrolle übernehmen wollten. Wenn Amerika sich jedoch vom Friedensprozess abkoppelte, wäre praktisch jede Hoffnung auf Fortschritte erloschen. Wir drängten also weiter auf eine Wiederaufnahme der Verhandlungen, dieses Mal auf der Grundlage einer gemeinsamen arabischen Friedensinitiative, die nach unserem Dafürhalten die USA zu einer aktiveren Rolle im Friedensprozess bewegen könnte.

In den letzten Jahren seiner Regentschaft entwickelte mein Vater einen neuen Ansatz zur Lösung der Probleme zwischen Israel und den Palästinensern – einen Ansatz, der alle arabischen Staaten einbezog und sie kollektiv zu Frieden mit Israel verpflichtete, sofern sich Israel aus allen besetzten arabischen Gebieten zurückzog. Nach diesem Konzept – das über den anlässlich der

Madrider Konferenz in Gang gesetzten Prozess hinausging und darauf abzielte, internationale Unterstützung zu gewinnen – würden alle 22 Mitglieder der Arabischen Liga Israel einen kollektiven, durch Sicherheitsgarantien unterfütterten Frieden anbieten, falls Israel bestimmte Bedingungen erfüllte. Dazu gehörten die Gründung eines Palästinenserstaates, eine Einigung in der Frage Jerusalems und der Rechte palästinensischer Flüchtlinge, die Rückgabe der Golanhöhen an Syrien sowie ein Ende der Besetzung von Gebieten im Südlibanon. Mein Vater wollte darlegen, wie das allgemeine Konzept »Land gegen Frieden« in der praktischen Umsetzung aussah, und einige der politischen Winkelzüge im Zusammenspiel einzelner arabischer Staaten ausschalten. Leider stieß er mit seinem Vorschlag ins Leere, und mit seinem Tod geriet er vollends in Vergessenheit. Als ich König wurde, nahm ich die Gelegenheit wahr, das Vorhaben meines Vaters wiederzubeleben, und bat unsere und die ägyptische Regierung, sich mit Saudi-Arabien darüber zu verständigen. Schließlich arbeiteten die Saudis die Idee zu dem aus, was zunächst als Initiative Kronprinz Abdullahs bekannt und später als Arabische Friedensinitiative bezeichnet wurde, nachdem Saudi-Arabien sie der Arabischen Liga vorgestellt hatte, die sie bei ihrem Gipfel in Beirut im Jahr 2002 verabschiedete.

Als ich mich im März 2002 in Jordanien auf den Gipfel der Arabischen Liga im Libanon vorbereitete, erfuhr unser Geheimdienst von einem geplanten Anschlag auf mich und den ägyptischen Präsidenten Hosni Mubarak, der bei unserer Ankunft in Beirut stattfinden sollte. Ich rief Mubarak an und berichtete ihm von den geheimen Plänen. Er teilte meine Einschätzung, dass das Sicherheitsrisiko zu groß war und wir beide besser nicht nach Beirut fuhren. Da ich unsere Gastgeber nicht brüskieren wollte, ließ ich sie wissen, dass ich wegen einer starken Erkältung nicht anreisen könne.

Wer ebenfalls fehlte, war Jassir Arafat. Präsident Bush hatte sein Versprechen gehalten und Vizepräsident Cheney nach

Israel entsandt, um Premierminister Ariel Scharon zur Erteilung einer Ausreiseerlaubnis für Arafat zu bewegen. Auf diesem Gipfel sollte die Arabische Friedensinitiative beschlossen werden, weswegen es für Arafat ausgesprochen wichtig war, dort zu erscheinen. Scharon aber blieb stur. Wenn Arafat in den Libanon reise, dürfe er nicht in sein Hauptquartier nach Ramallah zurückkehren. Arafat blieb daraufhin in seinem Amtssitz und versuchte, über eine Videokonferenzschaltung am Gipfel teilzunehmen. Scharons Regierung zeigte sich von ihrer kleinlichen Seite und störte das Signal, sodass Arafat lediglich eine zuvor aufgezeichnete Tonbotschaft senden konnte.

Am 28. März 2002 wurde die Arabische Friedensinitiative von den 22 Mitgliedern der Arabischen Liga offiziell befürwortet. Sie sah den vollständigen Rückzug Israels aus allen arabischen Gebieten auf der Grundlage des im Juni 1967 bestehenden Grenzverlaufs vor, eine gerechte und »einvernehmliche« Lösung für das Flüchtlingsproblem und die Gründung eines souveränen, unabhängigen Staates Palästina im Westjordanland und in Gaza mit Ost-Jerusalem als Hauptstadt. Im Gegenzug würden die arabischen Staaten den arabisch-israelischen Konflikt als beendet betrachten, sich an einem Friedensabkommen mit Israel beteiligen, die Sicherheit aller Staaten in der Region garantieren und die Beziehungen zu Israel normalisieren.

Zum ersten Mal seit Beginn des arabisch-israelischen Konflikts hatten die arabischen Staaten Israel ein offizielles und einstimmiges Angebot unterbreitet, das eine Normalisierung der Beziehungen als Voraussetzung für die Beendigung des Konflikts vorsah. Die israelische Antwort kam prompt und war unmissverständlich.

Am 29. März 2002 ließ Scharon in einer Operation namens »Schutzschild« – die größte israelische Militäroperation seit der Invasion im Libanon im Jahr 1982 – israelische Soldaten in die Städte im Westjordanland einmarschieren. Die israelischen Streitkräfte nahmen fast ausnahmslos die selbstverwalteten

Palästinensergebiete wieder ein, aus denen man sich nach den Vereinbarungen von Oslo zurückgezogen hatte. Ramallah, Bethlehem, Dschenin und Nablus waren wieder israelisch besetzt. Den schlimmsten Angriff erlebte ein Flüchtlingslager in Dschenin; seine zweiwöchige Belagerung wurde verschärft durch Flächenbombardierungen der Wohngebiete.

Tags darauf griffen Panzer und Soldaten Jassir Arafats Amtssitz in Ramallah an, durchbrachen die Mauern, kappten die Stromleitungen und isolierten den Palästinenserchef in seinem Büro im zweiten Stock, wo er bei Kerzenlicht weiterarbeitete. Die Härte, mit der Israel gegen Arafat vorging, stimmte auch seine erbittertsten Gegner milde. Seine lange Gefangenschaft – die noch bis wenige Wochen vor seinem Tod im November 2004 dauern sollte – und die schlechte Behandlung weckten bei vielen Menschen Mitgefühl für seine Zwangslage. Dadurch wurde er letztlich zum Helden.

Die Gewalt eskalierte weiter, als sich eine palästinensische Selbstmordattentäterin in einem Jerusalemer Supermarkt in die Luft sprengte und dabei zwei Menschen mit in den Tod riss. Im April 2002 suchten einige palästinensische Kämpfer in der Geburtskirche in Bethlehem Zuflucht vor israelischen Soldaten. Die Kirche wurde umgehend von der israelischen Armee umstellt, sodass nicht nur die Palästinenser, sondern auch rund 250 Priester, Nonnen und Zivilisten dort eingekesselt waren. Weltweit verfolgten die Menschen entsetzt, wie ein geheiligtes Gotteshaus von israelischen Panzerfahrzeugen umstellt wurde und Scharfschützen von den umliegenden Dächern ihre Gewehre auf die Kirche richteten.

Am 21. April stoppte Israel seine Militäroperationen und zog seine Truppen aus den Palästinensergebieten ab, setzte jedoch die Belagerung der Geburtskirche und von Arafats Amtssitz in Ramallah fort. Daraufhin wurde für den 7. Mai eine Sondersitzung der UN-Vollversammlung einberufen. Sie verabschiedete eine Resolution, in der sie ihre große Sorge angesichts der sich verschlimmernden Situation in den Palästinensergebieten zum Ausdruck brachte. Israel als Besatzungsmacht wurde aufgefordert, die Vorgaben der 4. Genfer Konvention einzuhalten. Außerdem verurteilte man Israels Angriff auf religiöse Stätten und seine Weigerung, mit der Untersuchungskommission der Vereinten Nationen zusammenzuarbeiten, die vom Sicherheitsrat in einer am 19. April angenommenen Resolution zur Aufklärung des Angriffs auf das Flüchtlingslager in Dschenin angeordnet worden war.

Die Belagerung der Geburtskirche dauerte über einen Monat. Das Schockierende daran war, dass die israelische Regierung ihren Soldaten bedenkenlos gestattet hatte, einen geweihten Ort unter Beschuss zu nehmen. Irgendwann gerieten zwei japanische Touristen in den von Panzern abgesperrten Bereich. Sie wurden von Journalisten gerettet, die in der Nähe waren und ihnen Zeichen gaben, sich in Sicherheit zu bringen. Schließlich fand man eine friedliche Lösung für diese festgefahrene Situation – während im allgemeinen Konflikt kaum Fortschritte erzielt wurden. Es war klar, dass Scharon nicht die Absicht hatte, Frieden zu schließen. Offenbar waren die Staatsführer noch nicht da, die diese Jahrzehnte währenden Auseinandersetzungen lösen würden.

Im Juni 2002 trat im Sudan der Außenministerrat der Organisation der Islamkonferenz (Organization of the Islamic Conference, OIC) zusammen. Man bekräftigte die Arabische Friedensinitiative und beschloss, mit allen Kräften um internationale Unterstützung für deren Umsetzung zu werben. Mit ihren 57 Mitgliedern ist die 1969 auf einem denkwürdigen Gipfel in Rabat gegründete OIC nach den Vereinten Nationen die zweitgrößte Regierungskonferenz der Welt. Durch die Billigung der OIC erhielt die Arabische Friedensinitiative explizit die Rückendeckung der gesamten muslimischen Welt. Das OIC stellte eine Normalisierung der Beziehungen all seiner Mitglieder zu Israel in Aussicht und legte damit eine 57-Staaten-Lösung auf den Tisch.

Im Jahr darauf, 2003, bekräftigte die OIC ihre Unterstützung für die Arabische Friedensinitiative zunächst auf dem Außenministertreffen in Teheran im Juni und dann noch einmal auf ihrer Vollversammlung der Staatsoberhäupter in Malaysia im Oktober. Doch die Israelis zeigten keinerlei Interesse an dieser einmaligen Gelegenheit.

Im April 2002 gab Israel eine seiner umstrittensten Entscheidungen bekannt: Scharon hatte den Bau einer fast acht Meter hohen Mauer zwischen Israel und dem Westjordanland genehmigt. Zwar wollte man, wie behauptet wurde, dadurch verhindern, dass »Terroristen« nach Israel eindrangen und ihre Angriffe starteten, doch Teile der Mauer verliefen über die von Israel 1967 eroberten Gebieten des Westjordanlands und nicht entlang der Waffenstillstandslinie von 1949. Die mancherorts bis zu zwanzig Kilometer in westjordanisches Territorium reichende Mauer war so angelegt, dass sich rund 80 Prozent der dort ansässigen Siedler fortan auf israelischer Seite befanden. Teilweise führte sie mitten durch palästinensische Dörfer; in anderen Fällen trennte sie palästinensische Städte auf israelischer Seite vom Westjordanland.

Ebenso wie der Rest der arabischen Welt glaubten wir, dass Israel in Wirklichkeit die Absicht hatte, hier eine De-facto-Grenze zu schaffen, das in Kriegszeiten besetzte Land – dabei eine Verletzung des internationalen Rechts in Kauf nehmend – zu annektieren und letztlich damit den Endstatus-Verhandlungen vorzugreifen. Im Dezember 2003 legte die UN-Vollversammlung den Fall dem Internationalen Gerichtshof vor und bat um eine Entscheidung darüber, ob die Mauer rechtmäßig war.

Als die Palästinenser begannen, die Verhandlung vor dem Gerichtshof vorzubereiten, erbot sich Jordanien angesichts seiner historischen und rechtlichen Verantwortung, sie zu unterstützen. Zivilisierte Nationen lösen ihre Streitigkeiten nach Recht und Gesetz, und wir waren entschlossen, die besten Argumente vorzutragen. Wir empfahlen den Palästinensern, Professor James

Crawford von der Cambridge University zurate zu ziehen, einen anerkannten Experten für Völkerrecht; die jordanische Seite engagierte Sir Arthur Watts, einen hervorragenden britischen Rechtsanwalt und ehemaligen Berater des britischen Außenministeriums.

Im Februar 2004 legten die palästinensischen und die jordanischen Vertreter, unterstützt vom Leiter unserer Ständigen Vertretung bei den Vereinten Nationen, Prinz Zeid ibn Ra'ad, ihre Argumente dem Internationalen Gerichtshof in Den Haag vor. Sie betonten, Israel habe nicht das Recht, eine Mauer oder irgendetwas anderes auf dem Territorium zu errichten, das im Juni-Krieg 1967 völkerrechtswidrig besetzt worden war. Mit einer Mehrheit von 14 zu einer Stimme, bei einem abweichenden Votum des amerikanischen Richters Thomas Buergenthal, befand das Gericht am 9. Juli 2004, dass die Mauer gegen internationales Recht verstoße: »Die von der Besatzungsmacht Israel in den besetzten Palästinensergebieten sowie in und um Ost-Jerusalem errichtete Mauer und die damit verbundene Regierungsgewalt stehen im Widerspruch zum Völkerrecht.« Das Urteil stellte fest, dass sich Israel ab sofort an das internationale Recht halten, die bestehende Mauer abreißen und für die durch den Bau entstandenen Schäden aufkommen müsse. Die israelische Regierung ignorierte den Richterspruch, und Premierminister Ariel Scharon ordnete an, den Mauerbau fortzusetzen.

Mauern, die errichtet wurden, um Menschen zu trennen oder einzusperren, haben dem Ansturm der menschlichen Hoffnung noch nie standhalten können, das zeigt die Geschichte, vom Warschauer Ghetto bis zum Berlin des Kalten Krieges. Israel wird die Sicherheit, die es sucht, nicht dadurch herstellen, dass es die Palästinenser in ein von ihm errichtetes Ghetto sperrt oder in Ost-Jerusalem eine neue Berliner Mauer baut. Die Sicherheit, nach der sich Israelis wie Palästinenser am stärksten sehnen, die eines Lebens in Normalität, kann nur erreicht werden, wenn die

Barrieren zwischen ihnen niedergerissen werden und sie lernen, in Frieden zusammenzuleben.

Die Kriegstrommeln wurden auch im Frühling und Sommer 2002 weiter gerührt. Im Frühjahr reiste ich erneut in die Vereinigten Staaten, wo ich mich am 8. Mai mit Präsident Bush im Weißen Haus traf und auf die Notwendigkeit hinwies, den Friedensprozess wieder aufzunehmen. Im Vormonat hatte ich in einem Brief betont, dass wir »mitgeholfen haben, einen Konsens für die saudische Initiative herzustellen, die zu dem gemeinsamen arabischen Angebot geführt hat, den Konflikt mit Israel beizulegen, seine Sicherheit zu garantieren und die Beziehungen zwischen allen arabischen Staaten und Israel zu normalisieren«. Diese Bemühungen, die arabische Welt für einen gemeinsamen Friedensplan zu gewinnen, seien durch das israelische Vorgehen bedroht. Ich bat Bush mit aller Dringlichkeit, sich für den Rückzug der israelischen Truppen aus den palästinensischen Städten einzusetzen, die sie damals fast vollständig unter ihre Kontrolle gebracht hatten, und Druck auszuüben, damit die Verhandlungen wieder aufgenommen werden konnten.

Der US-Präsident aber schien Arafat als Wortführer nicht mehr akzeptieren zu wollen und hob immer wieder hervor, der Palästinenserchef halte sich nicht an seine Versprechungen. Wie Bush allerdings auch beklagte, habe Scharon durch den Angriff auf Arafats Hauptquartier in Ramallah und durch die faktische Gefangennahme Arafats dafür gesorgt, dass die Palästinenser mehr denn je wieder hinter ihm standen. »Ich wüsste nicht, wer dort als Führer in Erscheinung treten sollte«, merkte er an. Scharon habe Arafat zum Helden gemacht, der nicht von der Bühne abtreten werde. Wir müssten jedoch gemeinsam nach Ideen suchen, damit junge Menschen hervortreten und die Führung übernehmen.

Ich gab dem Präsidenten zu bedenken, dass die in der Region herrschende Ruhe trügerisch sei und es unter der Oberfläche gewaltig brodele. Die Ruhe sei darauf zurückzuführen, dass Powells Besuch im Vormonat und Amerikas anschließende Bemühungen Hoffnungen auf einen Neubeginn des Friedensprozesses geweckt hatten, doch wenn in den kommenden Monaten keine Fortschritte zu verzeichnen seien, könne die Gewalt leicht wieder ausbrechen. Und eine Veränderung auf politischer Ebene könne es nur geben, wenn innerhalb eines festgelegten Zeitrahmens an der politischen Lösung mit dem Ziel der Gründung eines palästinensischen Staates gearbeitet werde.

Der Präsident hörte mir zu, betonte aber, er wolle das vermeiden, was er als Fehler der Clinton-Regierung betrachtete, nämlich dass man sich zu sehr auf die Details zum Status von Jerusalem konzentriert und darüber Israels Sicherheitsbedenken außer Acht gelassen habe. »Ich kann nachvollziehen, was in Scharon vorgeht, wenn am Beginn seiner Treffen mit mir die Nachricht von einem Selbstmordattentat steht«, sagte er. Nach den tragischen Ereignissen vom 11. September hatte der US-Präsident begreiflicherweise mehr Verständnis für Staatsoberhäupter, deren Völker zur Zielscheibe von Selbstmordattentätern geworden waren. Dadurch aber mangelte es der US-Regierung an Einsicht in das Leid der Palästinenser. Außerdem richtete der Präsident, wie er mir sagte, sein Hauptaugenmerk nach wie vor auf den Irak.

Präsident Bush beharrte auf seiner Kritik an Arafat. Dies wurde in einer am 24. Juni 2002 gehaltenen Rede deutlich, in der er seine politische Linie gegenüber Israel und Palästina darlegte. Zunächst bekräftigte er, dass er sich für eine Zwei-Staaten-Lösung einsetzen wolle. »Meine Vision sind zwei Staaten, die Seite an Seite in Frieden und Sicherheit leben. Ein solcher Frieden kann sich aber nur einstellen, wenn alle Parteien den Terror bekämpfen. In diesem entscheidenden Moment können wir, sofern alle Parteien einen Schlussstrich unter die Vergangenheit ziehen und einen neuen Weg einschlagen, mit dem Licht der Hoffnung die Dunkelheit überwinden. Der Frieden aber«, so fuhr er fort, »setzt eine neue und andersartige palästinensische Führung voraus, damit überhaupt ein palästinensischer Staat entstehen kann. Ich rufe das palästinensische Volk auf, sich neue Führer zu wählen, die nicht durch Terrorismus kompromittiert sind.« Im Gegenzug, sagte Bush, würden die Vereinigten Staaten die Idee eines Staates Palästina unterstützen, unter der Bedingung, dass die Verhandlungen zwischen Israelis und Palästinensern über Grenzfragen und andere Punkte innerhalb von drei Jahren in eine Vereinbarung münden.

Die Vorstellung von politischen Führern, die »nicht durch Terrorismus kompromittiert sind«, war leider schwer realisierbar – auf beiden Seiten. Für die Amerikaner traf das auf Palästinenserführer Jassir Arafat zu. Doch Ariel Scharon war in den Augen der Palästinenser gleichermaßen kompromittiert, und zwar durch die Rolle, die er 1982 bei den Massakern in den libanesischen Flüchtlingslagern von Sabra und Schatila gespielt hatte. Im Nahen Osten verschlug es den Menschen die Sprache, als sie Bushs Äußerungen hörten. Arafat hatte das Volk der Palästinenser seit den siebziger Jahren repräsentiert – ob gut oder schlecht, sei dahingestellt. 1994 hatte er für seine mutige Partnerschaft mit Rabin und Peres den Friedensnobelpreis erhalten. Wie kam die US-Regierung zu der Annahme, man könne ihn einfach links liegen lassen? Scharon hegte einen alten Groll gegen Arafat und hatte beschlossen, ihn auf dem Gelände seines Amtssitzes in Ramallah zu isolieren. Doch die US-Regierung durfte nicht auch auf diese Linie einschwenken.

Um den festgefahrenen Friedensprozess wiederzubeleben, stellten wir im April die Idee einer »Roadmap« vor, einer Reihe konkreter Maßnahmen, die nach einem bestimmten Zeitplan umgesetzt werden sollten und deren Fortschritte für beide Seiten »messbar« wären. Bei einem Besuch in Jordanien Anfang Juni sagte der für Nahost-Angelegenheiten zuständige stellvertretende US-Außenminister William Burns, er halte die Idee von einem detaillierten, Benchmarks umfassenden Aktionsplan für gut, und versprach, innerhalb der US-Regierung dafür zu werben.

In der Bush-Regierung waren etliche jedoch weiterhin auf den Irak fixiert. Die verzweifelte Lage im Friedensprozess rutschte auf der Agenda nach unten – mit desaströsen Folgen.

Israel befürwortete den Krieg, der sich abzeichnete. Durch das Heraufbeschwören einer unmittelbaren Gefahr hielten die israelischen Politiker ihre Bürger in einem Zustand permanenter Unruhe. Diese Methode ist nicht ungefährlich, denn sie kann leicht denen in die Hände spielen, die nur auf kurzfristigen politischen Nutzen aus sind. Was nicht heißen soll, dass Israel nicht wirklichen Bedrohungen ausgesetzt wäre. Doch diese ließen sich ausschalten, indem man das einzig Richtige tut und einen dauerhaften Frieden mit den Palästinensern schließt. Würde Israel diesen Weg einschlagen, könnte es auf die Anerkennung der gesamten internationalen Gemeinschaft und auf das Wohlwollen der muslimischen Welt bauen. Bedauerlicherweise aber gibt es in Israel viele Entscheidungsträger, die aus ideologischen Gründen dagegen sind. Andere sind nicht in der Lage, die langfristigen, mit dem Frieden verbundenen Vorteile zu ermessen und damit in vollem Umfang zu begreifen.

Seit den sechziger Jahren hat Israel versucht, die Vereinigten Staaten gegen die Länder im Nahen Osten auszuspielen, die es als seine größte Bedrohung empfindet. 1967 behaupteten die Israelis gegenüber den Vereinigten Staaten, sie müssten einen Erstschlag gegen Ägypten führen, weil es einen Angriff auf sie vorbereite. Im Vorfeld des Krieges im Jahr 2003 bestärkten sie die Vereinigten Staaten, den Irak anzugreifen, und israelische Politiker versuchten, Saddam Hussein als strategische Gefahr für die Existenz Israels darzustellen. Gleichzeitig lieferte in den USA eine Gruppe Neokonservativer mit guten Verbindungen zur Bush-Regierung ein überzeichnetes Bild von der Bedrohung für Amerika und heizte die Atmosphäre zusätzlich an. Exil-Iraker taten ein Übriges, indem sie der US-Regierung aus persönlichen Interessen unzutreffende und übertriebene Informationen lieferten.

Angesichts der immer lauter werdenden Rufe nach Krieg im Irak gab ich der Londoner *Times* am 29. Juli 2002 ein Interview. »Fragen Sie unsere Freunde in China, Moskau, England und Paris«, sagte ich. »Jeder wird Ihnen sagen, dass Militäraktionen gegen den Irak etwas sind, was wir fürchten. Die internationale Gemeinschaft ist sich in diesem Punkt einig … Militäraktionen gegen den Irak würden die Büchse der Pandora öffnen.« Ich übte Kritik an den neokonservativen Mitgliedern der Bush-Regierung und sagte, sie seien »auf den Irak fixiert … Man kann sagen, was man will, sie wollen es einfach nicht einsehen.« Die USA waren jetzt unwiderruflich auf Krieg eingestellt.

Viele Staatschefs des Nahen Ostens sahen inzwischen von einem Besuch der Vereinigten Staaten ab, um ihren Unmut über die Politik der Bush-Regierung zum Ausdruck zu bringen. Ich persönlich hielt es jedoch für wichtig, regelmäßig nach Washington zu fahren, um meinen Standpunkt darzulegen und auf die Bush-Regierung einzuwirken, sie möge die Gründung eines palästinensischen Staates nicht aus den Augen verlieren. Ende Juli machte ich auf dem Weg in die Vereinigten Staaten einen Abstecher nach Europa, wo ich in Paris mit Frankreichs Präsident Jacques Chirac und in London mit Premierminister Tony Blair über die zunehmenden Spannungen zwischen den Vereinigten Staaten und dem Irak sprach. Ich wusste, dass manch einer in Washington meine deutlichen Worte missbilligen würde. Aber Jordanien ist ein alter Freund Amerikas, und wir täten den Vereinigten Staaten keinen Gefallen, wenn wir in einem so entscheidenden Moment mit unserer Besorgnis hinter dem Berg hielten.

Im Vorfeld meiner Reise bat ich meinen Außenminister Marwan Muascher, einen Entwurf der geplanten Roadmap für den Frieden anzufertigen, damit ich ihn mit dem Präsidenten besprechen konnte. Er berichtete mir, dass Bill Burns und er große Fortschritte erzielt hätten, aber dass Condoleezza Rice, damals Nationale Sicherheitsberaterin, das Konzept rundheraus vom

Tisch gewischt habe und es für einen »Rohrkrepierer« halte. Gründe nannte sie nie, wenn sie etwas ablehnte.

Ich teilte Marwan mit, wir würden dem Präsidenten unseren Vorschlag auf jeden Fall präsentieren, ganz gleich, was Condoleezza Rice davon halte. Bei meiner Landung in den USA erfuhr ich, dass meine ungeschminkten Worte gegenüber der europäischen Presse die US-Regierung verärgert hatten. Condoleezza Rice, die mich zur Begrüßung anrief, sagte: »Der Präsident ist sehr aufgebracht über Ihren Kommentar.« »Ich habe nur das öffentlich wiedergegeben, was ich von Chirac und Blair gehört habe«, erwiderte ich. »Also schießen Sie nicht auf den Boten.«

Am Morgen des 1. August 2002 traf ich Präsident Bush im Weißen Haus. Unsere wichtigsten Tagesordnungspunkte waren der Friedensprozess und insbesondere das Konzept der Roadmap zu seiner Fortführung und zur Realisierung der Zwei-Staaten-Lösung. Normalerweise fiel die Begrüßung durch den Präsidenten herzlich aus, doch an jenem Morgen war er recht spröde und förmlich. Auf dem Weg ins Oval Office trank er eine Cola mit viel Eis. Während er die Eiswürfel zwischen den Zähnen zermalmte, teilte er mir mit, wie ungehalten er über mein jüngstes Zeitungsinterview und meine Einlassungen über die Risiken eines Krieges sei. Aber Präsident Bush und ich kamen persönlich gut miteinander aus, und im Laufe unserer Begegnung wurde er wieder zugänglicher.

Im Hinblick auf den Irak sagte er, Saddam sei ein Mensch, der viel Wind mache. Dies sei ein historischer Augenblick, und er wolle nicht, dass die Menschen in dreißig Jahren sagten, Präsident Bush und König Abdullah hätten die Möglichkeit gehabt, dauerhaft Frieden zu schaffen, sie aber nicht genutzt. »Wir sollten uns nicht von Verbrechern einschüchtern lassen«, sagte er.

Ich wiederholte, dass ich den Krieg ablehnte, und bat ihn dann: »Herr Präsident, wenn Sie beschlossen haben, gegen den Irak Krieg zu führen, seien Sie ehrlich und sagen Sie es Ihren Freunden.«

Seine Antwort fiel eindeutig aus. »Ich habe noch keine Entscheidung getroffen. Wenn es so weit ist, werden Sie es erfahren.« Dann sagte er, er müsse noch mit den Europäern fertig werden, denn die verstünden nicht, dass das, was im Irak passiere, ein Verbrechen gegen die Menschheit sei. Er werde nicht zulassen, dass das so weitergehe.

Anschließend wandten wir uns dem Friedensprozess zu, und ich bat Marwan, das Konzept vorzustellen, das wir in Amman entwickelt hatten. »Wir müssen den Menschen deutlich machen, dass wir es ernst meinen«, sagte Marwan. »Wir brauchen eine Roadmap, die zunächst die Fragen der Sicherheit und der Institutionen klärt und sich mit der humanitären Lage in den Palästinensergebieten befasst, die darüber hinaus aber auch deutlich macht, welche Schritte bis Mitte 2005 noch anstehen. Auf diese Weise wissen die Palästinenser genau, mit welchem Ergebnis sie rechnen können, und die internationale Gemeinschaft bekommt mehr Unterstützung bei der Klärung der Sicherheitsfragen.«

»Ich dachte, ich hätte das in meiner Rede deutlich gemacht«, sagte der Präsident unter Hinweis auf seine umstrittenen Bemerkungen vom 24. Juni des Jahres. »Wenn es nicht klar war, sind wir bereit, mit Ihnen an der Formulierung dieser Schritte zu arbeiten.« Er sei mit unseren Vorschlägen absolut einverstanden, und wenn die Sicherheitslage sich verbessert habe und die entsprechenden Institutionen vorhanden seien, könnten Fragen wie Besatzung, Siedlungspolitik und Jerusalem behandelt werden.

»Wir können die Rede nehmen und sie in einzelne Schritte übersetzen«, warf Bill Burns ein, der ebenfalls zugegen war. Der Präsident war einverstanden und erklärte die Konsultationen für beendet. Später wandte sich Condoleezza Rice an Marwan und nahm ihre frühere Ablehnung der Roadmap mit dem Hinweis zurück, die Vereinigten Staaten könnten mit Jordanien etwas ausarbeiten. Im Dezember war der Entwurf fertig, und Mitte 2003 wurde die neue Initiative schließlich verabschiedet.

Das Treffen endete mit einer Begegnung im kleinen Kreis in einem Nebenraum des Oval Office. Zuvor ging es jedoch noch einmal um den Irak. Irgendwann sagte Präsident Bush: »Sie und ich haben zwei großartige Väter, wir beide glauben an Gott, und wir haben die Möglichkeit, das Richtige zu tun.« Der Präsident redete, als sei es eine religiöse Verpflichtung, gegen den Irak in den Krieg zu ziehen.

Bei mir war mein Bruder Ali, und wir vernahmen beide mit Überraschung, dass für die Entscheidung des Präsidenten auch Religion eine Rolle spielte. Gleichzeitig gab er uns damit klar zu verstehen, dass er entgegen seiner früheren Versicherung bereits beschlossen hatte, Krieg zu führen. Nach meiner Rückkehr nach Jordanien informierte ich hohe Regierungsbeamte über meinen USA-Besuch: »Wir müssen uns vorbereiten. Dieser Krieg wird kommen.«

## Kapitel 19
## Krieg in der Wüste

Der 12. Januar war ein sonniger Wintertag. Rund zehntausend Menschen standen dicht gedrängt auf den Kais und in den Straßen der traditionsreichen britischen Marinestadt Portsmouth und winkten der Ark Royal, dem 20-Tonnen-Flugzeugträger und Flaggschiff der königlichen Marine, zum Abschied. Während das Schiff langsam aus dem Hafen hinausglitt, standen die Matrosen an Deck in Habachtstellung und lauschten der jubelnden, rufenden Menge. Die Ark Royal führte ein Marine-Einsatzkommando mit 16 Schiffen und insgesamt dreitausend Marineinfanteristen der Royal Marines an. Zwar war die Flotte offiziell »zu einem Manöver« auf dem Weg nach Asien, doch nahm sie dazu Kurs auf den Persischen Golf und, wie allgemein angenommen wurde, den Irak. Als ich hörte, dass die Royal Navy die Segel gesetzt hatte, war mir klar, dass der Krieg im Irak unmittelbar bevorstand. Aus meiner Zeit an der Generalstabsschule in England und in der britischen Armee wusste ich, dass das Finanzministerium des Landes niemals so viel Geld zur Verfügung stellen würde, wenn der Krieg vermeidbar wäre.

Ich war gegen diesen Krieg, auch wenn ich großes Mitgefühl für das anhaltend leidende irakische Volk empfand. Damals wie heute war ich der Ansicht, dass die Vereinigten Staaten mit dem Krieg gegen den Irak einen schweren Fehler begingen. Die Aussicht auf einen weiteren Konflikt an unseren Grenzen beunruhigte mich zutiefst, aber ich konnte nicht viel tun, um ihn aufzuhalten. Zu meiner Verantwortung als Staatsoberhaupt gehörte es, den voraussichtlichen Lauf der Ereignisse abzuschätzen, und ich war mir sicher, dass die Vereinigten Staaten gewinnen würden. Ich wollte nicht, dass im Nachhinein der Eindruck entstand, Jordanien habe auf Saddams Seite gestanden. Im ersten Golfkrieg hatte ich gesehen, welche Nachteile Jordanien daraus erwachsen waren, dass viele glaubten, mein Vater habe für den Irak und gegen den Westen Stellung bezogen. Amerikaner, Briten und mehrere Golfstaaten waren auf Distanz zu uns gegangen. Ich war entschlossen, Jordanien aus diesem Konflikt herauszuhalten und dafür zu sorgen, dass unsere Haltung nicht bestraft wurde.

In meiner bisherigen Amtszeit als König war dies wahrscheinlich die schwierigste Zeit für mich. Einige hätten es lieber gesehen, wenn ich für Saddam Hussein Partei ergriffen hätte, was ich jedoch für falsch hielt. Ich war entschlossen, im Sinne Jordaniens zu handeln, auch wenn unsere Haltung nicht auf viel Gegenliebe stoßen würde. Nach meinem Empfinden hatte mein Vater genau das von mir erwartet, als er mir die Verantwortung für unser Land übertrug.

Doch so paradox es klingen mag: Um einer solchen Verantwortung gerecht zu werden, muss man mit der Tatsache zurechtkommen, dass die richtige Entscheidung in den meisten Fällen nicht unbedingt populär ist. Oft besteht die Aufgabe eines Staatsführers gerade darin, sich einer in der Bevölkerung weit verbreiteten Überzeugung zu widersetzen. Seine Entscheidungen müssen auf Vernunft und Überlegung beruhen und den langfristigen Interessen des Landes dienen.

Die Maschinerie war in Gang gesetzt, und ich würde sie nicht mehr stoppen können. Bestenfalls war ich in der Lage, Jordanien aus der Schusslinie zu halten.

Also blieb mir nur der Balanceakt, mich gegen den Krieg auszusprechen und gleichzeitig dafür zu sorgen, dass unser Land nicht in ihn hineingezogen wurde. Eines aber stand für mich fest: Je länger der Krieg dauerte, desto verheerender würden seine Folgen sein und desto mehr Druck würde auf Jordanien ausgeübt werden. Erschwerend kam hinzu, dass ich damals bereits von der US-Regierung anhaltend gedrängt wurde, die Stationierung amerikanischer Bodentruppen auf jordanischem Territorium zu gestatten. Unsere lange Grenze mit dem Irak war attraktiv für die amerikanischen Kriegsplaner, denn sie galt ihnen als strategisch idealer Ausgangspunkt für einen Angriff auf den Irak von Westen aus.

Der sich anbahnende Konflikt war ein emotional aufgeladenes Thema sowohl in Jordanien als auch im Nahen Osten generell. Den ganzen Januar über protestierten Zehntausende Menschen von Ankara bis Beirut vehement gegen den Krieg und machten deutlich, dass sie ihn für unnötig hielten. Am 1. Februar demonstrierten in Amman rund 5000 Menschen in einem von den Oppositionsparteien organisierten Aufmarsch gegen den Irakkrieg, schwenkten Saddam-Bilder und skandierten: »Terrorist Bush, du hast nichts bei uns zu suchen.«

Wir waren entschlossen, die Souveränität unserer Grenzen zu wahren und keiner der potenziellen kriegführenden Parteien Zutritt zu jordanischem Territorium zu gewähren. In dieser Phase drang ein unbekanntes Flugzeug ohne Erlaubnis in den jordanischen Luftraum ein. Obwohl es relativ schnell und tief flog, um nicht vom Radar erfasst zu werden, wurde es dennoch entdeckt, und wir setzten zwei Mirage-Kampfjets ein, um es abzufangen. Das Flugzeug steuerte in Richtung Irak, und unsere Jets konnten es nahe der jordanisch-saudischen Grenze identifizieren: Es war eine militärische Transportmaschine vom Typ C-130 und flog ohne Beleuchtung. Auf wiederholte Funkanfragen zur Klärung der Identität hatte es nicht reagiert.

Wegen der Kriegsvorbereitungen waren an unseren Grenzen viele C-130-Flugzeuge und sonstige Transportmaschinen der Koalition unterwegs, und wir wollten wissen, was es mit diesem Flugzeug auf sich hatte und warum es heimlich in den jordanischen Luftraum eingedrungen war. Wir nahmen Kontakt mit den Kommandostellen der Koalition und dem israelischen

Militär auf, aber alle erklärten, es sei nicht ihre Maschine. Die jordanischen Piloten funkten meinen Bruder Faisal an, der Kommandeur der Luftwaffe war, und fragten, ob sie das Flugzeug abschießen sollten. Der Abschuss einer Transportmaschine der Kriegskoalition wäre ein schwerwiegender Fehler von großer internationaler Tragweite gewesen. Da das Flugzeug auf die saudische Grenze zusteuerte, ordnete Faisal an, das Feuer nicht zu eröffnen.

Tags darauf ging mein Bruder der Sache beim amerikanischen Militär weiter nach, doch man versicherte ihm erneut, es habe sich nicht um eine Maschine der Koalition gehandelt. Die Vereinigten Staaten erklärten sich aber bereit nachzuforschen, wohin das Flugzeug geflogen war, nachdem es Jordanien verlassen hatte. So erfuhren wir, dass es von Saudi-Arabien aus weiter nach Israel geflogen und dort auch gelandet war.

Der damalige Stabschef der israelischen Luftwaffe, Dan Halutz, rief Faisal an, um zu beteuern, es sei kein israelisches Flugzeug gewesen, höchstwahrscheinlich hätten wir das Flugzeug wegen einer Düppelwolke nicht identifizieren können, eines Täuschmittels, das Radargeräte stört. Ein paar Tage später war ein hochrangiger israelischer Offizier zu Besuch in Jordanien. Ich bat Faisal, ihn auf den Zwischenfall anzusprechen und ihm Jordaniens Haltung unmissverständlich klarzumachen. Faisal nahm kein Blatt vor den Mund: »Wir wissen, dass es eine C-130 war, und wir wissen auch, dass sie aus Ihrer Flotte stammt. Ich weise ausdrücklich darauf hin, dass wir künftig in einem solchen Fall mit aller Entschiedenheit vorgehen werden. Wir gestatten niemandem, den jordanischen Luftraum zu durchfliegen. Was über die Grenzen zu uns eindringt, wird abgeschossen.«

Damals war General Tommy Franks für die Kriegsplanung zuständig. Ich hatte ihn kennengelernt, als er im Jahr 2000 die Leitung des US-Zentralkommandos (CENTCOM) übernahm. Er war einer der besten Soldaten, denen ich je begegnet bin: zäh, sachlich und bodenständig. Wir verstanden uns auf Anhieb. Als ich Kommandeur der Spezialeinheit war, führten wir zusammen Geländeübungen durch; dabei erfuhr ich, dass er wie ich ein leidenschaftlicher Motorradfahrer war. Bei meinem letzten Besuch in Tampa im CENTCOM-Hauptquartier servierte er mir ein fantastisch gegrilltes Stück Rinderbrust. Zwar hatte ich in New England die Schule besucht, aber von den Texanern wusste ich immerhin so viel, dass sie niemals Grillrezepte preisgeben. Doch nach langem Hin und Her lenkte er schließlich ein, sodass ich Staatsgästen jetzt auch solch ein Brisket nach texanischer Art servieren kann.

General Franks war berühmt dafür, dass er Leuten höchst bildhaft und fantasievoll die Leviten lesen konnte. Die von ihm benutzten Kraftausdrücke würden ein ganzes Buch füllen. Sofern man selbst nicht Adressat dieser Flüche war, war es amüsant, ihm dabei zuzuhören.

Als er nach Jordanien kam, um mich über die Kriegsvorbereitungen zu informieren, hoffte er, von mir die Erlaubnis zur Stationierung von US-Truppen zu erhalten. Mit den Worten: »Ich will 25 000 Soldaten nach Jordanien bringen« klappte er eine riesige Tafel aus. Dann erläuterte er seinen detaillierten Plan für die Operation. Er hatte eine Liste der militärischen Einheiten angefertigt, die er dafür vorgesehen hatte, darunter ein Joint Special Operations Command, die Kommandoeinrichtung zur Koordinierung von Spezialeinheiten verschiedener Teilstreitkräfte, dazu Logistikeinheiten, Patriot-Batterien und etliche andere Truppenteile mehr.

So sehr ich General Franks schätzte, aber in diesem Fall konnte ich seine Wünsche nicht erfüllen. Wir gingen die Liste Punkt für Punkt durch. Ich deutete auf die Logistikeinheit und fragte, was genau damit gemeint sei. »Die brauchen wir, um nach dem Ende der Kämpfe Lastwagen und Ausrüstung von Akaba in den Irak zu schaffen. Dadurch soll der Nachschub sichergestellt werden, sobald wir uns in Richtung Bagdad bewegen. Das Transportkorps zieht mit einer großen Anzahl von Fahrern und Lastern nach.«

»So wie ich die Sache sehe«, unterbrach ich ihn, »kann die jordanische Armee das leisten. Wenn wir zusammenarbeiten sollen, müssen Sie uns auch vertrauen. Sie brauchen Ihre Männer nicht hierherzubeordern. Wir schaffen das Material an die Grenze.«

Als Nächstes führte er aus, wie er in Jordanien ein Hauptquartier für die Spezialeinheiten sowie Knotenpunkte für Transporthubschrauber einzurichten gedachte.

»Hören Sie zu«, sagte ich. »Hauptquartiere kann man überall einrichten, es muss also nicht in Jordanien sein. Und ich möchte auf keinen Fall, dass von unserer Grenze aus Hubschrauber starten. Von Jordanien aus sollen keine Angriffe auf den Irak durchgeführt werden.«

Er war damit einverstanden, sich nach anderen Standorten für Hauptquartiere, Chinook-Hubschrauber und sonstiges Lufttransportgerät umzusehen, etwa Katar. Nach diesem langen Gespräch unter Soldaten einigten wir uns darauf, dass nur einige wenige Patriot-Abwehrbatterien in Jordanien stationiert würden, um irakische Scud-Raketen abzufangen, die möglicherweise auf unser Territorium gerichtet würden.

Nach dieser Vereinbarung reiste General Franks wieder ab, und ich traf weitere Vorkehrungen für den bevorstehenden Konflikt. Angesichts der wechselhaften politischen Verhältnisse im Nahen Osten ist allerdings jeder Militärplan rasch Makulatur. Für einen Angriff auf den Norden des Irak wollten die Vereinigten Staaten eine Infanteriedivision durch die Türkei führen. Das türkische Veto durchkreuzte die US-Pläne, und kurz darauf erhielt ich einen Anruf von Vizepräsident Dick Cheney, der mich bat, Anfragen von Tommy Franks, die bei dem für den kommenden Tag anberaumten Treffen mit mir zur Sprache kämen, positiv zu beantworten.

»Herr Vizepräsident«, sagte ich. »Tommy Franks und ich verstehen uns sehr gut, und wir vertrauen einander. Lassen Sie uns, die wir beide Militärs sind, gemeinsam etwas ausarbeiten.«

Cheney war einverstanden, und wir beendeten das Gespräch. Ich sorgte stets dafür, dass ich bei meinen Besuchen in Washington möglichst mit dem Vizepräsidenten zu einem Frühstück zusammenkam. Manchmal trafen wir uns allein, dann wieder waren Mitarbeiter aus seinem Stab oder seine Tochter Liz dabei, die damals einen Posten im Außenministerium hatte. Cheney war knallhart und unerschütterlich in seinen Standpunkten, unterstützte unser Land aber immer und hatte ein offenes Ohr für unsere Finanzprobleme. Weil er innerhalb der Regierung sehr einflussreich war, besprach ich bei Themen wie dem Friedensprozess oder dem Irak die Punkte, die mir am Herzen lagen, oft mit ihm, bevor ich mich tags darauf mit dem Präsidenten traf. An seiner Reaktion konnte ich dann schon ablesen, welche Argumente mich im Oval Office erwarteten.

Am darauffolgenden Tag kam General Franks erneut nach Amman. »Derzeit haben wir nicht vor, Truppen nach Jordanien zu verlegen«, sagte er. »Aber wir würden gern einen Teil der Ausrüstung im Mittelmeer stationieren. Das hieße, dass beim Abfeuern von Tomahawk-Raketen und bei Luftangriffen auf den Irak jordanischer Luftraum durchquert wird.«

»Tommy«, sagte ich, »warum wollen Sie sich mit einem Freund anlegen? Wenn ihr Luftangriffe plant, dann sucht euch dafür ein anderes Land. Warum wollt ihr ausgerechnet uns in die Schusslinie bringen?«

Irgendwann konnte General Franks meine Bedenken nachvollziehen und erklärte sich bereit, alles woandershin zu verlegen. Bis heute bin ich ihm sehr zu Dank verpflichtet, nicht zuletzt auch wegen unserer langjährigen Freundschaft. Während seines Besuchs hörte er geduldig zu, während ich Einwände und Vorbehalte vortrug, und war bereit, seine Pläne zu ändern. Hätten die Vereinigten Staaten darauf gedrängt, Jordanien zu überfliegen, wäre ich bei meinem Nein geblieben, und damit hätte sich Jordanien in einer äußerst schwierigen Lage befunden.

Kurz nach dem Ende dieser Debatten um die Stationierung, am 20. März 2003, begannen die Kampfhandlungen mit Cruise-Missile-Angriffen. Als in Bagdad der neue Tag dämmerte, schlug eine Rakete in einen Bunker ein, in dem man Saddam Hussein vermutete. Gegen acht Uhr begann die Bodeninvasion. Von Kuwait aus drangen amerikanische und britische Panzer in das Land ein und stießen nach Bagdad und Basra vor.

Die Invasion wurde live über Satellitenfernsehen übertragen. Wie viele Araber verfolgte ich die Bilder mit einer Mischung aus Trauer und Bestürzung. Ich war kein Freund von Saddam, der ein brutales Regime anführte, aber es stimmte mich sehr traurig, dass so viele unschuldige Iraker den Preis für seine Ambitionen zahlen mussten. Die Iraker sind ein großartiges Volk, und Bagdad ist eine historische Stätte der arabischen Kultur, berühmt für das Haus der Weisheit, in dem die Werke vieler griechischer Philosophen aufbewahrt und übersetzt wurden. Der Irak hat viele bedeutende Wissenschaftler, Musiker, Schriftsteller und Dichter hervorgebracht, darunter al-Mutanabbi, der als der »arabische Shakespeare« bezeichnet wird. Es war erschütternd, mit ansehen zu müssen, wie diese altehrwürdige Stadt durch amerikanische Raketen in Schutt und Asche gelegt wurde. Viele Araber waren entsetzt, dass amerikanische Streitkräfte in ein arabisches Bruderland einmarschierten. Im ganzen Nahen Osten waren wir zwar schockiert, empfanden aber keine Angst.

Da ich wusste, welche Sorgen viele Jordanier am meisten beschäftigten, äußerte ich mich in einem Interview mit der jordanischen Presse folgendermaßen über meine Bemühungen, den Krieg zu verhindern:

> Wir haben sämtliche Beziehungen zu einflussreichen Ländern genutzt, um diese Invasion in den Irak abzuwenden, die unschuldigen Menschen und der gesamten Region viel Leid bringen wird …

> Das jordanische Volk, dem ich angehöre, verurteilt das Töten von Frauen und Kindern auf das Schärfste … Als Vater fühle ich mit jeder irakischen Familie, jedem irakischen Kind und jedem irakischen Vater.

Ich ließ mein Herz sprechen, aber der Krieg hatte begonnen, und mir waren die Hände gebunden. Ich konnte nichts tun, um ihn rückgängig zu machen. Ich konnte mich bestenfalls noch darauf verlassen, dass ich, meinem Instinkt folgend, das Richtige für Jordanien tat.

Obwohl der Konflikt in mehreren hundert Kilometern Entfernung ausgetragen wurde, dauerte es nicht lange, bis seine Schockwellen auch in Jordanien zu spüren waren. Ich verfolgte gerade zu Hause die Fernsehnachrichten, als das Telefon läutete. Es war Saad Khair, der Chef meines Geheimdienstes (der Ende 2009 leider verstorben ist). »Wir haben irakische Pläne für einen Giftanschlag auf die Wasserversorgung in Sarka und anderen Ortschaften«, teilte er mit. »Der Anführer ist der Militärattaché der irakischen Botschaft, und der Anschlag soll schon bald stattfinden. Was sollen wir tun?«

Einem Giftanschlag auf die Hauptversorgungsquelle für Wasser würden Hunderte, wenn nicht Tausende unschuldiger Jordanier zum Opfer fallen. Mit diesem Komplott umzugehen war nicht einfach – als »Diplomaten« genossen Saddams Männer Immunität, und ihre Verhaftung konnte internationale Empörung hervorrufen. Ich ging das Beweismaterial durch und befand es für so schlüssig, dass ich handeln musste.

»Wenn das Leben von Jordaniern auf dem Spiel steht, geht es nicht mehr um diplomatische Immunität. Verhaften Sie die Männer auf der Stelle.« Der Geheimdienst stürmte das Gebäude, in dem die irakische Botschaft untergebracht war, und nahm den Militärattaché sowie zwei seiner Komplizen fest. Die Folge war ein großer Aufruhr. Die Öffentlichkeit wusste nichts von den Beweisen, die wir in Händen hielten, und viele hielten nicht mit

Kritik zurück. »Wie konntet ihr es wagen, die Botschaft zu stürmen und irakische Diplomaten zu verhaften?« Ich entgegnete meinen Kritikern, sie sollten mir vertrauen, ich hätte aufgrund zuverlässiger Informationen gehandelt, und das Leben von Jordaniern habe auf dem Spiel gestanden.

Am Tag darauf suchte mich der irakische Botschafter auf. Er war außer sich. »Ich habe eine Nachricht von Saddam«, sagte er. »Er ist empört über Ihr Vorgehen.«

»Ich bin durchaus bereit, öffentlich zu erklären, dass ich diese drei Personen habe festnehmen lassen, weil sie vorhatten, Hunderte, wenn nicht Tausende Jordanier umzubringen«, erwiderte ich. »Aber ich denke an die Zeit nach dem Krieg, Eure Exzellenz. Ich möchte jetzt nichts sagen müssen, was die langfristigen Beziehungen zwischen dem Irak und dem jordanischen Volk zerstören würde. Übermitteln Sie Saddam also bitte folgende Botschaft: Wenn Sie darauf bestehen, werde ich öffentlich aufdecken, wie Ihr Regime versucht, jordanische Zivilisten zu töten.« Der Botschafter kam ein weiteres Mal – was ich ihm hoch anrechnete – und versicherte mir, er habe meine Nachricht nach Bagdad weitergeleitet. »Die Angelegenheit ist erledigt«, sagte er. Der Botschafter hatte seinem Außenministerium mitgeteilt, sie hätten ein Fiasko verursacht, das internationale Empörung auslösen werde, wenn sie nicht einlenkten. So kam die Sache zum Erliegen. Wir wiesen die drei Männer in den Irak aus, und die irakische Regierung verzichtete auf weitere Anschuldigungen. Zu dem Zeitpunkt hatte sie allerdings auch drängendere Probleme.

Am 28. März gingen in ganz Jordanien Tausende Demonstranten nach dem Freitagsgebet auf die Straße, um gegen den Irakkrieg zu protestieren. In Amman versammelten sich rund achthundert Menschen in der Nähe der israelischen Botschaft und riefen: »Geliebter Saddam, setze deine chemischen Waffen gegen die Invasoren ein!« Dann versuchten sie, zu der nur wenige Straßenzüge entfernten Botschaft weiterzuziehen, doch die jordanische Bereitschaftspolizei trieb sie auseinander, indem sie Warnschüsse über der Menge abfeuerte.

Viele Demonstranten sahen in dem Krieg einen Angriff des Westens auf die arabische und die muslimische Welt, der die lange Geschichte gewaltsamen Vorgehens des Westens in unserer Region fortschrieb. Diese Auffassung hatte zusätzlich Nahrung erhalten, als Präsident Bush kurz nach den Angriffen vom 11. September 2001 von einem »Kreuzzug« gegen den Terrorismus sprach. Die unglückliche Wortwahl rief bei vielen Arabern die gewaltsamen Überfälle im Mittelalter und die blutige Eroberung Jerusalems in Erinnerung. Nach Jahrhunderten war jetzt erneut eine Armee aus dem Westen in ein arabisches Land eingefallen. Manche glaubten zudem, die Vereinigten Staaten stünden unter dem Einfluss Israels und zerstörten deshalb ein mächtiges arabisches Land, und Zyniker vermuteten, die USA wollten Iraks Führer durch jemanden ersetzen, der den amerikanischen Erdölgesellschaften gewogener wäre.

Drei Tage später versuchte eine Gruppe von 99 prominenten Jordaniern, darunter vier ehemalige Premierminister, auf den Zug der öffentlichen Meinung aufzuspringen, und verlangte, Jordanien solle Saddam in dem Krieg unterstützen und Dinge unternehmen, die meiner festen Überzeugung nach – und wie sie selbst nur zu gut wussten – nicht unseren nationalen Interessen entsprachen. So populär eine solche Rhetorik im Inland sein mag – den Luxus, Entscheidungen auf der Grundlage von Gefühlen zu treffen, konnte ich mir nicht leisten. Ich musste die Zukunft und die Interessen Jordaniens für die Zeit nach den Kämpfen im Auge haben. Nach allem, was ich über die irakischen und die westlichen Streitkräfte wusste, ging ich davon aus, dass es sich um einen einseitigen Kampf handelte, der schnell beendet sein würde. Doch es gab auch andere Stimmen in Jordanien.

Die amerikanischen und britischen Truppen verbuchten schnelle militärische Erfolge und nahmen innerhalb weniger

Tage die im Süden gelegene Stadt Basra ein. Dann aber berichteten die Medien und insbesondere die arabischen TV-Satellitenkanäle, dass sie auf Schwierigkeiten stießen. Ihre Analysen, unterbrochen von Stellungnahmen pensionierter Generäle, waren so überzeugend, dass bei vielen Menschen, allen voran auch Politikern, allmählich der Eindruck entstand, der Krieg würde sich sehr lange hinziehen und der Irak habe sogar die Oberhand gewonnen. Eine Woche nach Kriegsbeginn wurde der Vorstoß der Amerikaner nach Bagdad durch furchtbare Sandstürme behindert. Meine Frau hatte im Fernsehen gehört, der Krieg entwickle sich zuungunsten der Amerikaner. Mir war jedoch klar, dass man sich über Satellitenfernsehen keinen angemessenen Eindruck vom Kriegsgeschehen verschaffen konnte. Vor dem ersten Golfkrieg war ich mit meinem Vater nach Bagdad gereist und wusste daher, dass das irakische Regime dazu neigte, seine militärischen Kapazitäten zu überschätzen. Die irakische Armee war kein ebenbürtiger Gegner für die Vereinigten Staaten und deren Verbündete, die im Hinblick sowohl auf die Ausrüstung als auch auf die Leistungsfähigkeit der Truppen überlegen waren.

Am 9. April nahmen die US-Truppen Bagdad ein, und die Welt konnte im Fernsehen mitverfolgen, wie jubelnde Iraker auf dem Firdos Platz eine Statue von Saddam Hussein vom Sockel stürzten. Ich empfand Trauer über das sinnlose Sterben und Leiden und gleichzeitig Hoffnung beim Anblick der vielen Iraker, die sich eine bessere Zukunft versprachen. Als die Statue fiel, war es, als würde ein Schwert die arabische Welt zerteilen. Vom Persischen Golf bis nach Marokko und überall auf der Welt flackerte dieses Bild über die Bildschirme. Noch bevor die Statue am Boden in Stücke zerbarst, läutete mein Telefon und stand nicht mehr still. Viele der 99 prominenten Jordanier, die unsere Haltung infrage gestellt hatten, riefen an, um mir dafür zu gratulieren, dass ich die »Weisheit und Scharfsicht« besessen habe, Jordanien aus dem Konflikt herauszuhalten. »Wir wussten, dass sich Saddam nicht halten würde«, so ihr Kommentar. »Wir standen die ganze Zeit hinter Ihnen.« Ich war erstaunt darüber, wie rasch Teile der Elite die Seite und ihre Ansichten wechselten, um sich Vorteile zu verschaffen.

Ich war mir sicher gewesen, dass die Vereinigten Staaten und ihre Verbündeten den Krieg gewinnen würden, aber ich hatte keine Vorstellung davon, wie unfähig sie waren, mit den Nachwehen fertig zu werden.

## Kapitel 20
## »Sie werden uns als Befreier begrüßen«

In Washington schien man der Ansicht zu sein, Saddam Hussein zu beseitigen und eine neue Regierung einzusetzen, sei nicht schwerer, als eine Glühbirne auszuwechseln. In einem Interview kurz vor Kriegsbeginn sagte Vizepräsident Dick Cheney:

> Ich denke, dass die Zustände im Irak auch aus Sicht des irakischen Volkes inzwischen so schlimm sind, dass sie uns als Befreier begrüßen werden ... Unserer Einschätzung nach kann kein Zweifel daran bestehen, dass das irakische Volk Saddam Hussein loswerden will, und wenn wir kommen und es tun, werden sie die Vereinigten Staaten als Befreier willkommen heißen.

Als der Krieg vorbei war, zeigte sich mehr und mehr, dass dies eine allzu rosige Sicht der Dinge und eine irrige Annahme war. »Es wird ein Blutbad werden«, hatte ich zu meinen Freunden in Amerika gesagt. In Gesprächen mit Freunden aus der Region wurde deutlich, dass wir fast alle das Schlimmste befürchteten. Ich erinnere mich an mehrere Gespräche mit Ägyptens Präsident Mubarak, in denen wir beide unsere Sorge ausdrückten, dass die Invasion ungeahnte negative Folgen mit sich bringen und uns noch Jahrzehnte beschäftigen würde.

Im Juni 2003, zwei Monate nach der Einnahme Bagdads, war Jordanien Gastgeber einer Veranstaltung des Weltwirtschaftsforums am Toten Meer. Am Rande der Konferenz lernte ich L. Paul Bremer kennen, der gerade zum Chef der Übergangsverwaltung der Koalition (CPA) ernannt worden war, der von den Vereinigten Staaten eingerichteten irakischen Interimsregierung. Im Vormonat hatte Bremer nach seinem Eintreffen in Bagdad zwei inzwischen berüchtigte Befehle erlassen: Er ordnete eine entschiedene »Entbaathifizierung« sowie die Auflösung der irakischen Armee an.

Ich setzte mich bei Bremer dafür ein, die Armee nicht aufzulösen, und warnte, andernfalls werde uns alles um die Ohren fliegen. Und ich könne zwar die Beweggründe für eine »Entbaathifizierung« nachvollziehen, man solle sich dabei aber auf diejenigen beschränken, die an der Spitze gestanden hätten und an deren Hände Blut klebe. Zur Zeit Saddams habe jeder Taxifahrer und jeder Lehrer Mitglied der Partei sein müssen. Wenn dieser Prozess zu weit getrieben werde, müsse er mit erheblichem Widerstand rechnen. Es entstünde ein Machtvakuum, das jemand würde füllen müssen.

Die Armee gehörte zu den wenigen funktionierenden Institutionen im Irak. Zusammen mit anderen Sicherheitsdiensten war sie zwar ein Garant für Saddams Überleben, aber auch für gesellschaftliche Stabilität. Sie aufzulösen war aberwitzig – als würde man auf einen Schlag alle Polizisten, Feuerwehrleute und Rettungssanitäter in New York entlassen, weil einem der Bürgermeister nicht passt. In dem bitterarmen Land, das von einem brutalen Regime beherrscht worden war und gerade einen Krieg überstanden hatte, würden mehrere hunderttausend Leute mit einer militärischen Ausbildung und Zugang zu Kleinwaffen und Sprengstoff ohne Arbeit zu Hause sitzen. Baathisten würden sich aus Angst vor Angriffen organisieren und zum Gegenschlag ausholen. Wie sollten diese Leute ihre Familien ernähren? Das konnte nur zu Anarchie und Chaos führen.

»Ich weiß, was ich tue«, entgegnete Bremer kurz angebunden. »Es wird Abfindungen geben. Ich habe das im Griff, vielen Dank.«

Trotz Bremers außerordentlicher Zuversicht liefen die Dinge schon bald aus dem Ruder. Die Sunniten fühlten sich ausgeschlossen und bedroht, weil sie glaubten, man werde sie bei der Neubildung der Regierung nicht berücksichtigen. Sie begannen, Militäroperationen gegen die Streitkräfte der Koalition zu organisieren. Gleichzeitig bereiteten ideologisch motivierte irakische Islamisten den Boden für arabische Dschihadisten aus dem Ausland. Wenn irgendjemand frohlockte angesichts der chaotischen Zustände nach der Invasion der Amerikaner, so waren es die Terroristen von al-Qaida, die rasch erkannten, dass sie ihre Operationen von Afghanistan ins Zentrum der arabischen Welt verlagern konnten.

Es ist schwer zu sagen, von wem die Befehle für diese beiden Maßnahmen stammten – in seinen Erinnerungen, die unter dem Titel *Mein Jahr im Irak* erschienen sind, lehnt Bremer jede Verantwortung dafür ab und verweist stattdessen auf das Weiße Haus –, doch gehen sie meiner Ansicht nach auf den irakischen Exilpolitiker Ahmed Tschalabi und dessen Anhänger zurück. Als er in den siebziger und achtziger Jahren in Jordanien lebte, war Tschalabi aktiver Geschäftsmann und ein enger Freund von Kronprinz Hassan. Zu seinen berüchtigtsten Unternehmen gehört die 1977 in Jordanien gegründete Petra Bank, die Ende der achtziger Jahre in finanzielle Schwierigkeiten geriet. Die Regierung ermittelte wegen Betrugs, wobei sich der Verdacht erhärtete, dass Tschalabi Gelder der Bank unterschlagen hatte. Als die Ermittler ihm 1989 dicht auf den Fersen waren, verließ er heimlich das Land und ging nach Syrien. In seiner Abwesenheit wurde ihm der Prozess gemacht, und 1992 wurde er wegen Veruntreuung von 70 Millionen US-Dollar zu 22 Jahren Gefängnis verurteilt. Noch immer liegt in Jordanien ein Haftbefehl gegen ihn vor. Nach seinem Verschwinden tauchte sein Name auch im Zusammenhang mit der umstrittenen Pleite einer libanesischen Bank und eines Schweizer Geldinstituts auf.

Nach dem Scheitern seiner Karriere als Geschäftsmann versuchte Tschalabi sich in der Politik. In den neunziger Jahren war er einer der Führer des Irakischen Nationalkongresses, der wichtigsten Oppositionsgruppe, die sich den Sturz Saddam Husseins zum Ziel gesetzt hatte. Er wurde von der Clinton-Regierung unterstützt und hatte außerdem engen Kontakt zu Neokonservativen wie Richard Perle und Paul Wolfowitz. Mit Bushs Amtsantritt im Jahr 2001 versuchte Tschalabi verstärkt, sich Gehör zu verschaffen, um Einfluss zu gewinnen und Gelder lockerzumachen. Angeblich bekam er vom amerikanischen Außenministerium wie vom Pentagon beides in beträchtlicher Menge.

Als ich Präsident Bush 2002 traf, warnte ich ihn vor Tschalabi und bezeichnete diesen als denkbar schlechtesten Ratgeber für die Vereinigten Staaten. Bush sagte, er werde sich »mit Tschalabi befassen«. Doch dessen Stern stieg weiter.

Tschalabis hochtrabende Pläne mochten in Washington gut ankommen, aber im Irak war man mit einer zunehmend düsteren Realität konfrontiert. Als eines der ersten arabischen Länder, die ihre Botschaft im Irak wieder eröffneten, wurde Jordanien schon bald in das Chaos hineingezogen. Am 7. August 2003 hielt ein Lastwagen vor unserem Botschaftsgebäude. Während der Fahrer sich entfernte, explodierte der Laster, wobei mindestens 17 irakische Zivilisten getötet wurden. Botschaftsangehörige waren nicht unter den Opfern. Spätere Ermittlungen ergaben, dass Abu Musab al-Sarkawi hinter dem Anschlag steckte, der spätere Anführer einer neuen Terrororganisation namens al-Qaida im Irak. Vor dem Hintergrund ihrer Gesamtstrategie wollten Sarkawi und seine Anhänger eine Welle der Gewalt und des Terrors auslösen. Der gegen Jordanien gerichtete Anschlag sollte als Warnung dienen und andere davon abhalten, der entstehenden irakischen Regierung zu helfen.

Das zunehmende Chaos im Irak nach der Invasion machte ein koordiniertes Vorgehen aller Nachbarländer erforderlich. Insbesondere ein Nachbar, der für die Zukunft des Irak eine herausragende Rolle zu spielen gedachte, brachte sich entsprechend in Stellung. Anfang September 2003 reiste ich nach Teheran zu einem Treffen mit der dortigen Führung. Es war die erste Iranreise eines jordanischen Staatsoberhaupts seit der iranischen Revolution im Jahr 1979. Mein Vater und Schah Resa Pahlewi hatten engen Kontakt gepflegt, und ich weiß noch, wie ich als junger Teenager Teheran besichtigte. Wir hatten ein Ferienlager am Kaspischen Meer besucht und die Ferieninsel Kisch im Persischen Golf erkundet.

Meine Jugenderinnerung an Teheran ist die einer großen Kaiserstadt, von Bergen gesäumt wie Amman, doch als ich sie 2003 wieder aufsuchte, wirkte sie auf mich ein wenig heruntergekommen. Seit der Revolution schien sich wenig verändert zu haben. Ich traf Präsident Mohammed Khatami im nordöstlich der Hauptstadt gelegenen Sadabad-Palast, und nachdem ich die Ehrenformation abgeschritten hatte und allen gebotenen Formalitäten Genüge getan war, begannen wir über geschäftliche Dinge zu reden. Khatami gab sich zwanglos und jovial. Er deutete auf den Verteidigungsminister, einen Iraner arabischer Herkunft, und sagte scherzhaft: »Der Kollege ist Araber; wir müssen ihn im Auge behalten.« Wir erörterten mögliche Bereiche der wirtschaftlichen und kulturellen Zusammenarbeit zwischen dem Iran und Jordanien. Im Anschluss an unsere Begegnung besichtigten wir mehrere iranische Rüstungsbetriebe.

Die Iraner hatten ernste Themen auf ihrer Agenda. Einige iranische Politiker wollten ihre Fühler Richtung Amerika ausstrecken und wussten, dass mich in Kürze ein Besuch nach Washington führen würde. Sie baten mich also, für sie zu vermitteln. Sie seien an einer Zusammenarbeit im Hinblick auf die Zukunft des Irak interessiert. Außerdem hätten sie sechzig bis siebzig al-Qaida-Mitglieder, die von Afghanistan in den Iran geflohen waren, unter Hausarrest gestellt oder auf andere Weise in Gewahrsam genommen, und ich möge den Amerikanern mitteilen, dass sie unter Umständen zu einer Auslieferung dieser Personen an die US-Streitkräfte in Afghanistan bereit wären. Sie würden auch über ihr Atomprogramm und Afghanistan sprechen. Ich erklärte mich einverstanden, Präsident Bush ihre Botschaft zu übermitteln.

Am Morgen nach meiner Begegnung mit Khatami traf ich mich mit dem geistlichen Oberhaupt und mächtigsten Mann des Iran, Ajatollah Khamenei. Wir hielten vor einem ummauerten Gelände und wurden von unserem Begleitschutz an die persönliche Leibwache Khameneis weitergereicht. Ohne ein Lächeln führten sie uns über das Gelände, auf dem sie sich barfuß bewegten, zu dem Raum, in dem wir Khamenei treffen sollten. Im Gegensatz zu dem herrschaftlichen Sadabad-Palast war der Amtssitz des geistlichen Oberhaupts ausgesprochen karg und lediglich mit einem schlichten Tisch, Stühlen und ein paar Teppichen ausgestattet.

Während Präsident Khatami offen und freundlich gewesen war, gab sich Khamenei reserviert. »Willkommen im Iran«, sagte er, als wir uns die Hand reichten. »Als Haschemit genießen Sie in unserer islamischen Glaubensgemeinschaft hohe Wertschätzung.«

Wir redeten über die gemeinsamen Herausforderungen, denen die Muslime gegenüberstanden, und über die Notwendigkeit, unsere Anstrengungen zu koordinieren. Wir beide haben in unserer jeweiligen islamischen Glaubensrichtung eine Führungsrolle inne, und wir tauschten uns über das Problem der Takfiris aus, jener Extremisten, die alle Muslime, die ihre strenge Auslegung des Islam nicht teilen, als Ungläubige ablehnen. Obwohl sich unsere beiden Länder nicht nahestanden, einte uns das Interesse an der Bekämpfung dieser radikalen Gruppierung, die versuchte, überall in der muslimischen Welt Glaubenskonflikte zu schüren.

Nach meinem Treffen mit Khamenei kehrte ich in der Hoffnung nach Amman zurück, dass mit diesem Besuch ein Anfang gemacht war, um die Beziehungen zwischen Jordanien und dem Iran zu verbessern, nicht zuletzt mit Blick auf ein gemeinsames Vorgehen angesichts der wachsenden Probleme im Irak. Doch meine Hoffnungen wurden enttäuscht. Das lag daran, dass unsere Standpunkte, was die Politik in unserer Region und den Friedensprozess anging, zu unterschiedlich waren und dass sich der Iran in die Angelegenheiten arabischer Staaten einmischte.

Seit der Wahl von Mahmud Ahmadinedschad im August 2005 steht der Iran in vielen westlichen Hauptstädten ganz oben auf der Tagesordnung. Man macht es sich jedoch zu einfach, wenn man einem Volk das Vorgehen seiner Regierung anlastet, während beide in Wirklichkeit nur wenig miteinander verbindet. Der Iran ist eine große Nation mit einem gewaltigen historischen Erbe und einer bemerkenswert gebildeten, urbanen Bevölkerung. Die meisten Iraner empfinden keinen Hass gegenüber Amerika und dem Westen und wünschen sich eine friedliche Lösung des Konflikts zwischen Israelis und Palästinensern.

Im Westen wird die iranische Regierung in der Regel als einheitliches Gebilde dargestellt, dessen einzelne Mitglieder in ihrem Handeln ein und derselben Logik und denselben Motiven folgen. In Wahrheit ist die politische Struktur im Iran jedoch vielschichtig und undurchschaubar, sogar für Menschen aus unserer Region. Mit Gewissheit lässt sich über die iranische Regierung nur sagen, dass jeder, der eine einfache Erklärung für ihr Vorgehen hat, mit Sicherheit falsch liegt.

Der Iran ist kein Monolith, sondern vielmehr ein Mosaik aus vielen politischen Elementen, die ineinandergreifen. Es gibt diejenigen, die tief religiös sind und sich aus aufrichtiger Überzeugung für Dinge einsetzen, die die Grundlagen des Islam berühren, wie etwa die Befreiung Ost-Jerusalems und das Ende der israelischen Besetzung. Doch es gibt auch andere, die aus politischen Beweggründen die Fahne Jerusalems hochhalten, um die Trommeln für ihre eigenen, unrechtmäßigen Zwecke zu rühren, und dabei die verständliche Frustration junger Araber angesichts der fortdauernden Besatzung ausnutzen. Viele Menschen im Iran und im Rest unserer Region sind dieser zynischen Manipulation überdrüssig.

Wenige Tage nach meinem Besuch in Teheran traf ich mich mit Präsident Bush in Camp David. Am 18. September 2003 fuhren wir hinaus in das berühmte Feriendomizil des Präsidenten, hoch in den Bergen im Norden Marylands. Durch die Fenster des Holzhauses sah man, wie sich der Himmel verdunkelte, als Hurrikan Isabel vom Atlantischen Ozean landeinwärts donnerte. Ich fragte den Präsidenten, warum Tschalabi trotz wiederholter Versprechen, die Zahlungen einzustellen, noch immer 350 000 US-Dollar monatlich vom US-Verteidigungsministerium erhielt.

Bush, mit grauer Jacke, hellblauem Hemd und ohne Krawatte leger gekleidet, war außer sich. Er beugte sich über den Holztisch und sagte: »You can piss on Chalabi.« In meiner Delegation waren sich einige nicht sicher, was genau der Präsident damit sagen wollte, aber sie hielten seine Äußerung gewissenhaft in ihren Aufzeichnungen fest. Bei den Beratern des Präsidenten machte sich eine unbehagliche Stille breit, während seine Stimmung den Wetterverhältnissen zu entsprechen schien.

Anschließend wandten wir uns dem Thema Israel und Palästina zu. Genau hier an diesem Ort waren Barak und Arafat nur drei Jahre zuvor einer Einigung sehr nahe gekommen, und nun waren wir vom Frieden weiter entfernt denn je. Die Roadmap, das Konzept, das Jordanien im Jahr zuvor unterstützt hatte und das eine Reihe von konkreten Einzelschritten vorsah, um zum Frieden zu gelangen, schien in Auflösung zu sein.

Bush schob jedoch weiterhin Arafat die Schuld für den völligen Stillstand im Friedensprozess zu und fuhr mit erhobener Stimme fort: »Die Roadmap ist verdammt konkret! Die Palästinenser haben gleich die erste Prüfung nicht bestanden. Arafat will keinen Frieden.«

Dass Scharons Strategie aufgegangen war und Israels Konflikt mit den Palästinensern jetzt im Gesamtzusammenhang mit dem von den Amerikanern ausgerufenen »Krieg gegen den Terror« gesehen wurde, zeigte die Äußerung des Präsidenten, wonach er immer noch in Kriegsstimmung sei und ein Teil dieses Krieges gegen den Terror in den Palästinensergebieten stattfinde. Wieder betonte er seine Ansicht, Arafat sei nicht fähig oder nicht willens, Frieden zu schließen, und machte deutlich, dass Arafat in seinen Augen als Führer versagt habe, er werde deshalb nicht mehr mit ihm verhandeln. Er investiere kein politisches Kapital in Verlierer, sondern nur in Gewinner. In seiner Wut über die Unfähigkeit Arafats, die palästinensische Gewalt unter Kontrolle zu bringen, fügte er hinzu: »Was wir von ihm verlangt haben, ist machbar, aber er hat es nicht gemacht!«

Ich hielt die amerikanische Sicht der Dinge für ausgesprochen einseitig. Bush war aufrichtig, hatte aber allem Anschein nach nicht die besten Ratgeber, zumindest schienen sie nicht gerade unparteiisch. Ich versuchte, ihm eine umfassendere Sicht zu vermitteln. Ich verteidigte Arafat als Führer des palästinensischen Volkes. Man könne ihn mögen oder auch nicht, sagte ich, das Volk der Palästinenser betrachte ihn jedoch als seinen rechtmäßigen Repräsentanten.

Bush wechselte das Thema und erkundigte sich nach meiner Reise in den Iran. Ich erklärte, dass sie positiv verlaufen sei, und berichtete über das Angebot der Iraner, al-Qaida-Gefangene auszuliefern und weitergehende, umfassendere Gespräche über ihr Atomprogramm und über eine Zusammenarbeit in der Afghanistan- und der Irakfrage zu führen. Er sagte, sein Mitarbeiterstab werde sich der Dinge annehmen. Ich hörte nie wieder etwas darüber, aber ich weiß, dass es nie zu einer Auslieferung selbst hochrangiger al-Qaida-Mitglieder gekommen ist.

Zwar hatten wir in mehreren Fragen gute Fortschritte erzielt, aber ich verließ Camp David in der Überzeugung, dass der Friedensprozess durch diese Begegnung nicht vorankommen würde.

Einige Monate später erhielten die Iraner eine willkommene Nachricht aus Bagdad: Am 13. Dezember 2003 wurde Saddam Hussein, ihr Erzfeind, vom US-Militär auf dem Grundstück eines Bauernhofs nahe Tikrit, rund 150 Kilometer nördlich von

Bagdad, festgenommen. Tags darauf zeigte ein Fernsehsender Bilder des bärtigen, verwahrlosten Saddam in seinem geheimen, unterirdischen Versteck. Es war ein unwirklicher Augenblick. Viele Araber fühlten sich durch Saddams kleinlaute Kapitulation im Stich gelassen, ja beinahe gedemütigt. Selbst diejenigen, die nur Hass für ihn empfanden, hätten erwartet, dass er seinen Feinden mutig, entschlossen und kampfbereit entgegentrat, so wie seine Söhne Udai und Kusai, die im Juli 2003 im nordirakischen Mossul bei einem Schusswechsel mit den US-Truppen getötet worden waren. Durch die kampflose Festnahme wurde das mythische, Furcht erregende Bild, das er abgegeben hatte, beschädigt.

Ich erinnere mich an ein Gespräch, das ich an jenem Tag mit dem König von Saudi-Arabien führte, und wir beide waren schockiert über die entwürdigenden Bilder von diesem Mann, einst einer der mächtigsten Staatsmänner im Nahen Osten, in seinem Erdloch. Als arabischer Führer sunnitischer Glaubensrichtung hatte er sich sowohl den Vereinigten Staaten als auch Israel widersetzt und in der ganzen Region großen Zuspruch bekommen. Als ich ihn bei einer Reise mit meinem Vater in Bagdad kennengelernt hatte, war er auf dem Höhepunkt seiner Macht gewesen. Zu sehen, wie er abgemagert, mit ergrautem, zerzaustem Haar in die Kamera blinzelte, war ernüchternd. Diejenigen in der Region, die in ihm einen modernen Saladin gesehen hatten, waren bitter enttäuscht.

Durch Saddams Festnahme wurden die Probleme im Irak nicht behoben. Im Gegenteil, die Lage verschlimmerte sich ganz überwiegend. Zum Teil ging der Unfrieden auf historische Konflikte und Feindseligkeiten zurück, die durch Saddam Husseins Regime brutal unterdrückt worden waren. Einige Probleme jedoch, die den Aufruhr beförderten, hatten die Amerikaner ausschließlich sich selbst zuzuschreiben.

Ende April 2004 informierte die amerikanische Nachrichtensendung *60 Minutes* darüber, dass amerikanische Truppen im

Militärgefängnis Abu Ghraib irakische Gefangene misshandelt hatten. Die drastischen Bilder von gefesselten Gefangenen mit Kapuzen über dem Kopf sorgten für äußerste Empörung im Irak und in der ganzen Region. Am 5. Mai gab Präsident Bush im Bemühen um Schadensbegrenzung dem arabischen Fernsehsender al-Arabija ein Interview: »Ich möchte den Menschen im Nahen Osten sagen, dass die Praktiken in diesem Gefängnis abstoßend sind und nicht das echte Amerika darstellen.«

Als ich am darauffolgenden Tag, dem 6. Mai, zu einem seit Längerem geplanten Besuch im Weißen Haus eintraf, war bereits ein heftiger Streit entbrannt. Zwar hatte der Präsident die Vorfälle in Abu Ghraib angeprangert, doch in der arabischen Welt wurde kritisiert, dass er sich nicht dafür entschuldigt hatte. Bush leitete das Gespräch ein, an dem auch Condoleezza Rice und Verteidigungsminister Donald Rumsfeld teilnahmen, und wandte sich nach ein paar höflichen Eingangsworten an mich: »Ich bin wirklich bestürzt über Abu Ghraib. Was meinen Sie dazu?«

Bei allen politischen Unterschieden hatten Präsident Bush und ich zu dem Zeitpunkt einen guten persönlichen Draht zueinander entwickelt, der es mir, wenn nötig, auch erlaubte, offen zu reden. Es mag für manch einen im Nahen Osten überraschend klingen, aber im persönlichen Kontakt ist er ganz anders, als die von den Medien gezeichnete Karikatur vermuten lässt. Er ist ein sehr ehrlicher Mensch und glaubte fest daran, dass das, was er tat, richtig war. Meiner Ansicht nach wurde er jedoch von einigen seiner Berater völlig in die Irre geleitet. Ich wusste, dass er von mir die Wahrheit hören wollte, auch auf die Gefahr hin, damit einige seiner Mitarbeiter zu verärgern.

»Herr Präsident«, setzte ich an, »Sie sind das Oberhaupt der stärksten und mächtigsten Nation der Welt. Ich denke, dass eine Entschuldigung aus der Position der Stärke heraus leichtfällt, und ich glaube, eine Entschuldigung von Ihnen als Präsident der Vereinigten Staaten könnte viel Gutes bewirken.«

Der Präsident sah mich an. Für einen Augenblick verfinsterte sich sein Gesicht, doch dann sagte er: »Sie haben recht.« Zu Rice und Rumsfeld gewandt, meinte er: »Ich werde auf meinen Freund hier hören.« Ich vermutete, jemand aus der Führungsebene hatte ihm dazu geraten, sich nicht zu entschuldigen, aus Angst, er könnte damit Schwäche zeigen. Aber Demut bedeutet auch Stärke.

Nach dem Treffen begaben wir uns zu einer Pressekonferenz in den Rosengarten. In der frühen Nachmittagssonne standen wir nebeneinander auf dem Podium, und der Präsident sagte Folgendes:

> Wir haben auch über das geredet, was kürzlich auf den Fernsehbildschirmen zu sehen war, nicht nur in unserem eigenen Land, sondern auch im Ausland – Bilder der Grausamkeit und der Erniedrigung. Ich habe Seiner Majestät in aller Deutlichkeit gesagt, dass die Übeltäter vor Gericht gestellt werden und dass die Handlungen dieser Leute im Irak nicht die Werte der Vereinigten Staaten repräsentieren.
> Ich habe dem König gesagt, dass mir leid tut, was die irakischen Gefangenen und ihre Familien an Erniedrigung erlitten haben. Ich habe ihm gesagt, dass es mir auch leid tut, dass die Menschen, die diese Bilder gesehen haben, das wahre Wesen Amerikas und das, was uns im Innersten bewegt, nicht verstünden. Ich habe ihm versichert, dass Amerikaner wie ich nicht gutheißen, was wir gesehen haben, und dass wir es als ekelerregend empfinden.

Nach der Pressekonferenz ging ich ins State Department, wo ich mit Außenminister Colin Powell zusammentraf. Auch wir sprachen über Abu Ghraib, und Powell sagte, die Bilder hätten das Bild der Vereinigten Staaten weltweit und sogar im Inland beschädigt. Diese Bilder seien ein riesiges Problem, mit dem sich der Präsident auseinandersetzen müsse, und er wisse, dass es mit einem Auftritt im arabischen Fernsehen nicht getan sei. Diese implizite Kritik war nur ein Hinweis auf die internen Machtkämpfe, die innerhalb der Bush-Regierung tobten.

Auf der einen Seite standen die Neokonservativen – Paul Wolfowitz, Dough Feith und Elliott Abrams –, auf der anderen die Gemäßigten, allen voran Powell und sein Stellvertreter Richard Armitage. Wie immer hatte ich selbst mich zwar nicht mit Wolfowitz und seinen Mitstreitern getroffen, wohl aber ranghohe Mitarbeiter meiner Delegation, und sie meinten, diese Leute seien dogmatisch und unbeweglich. Wie viele Politiker, die einer bestimmten Ideologie folgen, hatten sie für Kompromisse wenig übrig. Wenn man es mit pragmatischen Menschen zu tun hat, die Entscheidungen treffen wollen, ist auch Raum für Entgegenkommen. Bei Ideologen hingegen findet man nur schwer einen gemeinsamen Nenner.

Es sei, meinten meine Mitarbeiter, geradezu unmöglich, mit Feith und Abrams in Dialog zu treten. Schon wenn sie den Raum beträten, habe man das Gefühl, das Gespräch werde zu nichts führen. Sie gebärdeten sich, als wären sie allen anderen überlegen. Sie hätten einen Plan, und den wollten sie auf Biegen oder Brechen umsetzen.

Im Monat darauf wurde die viel gehasste Übergangsverwaltung im Irak aufgelöst. Paul Bremer übergab die Macht einer irakischen Regierung unter Führung des prominenten irakischen Politikers Ijad Allawi. Außerdem waren für Januar 2005 landesweite Wahlen vorgesehen. Allawi war eine große Führungspersönlichkeit und hätte durchaus erfolgreich sein können. Gebildet, weltgewandt und vielseitig, war er überzeugt, dass es einen geeinten Irak geben könne.

Die besserwisserische Haltung einiger Akteure in Washington wurde bei meinem Besuch in den Vereinigten Staaten im September des Folgejahres vollends deutlich. Anlässlich der jährlich stattfindenden Vollversammlung der Vereinten Nationen hielt ich mich in New York auf und war zu einem Dinner eingeladen, das Lally Weymouth gab, die Chefredakteurin der Zeitschrift *Newsweek* und Tochter der verstorbenen Katharine Graham, der ehemaligen Herausgeberin der *Washington Post*. Unter den Gästen befand sich meiner Erinnerung nach auch eine Nachrichtenmoderatorin, die mich fragte, ob die Rechte der Frauen im Irak seit dem Krieg gestärkt oder geschwächt worden seien. »Um ein Zehnfaches geschwächt«, erwiderte ich. »Unter dem säkularen System Saddams waren Männer und Frauen praktisch gleichberechtigt.« Die ebenfalls anwesende Liz Cheney, die Tochter des Vizepäsidenten, beugte sich zu Bassim Awadullah, meinem Hofchef, hinüber und meinte, so etwas sollte ich in der Öffentlichkeit lieber nicht sagen. Dabei lächelte sie, sodass er sich nicht sicher war, wie ernst sie es gemeint hatte.

Tags darauf erhielt Bassim einen unerwarteten Anruf von Liz Cheney, die nachfasste und sagte, sie habe meine Äußerung mit Paul Wolfowitz diskutiert, der kurz zuvor Präsident der Weltbank geworden war, und sie seien sich einig, dass ich mich mit derartigen Ansichten zurückhalten sollte. Als Bassim mir von dem Telefonat berichtete, schlug ich ihm vor, Wolfowitz zu sagen, er könne uns mal. Was ich bei jenem Dinner gesagt hatte, entsprach den Tatsachen. Ich war schockiert darüber, dass einige Mitglieder der US-Regierung und deren Anhänger offenbar glaubten, in Sachen Irak dürfe es keinen Widerspruch geben – und dass sie als Amerikaner, die doch stets die Freiheit in ihrem Land rühmten, auch eigenwillige Meinungen zu äußern, versuchten, jemanden mundtot zu machen, der unbequeme Fakten verbreitete.

Auch von anderer Seite war ich in Washington gewarnt worden – unter anderen von einem prominenten Journalisten, der jahrelang aus dem Nahen Osten berichtet hatte. »Bei ein paar Leuten in der Regierung müssen Sie wirklich aufpassen, sie sind nachtragend«, so seine Warnung.

Glücklicherweise gab es in Washington aber auch andere, die eher an konkreten Ergebnissen als an Ideologien interessiert waren und nicht eine solch kleinkarierte Politik verfolgten. Dazu gehörte William Burns, der für den Nahen Osten zuständige stellvertretende Außenminister. Bill spricht fließend Arabisch und war einst US-Botschafter in Jordanien. Zu der Zeit war ich noch in der Armee, und Rania und ich hatten ihn und seine Frau einmal zu uns zum Abendessen eingeladen. Der freundliche, stets leise sprechende und vornehme Mann verkörpert alles, was man sich von einem Diplomaten wünscht: Er ist weltgewandt, differenziert, sachkundig und ausgesprochen intelligent. Seit jener Zeit sind wir gute Freunde. Außerdem lernte ich auch George Tenet kennen, den Direktor der CIA. George hatte intensiv am Friedensprozess mitgewirkt und dabei einen Plan für einen Waffenstillstand und für Sicherheitsvereinbarungen zwischen Israelis und Palästinensern erarbeitet. Später musste er als Sündenbock für Misserfolge in der amerikanischen Politik herhalten, aber ich hatte in ihm immer einen Gesprächspartner, der unseren Ansichten Aufmerksamkeit schenkte und wie kaum jemand sonst in Washington nach einer angemessenen Lösung für die palästinensisch-israelische Frage suchte.

George und Bill halfen mir auf meinem Weg durch die schwierigen Gewässer der Washingtoner Politik und vermittelten mir einen Blick dafür, wann ich politisch Einfluss nehmen konnte und wann ich besser schwieg.

# TEIL FÜNF

# Kapitel 21
# Mein Islam

An meinen ersten Besuch in Mekka erinnere ich mich noch, als wäre es gestern gewesen. Ich war damals fast 15 und begleitete meinen Vater auf einer Umra (einer kleinen Pilgerfahrt, die im Gegensatz zur Hadsch zu jeder Zeit im Jahr möglich ist). Viel später nahm ich dann auch an der Hadsch teil, die eine der fünf Säulen des Islam ist. In jenem Jahr waren weit über eine Million Pilger nach Mekka gekommen. Als ich unter den Pilgern aus aller Welt stand, die zum Zeichen ihrer Gleichheit vor Gott ausnahmslos dieselbe Kleidung trugen – ein mit einem Strick um die Hüften geschlungenes weißes Tuch –, verspürte ich ein unglaubliches Gefühl der Zugehörigkeit und Brüderlichkeit.

Wir verrichteten den Tawaf, die siebenmalige Umkreisung der Kaaba entgegen dem Uhrzeigersinn. Die Kaaba ist die heiligste Stätte des gesamten Islam, und die Muslime auf der ganzen Welt wenden sich beim Gebet in ihre Richtung. Mein Vater hatte mir viel von unseren Vorfahren und der historischen Rolle der Haschemiten als Wächter über Mekka erzählt, doch selbst dort zu sein und die Kaaba zu berühren machte mich sprachlos. Als ich mich überwältigt und voller Demut niedersetzte und auf den Beginn des Nachmittagsgebets wartete, vernahm ich ein leises Summen. In diesem Augenblick hatte ich das Gefühl, Gott nahe zu sein.

Der Islam verlangt von den Gläubigen, tägliche Rituale zu vollziehen, die als Gerüst für die Ausübung des Glaubens dienen. Ihr tieferer Sinn aber liegt in den geistigen Werten, die sie im Gläubigen wachrufen, und darin, dass er diese Werte im Alltag zum Ausdruck bringt. Die fünf Säulen des Islam sind: Schahada oder das Glaubensbekenntnis; Salat, das rituelle Gebet, das Muslime als Symbol ihrer Verbundenheit mit Gott fünf Mal am Tag verrichten sollen; Sakat, das verpflichtende Almosen für die Notleidenden und Armen und ein Zeichen der Distanz zur Welt; Saum, das Fasten im heiligen Monat Ramadan, um die Loslösung vom Ich zum Ausdruck zu bringen; und schließlich die Hadsch, die Pilgerreise nach Mekka.

Die bei vielen Menschen heute vorherrschenden Ansichten über den Islam erfüllen mich mit Sorge. Sie sehen darin nur ein striktes System von Regeln, anstatt die tiefere Bedeutung unseres Glaubens zu reflektieren. Wir sind aufgefordert, darüber nachzudenken, wie wir einem Nachbarn, der in Not geraten ist, einem Arbeitskollegen, der unseren Rat braucht, einem Familienmitglied, das unserer Liebe und Unterstützung bedarf, helfen können. Ich empfinde Frieden, wenn ich meine Gebete spreche, und fühle mich getröstet, wenn ich anderen helfen, ihnen mein Mitgefühl zeigen und ihnen einen Gefallen tun kann. Der Islam steht für Gerechtigkeit, Gleichheit und Anstand und ermöglicht uns, ein sinnvolles, gutes Leben zu führen. Leider aber wurden diese Tugenden durch ein hartnäckiges Festhalten an reaktionären Deutungen unserer heiligen Texte in den Schmutz gezogen.

Wenn ich bete, bitte ich oft um Schutz für meine Freunde und Angehörigen, für meine Regierung, meine Soldaten und mein Land. Als Staatsoberhaupt bete ich für mein Volk, für die Verbesserung des Lebensstandards in meinem Land und die Gesundheit aller. Manchmal bete ich auch für spezielle Dinge, zum Beispiel dafür, dass es mehr Arbeitsstellen für junge Leute gibt. Und manchmal bete ich sogar für Regen.

Was mich seit zwei Jahrzehnten mit am meisten betrübt, ist die Tatsache, dass aufgrund der fehlgeleiteten Taten einiger weniger eine große Religion missverstanden wird. Ein Beispiel hierfür ist die Bedeutung des Begriffs »Dschihad«. Viele verbinden damit

Gewalt und Krieg, aber wörtlich übersetzt bedeutet das Wort »Kampf« oder »Einsatz« und bezieht sich in erster Linie auf das Bemühen des Einzelnen, ein besserer Mensch zu werden. Aber es geht dabei auch um den umfassenderen Kampf für ein besseres Leben aller im eigenen Umkreis. Und ein Sieg kann nicht in einer einzigen Schlacht errungen werden, vielmehr ist er das Ergebnis einer ganzen Reihe von kleinen Triumphen im Lauf eines Tages, die oft für andere gar nicht sichtbar sind.

Mich schmerzt die verzerrte Wahrnehmung meiner Religion, hervorgerufen durch eine kleine Gruppe irregeleiteter Fanatiker, die einer abweichenden Form des Islam huldigen. Sie behaupten, in dessen Namen zu handeln, aber in Wirklichkeit sind sie einfach nur Mörder und Diebe. Obwohl sie unter den 1,57 Milliarden Muslimen auf der Welt eine keineswegs repräsentative Minderheit sind, beeinflussen sie das Bild des Islam über alle Maßen. Wir nennen sie »Takfiris«, was bedeutet »die, die andere beschuldigen, Abtrünnige zu sein«. Unwissenheit, Feindseligkeit und das perverse Versprechen, den Status eines Märtyrers zu erreichen, sind die Ingredienzien, mit denen sie ihre Ideologie verbreiten. Dabei haben sie einer über tausend Jahre alten Korangelehrsamkeit und der Tradition der Kommentierung der heiligen Schriften im Namen eines vermeintlich authentischen Arabien des 7. Jahrhunderts den Rücken gekehrt.

Takfiris sind aber nur ein kleiner Teil einer größeren fundamentalistischen Bewegung, der Salafijja. Der salafistischen Gedankenwelt zufolge muss man zu den »Grundlagen« des frühen Glaubens zurückkehren (das arabische Wort *salafi* bedeutet »Orientierung an den Vorfahren«); das heißt jedoch nicht, dass die Mehrheit der Salafisten den Terrorismus oder das Töten unschuldiger Zivilisten billigt. Die Takfiris hingegen erklären ihren Feinden den totalen Krieg und glauben, dass derjenige, der sich bei einem Selbstmordattentat umbringt, direkt in den Himmel auffährt. Für diesen Krieg ist ihnen jedes Mittel recht, und sie missachten auch die traditionellen islamischen Moralgesetze, die im Koran und in den Hadithen enthalten sind. Fast alle Muslime achten die alten Regeln, die im 7. Jahrhundert, in den Anfängen des Islam, vom ersten muslimischen Kalifen Abu Bakr al-Seddik aufgestellt wurden. Er verbot seinen Armeen, Frauen, Kinder oder alte Leute zu töten und Bäume zu fällen, die Früchte trugen. In seinem Regelwerk, einer Art »Genfer Konvention« der Muslime, heißt es:

> Ihr sollt nicht Verrat üben, noch missgünstig sein; ihr sollt nicht betrügen, niemanden verstümmeln; ihr sollt keine Kinder, alten Leute oder Frauen töten. Ihr sollt keine Bienenstöcke zerstören oder verbrennen und keine Frucht tragenden Bäume fällen; ihr sollt keine Schafe, Rinder oder Kamele abschlachten, es sei denn, um sie zu essen. Ihr werdet auf Menschen stoßen, die ihr Leben in Klöstern verbringen: Lasst ihnen die Dinge, denen sie ihr Dasein gewidmet haben.

Das Vorgehen der Takfiris hat nichts mit dem Islam und seiner Botschaft zu tun. Der Islam feiert das Leben, sie wollen es zerstören.

Die Takfiris haben sich von der Tradition der Nachsicht und des Mitgefühls abgewandt. Ihr Ziel ist es, Regierungen in der gesamten arabischen Welt mit Gewalt zu stürzen, um eine weltweite »islamische« Republik auszurufen. Um ihre Vorstellung vom Islam zu verwirklichen, töten sie nicht nur ihre Glaubensbrüder und verstoßen gegen die islamische Ethik, sondern zielen auch auf die Zerstörung der Welt, die von 99,99 Prozent aller Muslime bereitwillig angenommen wird.

Die Takfiri-Bewegung geht auf die Renaissance einer doktrinären dschihadistischen Tendenz im Ägypten der siebziger Jahre zurück. Die Anführer des Überfalls auf die Moschee in Mekka 1979 standen mit ihr in Verbindung, und später gingen viele Terrorgruppen aus ihr hervor, unter anderem auch al-Qaida. Takfiris werden angezogen von Kriegen, in denen Muslime angegriffen werden, und so strömten sie nach Afghanistan. Viele von ihnen, darunter Osama bin Laden, haben dort in den achtziger Jahren Krieg, Strategie, Tod und Terror im Kampf gegen die sowjetische Besatzungsarmee kennengelernt. Nach dem Ende dieses Konflikts kehrten Anfang der neunziger Jahre große Gruppen von Kämpfern in ihre Geburtsländer zurück, und sie brachten ihre neu erworbenen »Kenntnisse« mit.

In Jordanien verfolgen wir die Aktivitäten dieser Takfiris seit Jahren. Eine ganze Reihe von ihnen ging in den achtziger Jahren von hier nach Afghanistan, und in den neunziger Jahren waren sie auf den Schlachtfeldern Bosniens und Tschetscheniens zu finden. Mit drei Bataillonen oder über 3000 Soldaten leistete Jordanien in der Zeit von 1993 bis 1996 nach Frankreich und Großbritannien den drittgrößten Beitrag zum Truppenkontingent der Vereinten Nationen im ehemaligen Jugoslawien. Ein jordanischer General befehligte sogar die UN-Truppen in Kroatien. Als wir sahen, dass sich Takfiri-Kämpfer an dem Konflikt beteiligten, wussten wir, dass wir einer neuen und tödlichen Mischung aus Nationalismus, religiösem Extremismus und Gewalt gegenüberstanden.

Wir mussten nicht nur mit den Veteranen fertig werden, die aus Afghanistan nach Jordanien zurückkehrten und mit der sogenannten Armee des Propheten Mohammed in Verbindung standen, sondern auch mit ehemaligen Kämpfern aus Tschetschenien. In Jordanien lebt eine große tschetschenische Gemeinde, und einige von ihnen waren zusammen mit anderen Jordaniern aufgebrochen, um ihre Brüder im Krieg gegen die Russen, den sie als Dschihad betrachteten, zu unterstützen. So waren wir in den neunziger Jahren mit bestens ausgebildeten Mudschaheddin-Kämpfern aus Afghanistan und Tschetschenien konfrontiert. Und leider wussten manche Gruppen ihre neuen Fähigkeit nur zu gut einzusetzen: In der gesamten Region kam es zu Terroranschlägen.

Als sich zu Beginn des 21. Jahrhunderts eine größer angelegte Terrorkampagne abzeichnete, wussten wir genau, mit wem wir es zu tun hatten. Entsetzt über die Brutalität der Anschläge, warfen im Westen viele Menschen alle Muslime in einen Topf und bezeichneten sie als »Islamo-Faschisten«, »islamische Extremisten« oder Ähnliches. Doch solche Etikettierungen beleidigen den Glauben und die Intelligenz von 23 Prozent der Weltbevölkerung. Ich sage meinen Freunden im Westen immer wieder: »Lasst euch von dem vorgetäuschten religiösen Glauben der Takfiris nicht beeindrucken. Diese Leute sind schlicht und einfach Mörder. Achtet darauf, dass ihr nicht alles über einen Kamm schert und es so hinstellt, als wäre die gesamte muslimische Welt dafür verantwortlich.«

Im Sommer 2000 wurde ich zum ersten Mal selbst von al-Qaida bedroht. Ich hatte mich zu einem Kurzurlaub mit meiner Familie entschlossen, und wir hatten uns die griechischen Inseln ausgesucht. Am 22. Juni 2000 flog ich mit meinem damals fünfjährigen Sohn Hussein und meiner dreijährigen Tochter Iman von Amman nach Rhodos. Rania, die mit Salma schwanger war, sollte am nächsten Tag zu uns stoßen. Außerdem begleiteten uns mein Bruder Ali als Leiter meiner Personenschutztruppe, und zwei meiner Schwestern.

Beim Landeanflug auf den Diagoras-Flughafen betrachtete ich die felsigen Berge und die alten Gebäude unter mir. Die historisch höchst bedeutsame Insel – in der Antike Heimat eins der ursprünglichen Sieben Weltwunder, des Kolosses von Rhodos, einer riesigen Statue, die am Hafen stand – war nicht unberührt geblieben von den Konflikten im Nahen Osten. Sie hatte einst zu Byzanz gehört, war im 7. Jahrhundert von dem muslimischen Krieger Muawijah erobert worden und vier Jahrhunderte später im ersten Kreuzzug wieder Byzanz zugefallen. Danach wurde sie von wüsten Kreuzrittern regiert, bis diese schließlich im 16. Jahrhundert vom osmanischen Herrscher Suleiman dem Prächtigen vertrieben wurden. 1949 war die Insel Schauplatz der Friedensverhandlungen zwischen meinem Urgroßvater Abdullah I. und den Staatsführern von Israel, Ägypten, dem Libanon und Syrien. Die Gespräche führten zu Waffenstillstandsvereinbarungen zwischen dem neu gebildeten Staat Israel und seinen arabischen Nachbarn.

Wir fuhren zum Hafen, wo wir eine Jacht bestiegen, die mir ein saudischer Freund zur Verfügung gestellt hatte, ein schönes, 54 Meter langes Schiff mit einem dunkelblauen Rumpf und einem weißen Deckaufbau. Noch am selben Nachmittag setzten wir die Segel und glitten über das klare blaue Wasser des Mittelmeers. Ein Schiff der griechischen Küstenwache folgte uns in diskreter Entfernung. Da wir am nächsten Tag Rania abholen wollten, fuhren wir nicht zu weit hinaus, sondern segelten nur an der Küste entlang bis zur Stadt Lindos.

Bei der Einfahrt in den Hafen konnten wir die Ansammlung weißer Häuser sehen, die sich am Fuß eines riesigen Felsens duckten. Als wir anlegten, kamen ein paar Schaulustige. Wir verbrachten einen friedlichen Abend in dieser kleinen Inselstadt. Am nächsten Morgen fuhren wir zurück, um Rania abzuholen.

Da wir noch ein paar Stunden Zeit hatten, ließen Ali und ich die Kinder bei ihren Tanten, mieteten uns zwei Harley-Davidsons und erkundeten die Insel. Nach einer Fahrt über staubige Straßen und durch kleine Dörfer kehrten wir rechtzeitig zu Ranias Ankunft zurück. Kurz darauf setzten wir erneut die Segel und fuhren nach Halki, einer kleinen Insel mit nur dreihundert Einwohnern. Wir hatten vor, zwei Tage durch die griechische Inselwelt zu segeln und auf Symi, Tilos, Nisyros und schließlich Santorin Station zu machen, das für seine schwarzen Vulkanstrände und blendend weißen Häuser bekannt ist.

Als ich mich gegen fünf Uhr nachmittags mit meiner Frau und meinen Kindern auf Deck entspannte und die herrliche Ansicht genoss, erhielt ich einen Anruf aus Amman. Ich ging unter Deck, wo sich das Kommunikationszentrum befand, und nahm den Telefonhörer ab. Es war der Chef des Geheimdienstes. »Wir haben Berichte, wonach eine Gruppe von al-Qaida-Attentätern einen Anschlag auf Ihr Schiff plant, wenn Sie in Santorin eintreffen«, teilte er mir mit. »Sie müssen sofort umkehren.«

Er erklärte mir, die Terroristen hätten vor, unsere Jacht mit Panzerabwehrraketen anzugreifen. Es handele sich womöglich um ein Selbstmordattentat, denn eventuell würden sie an unsere Jacht heranfahren und dann ihr Schiff sprengen, um unseres zu zerstören. (Diese Methode wurde vier Monate später, am 12. Oktober, von Selbstmordattentätern angewandt, die den Zerstörer USS Cole im Hafen von Aden angriffen, wobei 17 Seeleute ums Leben kamen.)

Als Ehemann und Vater war ich wütend über die Bedrohung meiner Familie durch die Terroristen. Mein erster Impuls war zurückzuschlagen, aber dann kam ich mit meinem Bruder Ali überein, dass wir am besten diese Gewässer so schnell wie möglich verließen.

Wir wollten keine Panik an Bord auslösen und mussten deshalb einen triftigen Grund für die plötzliche Änderung der Reiseroute erfinden. Da Rania schwanger war, erklärten wir der Mannschaft, es gebe bei ihr Komplikationen, wir müssten die Kreuzfahrt abbrechen und nach Rhodos zurückkehren. Wir gaben dem Flughafen Bescheid, und als wir den Hafen erreichten, stand unsere Maschine bereits auf dem Rollfeld. Sobald wir in der Luft waren, rief ich den Chef des Geheimdiensts an und bat ihn, die griechischen Sicherheitskräfte über seine Kenntnisse zu informieren. Wir kamen nie dahinter, wie al-Qaida herausgefunden hatte, dass ich mich in Griechenland aufhielt, vermuteten aber, dass ein lokaler Gewährsmann die Informationen weitergegeben hatte. Aufgrund der Vermittlerrolle Jordaniens, seiner Bemühungen um den Frieden und der Förderung einer Kultur der Toleranz zwischen Angehörigen verschiedener Gesellschafts- und Glaubensrichtungen betrachtete mich al-Qaida als Feind.

Zu diesem Zeitpunkt waren wir schon mehrere Jahre gegen al-Qaida vorgegangen und hatten mit unseren Verbündeten zusammengearbeitet, um ihren Anschlägen in der gesamten Region ein Ende zu setzen. Womöglich hatte das die Terroristen zu ihren Attentatsplänen gegen mich veranlasst. Dabei handelte es sich nicht um eine persönliche Angelegenheit, vielmehr hatten sie ein größeres Ziel im Auge. Das Geschlecht der Haschemiten hat in der arabischen und muslimischen Welt stets Respekt genossen, doch unsere traditionelle Mittlerrolle, gepaart mit unserer Offenheit dem Westen gegenüber, hat uns schon oft zur Zielscheibe von Extremisten gemacht. Sie hatten gehofft, wenn sie mich umbrächten, könnten sie neunzig Jahre haschemitischer Herrschaft in Jordanien und die mehr als tausend Jahre währende Führungsrolle der Haschemiten in Arabien beenden. Es gehört zu den Zielen al-Qaidas, alle arabischen Regierungen zu stürzen und sie durch ein fanatisches Regime nach ihren ganz eigenen Vorstellungen zu ersetzen.

Der Keim des gewalttätigen Radikalismus von al-Qaida wurde durch drei Ereignisse in unserer Region im turbulenten Jahr 1979 gelegt, Ereignisse, die noch Jahrzehnte später nachwirken sollten. Im Januar 1979 floh der Schah von Persien vor der sich abzeichnenden Revolution. An seine Stelle trat Ajatollah Khomeini, der die Islamische Republik Iran ins Leben rief. Die islamische Revolution im Iran ermutigte radikale Kräfte in der gesamten Region und gab ihnen Auftrieb. Dann stürmten am 20. November mehrere hundert Radikale die Große Moschee in Mekka. Die Einnahme der heiligsten Stätte des Islam durch eine Gruppe bewaffneter Extremisten schockierte die muslimische Welt. Ihr Anführer, ein Saudi namens Dschuhaiman al-Utaibi, erklärte, die saudische Regierung sei korrupt und unislamisch, und der Mahdi – ein Nachkomme des Propheten Mohammed und Anführer, dessen Ankunft prophezeit und erwartet wurde – sei gekommen, um die Herrschaft im Land zu übernehmen. Schließlich konnten die Rebellen aus der Moschee vertrieben werden, und Dschuhaiman und viele seiner

Mitverschwörer wurden öffentlich enthauptet. Die Rebellion war zwar vorbei, doch ihre Folgen sollten noch lange zu spüren sein.

Einer der von Dschuhaiman beeinflussten radikalen Islamisten war der Palästinenser Isam Mohammed Taher Barkawi, eher bekannt unter dem Namen Abu Mohammed al-Makdisi, der Dschuhaimans Kritik an der saudischen und anderen arabischen Regierungen aufgriff. Der im Westjordanland geboren Makdisi war Ende der achtziger Jahre in Afghanistan gewesen und wurde als führender Theoretiker später zu einer Schlüsselfigur in der dschihadistischen Salafistenbewegung in Jordanien und zum Mentor von Abu Musab al-Sarkawi, den er auf den Weg brutaler Gewalt im Namen der Religion führte.

Nach dem Ende der Moscheebesetzung in Mekka kam es zu dem dritten folgenschweren Ereignis in jenem Jahr: Sowjetische Panzer rollten nach Afghanistan. Dieser Angriff auf ein muslimisches Land erregte den Zorn von Kämpfern in der gesamten muslimischen Welt. Damals wollten manche, dass Jordanien eingreife. So sagte einer meiner amerikanischen Freunde, der kurz zuvor seinen Abschied von der Armee genommen hatte, bei einem Besuch, er komme soeben aus Afghanistan und wünsche sich, dass Jordanien eine Gruppe von Mudschaheddin ausbilde. Ich entgegnete, darüber könne ich nicht entscheiden, da ich nur ein untergeordneter Offizier sei. Aber ich würde die Anfrage an meinen Vater weiterleiten.

»Auf keinen Fall«, sagte mein Vater. Seiner Ansicht nach war es höchst gefährlich, religiösen Eifer und die Politik des Kalten Krieges miteinander zu vermischen. Außerdem befürchtete er, mit einem Eingreifen in den Konflikt würden wir zum Rivalen der Sowjets, und dies könne nicht im Interesse Jordaniens sein.

Eine muslimische Gruppe, die im Afghanistankrieg an vorderster Front stand, war die Salafistenbewegung. Sunniten und Schiiten interpretieren den Islam mehrheitlich auf der Grundlage einer langen historischen Tradition der Gelehrsamkeit sowie einer Sammlung grammatischer, linguistischer und etymologischer Studien. Und in dieser Tradition studieren die religiösen Führer, die Imame, Jahre, manchmal sogar Jahrzehnte die bis zu mehr als tausend Jahre alten Schriften. Bei der Verkündung eines religiösen Edikts oder einer juristischen Stellungnahme, einer Fatwa, liefern sie in der Regel eine differenzierte Interpretation islamischen Denkens, die auf der Weisheit und den Kenntnissen ihrer Vorgänger beruht. Die Salafistenführer aber missachten diese Tradition der Gelehrsamkeit und lassen keine Vielfalt der Lehrmeinungen im islamischen Denken zu. Stattdessen beharren sie darauf, dass sie als Einzige den Islam richtig verstehen, und dieses Verständnis beruht auf ihrer eigenen Interpretation des Koran. Problematisch an dieser Auffassung ist unter anderem, dass sie sich einer Überprüfung durch den Mehrheitsglauben entzieht und keine anderen Lehrmeinungen duldet. Eine solche Haltung kann, wenn sie von bestimmten Leuten übernommen wird, sehr gefährlich sein.

Die Takfiris gehen noch einen Schritt weiter und missbrauchen dieses alles andere ausschließende Denken, um ihre verzerrte Version des Islam zu rechtfertigen. Sie glauben sich im Recht, wenn sie Abtrünnige umbringen und diejenigen, die ihrer Doktrin widersprechen, als abtrünnig denunzieren. Sie töten, wann und wo immer sie die Gelegenheit dazu haben.

Am frühen Morgen des 28. Oktober 2002 trat Laurence Foley, ein ranghoher Mitarbeiter der Entwicklungshilfeorganisation der Vereinigten Staaten (USAID) aus seinem weißen Kalksteinhaus in einem Vorort von Amman, um zur Arbeit zu fahren. Als er zu seinem Wagen ging, sprang ein Schütze dahinter hervor und feuerte acht Schüsse aus einer 7-mm-Pistole auf ihn ab. Während der Attentäter mit einem wartenden Fluchtfahrzeug entkam, fand Foleys Frau ihren Mann in einer Blutlache auf der Straße liegend.

Der Chef des Geheimdiensts rief mich an und sagte: »Soeben wurde ein Attentat auf einen amerikanischen Diplomaten verübt.« Ich war wütend über diesen schrecklichen Anschlag auf einen Gast unseres Landes und befahl umgehende Maßnahmen, um die Täter ausfindig zu machen.

Am nächsten Tag fuhr ich zur US-Botschaft, um Foleys Witwe Virginia mein Beileid auszusprechen. Ich versicherte ihr, dass wir den Mörder ihres Mannes aufspüren würden. Zwei Monate später, im Dezember 2002, nahmen die jordanischen Sicherheitskräfte den Schützen, einen Libyer, und den Fahrer des Fluchtwagens, einen Jordanier, fest.

Als unsere Sicherheitskräfte weitere Nachforschungen anstellten, zeigte sich, dass der Anschlag vom Ausland aus gesteuert worden und der führende Kopf Abu Musab al-Sarkawi gewesen war. Nach langwierigen Ermittlungen und einem sich hinziehenden Prozess verurteilte ein jordanisches Gericht im Frühjahr 2004 acht Männer wegen der Ermordung Laurence Foleys zum Tode, sechs davon in Abwesenheit, darunter auch Sarkawi. Die beiden Männer, die sich in jordanischem Gewahrsam befanden, der Schütze und der Fahrer des Fluchtwagens, wurden hingerichtet.

So schrecklich diese Tat war, so war sie doch nur das Vorspiel zu einer viel größeren Welle der Gewalt, die bald über den Nahen Osten hereinbrechen sollte. Anfang April 2004 fingen jordanische Sicherheitskräfte in Irbid, einer Stadt an der syrischen Grenze, drei LKW ab, die mit Sprengstoff beladen waren. Der Geheimdienst setzte alles daran, herauszubekommen, wer die Drahtzieher dieses Transports waren und welche Absicht dahintersteckte. Erfreulicherweise stellte sich heraus, dass sich einer der Verschwörer, ein Jordanier namens Asmi Dschajusi, noch im Land aufhielt. Er versteckte sich mit einer unbekannten Anzahl von Mitverschwörern in einer Wohnung im Ammaner Stadtteil Marka. Ich erteilte einem Team der Spezialeinheit den Befehl, Dschajusi möglichst lebend zu fassen. Wir mussten in Erfahrung bringen, ob seine Zelle allein operierte oder noch andere darauf warteten zuzuschlagen.

Dschajusi hatte sich in einer Wohngegend neben einer Schule verschanzt. Das Team der Spezialeinheit beschloss, bei Nacht vorzugehen, um das Risiko, dass Zivilisten in den zu erwartenden Schusswechsel gerieten, möglichst gering zu halten. Am Morgen des 20. April 2004 bezog ein Team aus dem 71. Bataillon auf der Straße unterhalb der Wohnung Stellung. Die hervorragend ausgebildeten Antiterrorkämpfer wurden von regulären Polizeikräften unterstützt.

Als einer der Polizisten an die Tür klopfte, empfing ihn eine Maschinengewehrsalve. Sechs Soldaten der Spezialeinheit stürmten die Wohnung, erwiderten das Feuer und töteten den Terroristen, der auf sie schoss. Rasch drang ein zweites Team in die Wohnung vor. Ihm gelang es, den schwer bewaffneten Dschajusi, seine Frau und seine drei Kinder lebend zu fassen. Außerdem entdeckten sie in der Wohnung Sprengstoff, mehrere tausend Dollar und jordanische Dinar sowie gefälschte Pässe.

Beim Verhör erklärte Dschajusi, der Rädelsführer sei Abu Musab al-Sarkawi, den er im Afghanistankrieg kennengelernt habe. Außerdem verriet er, dass es in Amman noch zwei weitere Zellen gebe, die Anschläge planten. Den Aufenthaltsort der zweiten Zelle kannte er nicht, aber ein gewiefter Kommandant der Spezialeinheit forderte ihn auf, deren Anführer anzurufen und ein Treffen zu vereinbaren. So konnte ihn ein Team abfangen. Er wurde festgenommen und führte die Soldaten zu seiner konspirativen Wohnung, wo schließlich auch der Anführer der dritten Zelle verhaftet wurde.

Wenige Tage später sahen die Jordanier ungläubig und voller Entsetzen im Fernsehen, wie die Terroristen bei ihrem Geständnis die Einzelheiten ihrer Pläne offenlegten. Sie hatten Anschläge auf die US-Botschaft, das Büro des Premierministers und das Hauptquartier des Inlandsgeheimdienstes GID geplant, und zwar unter Verwendung einer Mischung aus konventionellem Sprengstoff und tödlichen Chemikalien. Dschajusi hatte in einem der Lager bin Ladens in Afghanistan Sprengstoffkenntnisse erworben und eine Technik entwickelt, um mit einer Mischung aus konzentriertem Sauerstoff und zermahlenem Schwarzkümmel eine Substanz mit einer Sprengkraft herzustellen, die stärker war als TNT. Er hatte gehofft, damit Tausende von Menschen töten zu können.

Wenige Tage später, am 29. April, gingen etwa hunderttausend Jordanier, darunter auch meine Frau Rania, in Amman auf die Straße, um zu protestieren. »Terroristen, raus aus Jordanien« skandierend und Trommeln schlagend marschierten die Demonstranten vor das Parlament und verbrannten dort Bilder von bin Laden, Sarkawi, Dschajusi und dessen Komplizen.

Die nachfolgende Gerichtsverhandlung verlief chaotisch. Die Terroristen störten das Verfahren und weigerten sich, die Autorität des Gerichts anzuerkennen. Einmal zog Dschajusi seine Schlappen aus und bewarf damit den Richter. Er schrie, Abu Musab al-Sarkawi werde ihm den Kopf abschneiden, und nannte die Versammelten »Feinde Gottes«.

Am Schluss wurden Dschajusi und seine Mitverschwörer zum Tode verurteilt, genauso wie Sarkawi, dieser allerdings erneut in Abwesenheit. Als das Urteil verlesen wurde, rief einer der Terroristen: »Bin Ladens Gefolgschaft wächst, wir werden wiederkommen!«

# Kapitel 22
# Jordaniens 9/11

Der 9. November 2005 sollte der glücklichste Tag in Nadia Alamis Leben sein. Am Abend würde es aus Anlass ihrer Hochzeit mit ihrem langjährigen Freund Aschraf Da'as im Radisson-SAS-Hotel in Amman ein Fest geben. Die beiden hatten sich drei Jahre zuvor bei der Arbeit in einem Krankenhaus der Stadt kennengelernt und rasch ineinander verliebt. Nun waren ihre Familien und Freunde von überall auf der Welt zusammengekommen, um mit ihnen zu feiern. Gegen neun Uhr betraten Braut und Bräutigam die Eingangshalle und schritten unter Hochrufen und Beifall an ihren Gästen vorbei. Nadia trug ein wunderschönes weißes Kleid mit einem fließenden Schleier, Aschraf einen dunklen Anzug und eine rote Krawatte.

Sie waren erst eine knappe Stunde zuvor getraut worden, und mit dem Fest wollten sie den Beginn ihres gemeinsamen Lebens einläuten. Doch Abu Musab al-Sarkawi hatte ihnen etwas anderes zugedacht.

Zwei irakische Selbstmordattentäter, Ehemann und Ehefrau, hatten sich mit Sprengstoffwesten voller aufgebrochener Kugellager unter der Kleidung und jeder auf einer anderen Seite des Raumes unter die Gäste gemischt. Als Nadia und Aschraf auf die Tür zutraten, begann die Band zu spielen.

In diesem Augenblick zündete der Mann seine Weste. Die Kugellager schossen mit tödlicher Kraft durch den Ballsaal, töteten den Vater der Braut auf der Stelle und fügten dem Vater des Bräutigams tödliche Verletzungen zu. Bei der Weste der Attentäterin versagte die Zündung, und die Frau floh.

Insgesamt starben bei dem Anschlag 27 Gäste, 16 von ihnen waren Verwandte Aschrafs. Braut und Bräutigam verloren ihre Väter.

Zur gleichen Zeit wurden in zwei nahe gelegenen Hotels, dem Grand Hyatt und dem Days Inn, ebenfalls Attentate verübt, bei denen 33 weitere Menschen umkamen. Insgesamt forderten die Anschläge jenes Abends 60 Opfer, davon waren 36 Jordanier. Unter den Toten befand sich auch Mustafa Akkad, ein prominenter syrischer Filmemacher mit US-amerikanischer Staatsbürgerschaft, der den Streifen *Mohammed – der Gesandte Gottes*, einen Film über die ersten Tage des Islam, produziert hatte. Dem internationalen Publikum ist Akkad wahrscheinlich eher als Produzent von Teilen der *Halloween*-Filmreihe bekannt.

Zur Zeit des Anschlags befand ich mich zu einem Staatsbesuch in Kasachstan. Kurz nach dem Dinner erhielt ich einen Anruf aus Amman. Als ich erfuhr, was passiert war, verspürte ich in meinem Magen einen kalten Stich. Früher oder später, so hatte ich stets befürchtet, seit wir den Kampf gegen die Takfiris aufgenommen hatten, würden sie auch bei uns einen Anschlag verüben. Aber darauf war ich nicht vorbereitet.

Ich entschuldigte mich und ließ sofort mein Flugzeug bereitstellen. Es war eine quälende Heimreise. Als wir gegen fünf Uhr am nächsten Morgen in Jordanien landeten, fuhr ich umgehend zu den Schauplätzen der Anschläge. Beim Anblick der schrecklichen Verwüstungen verwandelte sich meine Trauer in Zorn. »Wie konnten sie uns das antun?«, dachte ich. Diese Mörder hatten bei einer Hochzeitsfeier unschuldige Menschen umgebracht. Und es wäre meine Pflicht als Staatsoberhaupt gewesen, sie zu schützen. Ich war entschlossen, die Schuldigen ausfindig zu machen. Nachdem ich den trauernden Familien mein Beileid ausgesprochen hatte, besuchte ich die Verwundeten, die in verschiedenen Krankenhäusern lagen. Eines der Opfer war der Sohn eines engen Freundes.

Einem großen Land wie den Vereinigten Staaten mögen sechzig Menschenleben nicht viel erscheinen, für Jordanien aber war es ein verheerender Schlag, durchaus vergleichbar mit dem Verlust von dreitausend Menschen bei einem Anschlag in Amerika. Die psychischen Auswirkungen auf die jordanische Bevölkerung waren dramatisch. Dies war der Punkt, an dem sie sich endgültig gegen al-Qaida und ähnliche Gruppierungen wandte. Wie in den meisten Teilen der Welt setzen wir bei der Datumsangabe den Tag vor den Monat, sodass sich der Tag des Anschlags, der 9. November, bei uns 9/11 schreibt. Darüber hinaus war 9/11 in vielerlei Hinsicht für Jordanien ebenso ein Wendepunkt wie für die Vereinigten Staaten.

Der Anführer von al-Qaida im Irak, Abu Musab al-Sarkawi, übernahm die Verantwortung für die Bombenattentate. »Nach reiflicher Überlegung und Beobachtung der Ziele«, erklärte er, »wurden als Hinrichtungsstätte Hotels ausgewählt, die der jordanische Despot in einen Hinterhof für die Feinde des Glaubens, für Juden und Kreuzritter, verwandelt hat.« Doch im krassen Gegensatz zu ihrer Behauptung, Feinde des Islam getroffen zu haben, hatten die Terroristen wahllos Dutzende unschuldiger Jordanier und andere ebenso unschuldige Menschen unterschiedlicher Nationalität ermordet.

Das jordanische Volk wollte den hasserfüllten Anschlag Sarkawis nicht hinnehmen. Schon am Nachmittag versammelten sich Demonstranten vor dem Radisson-Hotel, schwangen jordanische Flaggen und riefen: »Verbrenne in der Hölle, Sarkawi!« Nächtelang hielten junge Jordanier Wache und sprachen Gebete.

Ich war voller Zorn und sagte am 10. November in einer Rede an die Nation: »Eins muss allen klar sein: Wir werden diese Terroristen und ihre Helfer jagen. Wir werden sie finden, wo immer sie sich aufhalten, und vor Gericht stellen.« Bis dahin hatte Jordanien eine Politik der Nichteinmischung in die Angelegenheiten anderer Länder verfolgt, doch das sollte sich nun ändern. Ich beschloss, dass wir, sobald wir erfuhren, dass uns eine Terroristengruppe im Visier hatte, zuschlagen würden, bevor sie uns treffen konnte. Deshalb bestellte ich Vertreter des Geheimdiensts, des Militärs und der politischen Führung ein und erklärte ihnen: »Wir werden in die Offensive gehen. Was Sarkawi getan hat, ist verwerflich. Jetzt wird es ernst, und ich möchte, dass Sie ihn kriegen.« Zunächst versuchten wir, bei den Irakern mehr Informationen zu bekommen. Wenn die irakische Regierung bereit war, uns zu helfen, umso besser. Wenn nicht, so waren wir bereit, auch im Alleingang zu handeln.

Unter Saddam Hussein war der Irak ein abgeschottetes Land gewesen, und unser Geheimdienst hatte dort nur unter Schwierigkeiten Operationen durchführen können. Nach der Invasion unter der Führung der USA, als der Staat in Auflösung begriffen war, dauerte es eine Weile, bis wir unsere Leute hinschicken konnten. Aber wir wussten, dass sich Sarkawi im Irak aufhielt. Deshalb stellten wir den US-Spezialeinheiten jordanische Ermittler zur Verfügung. Die Jordanier besaßen detailliertere Kenntnisse über die Gewohnheiten der Takfiris und konnten daher Verdächtige leichter identifizieren. Viele Takfiris tragen eine besondere Kleidung und zeigen ein bestimmtes Verhalten, sodass unsere Leute wussten, wonach sie Ausschau halten mussten, und die Amerikaner bei der Suche unterstützen konnten.

Sarkawi hatte erklärt, es habe sich um einen Anschlag auf das jordanische Regime gehandelt. Aber das stimmte nicht, und die Jordanier brachten klar und deutlich zum Ausdruck, dass sie die Ermordung von Gästen einer Hochzeitsfeier als barbarischen, grausamen Akt betrachteten, nicht als politische Tat. Sarkawi hatte Jordanien den Krieg erklärt. Jetzt würden wir ihn uns holen.

Sarkawi, mit Geburtsnamen Ahmed Fadil Nazzal Khalailah, war in der Stadt Sarka aufgewachsen, knapp dreißig Kilometer nordwestlich von Amman. Bis Anfang zwanzig schlug er sich als Dieb und Kleinkrimineller durchs Leben, dann ging er nach Afghanistan, um sich am Krieg gegen die sowjetischen Besatzungstruppen zu beteiligen, die zu diesem Zeitpunkt, 1989, allerdings bereits wieder abzogen. Er legte sich den Decknamen »al-Sarkawi« zu, was »der aus Sarka« bedeutet, und lernte Osama bin Laden und andere Radikale kennen. Nach seiner Rückkehr nach Jordanien Anfang der neunziger Jahre gründete er die lokale Terroristengruppe Bai'at al-Emam, doch bevor er Anschläge verüben konnte, wurde er festgenommen und zu lebenslänglicher Haft verurteilt.

Im Gefängnis lernte Sarkawi den führenden Kopf der radikalen Takfiri-Bewegung, Abu Mohammed al-Makdisi, kennen, der seine Mordgelüste anstachelte. Später übte Makdisi Kritik an Sarkawi, und die beiden Männer überwarfen sich. Im Jahr 1999 wurde Sarkawi kurz nach meiner Thronbesteigung im Zuge einer Generalamnestie aus dem Gefängnis entlassen, was sich als schwerwiegender Fehler herausstellen sollte. Bald darauf ging er wieder nach Afghanistan, wo er von bin Laden finanziell und moralisch unterstützt wurde. Nach dem Einmarsch der USA in Afghanistan im Oktober 2001 kehrte er in den Nahen Osten zurück, um erneut Anschläge zu verüben.

Sarkawi ließ sich in den Kurdengebieten im Norden des Irak nieder und schloss sich mit der dortigen Terroristengruppe Ansar al-Islam zusammen, die enge Verbindungen zu al-Qaida unterhielt. Gemeinsam mit dieser Gruppe und al-Qaida-Kämpfern, die mit ihm aus Afghanistan zurückgekehrt waren, begann er, mit Giftstoffen wie Zyanid und Ricin zu experimentieren und diese Stoffe an Tieren zu testen, um zu sehen, wie sie wirkten. Um seinen Wirkungsbereich und seinen Einfluss auszudehnen, schickte er Terroristen aus seinem Lager zu Anschlägen in ganz Europa, zum Beispiel in Italien, Deutschland und Großbritannien. Viele der Täter wurden festgenommen und verrieten Sarkawis Namen. Damals wusste er noch nicht, dass sich ihm bald eine viel bessere Gelegenheit bieten würde.

Als die Amerikaner 2003 in den Irak einmarschierten, jubelte al-Qaida. Osama bin Laden war hocherfreut, denn er ging davon aus, dass dies die Region zwangsläufig destabilisieren und seine Anhänger in die Lage versetzen würde, ins Herz der arabischen Welt vorzudringen und dort eine Basis zu errichten. Aber er war nicht der Einzige, der seine Chance gekommen sah, Chaos und Verderben zu verbreiten. Auch Sarkawi erkannte die Möglichkeit, das durch die Invasion entstandene Machtvakuum auszunutzen, und dehnte seine Aktivitäten aus. Seine Methoden wurden immer brutaler, er schien keine Grenzen mehr zu kennen und versuchte, durch extreme Gewalt politischen Einfluss zu gewinnen.

Am 11. Mai 2003 wurde auf einer militanten Website ein Video mit dem Titel »Scheich Abu Musab Sarkawi schlachtet eigenhändig einen amerikanischen Ungläubigen und verspricht Bush weitere Anschläge« gepostet. Der Film zeigte den jungen amerikanischen Geschäftsmann Nicholas Berg in einem orangefarbenen Overall, wie er vor fünf schwarz gekleideten, mit Skimützen maskierten Männern kniet. Die Männer verlasen eine Erklärung, dann enthauptete einer von ihnen Berg mit einem Messer. Dabei rief der Täter: »Gott ist groß!«

Aus den Barbaren Sarkawi und seinen Männern waren Tiere geworden. Ihre Tat war unfassbar und abscheulich, und ich begriff nicht, wie sie sich als Verteidiger irgendeiner Sache, schon gar des Islam, hinstellen konnten. Sarkawi beging weitere Gräueltaten, verübte Bombenanschläge auf heilige Stätten der Schiiten, um die Flammen des Bürgerkriegs zu schüren, und enthauptete auch noch weitere Zivilisten.

Im Oktober 2004 verkündete Sarkawi auf einer extremistischen Website, er werde seine Terrorgruppe mit al-Qaida vereinen: »Wir geben bekannt, dass die Gruppe Der Eine Gott und Dschihad, ihr Fürst und ihre Soldaten dem Scheich der heiligen Krieger, Osama bin Laden, Treue geschworen haben.« Danach nahm er verstärkt Jordanien ins Visier. In den Jahren 2004 und 2005 vereitelten unsere Sicherheitskräfte über 150 von Sarkawis al-Qaida-Gruppe und anderen Takfiri-Extremisten geplante Anschläge. Aber wir konnten sie nicht völlig unschädlich machen.

Im August 2005 drangen Mitglieder der irakischen al-Qaida in Jordanien ein und feuerten vom Hafen von Akaba im Süden des Landes Raketen auf ein amerikanisches Kriegsschiff ab. Im November schließlich folgte der Anschlag auf die drei Hotels in Amman. Dies war allerdings nicht nur eine unvorstellbare Gräueltat, sondern auch ein großer taktischer Fehler.

Die Gäste der Luxushotels sind in den meisten Hauptstädten des Nahen Ostens vornehmlich Ausländer, Geschäftsleute aus dem Westen und Staatsgäste, und Sarkawi wollte mit den Bombenattentaten vermutlich Amerikaner oder Israelis treffen. Aber in Jordanien werden die Fünfsternehotels viel häufiger von unseren eigenen Landsleuten als von Ausländern frequentiert. Sogar die Kellner sind eher Jordanier als ausländische Arbeitskräfte. Daher waren die Anschläge wie ein Weckruf. Schwer getroffen durch den Zorn, der sich nun über ihn ergoss, änderte Sarkawi seine Strategie. Auf einem Tonband, das in der folgenden Woche auftauchte, bedrohte er mich persönlich: »Dein Stern verblasst. Du, der Sohn von Verrätern, wirst deinem Schicksal nicht entrinnen. Unsere Hände reichen bis zu dir, und wir können dir den Kopf abschlagen.«

In jenem Winter und im Frühjahr 2006 schickten wir etliche jordanische Geheimdiensteinheiten und -agenten in den Irak, die versuchen sollten, Informationen über Sarkawis Versteck zu bekommen. Schnell gelang es ihnen, ein Netzwerk von Quellen und Informanten aufzubauen. Bei der Suche nach Hinweisen tauschten wir uns mit einem sunnitischen Stamm aus, der Kontakt zu den Aufrührern hatte. Im April 2006 veröffentlichte Sarkawi im Internet ein Propagandavideo, das unseren Leuten die Möglichkeit gab, die Landschaft im Hintergrund zu analysieren und so seinen Aufenthaltsort zu identifizieren. Außerdem gelang es uns, einen Informanten aus dem inneren Kreis Sarkawis zu gewinnen, der zum richtigen Zeitpunkt ein wichtiges Detail lieferte. Er stand mit drei Kurieren in Kontakt, denen Sarkawi besonders vertraute und die den Terroristen persönlich trafen, um geheime Botschaften in Empfang zu nehmen oder abzuliefern.

Wir arbeiteten eng mit den Amerikanern zusammen und waren unserem Ziel mehrmals verlockend nah. Einmal wurde Sarkawi durch den Lärm sich nähernder Bradley-Panzer gewarnt und konnte mit einem Moped fliehen, bevor die amerikanischen Soldaten eintrafen. Ein anderes Mal sprang er aus dem Fenster und entkam. Aber wir waren ihm dicht auf den Fersen.

Im Mai 2006 teilten uns die Amerikaner mit, Sarkawi habe vor, sich mit seinem geistlichen Berater, Scheich Abdel Rahman, zu treffen. Da wir hofften, dass Rahman unsere Männer zu Sarkawi führen würde, überwachten wir daraufhin jeden seiner Schritte.

Am 7. Juni konnten amerikanische Truppen den Scheich in einem Haus bei Bakuba knapp fünfzig Kilometer nordwestlich von Bagdad aufspüren. Ein Team der Delta-Force bezog in einem nahegelegenen Gebüsch Stellung, um zu beobachten, was dort vor sich ging. Wir hatten unseren Informanten gebeten, besonders wachsam zu sein, und er hatte uns mitgeteilt, Sarkawi und einer seiner Kuriere befänden sich in dem Haus.

Als die Dämmerung nahte, forderte ein Kommandosoldat aus Sorge, der Terrorist könne erneut entkommen, einen Luftangriff an. Kurz darauf warfen zwei F-16-Kampfjets der US-Luftwaffe zwei 5-Zentner-Bomben auf das Haus ab. Amerikanische und irakische Soldaten zogen Sarkawi noch atmend aus den Trümmern, doch kurz darauf starb er.

Endlich war den Familien seiner Opfer Gerechtigkeit widerfahren. Sarkawi würde nie mehr jemandem Schaden zufügen. Seine Frau und seine Familie wurden im Juni 2009 an der syrisch-jordanischen Grenze gefasst. Um den Gegensatz zwischen gewalttätigen Extremisten und der zivilisierten Welt deutlich zu machen, ließen wir sie allerdings laufen.

Im Zuge der weltweiten Anstrengungen, unschuldige Menschen vor Terrororganisationen zu schützen, hatte Jordanien schon lange mit befreundeten Ländern zusammengearbeitet. Doch erst angesichts der wachsenden terroristischen Bedrohung gibt es in der internationalen Kooperation im Kampf gegen al-Qaida die notwendige Intensität und Koordination. Unser Geheimdienst war der Erste, der in al-Qaida-Kreise eindrang, lange bevor die internationale Gemeinschaft die Terrororganisation im Visier hatte, sodass wir detaillierte Kenntnisse über ihr Vorgehen gewannen. Im Kampf gegen den Terrorismus haben wir dieses Wissen allen Verbündeten zur Verfügung gestellt. Ich bin stolz darauf, sagen zu können, dass wir einen wichtigen Beitrag zur Rettung der Leben Unschuldiger in unserer Region und darüber hinaus geleistet haben. Wir setzen unsere Zusammenarbeit mit anderen Geheimdiensten fort und tauschen Informationen mit ihnen aus – es ist eine Partnerschaft, die unser Volk und unsere Interessen mit zunehmender Effizienz vor terroristischen Organisationen zu schützen vermag.

Obwohl wir einen wichtigen Sieg errungen haben, werden wir in diesem Kampf jedoch nicht triumphieren können, wenn wir nur taktische Schlachten gewinnen und mit unseren Soldaten und unserem Geheimdienst Zellen aufspüren und Verschwörungen aufdecken. Um die Terroristen umfassend zu besiegen, werden wir den extremistischen Ideologien ihren Reiz nehmen und gegen Unwissenheit und Hoffnungslosigkeit vorgehen müssen, denn sie sind der ideale Nährboden für diese Ideologien. Es genügt nicht, militärische Schlachten zu schlagen, wir müssen den Kampf auch auf intellektueller Ebene führen. Damit haben wir bereits begonnen.

# Kapitel 23
## Die Botschaft aus Amman

Ende 2004 rief ich Jordaniens führende Islamgelehrte zusammen und fragte sie, wie wir die Takfiris und ihre grausame Ideologie bekämpfen könnten. Mein Cousin und Berater Prinz Ghazi ibn Mohammed, Cambridge-Absolvent und hoch geachteter Gelehrter des Islam, sollte die Arbeit koordinieren. Die Weisen verfassten ein Schriftstück, das sie die »Botschaft aus Amman« nannten und das klarstellte, was der Islam ist und was nicht und was es bedeutet, sein Handeln an den Regeln des Islam auszurichten. In dem am 9. November, am Vorabend des heiligen Fastenmonats Ramadan, veröffentlichten Dokument heißt es unter anderem:

> Tatsache ist, dass der tolerante Islam heute dem brutalen Angriff derjenigen ausgesetzt ist, die den Islam als ihren Feind darstellen, indem sie ihn verzerren und verfälschen. Angegriffen wird er auch durch jene, die behaupten, zum Islam zu gehören, und in seinem Namen unverantwortliche Taten begehen …
> Wir verurteilen jede Form von Extremismus, Radikalismus und Fanatismus genauso, wie unsere Vorfahren es in der islamischen Geschichte unermüdlich getan haben … Aus religiösen wie aus moralischen Gründen prangern wir die Theorie und die Praxis des Terrorismus unserer Zeit an, egal woher sie stammen und in welcher Form sie auftreten. Solche Taten stellen einen gewaltsamen Angriff auf das menschliche Leben dar und verstoßen gegen die Gesetze, die Gott uns gegeben hat.

Da die Takfiris ihr Gift überall in der muslimischen Welt versprüht hatten, würde eine Erklärung aus Jordanien allein aber nicht genügen, um diese Extremisten unschädlich zu machen. Aus diesem Grund formulierte Ghazi drei grundlegende Fragen, deren Beantwortung die Verzerrung des Islam durch die Takfiris deutlich machen und zeigen sollte, dass ihre Auffassungen aus Sicht islamischer Autoritäten falsch waren. Die drei Fragen lauten:

1. Wer ist ein Muslim?
2. Ist es zulässig, jemanden zu einem vom Islam Abtrünnigen zu erklären (*takfir*)?
3. Wer hat das Recht, Fatwas (Rechtsgutachten) herauszugeben?

Die Fragen wurden 24 führenden muslimischen Religionsgelehrten aus der ganzen Welt vorgelegt. Anders als das Christentum kennt der Islam keinen von einer höheren Instanz eingesetzten Klerus. Doch er hat Schulen mit anerkannten und allseits hoch geachteten religiösen Gelehrten, den Imamen. Wir wandten uns an Vertreter der vier wichtigsten Schulen der sunnitischen Rechtslehre (Hanafiten, Malikiten, Schafiiten und Hanbaliten), der zwei bedeutendsten Schulen der Schiiten (Dschafariten und Saiditen), der Schule der Ibaditen und an Gelehrte der Zahiriten.

Im Juli 2005 kamen auf unsere Einladung hin zweihundert weltweit angesehene muslimische Gelehrte aus fünfzig Ländern, darunter Saudi-Arabien, der Iran, die Türkei und Ägypten, zu einer Konferenz nach Amman. Am Ende einigten sie sich auf eine Erklärung zu den drei von uns aufgeworfenen Fragen, die als die »Drei Punkte der Botschaft aus Amman« bekannt wurden:

1. Die Gelehrten betonten insbesondere die allgemeine Gültigkeit aller acht Madhhabs (Rechtsschulen) der Sunniten, Schiiten, Ibaditen und Zahiriten, der traditionellen

islamischen Theologie (Ascharismus), des islamischen Mystizismus (Sufismus) und des wahren salafistischen Denkens. So gibt es nun eine präzise Definition, wer als Muslim bezeichnet wird.
2. Auf der Grundlage dieser Definition stellten sie fest, dass es nicht rechtmäßig ist, wenn ein Muslim einen anderen Mitgläubigen als abtrünnig bezeichnet.
3. Sie formulierten die subjektiven und objektiven Voraussetzungen für das Aussprechen einer Fatwa, wodurch sie auf mangelnder Kenntnis beruhende und unrechtmäßige Erlasse im Namen des Islam kenntlich machten.

Im Lauf der Jahre 2005 und 2006 legten wir diese drei Thesen allen bedeutenden Islamkonferenzen und jeder nur denkbaren islamischen Einrichtung vor. Sie wurden von mehr als fünfhundert weltweit anerkannten islamischen Gelehrten bestätigt. Damit war ein Konsens erreicht, der nach islamischem Recht rechtlich bindend ist. Mit anderen Worten: Zum ersten Mal in der Geschichte verurteilte die gesamte muslimische Welt die Lehren der Takfiri-Bewegung als nicht hinnehmbar, unrechtmäßig und unislamisch.

Ein Außenstehender mag diese Debatte vielleicht nicht nachvollziehen können. Doch indem die weisen Gelehrten ihre Differenzen zurückstellten, um den ureigensten Kern des islamischen Glaubens zu definieren, zogen sie den Extremisten und ihren irrigen Ansichten den Boden unter den Füßen weg. Letztlich ist in diesem Kampf das Bewusstsein die entscheidende Waffe. Von meinem Beruf her bin ich zwar Soldat, doch meine Erfahrung sagt mir, dass kein »Krieg gegen den Terror« den Feind in die Knie zwingen wird. Wir müssen die Menschen davon überzeugen, dass die Ideologie der Takfiris in die Irre führt und der Kampf dagegen vor allem ein Kampf um die Köpfe junger Muslime und Musliminnen ist.

Unsere beiden wirkungsvollsten Waffen in der Auseinandersetzung mit den Takfiris sind Bildung und Zukunftschancen. Wir müssen nicht nur die Qualität unserer Schulen und Universitäten verbessern, sondern auch die der religiösen Unterweisung. Und um sicherzustellen, dass junge Menschen die wahre Botschaft des Islam vernehmen, müssen wir kluge und gebildete Mitglieder unserer Gesellschaft davon überzeugen, die Religion zu ihrem Beruf zu machen.

Die Auseinandersetzung zwischen Extremisten und Gemäßigten findet natürlich nicht nur innerhalb des Islam statt. Extremisten gibt es in allen Religionen. Wenn es einigen wenigen möglich ist, durch Gräueltaten Einfluss auf die religiösen Anschauungen zu nehmen, sind die Gemäßigten aller Religionen aufgefordert, ihre Stimme zu erheben. Solange die Mehrheit schweigt, wird die Debatte von Extremisten beherrscht.

Nach der Botschaft aus Amman, die den Takfiris in der muslimischen Welt die ideologische Grundlage entziehen sollte und die Muslime zur gemeinsamen Verteidigung ihres Glaubens gegen dessen Verfälschungen aufrief, bemühten wir uns darum, Muslime, Christen und Juden auf religiöser Ebene in einer friedlichen Begegnung zusammenzuführen. Diese Initiative bekam den Namen »Interreligiöse Botschaft aus Amman«. Auf meinen Auslandsreisen trafen wir Priester, Prediger, Rabbis und Imame und betonten immer wieder, dass wir uns nicht gegenseitig aufgrund unseres Glaubens bekämpfen und politische Auseinandersetzungen nicht unter dem Deckmantel religiöser Konflikte geführt werden dürften. Dann zitierte Papst Benedikt XVI. am 12. September 2006 in einer Vorlesung an der Universität Regensburg eine Aussage eines byzantinischen Kaisers über die Bedeutung der Gewalt im Islam und löste damit eine weltweite Kontroverse aus. Kurze Zeit später brachte der Vatikan sein Bedauern zum Ausdruck, und um die Lage zu beruhigen, lud Papst Benedikt Gesandte arabischer Länder zu einer Audienz. Die Situation aber blieb angespannt. Deshalb bat ich meinen Cousin Prinz Ghazi, alles in seiner Macht Stehende zu tun, um den überall auf der Welt geführten Streit beizulegen.

Einen Monat später, am 13. Oktober 2006, verfassten Prinz Ghazi und 37 Islamgelehrte aus der ganzen Welt einen »Offenen Brief an den Papst«, in dem sie höflich auf einige Fehler in der Regensburger Vorlesung hinwiesen und um mehr Verständnis für andere Religionen und um einen interreligiösen Dialog baten. Doch der Brief blieb ohne Echo, und so schrieben sie ein Jahr später, am 13. Oktober 2007, einen weiteren öffentlichen Brief unter der Überschrift »Ein Gemeinsames Wort zwischen uns und euch«, der von 138 prominenten islamischen Gelehrten unterzeichnet wurde und zeigen sollte, dass den Muslimen nach wie vor an einem Dialog gelegen war. Sie hoben hervor, dass der Islam und das Christentum trotz vieler unüberwindbarer Differenzen zwei goldene Regeln gemeinsam hätten – die Liebe zu Gott und die Liebe zu unserem Nächsten. Das »Gemeinsame Wort« wurde die wichtigste Initiative für einen muslimisch-christlichen Dialog unserer Tage. Ihm folgte das erste katholisch-muslimische Forum, das im Beisein Papst Benedikts XVI. im November 2008 im Vatikan abgehalten wurde. Das zweite wird, so Gott will, im Jahr 2011 in Jordanien an der Taufstelle Jesu stattfinden.

Inzwischen hatten wir den Papst nach Jordanien eingeladen. Am 8. Mai 2009 flogen Rania und ich nachmittags mit dem Hubschrauber zum Internationalen Flughafen von Amman. Als wir die Stadt überquerten, sahen wir unter uns ein Meer von gelbweißen Vatikan- und von jordanischen Fahnen. Bei unserer Landung rollte die Maschine des Papstes gerade auf den bereitliegenden roten Teppich zu. Die Ehrengarde in ihrer braunen Uniform, den Kopf mit dem traditionellen rotweiß-karierten Tuch bedeckt, stand in Habachtstellung, und der Papst stieg aus. Ich hieß Seine Heiligkeit in Jordanien willkommen, dankte ihm für seine Bereitschaft, die Missverständnisse und Differenzen auszuräumen, die die Beziehungen zwischen Christen und Muslimen erschwert hätten, und gab meiner Hoffnung Ausdruck, dass wir den bereits begonnenen Dialog fortsetzen könnten. Wir bereiteten dem

Papst in Jordanien einen herzlichen Empfang – Zehntausende Jordanier, Christen wie Muslime, säumten die Straßen, um einen Blick auf ihn zu erhaschen.

Rania und ich flogen zurück nach Hause, um uns auf den Empfang für Seine Heiligkeit und seine Delegation am Abend vorzubereiten. Rania rief die Kinder zusammen und begann sie anzukleiden. Die Mädchen Salma und Iman waren recht brav, nicht jedoch Hussein und Haschem, unser jüngerer Sohn. Wir haben ihnen immer ein »normales« Leben ermöglicht, doch dies war nun einmal ein Anlass, bei dem ein wenig mehr Förmlichkeit erwünscht war. Hussein ließ sich noch überreden, einen Anzug zu tragen, doch der vierjährige Haschem wollte davon partout nichts wissen. Als Vater und Mutter weiß man irgendwann, wenn man auf verlorenem Terrain steht, daher gaben wir uns mit einem blau-weißen Hemd und einer braunen Hose zufrieden, ehe wir zum Empfang gingen.

Bei unserem Gespräch an jenem Abend erklärte ich dem Papst, dass Jordanien zwar auf alle formellen rechtlichen und administrativen Bindungen zum Westjordanland verzichtet habe, wir uns aber nie von unserer moralischen und gesetzlichen Verantwortung als Hüter der heiligen Stätten von Christen und Muslimen in Ost-Jerusalem wie der Grabeskirche und der al-Aksa-Moschee losgesagt hätten. Jordanien zahlt denn auch bis heute die Gehälter der Leute, die diese Stätten verwalten.

»Eure Heiligkeit«, sagte ich, »wir alle hoffen und beten für Frieden. Und nirgendwo hoffen wir mehr als in Jerusalem, der Stadt, die den drei großen Religionen heilig ist.«

Zwei Tage später, am Sonntag, dem 10. Mai, fuhren Rania und ich zur Taufstelle Jesu bei Bethanien am Jordan. Dort würden wir den Papst treffen, der zuvor für die im Stadion von Amman und seiner Umgebung versammelten rund 50 000 Christen eine heilige Messe zelebriert hatte. Die Menschen waren aus Syrien, dem Libanon, Irak und dem Westjordanland zusammengekommen, also aus dem gesamten Nahen Osten. In Jordanien beginnt die Arbeitswoche am Sonntag, doch zur Feier des hohen Besuchs hatten die Christen an diesem Tag frei bekommen. Viele im Westen wissen nicht, dass es in Jordanien eine kleine, aber lebendige Christengemeinde gibt, die vielleicht älteste der Welt. Ihr Oberhaupt – oder vielmehr das Oberhaupt ihrer größten Religionsgemeinschaft – ist der orthodoxe Patriarch von Jerusalem. Er steht der Altkirchlichen Gemeinde vor, die auf die erste noch zur Zeit der Apostel gegründete Christengemeinde zurückgeht, und der Patriarch ist der direkte geistliche Nachfahre des heiligen Jakobus, der noch zu Lebzeiten Christi als erster Bischof Jerusalems wirkte. Die etwa drei Prozent Christen in unserer Bevölkerung sind in alle Bereiche unserer Gesellschaft integriert und stellen rund acht Prozent unserer Parlamentsabgeordneten.

Die Taufstelle ist die wichtigste christliche Stätte in Jordanien. Hier, am Ufer des Jordans (»jenseits des Jordan« heißt es im Johannesevangelium 3:26) hat Johannes Jesus getauft, hier begann Jesus mit seiner Mission, es ist der Ursprungsort des Christentums. Das »Bethanien jenseits des Jordan, wo Johannes taufte« (Johannes 1:28), gehört neben der Grabeskirche in Jerusalem und der Geburtskirche in Bethlehem zu den heiligsten christlichen Stätten der Welt. Wir haben die Taufstelle, so weit es uns möglich war, in ihrem ursprünglichen Zustand belassen, außerdem aber auch Land an die christlichen Gemeinden gegeben, damit sie dort Kirchen bauen können. Jahr für Jahr besuchen Hunderttausende Pilger den Ort, im Jahr 2000 war auch Papst Johannes Paul II. hier gewesen. Sie ist die wichtigste unter all den bedeutenden Stätten des Alten und des Neuen Testaments sowie des frühen Christentums, die in Jordanien zu finden sind. So haben Archäologen im nordjordanischen Rihab die Ruinen einer Kirche gefunden, die sie auf das 1. Jahrhundert nach Christus datieren und die sie für eine der ältesten der Welt halten. In Madaba steht eine Kirche mit der bedeutsamen byzantinischen Mosaiklandkarte aus dem 6. Jahrhundert. Und vor dreitausend

Jahren blickte Moses vom Berg Nebo nördlich von Madaba auf das gelobte Land. Dort ist auch seine Grabstätte.

Gegen halb sechs abends bestiegen Rania, Papst Benedikt, einige seiner Berater und ich einen großen elektrobetriebenen Buggy und fuhren hinab zur Taufstelle. Der Pontifex segnete die Grundsteine von zwei Kirchenbauten, einem römisch-katholischen und einem griechisch-melkitischen.

Jordaniens religiöse Toleranz und Vielfalt mag manche im Westen erstaunen. Ich erinnere mich an den Besuch von Tom DeLay, einem Angehörigen der christlich-zionistischen Bewegung, die sich für Israel einsetzt und sich gegen die Gründung eines palästinensischen Staates ausspricht. Als er auf seiner Reise durch den Nahen Osten bei uns Station machte, traf ich ihn im einstigen Haus meines Vaters, und DeLay, zu jener Zeit Mehrheitsführer der Republikaner im US-Kongress, machte kein Hehl aus seiner Einstellung. »Ich sorge mich um die Situation der Christen in Jordanien«, sagte er. Zufälligerweise waren einige der Jordanier in meiner Begleitung Christen, und sie begannen zu lächeln. DeLay, der das nicht mitbekam, griff nach meiner Hand. »Glauben Sie an Jesus?«, fragte er mich eindringlich und sah mir in die Augen. »Ich glaube an Jesus, den Messias«, antwortete ich, während ich meine Hand fortzog. Alle Muslime glauben an Jesus als den Messias und verehren ihn als Geist und Wort Gottes, als seinen großen Propheten und Boten. »Wenn Sie sich um die Christen in Jordanien sorgen«, fuhr ich fort, »fragen Sie doch einfach meine Begleiter. Einige von ihnen sind Christen.« Dann erklärte ich ihm, dass wir unsere Verantwortung, die Rechte der Christen in unserem Land und auch in Jerusalem zu schützen, sehr ernst nähmen. Ob DeLay damit zufrieden war, kann ich nicht sagen. Ich weiß jedoch, dass er keine Muslime unter seinen Begleitern hatte. Wenige Monate nach seinem Besuch in Jordanien wurde DeLay, ein lautstarker Evangelikaler, von einer Grand Jury in Texas vorgeladen und wegen Geldwäsche und Verstoßes gegen die Vorschriften für Wahlspenden angeklagt.

Daraufhin gab er sein Amt als Mehrheitsführer im US-Repräsentantenhaus und später auch seinen Sitz im Kongress auf.

Der Papst aber war sich der religiösen Vielfalt in Jordanien sehr wohl bewusst. Die freudigen Tage seines Besuchs waren eine Feier von Jordaniens religiöser Toleranz. Der Zeitpunkt war günstig, und die Botschaft des Papstes von Frieden und spiritueller Aussöhnung von Christen, Muslimen und Juden ergänzte unsere Bemühungen um die politische Aussöhnung zwischen Israelis und Palästinensern. Jeder verstand die symbolische Bedeutung dieser Pilgerreise des Papstes, die in Jordanien begann und nach Stationen im Westjordanland in Jerusalem endete. Uns allen, die sich für den Frieden einsetzen, gab sie neue Kraft. Und Kraft konnten wir brauchen, denn der Weg zum Frieden war voller Schlaglöcher und gefährlicher Irrungen.

2001: Mit Hussein, meinem ersten Kind, als Beobachter einer Schau der Wüstenpolizei bei Asrak in der östlichen Badia-Region.

*Jusef Allan/Haschemitischer Königshof*

Mit meiner Tochter Salma bei einer unter einem militärischen Motto stehenden Gartenparty zu Hause in Amman zur Feier des siebten Geburtstags von Hussein am 28. Juni 2001

*Nasser Ajub/Haschemitischer Königshof*

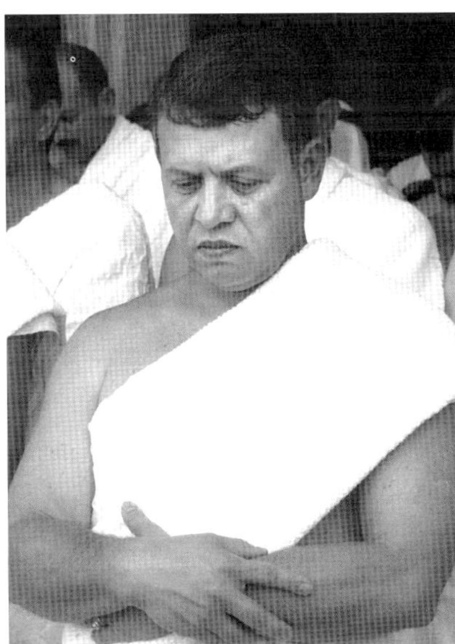

Bei der Pilgerfahrt zur Heiligen Stadt Mekka im Jahr 2001

*Jusef Allan/Haschemitischer Königshof*

April 2001: Auf dem Motorrad mit Rania, Hussein, Iman und Salma in Akaba. Wir reisen häufig in den Badeort am Roten Meer, um uns zu entspannen und von den in Amman herrschenden Zwängen zu erholen.
*Maher Astar/Travel Channel, LLC*

Mit Hussein, Iman und Salma am Strand bei einem anderen Aufenthalt in Akaba 2001
*Troy Word/Haschemitischer Königshof*

2003: Hussein lernt Motorradfahren. Mein Vater und ich begeisterten uns beide für Motorräder und schnelle Autos, und auf den Höhen des Tel al-Rumman, wo ich in der Zeit meiner Autorennen an Bergfahrten teilnahm, machte ich Rania meinen Heiratsantrag. *Jusef Allan/ Haschemitischer Königshof*

Rania und ich im Jahr 2004. Wir genießen den Ausblick am Strand von Akaba. Als wir heirateten, ahnten wir beide nicht, wie sehr sich unser Leben verändern würde. Wir haben uns bemüht, unseren Kindern die Erfahrung einer normalen Kindheit zu ermöglichen, und Rania setzt sich mit aller Kraft für die Rechte der Frauen in unserer Region und der ganzen Welt ein.
*Jusef Allan/Haschemitischer Königshof*

Gespräch mit Präsident George W. Bush im Weißen Haus am 1. August 2002. Mein Bruder Ali sitzt links zwischen Feldmarschall Saad Khair und dem damaligen Hofchef Fajes Tarawneh. Rechts die Nationale Sicherheitsberaterin Condoleezza Rice und der Stabschef des Weißen Hauses Andy Card. Nach diesem Treffen wusste ich, dass der Krieg unausweichlich war.
*Jusef Allan/Haschemitischer Königshof*

Der Nahost-Gipfel in Akaba mit Palästinenserpräsident Mahmud Abbas, US-Präsident George W. Bush und dem israelischen Premierminister Ariel Scharon am 4. Juni 2003 *Jusef Allan/Haschemitischer Königshof*

Im Gespräch mit dem iranischen Präsidenten Mohammed Khatami Anfang September 2003 in Teheran. Nach dem Irakkrieg war in der Region allen klar, dass der Iran in Zukunft eine wichtige Rolle spielen würde. Seit der iranischen Revolution im Jahr 1979 war dies der erste Besuch eines jordanischen Staatsoberhaupts im Iran. *Jusef Allan/Haschemitischer Köngishof*

18. September 2003: Mit Rania und Laura Bush in Camp David. Ich überbrachte Präsident Bush eine Botschaft von Präsident Khatami, doch die Gespräche mit den Iranern, die die Bush-Regierung im Jahr 2000 aufgenommen hatte, kamen kurz darauf zum Erliegen. *Jusef Allan/Haschemitischer Königshof*

Bei der Begutachtung der Zerstörungen durch einen Terroranschlag im Radisson-SAS-Hotel in Amman am 10. November 2005. Ich hielt mich in Kasachstan auf, als sich Selbstmordattentäter in drei verschiedenen Hotels der jordanischen Hauptstadt gleichzeitig in die Luft sprengten. Als ich die Nachricht erhielt, flog ich sofort zurück. Die Attentate waren im Irak geplant worden, und ich schwor, den dafür Verantwortlichen, Abu Musab al-Sarkawi zur Strecke zu bringen. Am 7. Juni 2006 wurde er bei einer gemeinsamen Operation der USA und Jordaniens getötet.
*Jusef Allan/Haschemitischer Königshof*

Begrüßung einer Jordanierin während meines Besuchs bei einem Beduinenstamm im Süden des Landes im Jahr 2005 *Jusef Allan/Haschemitischer Königshof*

2007 am Flughafen in Riad, wo ich von König Abdullah von Saudi-Arabien empfangen wurde. Als Junge hatte ich zusammen mit meinem Vater Prinz Abdullah in seiner Residenz in Dschiddah besucht. Heute arbeiten wir im Interesse unserer Länder eng zusammen.
*Jusef Allan/Haschemitischer Königshof*

Schüler auf dem Weg zum Unterricht in der King's Academy im jordanischen Madaba. Das nach dem Vorbild meiner einstigen Schule in Deerfield aufgebaute Internat öffnete 2007 seine Tore und ist das erste im Nahen Osten, in dem Jungen und Mädchen gemeinsam unterrichtet werden. Meine sämtlichen Einnahmen aus dem Verkauf dieses Buches fließen in einen Stipendienfonds für bedürftige Studenten aus Jordanien und dem gesamten Nahen Osten. *King's Academy*

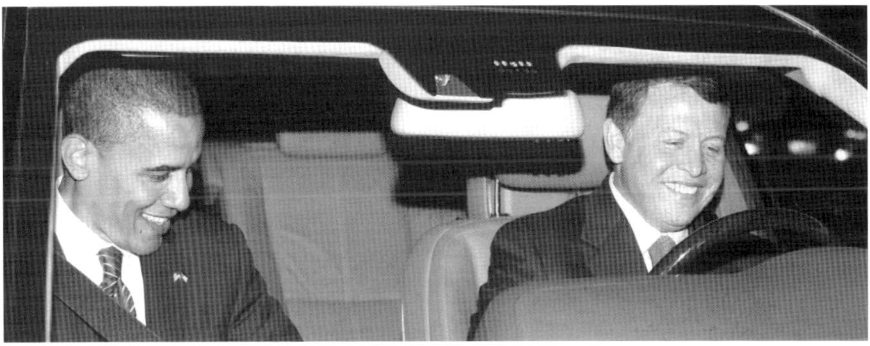

Nach seinem Besuch in Amman am 22. Juli 2008 fahre ich Senator Barack Obama zum Flughafen. *Nasser Ajub/Haschemitischer Königshof*

Im August 2008 in Bagdad: Ich hatte einen früher geplanten Besuch verschoben, als ich erfuhr, dass mich dort ein Mordkommando von al-Qaida empfangen sollte. Jordanien war das erste arabische Land, das nach dem Krieg wieder eine Botschaft in Bagdad eröffnete. Sie ist mittlerweile von verschiedenen Seiten angegriffen worden. *Jusef Allan/Haschemitischer Königshof*

Mit meiner Tochter Iman, die gerade eine Medaille des König-Abdullah II.-Preises für körperliche Fitness bekommen hat. Um diesen von mir gestifteten Preis zur Förderung des Schulsports wetteifern Zehntausende von Schülern.
*Jusef Allan/Haschemitischer Königshof*

2009: Fröhlich scherzend mit Haschem und Rania
*Sven Arnstein/Haschemitischer Königshof*

Warten auf Papst Benedikt XVI. während seines Besuchs in Jordanien im Jahr 2009
*Jusef Allan/Haschemitischer Königshof*

# TEIL SECHS

# Kapitel 24
## Das Ende einer Ära

Der israelische Premierminister Ariel Scharon war bereits seit drei Jahren im Amt, als wir uns das erste Mal trafen. Aufgrund seines Vorgehens im Westjordanland und in Gaza war die Situation in unserer Region so angespannt, dass ein Treffen auf politischer Ebene nahezu unmöglich schien. Da mir jedoch daran gelegen war, den Friedensprozess wiederzubeleben, lud ich Scharon zu Beginn des Jahres 2004 nach Jordanien ein. Er flog mit dem Hubschrauber nach Amman und landete auf dem Gelände vor dem Hauptquartier unseres Geheimdienstes.

Scharon war ein gefürchteter Mann. Er hatte einst in der Hagana gedient, der jüdischen Untergrundbewegung, die gegen die Palästinenser gekämpft und sich dann der Widerstandsbewegung gegen die Briten angeschlossen hatte. Später wurde er Leiter der israelischen Eliteeinheit 101, die aus dem Hinterhalt Anschläge auf palästinensische Ziele verübte, und war 1953 federführend am Angriff auf Qibia beteiligt, bei dem über sechzig palästinensische Zivilisten ums Leben kamen. Außerdem trug er die Verantwortung für das Massaker an etwa achthundert Palästinensern in den Flüchtlingslagern Sabra und Schatila während der israelischen Invasion im Libanon 1982. Kein Araber wird die entsetzlichen Bilder der niedergemetzelten Frauen und Kinder von Sabra und Schatila je vergessen können.

Von radikaler Seite wird man mich wohl immer dafür kritisieren, dass ich mich mit israelischen Staatsführern traf, besonders wenn es sich um Männer mit einer so blutigen Vergangenheit handelte wie Scharon, der für die meisten Araber ein Massenmörder und Kriegsverbrecher ist. Aber ein Staatsmann kann sich seine Gesprächspartner nicht aussuchen. Ich habe keinen Einfluss darauf, wer in Israel Premierminister wird, das ist allein Sache des israelischen Volkes. Ich kann jedoch das Verhältnis Jordaniens zu seinen Nachbarn gestalten und mich entscheiden, das Friedenserbe meines Vaters weiter auszubauen. Es wäre vielleicht eine gewisse Genugtuung gewesen, Scharon das Gespräch zu verweigern, doch ein solcher Triumph wäre nur von kurzer Dauer und zudem kontraproduktiv gewesen.

Wir hatten Scharon nach Jordanien eingeladen, weil wir dem stagnierenden Friedensprozess, auf welche Weise auch immer, neue Impulse geben wollten. Obwohl ich sein Vorgehen und seine Politik zum Teil entschieden ablehnte, hoffte ich, ihn davon überzeugen zu können, dass ein Friedensabkommen zwischen Israel und seinen arabischen Nachbarn die einzige Garantie für die Sicherheit Israels sei. Mein Vater hatte mit Scharon in seiner Zeit als Minister im Kabinett Netanjahus in den neunziger Jahren zu tun gehabt und ihn mir als einen Mann geschildert, der umsetze, zu was er sich verpflichtet habe. Scharon sei ein Mann, der sein Wort halte.

Ich war Scharon zwar noch nicht persönlich begegnet, doch ich profitierte von seinem Respekt gegenüber meinem Vater und gegenüber Jordanien. Als ich ihm im Konferenzraum unserer Geheimdienstzentrale gegenübersaß, sagte ich ihm, mein Vater habe ihn als einen Mann beschrieben, der sein Wort halte. Und dies sollte die Grundlage unserer Beziehung sein.

Scharon wirkte scheu und ein wenig reserviert und hielt den Blick nach unten gerichtet, während er sprach. »Mir geht es um die Sicherheit Israels«, sagte er. »Aber mir geht es auch um die Sicherheit Jordaniens.«

Ich versuchte ihn davon zu überzeugen, dass den wahren Interessen Jordaniens und auch Israels nur gedient sei, wenn Israel und die Palästinenser Frieden schlössen. Doch nachdem wir lange über das israelische Vorgehen in den besetzten Gebieten und die Notwendigkeit wirksamer Schritte zur Wiederaufnahme ernsthafter Friedensgespräche gesprochen hatten, war ich so gut wie sicher, dass er meine Ansicht nicht teilte.

Das nächste Mal begegneten wir uns am 19. März 2004 während eines geheimen Treffens auf seiner Farm in der Wüste Negev. Indem er mich auf seinem Privatbesitz empfing, wo auch seine Frau bestattet war, gab mir Scharon zu verstehen, dass er ein Freund Jordaniens sei und hoffe, dass wir die alten Feindseligkeiten hinter uns lassen würden. Es war eine Zeit großer Anspannung. Israel hatte mit dem Bau der Mauer begonnen, die das Westjordanland teilen würde. Außerdem glaubte man in der Region, dass die Bush-Regierung einen »Regimewechsel« in der Palästinensischen Autonomiebehörde herbeiführen wollte und kaum daran interessiert war, die Beteiligten wieder an den Verhandlungstisch zu bringen. Zugleich errichteten die Israelis im Westjordanland weitere illegale Siedlungen und festigten damit ihre Präsenz in den besetzten Gebieten. 1993, zur Zeit der Osloer Verträge, betrug die Zahl israelischer Siedler im Westjordanland und Ost-Jerusalem ungefähr 265 000. Im Jahr 2000 war sie auf 365 000 und 2003 auf über 400 000 gestiegen. Die israelische Siedlungspolitik war nicht nur deshalb alarmierend, weil Israel sich damit Land einverleibte, das eigentlich dem zukünftigen Staat Palästina zukommen sollte, sondern auch, weil Israel damit deutlich machte, dass es nicht auf eine Zwei-Staaten-Lösung hinarbeitete.

Anlass unseres Treffens auf Scharons Ranch war sein jüngstes Angebot eines Truppenabzugs aus Gaza und Teilen des Westjordanlands. Ich empfahl, derartige Schritte mit der Führung der Palästinenser und mit Ägypten zu koordinieren. Außerdem müsse ein vollständiger Abzug aus allen besetzten arabischen Gebieten folgen. Und der Rückzug der Truppen dürfe keine einseitige Maßnahme mit dem Zweck sein, israelische Siedler aus Gaza in Gebiete des Westjordanlands umzusiedeln. Ich hatte das Gefühl, dass wir allmählich eine Arbeitsgrundlage fanden, die auf Fortschritte im Friedensprozess hoffen ließ. Doch in unserer Region trügt der Schein nur zu oft.

Eines der Probleme mit der israelischen Regierung ist, dass grundsätzlich nichts geheim bleibt. So hatte von unserem Treffen eigentlich niemand erfahren sollen, eine vertrauensbildende Maßnahme, um mögliche Schritte auf dem Weg zu einer Einigung mit den Palästinensern besprechen zu können. Doch unser Treffen sickerte an die Presse durch. Kurz darauf erschossen die Israelis von einem Cobra-Kampfhubschrauber aus den Hamas-Führer Scheich Ahmed Jassin beim Verlassen einer Moschee in Gaza. Der Anschlag auf den blinden, an den Rollstuhl gefesselten Jassin forderte das Leben von neun weiteren, unschuldigen Menschen. Ein Attentat auf einen über siebzig Jahre alten Querschnittsgelähmten war herzlos, selbst nach israelischen Maßstäben. Mich machte es ungeheuer wütend, zumal ich wusste, dass dieser Mord einen neuen Kreislauf der Gewalt einleiten würde, aber auch, weil diese Operation so kurz nach meinem Besuch stattgefunden hatte. Im darauffolgenden Monat töteten die Israelis Jassins Nachfolger, Abdul Asis Rantisi, was in Gaza und im Westjordanland die Gewalt wieder aufflammen ließ. Die Vereinigten Staaten weigerten sich, die beiden Attentate zu verurteilen, und legten gegen eine entsprechende UN-Resolution ihr Veto ein.

Offenbar terminieren die Israelis wichtige diplomatische Gespräche gern auf einen Zeitpunkt wenige Tage vor einer umstrittenen Operation – ob bewusst oder nicht, das sei dahingestellt. Ein Beispiel aus der jüngeren Vergangenheit ist das Treffen zwischen dem türkischen Ministerpräsidenten Recep Tayyip Erdogan und dem israelischen Premierminister Ehud Olmert im Dezember 2008. Als wenige Tage später in Gaza Krieg ausbrach, war Erdogan außer sich. Er hatte das Gefühl, die israelische Regierung wollte den Eindruck erwecken, Erdogan habe sein stillschweigendes Einverständnis für ihren Angriff auf Gaza gegeben.

Am Attentat auf Scheich Jassin zeigt sich exemplarisch der Sumpf, in den uns der Nahost-Konflikt geführt hat: Die eine Seite handelt übereilt, und die andere schlägt um ein Vielfaches härter zurück. Der Weg zum Frieden ist mit Bomben gepflastert. Das Einzige, worauf man sich verlassen kann, ist, dass die Schritte beider Seiten unbeabsichtigte Folgen nach sich ziehen. Nach dem israelischen Attentat auf Rantisi musste sich die Hamas einen neuen Führer suchen. Und sie wandte sich keinem anderen zu als Jordaniens ehemaligem Gast Khaled Meschaal.

Für den April 2004 war ein weiterer Besuch bei Präsident Bush im Weißen Haus angesetzt. Ich wollte auf eine neue Friedensinitiative drängen und hoffte, der Präsident habe inzwischen eine umfassendere Sicht auf die Probleme in unserer Region. Vor meiner Ankunft empfing Bush einen anderen Staatsgast, Premierminister Scharon. Während dieses Treffens, am 14. April, wurde ein Briefwechsel zwischen Scharon und Bush veröffentlicht, denn Scharon hatte darauf gedrungen, dass der US-Präsident vor dem Gespräch die Haltung der Vereinigten Staaten zu bestimmten Punkten publik machte und Israels einseitigen Rückzug aus Gaza unterstützte. Bushs geheime Zusicherungen waren letztlich nichts anderes als ein Richtungswechsel in der amerikanischen Nahost-Politik. In seinem offiziellen Schreiben an Scharon sagte Bush den Israelis die Unterstützung der USA für die Beibehaltung von Siedlungen im Westjordanland zu. Außerdem verneinte Bush das Recht der palästinensischen Flüchtlinge, in ihre ursprüngliche Heimat zurückzukehren. Sie sollten sich in einem zukünftigen palästinensischen Staat niederlassen. Damit präjudizierte die US-Regierung eine Entscheidung in der umstrittensten Frage des gesamten Friedensprozesses. Bush schrieb:

> Die Vereinigten Staaten sind Israels Sicherheit und Wohl als jüdischem Staat besonders stark verpflichtet. Es erscheint klar, dass ein vertraglicher, gerechter, fairer und realistischer

> Rahmen für eine Lösung des palästinensischen Flüchtlingsproblems als Teil jeder endgültigen vertraglichen Regelung durch die Gründung eines palästinensischen Staates und die Ansiedlung der Flüchtlinge in diesem zu gründenden palästinensischen Staat und nicht in Israel gefunden werden muss.

Ein Aufschrei der Wut und der Empörung ging durch die arabische Welt. Für mich stand außer Frage, dass die Bush-Regierung vorhatte, sich bedingungslos auf die Seite Israels zu schlagen. Daher sagte ich meinen Staatsbesuch ab. Die Amerikaner waren verdutzt. Es gibt nur wenige, die eine Einladung des US-Präsidenten ablehnen, und noch viel weniger, die ein bereits anberaumtes Treffen platzen lassen. Doch ich musste meinen Standpunkt deutlich machen. Ich konnte den in Bushs Brief deutlich gewordenen Richtungswechsel der US-Politik nicht stillschweigend hinnehmen. Der Friedensprozess war wieder zum Stillstand gekommen, und die arabischen Staaten hatten für ihr Bemühen um eine neue Friedensinitiative nichts anderes geerntet als einseitige Erklärungen und weitere Gewalt.

Einen Monat später flog ich nach Washington, um die Amerikaner dazu zu bewegen, den Richtungswechsel rückgängig zu machen, und konnte einen Teilerfolg verbuchen. Auf einer gemeinsamen Pressekonferenz, in der im Wesentlichen der Inhalt der Briefe wiedergegeben wurde, die wir vor meinem Besuch ausgetauscht hatten, versicherte Bush, er wolle den Gesprächen über den endgültigen Status der Flüchtlinge nicht vorgreifen. Ich trug erneut die Position Jordaniens vor, dass jedweder israelische Rückzug nach den Parametern der Roadmap stattfinden und zur Gründung eines palästinensischen Staates auf der Grundlage der Grenzen von 1967 führen müsse.

Im Oktober 2004 hatte sich Jassir Arafats Gesundheitszustand so sehr verschlechtert, dass er zur medizinischen Behandlung nach Paris geflogen wurde. Er fiel ins Koma und starb im November.

Man überführte ihn nach Kairo und hielt eine Trauerfeier mit allen militärischen Ehren ab. Dann brachte ihn ein ägyptisches Flugzeug auf den Sinai, und jordanische Militärhubschrauber flogen ihn weiter nach Ramallah, wo er bestattet werden sollte. Nach der Landung drängte sich eine große Schar Trauernder um seinen Sarg, um noch einen letzten Blick auf ihren geliebten Politiker zu werfen. Was immer die Welt von Arafat gehalten hatte, für die Palästinenser war er ein Held. Und mit seinem Tod ging eine Ära zu Ende.

Im darauffolgenden Januar wurde Mahmud Abbas (auch bekannt unter dem Namen Abu Mazen) zum Präsidenten der Palästinensischen Autonomiebehörde gewählt. Die Israelis hatten jahrzehntelang behauptet, Arafat sei ein Hindernis für den Frieden. Nach seinem Tod hatten sie eine Ausrede weniger, ihre Versprechungen nicht einzuhalten. Abbas übernahm die Leitung der Autonomiebehörde, als der Friedensprozess einen seiner Tiefpunkte erreicht hatte, und stand vor enormen Herausforderungen. Er musste das durch Arafats Tod entstandene Vakuum füllen und die von den Israelis in den letzten Jahren systematisch zerstörten palästinensischen Einrichtungen wieder aufbauen. Außerdem musste sich der neue Palästinenserführer darum bemühen, die Friedensverhandlungen wieder auf den richtigen Weg zu bringen. Von Anfang an widmete sich Abbas der politischen Einigung mit den Israelis auf der Basis der Zwei-Staaten-Lösung. Er wurde jedoch bitter enttäuscht.

Im August 2005, drei Tage früher als angekündigt, fand der einseitige Abzug der Israelis aus Gaza statt – ohne Koordination mit Ägypten, das eine lange Grenze mit Gaza teilt, oder mit der Palästinensischen Autonomiebehörde. Das israelische Kabinett hatte im Februar mit großer Mehrheit für diesen Schritt gestimmt, und Scharon, einst Vorkämpfer der Siedler, hatte nun Anweisung gegeben, ihre Häuser dem Erdboden gleichzumachen und die Bewohner notfalls auch mit Gewalt fortzubringen. Der

Rückzug wurde zwar begrüßt, nicht aber die Art und Weise, wie er durchgeführt wurde.

Durch die Sperrung sämtlicher Zufahrtsstraßen zum Gazastreifen verwandelte Israel das Gebiet im wahrsten Sinne des Wortes in ein Gefängnis. Nach dem unkoordinierten Rückzug entstand ein Sicherheitsvakuum, das rasch von der Hamas und dem Islamischen Dschihad genutzt wurde. Gaza bot einen desolaten Anblick – schwer bewaffnete Männer patrouillierten durch ein von Stacheldrahtzäunen umgebenes Gelände, die Häuser lagen in Trümmern. Es gab keinerlei Pläne für die Übergangszeit, keine koordinierte Übergabe der Sicherheit oder anderer Verantwortlichkeiten an die Behörden der Palästinenser.

Im November trat Ariel Scharon aus der Likud-Partei aus und gründete eine neue Partei namens Kadima. Diesem Schritt waren mehrmonatige politische Auseinandersetzungen mit seinen Parteikollegen über seinen sogenannten Abkoppelungsplan vorausgegangen, also den Rückzug aus Gaza und die Aufgabe von vier Siedlungen im Westjordanland. Wichtige Likud-Mitglieder wie die spätere Außenministerin Tzipi Livni und der einstige Bürgermeister Jerusalems und stellvertretende Premierminister Ehud Olmert folgten Scharon in seine neue Partei.

Anfang Januar 2006 erlitt Scharon einen Schlaganfall und fiel ins Koma. Olmert übernahm seine Aufgaben. Als sich abzeichnete, dass der alte Krieger nicht wieder gesund werden würde, ernannte man Olmert im April offiziell zum Premierminister Israels.

Auf beiden Seiten waren nun neue Führungskräfte an der Macht, und manch einer in unserer Region verband damit die Hoffnung, dass es einen neuen Ansatz zur Lösung des alten Konflikts geben würde. Nirgendwo war die Hoffnung größer als bei jenen, die die für den 25. Januar 2006 anberaumten ersten palästinensischen Parlamentswahlen seit zehn Jahren vorbereiteten. Eine der Parteien, die um Stimmen warb, war die Hamas, die die Parlamentswahlen von 1996 noch boykottiert hatte. Wegen Beteiligung der Hamas erwog die Regierung Israels, den in Ost-Jerusalem lebenden Palästinensern die Stimmabgabe zu untersagen (Israel betrachtet Ost-Jerusalem als Teil seines Staatsgebiets). Letztlich wurde jedoch darauf verzichtet.

Viele Palästinenser und andere in der Region äußerten die Befürchtung, zum gegenwärtigen Zeitpunkt sei die Stimmung nicht günstig für Wahlen, und sprachen sich für eine Verschiebung aus. Die Bush-Regierung teilte diese Ansicht jedoch nicht. In einer Fragestunde für die Korrespondenten des US-Außenministeriums am 5. Januar sagte Condoleezza Rice:

> Ich denke nicht, dass wir uns für eine Verschiebung der Wahlen aussprechen sollten, bloß weil wir das Ergebnis fürchten … Unsere Haltung gegenüber der Hamas hat sich nicht geändert. Sie gilt als terroristische Vereinigung. Aber wir sehen, dass sich in der Politik der Palästinenser eine Veränderung abzeichnet. Dies sind die inneren Angelegenheiten der Palästinenser. Und wir glauben wirklich, dass jeder, dass das palästinensische Volk die Möglichkeit haben sollte, sich an den Wahlen zu beteiligen.

Doch was wollte die Bush-Regierung unternehmen, wenn die Hamas den Sieg davontrug?

Viele hofften auf einen Wahlsieg von Arafats Fatah-Partei, ja erwarteten ihn. Die Fatah hatte dem palästinensischen Volk mit den Osloer Verträgen Freiheit und einen eigenen Staat in Aussicht gestellt, doch seither war viel Zeit vergangen und der Staat nicht mehr als eine Fata Morgana. Zudem häuften sich die Korruptionsvorwürfe gegen Angehörige der Autonomiebehörde. So meinten viele, die Fatah habe ihre Versprechen nicht gehalten, und am Tag der Wahlen entschied sich die große Mehrheit der Palästinenser für die Hamas. Damit standen wir vor einem großen Problem. Die US-Regierung betrachtete die Hamas als terroristische Vereinigung und erklärte, sie werde keine Beziehungen zu ihr aufnehmen. Viele europäische Länder folgten ihrem Beispiel. Das ermöglichte es den Israelis, ihre Zahlungen an die Palästinensische Autonomiebehörde einzufrieren, weil ihnen, wie sie sagten, der »Partner für den Frieden« fehle.

Die Amerikaner preisen zu Recht die Segnungen der Demokratie, doch Demokratie manifestiert sich je nach Kultur auf unterschiedliche Weise. Unter ungünstigen Bedingungen kann sie Gegnerschaften zementieren und Hass wecken. Das Problem bei der Bush-Regierung war, dass sie die Demokratie nach Schema F zu exportieren versuchte und dabei im Wesentlichen nur auf die Abhaltung von Wahlen pochte. Ich hingegen glaube, dass die Entwicklung einer funktionierenden Demokratie einer Reise gleicht. Wahlen ohne weitgehende Zustimmung zu den demokratischen Werten und ohne ein unabhängiges Rechtssystem können ins Unheil führen. Die demokratische Verfassung eines Landes wird durch das Vorhandensein einer starken, leistungsfähigen Mittelschicht und allgemein respektierter staatlicher Institutionen gestärkt. Unter den Bedingungen einer Besatzung, die derartige Institutionen nach Gutdünken zerstören kann und es in unserem Fall auch tat, wird sich dieser Prozess nur schwerlich entfalten.

Ich glaube, dass die Bush-Regierung keine umfassende Vorstellung von den Verhältnissen in unserer Region hatte, daher drängte sie blindlings auf frühe Wahlen, wo immer sie möglich waren. Gelegentlich gewann man den Eindruck, als sei ihr vorrangig an einem raschen Erfolg gelegen, den man dann in den rund um die Uhr gesendeten Nachrichten verkünden konnte. Doch die Probleme im Westjordanland und in Gaza konnte ein Urnengang nicht lösen, solange die israelische Besatzung fortdauerte. Solange die Grundlagen einer stabilen Gesellschaft fehlen, werden sich extremistische Gruppen den Unmut in der Bevölkerung zunutze machen, um die Macht zu ergreifen. Und sobald sie erst einmal an den Schaltstellen sitzen, werden sie sie nicht so rasch wieder aufgeben.

Nachdem die Hamas die Mehrheit der Parlamentssitze gewonnen hatte, übernahm sie die Regierungsgeschäfte, während die Fatah weiterhin den Präsidenten stellte und die PLO dominierte. Im März 2006 wurde die neue Hamas-Regierung vereidigt. Die USA und die Staaten der Europäischen Union verweigerten ihr die Anerkennung und stellten ihre Hilfsleistungen ein. In der Folge wurde die Situation immer dramatischer, vor allem nachdem der Hamas nahestehende militante Kräfte aus Gaza nach Israel eingedrungen waren und zwei israelische Soldaten getötet und einen dritten, Gilad Schalit, verschleppt hatten. Israel reagierte darauf im Juni mit einer Invasion in Gaza.

Gut drei Wochen vor dem israelischen Einmarsch in den Gazastreifen brachte ich meine tiefe Besorgnis über die sich verschlechternde Lage im Westjordanland, in Gaza und im Irak, aber auch über die wachsenden Spannungen zwischen den USA und dem Iran zum Ausdruck. In meinen Augen war ein neuer Konflikt äußerst wahrscheinlich. In einer Ansprache, die ich am 7. Juni anlässlich der Abschlussfeier an der Mutah-Universität hielt, warnte ich vor der Gefahr, dass sowohl staatliche Akteure als auch gesellschaftliche Gruppen in beiden Ländern den Konflikt anzuheizen versuchten, und sprach über die verheerenden Auswirkungen der iranischen Expansionspolitik in unserer Region. Normalerweise beschränke ich mich bei solchen Anlässen auf nationale Fragen, aber die Bedrohungen schienen mir so groß zu sein, dass ich mich stattdessen mit diesen außenpolitischen Fragen befasste.

Am 12. Juli 2006 überschritten Kämpfer der Hisbollah die Grenze nach Israel. Sie töteten acht israelische Soldaten und nahmen zwei weitere gefangen. Während die Hisbollah israelische Grenzstädte mit Raketen beschoss, rächte sich Israel mit einer Invasion des Libanon im großen Stil. Ich verfolgte im Fernsehen, wie die israelische Armee Dörfer und Städte im Südlibanon angriff, Kraftwerke im ganzen Land sowie den Beiruter Flughafen bombardierte, womit sie die Lebensader der Stadt zur Außenwelt abschnitt. Die Hisbollah-Kämpfer hatten ihre Stellungen im Süden des Landes; sie würden nicht versuchen, über den Flughafen zu fliehen, noch konnten sie vorhaben, weitere Männer oder Militärausrüstung einzufliegen. Die Schließung des Flughafens traf einzig die Zivilbevölkerung.

Ich verurteilte den Krieg. Ich hatte in unserer Region genug Leid gesehen, um zu wissen, dass Krieg nichts als Zerstörung mit sich bringt. Israel kann sich nur dann sicher fühlen, wenn es sich mit seinen Nachbarn einigt, nicht aber durch weitere Kriege und Militäraktionen.

Die israelischen Flugzeuge nahmen nicht nur Kraftwerke, sondern auch Wasserwerke, Straßen, Brücken und andere Ziele der zivilen Infrastruktur ins Visier. In den vergangenen Jahren waren Exil-Libanesen aller Bevölkerungsschichten in ihr Heimatland zurückgekehrt, und die Wirtschaft boomte. Nun wurden Wirtschaft und Infrastruktur von den Israelis systematisch zerstört. Es war eine furchtbare Kollektivbestrafung, die Leid über ein ganzes Land brachte, um die Taten einer einzelnen Gruppe zu rächen.

Es gab in der Geschichte zwar immer wieder Beispiele für Angriffe eines Staates auf die Zivilbevölkerung mit dem Ziel, den Willen des Feindes zu brechen, doch eine derartige Maßnahme ist nichts, worauf man stolz sein kann. Im Krieg erliegt man leicht der gefährlichen Versuchung, den Feind zu dämonisieren, was oft den Mord an Zivilisten, an Frauen und Kindern in großer Zahl zur Folge hat. Doch letztlich hat jede Führungsperson, ob Kolonnenführer, General oder Staatschef, die moralische Verpflichtung, zwischen Zivilisten und Kämpfern zu unterscheiden. Olmert aber tat das nicht.

In den Nachrichten der arabischen Fernsehsender sah man das Leid der Zivilisten in Beirut, und es gab kaum jemanden in den arabischen Ländern, der die Angriffe der Israelis nicht verurteilte. Viele in Jordanien und in der gesamten Region drängten auf Maßnahmen, um das Los Hunderttausender unschuldiger Libanesen, die dem Kreuzfeuer ausgesetzt waren, zu lindern.

Durch unseren Friedensvertrag mit Israel waren wir in der Lage, humanitäre Hilfe in den Libanon zu schicken. Eine jordanische C-130-Frachtmaschine war die Erste, die auf der durch die israelischen Angriffe schwer beschädigten Rollbahn des internationalen Flughafens von Beirut landete. Nachdem unsere Militäringenieure bei der Wiederinstandsetzung geholfen hatten, konnte der Flughafen zumindest für Versorgungsflugzeuge geöffnet werden. Daraufhin schickten wir Maschinen mit Hilfslieferungen, evakuierten einige Libanesen und flogen Bürger aus Drittländern aus, die im Libanon festsaßen.

Am 17. Juli kam die Arabische Liga in Kairo zu einer Sondersitzung zusammen. Einmütig wurde die israelische Militäroffensive im Libanon verurteilt. Aber mehrere arabische Staaten, darunter Ägypten, Saudi-Arabien und Jordanien, übten auch Kritik an der Hisbollah für ihr »unerwartetes, unangemessenes und unverantwortliches Handeln«. Der saudische Außenminister Prinz Saud al-Faisal sagte: »Diese Aktionen werden die gesamte Region um Jahre zurückwerfen, und wir können sie einfach nicht hinnehmen.« Wir hatten den Verdacht, dass die Hisbollah im Auftrag des Iran agierte, und so lag es nahe, ihre Raketenangriffe als direkte Intervention des Iran in die arabische Politik zu bezeichnen. Das zunehmende iranische Selbstbewusstsein verhieß uns nichts Gutes. In der arabischen Welt aber wurden wir für diese Haltung von vielen kritisiert.

Der Krieg dauerte 34 Tage. Mehr als 1100 Libanesen und 160 Israelis kamen ums Leben, ein Großteil des Libanon wurde zerstört. Am 14. August, zwei Tage nachdem der UN-Sicherheitsrat die Resolution 1701 verabschiedet hatte, die eine Einstellung der Kampfhandlungen forderte, hörten die Angriffe auf. Die Hisbollah, die den israelischen Streitkräften starken Widerstand entgegengesetzt und bis zur letzten Minute Raketen weit auf israelisches Staatsgebiet geschossen hatte, erklärte sich zum Sieger. Sie wurde von einer überwiegenden Mehrheit der Öffentlichkeit in der arabischen Welt gefeiert; die Menschen waren stolz, dass die Hisbollah der israelischen Armee die Stirn geboten hatte. Für einen kurzen Zeitraum war Hisbollah-Führer Hassan Nasrallah der Held des Nahen Ostens. Dass das Überleben der Hisbollah im Krieg gegen Israel als Sieg gefeiert wurde, war ein auffälliges Indiz für eine deutlich veränderte Haltung in der arabischen und muslimischen Welt. Denn Sieg bedeutet nicht mehr, die israelische Armee zu schlagen, sondern schieres Überleben. Diese Einstellung birgt große Gefahren, denn sie hat zur Folge, dass die Menschen während eines schwelenden Konflikts bereit sind, ungeachtet des dafür zu zahlenden Preises bewaffnete Auseinandersetzungen zu unterstützen, solange sie nur überleben und Israel Schaden zufügen können. Diese neue Realität untermauert meine Überzeugung, dass die Sicherheit der Israelis und aller anderen Völker in unserer Region nur durch Frieden und nicht durch Israels militärische Überlegenheit gewährleistet werden kann.

Unterdessen wuchsen in den Palästinensergebieten die Probleme. Zwischen der Autonomiebehörde unter Führung der Fatah und der Hamas-Regierung verstärkten sich die Spannungen. Am 14. Juni 2007 endete die unselige Kohabitation in einem Ausbruch von Gewalt: Nach blutigen Zusammenstößen mit Anhängern und Sicherheitskräften der Fatah übernahm die Hamas die Macht im Gazastreifen.

Einige Monate später, am 27. November, unternahm die Bush-Regierung einen letzten Vorstoß zur Wiederaufnahme der Friedensverhandlungen und lud zu einer internationalen Konferenz in die US-Marineakademie in Annapolis ein. Die Roadmap des Jahres 2003 hatte kaum Fortschritte gebracht. Obwohl darin klare, für Palästinenser und Israelis verbindliche Schritte genannt werden, war bisher nichts in dieser Richtung geschehen, und beide Seiten bezichtigten sich gegenseitig, ihren Verpflichtungen nicht nachzukommen.

Die Vereinigten Staaten hatten 49 Länder und internationale Organisationen nach Annapolis gebeten. Zu den Teilnehmern gehörten der israelische Premierminister Ehud Olmert und Palästinenserpräsident Mahmud Abbas sowie der Generalsekretär der Vereinten Nationen und die Außenminister der Folgekommission der Friedensinitiative der Arabischen Liga, also auch der Vertreter Jordaniens. Außerdem waren Gesandte des 2002 in Madrid gebildeten Quartetts vertreten, einer aus den Vereinigten Staaten, der Europäischen Union, Russland und den Vereinten Nationen bestehenden Vierergruppe, die den Auftrag hatte, Hindernisse im Friedensprozess aus dem Weg zu räumen.

In seiner Rede vor der Konferenz sagte Bush: »Wir haben uns hier zusammengefunden, um den Grundstein für eine neue Nation zu legen – für einen demokratischen palästinensischen Staat, der Seite an Seite mit Israel in Frieden und Sicherheit existieren kann. Unser Ziel ist es, der Gewalt ein Ende zu setzen, also den wahren Feind der Hoffnungen der Palästinenser wie der Israelis zu beseitigen.« Um Frieden zu finden, müssten Israelis und Palästinenser harte Entscheidungen treffen; er glaube aber, dass die Führer beider Seiten bereit seien, die wichtigen Fragen anzugehen und den Frieden anzusteuern.

Die Konferenz endete mit der Ankündigung eines Abkommens, das Hoffnung aufkeimen ließ. Abbas und Olmert erklärten sich bereit, unverzüglich ihren jeweiligen in der Roadmap formulierten Verpflichtungen nachzukommen und eine von den Vereinigten Staaten geleitete Kommission zu bilden, die deren Umsetzung beaufsichtigte. Beide Seiten verpflichteten sich außerdem zu intensiven, permanenten und kontinuierlichen Gesprächen. Sie wollten jede nur mögliche Anstrengung unternehmen, um vor Ende des Jahres 2008 ein Abkommen zu schließen.

Es folgten bilaterale Gespräche zwischen Israelis und Palästinensern, in denen die Endstatus-Fragen zum Grenzverlauf, zu

Jerusalem, zu den Flüchtlingen und zu Sicherheitsproblemen in Angriff genommen wurden, all dies im Hinblick auf eine abschließende Einigung. Die Verhandlungen, die auf der Grundlage »Es gibt kein Abkommen, ehe nicht in allen Punkten Vereinbarungen getroffen wurden« durchgeführt wurden, schienen Fortschritte zu machen, vor allem im zentralen Thema des Grenzverlaufs. Man beschäftigte sich intensiv mit Detailfragen, tauschte Landkarten und verhandelte über den Prozentsatz an Gebieten, die im Zuge des endgültigen Abkommens ausgetauscht werden sollten. Doch das alles geriet ins Stocken, als Olmert im Juli aufgrund von Korruptionsvorwürfen an Autorität verlor. Schließlich war er zur Abdankung gezwungen.

Abbas' Legitimität wiederum war durch den Wahlsieg der Hamas geschmälert worden, der eine zweite Front eröffnet hatte. Nach den Wahlen 2006 besaßen die Palästinenser keine einheitliche Führung mehr – Gaza stand unter uneingeschränkter Kontrolle der Hamas und das Westjordanland unter Kontrolle der Fatah. Die Auseinandersetzungen zwischen Gaza und Israel nahmen kein Ende, bis es Ägypten im Juni 2008 gelang, eine Waffenruhe zwischen den beiden Parteien auszuhandeln. Die Öffentlichkeit rief immer lauter nach einer Versöhnung zwischen der Hamas und der Fatah. Doch das sollte sich als ausgesprochen schwierig erweisen.

Rückblickend kann man sagen, dass die palästinensischen Wahlen mit einer Beteiligung der Hamas mehr Probleme schufen als lösten. Und wie sich an den irakischen Wahlen des Jahres 2009 zeigt, kann ein Demokratisierungsprozess mit echten Überraschungen aufwarten.

# Kapitel 25
# Die Maske fällt

Die ersten allgemeinen Wahlen im Irak fanden am 30. Januar 2005 statt, ein Jahr vor den Parlamentswahlen in den Palästinensergebieten. Verschiedene Parteien konkurrierten um die Sitze in einem Übergangsparlament, das eine neue Verfassung ausarbeiten und sie dem irakischen Volk zur Abstimmung vorlegen sollte. Der voraussichtliche Sieg vom Iran unterstützter schiitischer Parteien weckte Ängste vor einem Machtzuwachs der Schiiten in der gesamten Region. Man ging davon aus, dass der Iran eine oder mehrere dieser Parteien finanziell und auch sonst unterstützte, und viele befürchteten, er hege Pläne, hinter den Kulissen die Fäden der irakischen Politik zu ziehen. Die sunnitische Gemeinde im Irak hatte kein Vertrauen in einen Vorgang, der ihrer Meinung nach nur dazu diente, sie an den Rand zu drängen, und boykottierte die Wahlen. Das aber erwies sich als großer Fehler.

Gut einen Monat vor der Wahl war ich Gast in Chris Matthews' Talkshow *Hardball* im Nachrichtensender MSNBC. Matthews fragte mich nach meiner Meinung zu der bevorstehenden Wahl im Irak und insbesondere nach den Folgen eines Sieges radikaler Schiiten. Damals sagte ich:

> Die schlimmste Folge wäre, dass es keinen säkularen Staat gäbe. Mit anderen Worten: dass in der neuen Regierung dann vor allem Vertreter säßen, die vom Iran unterstützt würden. Wir hoffen aber, dass dieser Fall nicht eintritt. Wie Sie wissen, gibt es mit den Sunniten gewisse Schwierigkei-

> ten; wir fordern sie auf, zur Wahl zu gehen, wir möchten, dass sie sich an dem Prozess beteiligen. Wenn sie es nicht tun, könnte es noch mehr Probleme geben.

Damals äußerte ich mehrfach meine Besorgnis über das Gebiet der alten Levante und des Fruchtbaren Halbmonds, das sich von Syrien und dem Libanon bis zum Irak und zum Iran erstreckt. Während des Gesprächs mit Chris Matthews kam mir in den Sinn, dass der Halbmond eine gute Metapher für den sich möglicherweise ausweitenden iranischen Einfluss war. »Wenn es einen Irak unter der Führung der Schiiten gibt, der besondere Beziehungen zum Iran unterhält, und man dessen Beziehungen zu Syrien, zur Hisbollah und zum Libanon berücksichtigt, dann taucht ein neuer Halbmond auf, der in den Golfanrainerstaaten und in der ganzen Region sehr destabilisierend wirken wird.«

Nach der Sendung brach die Hölle los. Viele kritisierten mich als schiitenfeindlich. Der irakische Politiker Abdul Asis Hakim, Chef der schiitischen Partei SCIRI (Supreme Council for the Islamic Revolution in Iraq/Oberster Rat für die Islamische Revolution im Irak), der viele Jahre im iranischen Exil verbracht hatte, bezeichnete die Behauptung, der Iran nehme Einfluss auf die Politik im Irak, als »lächerlich«. Doch niemand bezweifelte damals, dass sich der Iran aktiv in die irakische Politik einmischte, ja sie vielleicht sogar lenkte.

Der Streit zeigt, wie problematisch ein Auftritt in den Medien sein kann. Ich hatte über Politik gesprochen, nicht über Religion, aber meine Äußerungen wurden bewusst entstellt. Meine Sorge war, dass manche Iraner aus Eigeninteresse versuchen würden, sektiererische Gefühle zu wecken, und damit in der gesamten muslimischen Welt den Nährboden für Konflikte zwischen Sunniten und Schiiten schaffen könnten. Ich akzeptiere und respektiere die Schia als eine legitime Glaubensrichtung des Islam und bin der festen Überzeugung, dass es nicht hinnehmbar ist, wenn

Menschen nach ihrem Glauben beurteilt werden. Die Schiiten haben einen enormen Beitrag zur arabischen und muslimischen Kultur wie auch zur Verteidigung des arabischen Nationalismus geleistet und beweisen seit jeher Loyalität ihrem Land gegenüber, sei es der Libanon oder der Irak. Ich habe nie unterstellen wollen, dass sie sich aufgrund ihres Glaubens blindlings mit dem Iran verbünden, sondern nur, dass die iranische Regierung die Situation zu ihrem Vorteil manipuliert und die Spaltung fördert. Im Krieg mit dem Iran in den achtziger Jahren kämpfte die irakische Schia sogar tapfer für ihr Land.

Das heutige Denken der Schiiten weist ein breites Richtungsspektrum auf. Am einen Ende stehen einige der konservativsten Vertreter in der muslimischen Welt, am anderen die liberalsten. Im Iran leben visionäre Geistliche, die im gesamten Nahen Osten bei bestimmten sozialen Themen eine führende Rolle spielen. Als wir in Jordanien die verschiedenen Möglichkeiten der Geburtenkontrolle prüften – in der arabischen Welt ein sensibles Thema –, wandten wir uns an religiöse Autoritäten im Iran, um zu sehen, welche Lösungen sie vorschlugen. Der verstorbene schiitische Geistliche Mohammed Hussein Fadlallah aus dem Libanon vertrat die Ansicht, dass Frauen in der Gesellschaft die gleichen Rechte haben und die gleiche Rolle spielen sollten wie Männer. Geistliche können also positive Veränderungen fördern, aber manche sind auch reaktionär.

Meine Befürchtung war, dass das iranische Regime die Voraussetzungen für einen verheerenden Konflikt der Glaubensrichtungen schuf, der sich rasch von Beirut bis nach Mumbai ausbreiten könnte. Viele der furchtbarsten gewaltsamen Auseinandersetzungen in der Menschheitsgeschichte sind darauf zurückzuführen, dass Politiker die Religion zur Rechtfertigung eines Krieges oder politischer Interessen missbrauchten. Von den Kreuzzügen bis zur spanischen Inquisition verbreiteten stets gerade diejenigen schreckliches Grauen und Leid, die der Überzeugung waren, im Recht zu sein, und sich dabei auf Gott beriefen.

Im Namen Gottes zu sprechen, kann leicht als Rechtfertigung dafür benutzt werden, jede Diskussion im Keim zu ersticken. Wenn man sich selbst für moralisch und geistlich unfehlbar hält, verurteilt man leicht jeden Gegner als unmoralisch. Gefährlich wird es vor allem dann, wenn eine solche absolutistische Weltsicht mit Politik verknüpft wird. Dann sind die politischen Gegner plötzlich nicht mehr nur Menschen, die andere Werte vertreten und andere Vorstellungen von der Organisation einer Gesellschaft haben, sondern Feinde Gottes.

Ich hatte auf das Risiko hinweisen wollen, dass es einen neuen Glaubenskonflikt geben könnte. Leider jedoch führte die Kontroverse über meinen Auftritt im Fernsehen nicht nur zu verbalen Anfeindungen.

Am Weihnachtsabend 2004 explodierte ein mit Sprengstoff bestückter Tanklastwagen, der auf die jordanische Botschaft in Bagdad zuraste, wobei neun Menschen starben und ein Haus in der Nähe zerstört wurde. Die Ermittlungen ergaben, dass der Anschlag von einer weithin bekannten politischen Schiitengruppe verübt worden war, die von der iranischen Revolutionsgarde unterstützt wurde. Meine Hoffnungen, dass mein Besuch in Teheran im Jahr zuvor die Beziehungen zwischen Jordanien und dem Iran verbessern würde, gingen bei diesem nunmehr zweiten Anschlag auf unsere Botschaft in Bagdad buchstäblich in Rauch auf. Im August 2003 hatten sunnitische Extremisten mit Verbindungen zu al-Qaida eine Autobombe gezündet. Nun waren wir auch von schiitischen Extremisten mit Verbindungen zur iranischen Regierung angegriffen worden. Feinde haben die Gemäßigten im Nahen Osten stets mehr als genug.

Zu Beginn des neuen Jahres bereiteten sich die Menschen im Irak auf die Wahlen vor. Ich bat meine Mitarbeiter, für Präsident Bush, der soeben für eine zweite Amtszeit wiedergewählt worden war, nach unserem Kenntnisstand eine Analyse der Situation zu erstellen. Um der besseren Übersichtlichkeit willen schlug ich vor, eine Art Ampelgrafik zu erstellen. So wurde ein großes Diagramm mit drei farbigen Säulen und den Fotos von dreißig irakischen Politikern erstellt, die einer Partei oder einem sonstigen Bündnis angehörten. Der grünen Säule waren der Premierminister der Übergangsregierung, Ijad Allawi, und seine Unterstützer sowie die kurdischen Vertreter zugeordnet – gemäßigte Kräfte, die dieselben Werte vertraten wie wir. Die rote Säule bestand aus Leuten, die mit dem Iran verbündet waren und den iranischen Einfluss im Irak sowie sunnitische Extremisten fördern wollten. Die gelbe Säule schließlich enthielt diejenigen, die wechselnde Bündnisse eingingen, mit denen die internationale Gemeinschaft jedoch zusammenarbeiten konnte, etwa Nuri al-Maliki von der Partei Schia al-Dawa, Technokraten und Geschäftsleute sowie einige eher konservative sunnitische Stammesführer.

Außerdem schlugen wir dem amerikanischen Präsidenten einen detaillierten Plan für den Wiederaufbau im Westen des Irak vor, der dazu beitragen sollte, die Sunniten wieder in die politischen Prozesse einzubeziehen. Es war von entscheidender Bedeutung, dass sich die oppositionelle Haltung der Stammesführer nicht verhärtete – der Irak war nicht überlebensfähig, wenn die Sunniten nicht mit an Bord waren. Unsere Sorge war, dass die traditionellen Stammeszugehörigkeiten in der Region Oberhand gewinnen und die einzelnen Gruppen beginnen könnten, gegeneinander um politische Macht und Einfluss zu kämpfen. Wir wollten den Amerikanern zu verstehen geben, dass jede Hoffnung auf eine Stabilisierung im Irak davon abhing, dass kein Teil der Gesellschaft von der Regierung ausgeschlossen würde und alle Segmente darin vertreten wären. Doch zu meinem Entsetzen stimmten nicht alle US-Politiker solchen Überlegungen zu. Ein ranghoher amerikanischer General beeilte sich, unser Argument für eine Beteiligung der Sunniten am politischen Prozess vom Tisch zu wischen. Hartnäckig blieb er bei seiner Meinung, die Sunniten seien in diesem Krieg die Feinde Amerikas gewesen, und wenn sie sich nicht anständig benähmen, würden die USA sie militärisch vernichten. Diese erschreckend vereinfachende Sicht der Lage empfand ich als zutiefst beunruhigend.

In unserem Plan skizzierten wir ein soziales und wirtschaftliches Hilfsprogramm zur politischen Unterstützung der Stammesführer im Westen des Irak. Wegen der gemeinsamen Grenze mit dem Irak kannten wir dieses Gebiet gut. Einige größere Stämme waren beiderseits der Grenze ansässig. In dieser Region gab es eine halb verfallene Phosphatfabrik, und so schlugen wir den USA vor, bei deren Sanierung behilflich zu sein, um Arbeitsplätze und folglich eine Enklave der Stabilität zu schaffen, die wiederum den lokalen Stammesleuten als Basis zum Kampf gegen al-Qaida im Irak dienen konnte.

US-Verteidigungsminister Rumsfeld übernahm zwar Teile unseres Planes, konzentrierte sich aber im Wesentlichen auf die Sicherheit und den Aufbau von Stammesmilizen. Unseren ökonomischen und politischen Empfehlungen hingegen schenkte die Regierung nur wenig Beachtung; für sie war die Besetzung und Verwaltung des Irak in erster Linie eine militärische Angelegenheit. Der Gedanke, dass Stammesmilizen al-Qaida bekämpfen würden, gefiel den Amerikanern; sie auch wirtschaftlich zu unterstützen und auf diese Weise zu Vertretern der Zentralregierung in den abgelegenen Regionen des Irak zu machen, interessierte sie hingegen kaum.

Inzwischen waren die Amerikaner nicht mehr die Einzigen, die im Irak auf Schwierigkeiten stießen. Auch die Briten, die den Süden besetzten, hatten zu kämpfen. Das britische Außenministerium verfügt über fundierte Nahost-Kenntnisse, und seine Diplomaten waren bekannt dafür, dass sie bestens mit der Region vertraut waren und Erfahrung mit den komplexen, ineinandergreifenden Fragen hatten. Überraschenderweise waren die Briten beim Einmarsch in den Süden jedoch blind für mögliche Probleme, die vom Iran ausgehen könnten. Gruppen, die im Auftrag des Iran handelten, stifteten Unruhe, und Einheiten der Revolutionswächter drangen über die Grenze, sodass den Briten die gesamte Region um die Ohren flog. An manchen Orten hörte man mehr Farsi als Arabisch. Die Briten hätten weniger eigene Regierungsbeamte und stattdessen mehr Leute mit umfassenden Kenntnissen über die Kultur und Geschichte des Irak in der Verwaltung einsetzen sollen. Dies galt umso mehr, als die Iraner ihren Einsatz erhöhten, um im Süden politischen Einfluss zu gewinnen.

Im Vorfeld der Wahlen setzten Vertreter des Iran alles daran, das Ergebnis zu manipulieren, indem sie die schiitischen Parteien, mit denen sich der Iran verbündet hatte, finanziell und personell unterstützten. Ein starker Einfluss in dem überall von US-Truppen besetzten Irak konnte für die Iraner bei zukünftigen Auseinandersetzungen mit den Vereinigten Staaten äußerst nützlich sein.

Bei den Wahlen im Januar 2005 gewann die Vereinigte Irakische Allianz (UIA), ein Bündnis schiitischer Parteien, die Mehrheit der Sitze im Übergangsparlament, und einer ihrer Anführer, Ibrahim al-Dschaafari, trat als Premierminister an die Stelle Ijad Allawis. Die Partei Tschalabis schaffte es nicht ins Parlament. Das Interimsparlament erfüllte seine Hauptaufgabe, nämlich eine Verfassung auszuarbeiten, und im Dezember gaben die Iraker erneut ihre Stimmzettel ab, diesmal für ein Parlament mit einer Legislaturperiode von vier Jahren. Wieder erzielte die UIA die Mehrheit, und Dschaafari wurde erneut Premierminister. Doch man warf ihm Führungsschwäche vor, und er musste zurücktreten. An seine Stelle trat im April 2006 Nuri al-Maliki.

Maliki übernahm sein Amt in einer Zeit, als sich die Sicherheitslage massiv verschlechterte. Die sektiererische Gewalt nahm zu. Laut damaligen UN-Berichten kamen täglich im Schnitt hundert Zivilisten bei Kämpfen zwischen Sunniten und Schiiten um. Nach einem Anschlag auf eine bedeutende religiöse Stätte der Schiiten, die al-Askari-Moschee in der Stadt Samara, im Februar

2006 eskalierten die gewaltsamen Auseinandersetzungen weiter. Man sprach bereits von der Gefahr eines landesweiten Bürgerkriegs.

Um die Sicherheit wiederherzustellen, verkündete Maliki im Juni ein nationales Versöhnungsprogramm. Hierzu gehörten Schritte zur Entwaffnung der Milizen und zu einem offenen Dialog mit Rebellen. Doch die Gewalt hörte nicht auf, sodass Befürchtungen aufkamen, das Programm könne scheitern. In einem Bericht der sogenannten Baker-Kommission, die der amerikanische Kongress im März 2002 ins Leben gerufen hatte, um die Lage im Irak zu analysieren, und die mit Vertretern beider Parteien besetzt war, hieß es im Dezember, die Situation im Irak sei »besorgniserregend und verschlechtert sich«.

Anfangs hörte ich von den schiitischen und sunnitischen Stammesführern viel Positives über Maliki, unter anderem weil er gegen die vom Iran unterstützten Milizen vorging. Mit der Zeit aber mischten sich in die Berichte auch andere Einschätzungen, und im Irak und der Region wandten manche gegen ihn ein, er ziehe die schiitische der sunnitischen Gemeinde vor und weigere sich, in den sunnitischen Provinzen Geld zu investieren. Maliki hatte sein Amt in einer furchtbaren Zeit angetreten, als der Irak von Glaubenskämpfen und verschiedensten Formen der Gewalt erschüttert wurde, und es spricht für ihn, dass sich das Land in seiner bisherigen Amtszeit stabilisiert hat.

Als sich die Lage im Irak allmählich verbesserte und die Gewalt abnahm, fragten viele Iraker, warum die Araber keine Gespräche mit ihnen aufnahmen und kein arabischer Politiker nach Bagdad kam. Das war jedoch nicht ohne Weiteres möglich. Einige arabische Führer hätten dem Irak gern die Hand gereicht, wollten aber bei ihrem Volk nicht den Eindruck erwecken, gemeinsame Sache mit den Amerikanern zu machen, denn noch heute, da längst Iraker das Land regieren, ist die

Regierung mit dem Stigma behaftet, am Gängelband der USA zu hängen. Unter diesem Vorwand wird manchen arabischen Führern eine zu große Nähe zum Irak vorgeworfen.

Im Dezember 2006 wurde Saddam Hussein hingerichtet. Ein in weiten Teilen der Welt ausgestrahltes Amateurvideo zeigte eine Menschenmenge vor dem Galgen, die »Muktada! Muktada! Muktada!« rief, als Saddam die Schlinge um den Hals gelegt wurde. Das war eine Anspielung auf Muktada al Sadir, den aufwieglerischen schiitischen Geistlichen und Anführer der einflussreichen Mahdi-Armee, der als Verbündeter des Iran und der Hisbollah gilt. Im Großen und Ganzen haben die Araber eine gemeinsame Sprache und Kultur, und ein Bild im Satellitenfernsehen kann Folgen für die ganze Region haben. So veränderte das Video mit einem Schlag die Stimmung in der arabischen Welt. Man betrachtete Saddams Hinrichtung nicht nur als einen Akt, der unter westlicher Einflussnahme an einem arabischen Diktator vollzogen wurde. Viele Sunniten in der gesamten Region sahen darin auch einen Racheakt iranischer und schiitischer Gruppen, der sich mit westlichen Interessen traf. Die Folgen dieser Sichtweise waren fatal. Nach Saddams Tod uferte die Gewalt im Irak aus und führte zu Attentaten nach dem Prinzip Auge um Auge, Zahn um Zahn. Milizen machten die Straßen unsicher. Allerorten entstand der Eindruck, dass eine gefährliche Spaltung zwischen Schiiten und Sunniten die ganze Region erfassen könnte. Die Folge war, dass der Hisbollah-Führer Nasrallah und andere, die wie er Verbindungen zum Iran unterhielten, an Legitimität einbüßten. Viele sahen in ihnen nur noch Handlanger des Iran, die den Interessen der Araber entgegenwirkten. Die Maske war gefallen.

Ich versuchte, der Bush-Regierung und insbesondere Außenministerin Condoleezza Rice klarzumachen, dass sich die Stimmung in der Region verändert habe und die Gemäßigten wieder die Oberhand hätten. Die moderaten arabischen Führer könnten sich nun zusammenschließen und ihre Stimme erheben – vom Ende des Krieges im Libanon im Sommer bis zu Saddams Hinrichtung hatten wir alle geschwiegen und den Kopf eingezogen.

Jetzt, da wir neuen Auftrieb hätten, sagte ich, möge uns die US-Regierung in unseren Anstrengungen, den Friedensprozess voranzutreiben, unterstützen. Aber ich glaube nicht, dass meine Botschaft wirklich ankam. Für die Bush-Regierung hatte nun die Demokratisierung oberste Priorität, und sie hatte alle Hände voll zu tun, um mit der Gewalt im Irak fertig zu werden.

Die Iraner verloren an Boden, als Maliki mit einer Reihe von Militäroperationen und Verhaftungswellen gegen die vom Iran unterstützten Milizen vorging. Im Zuge dessen wurde Muktada al-Sadr im Februar 2007 schließlich dazu gezwungen, das Land zu verlassen. Danach verbesserte sich die Sicherheitslage dank der Aufstockung der US-Truppen sowie der Bemühungen der Milizionäre des »Erweckungsrats«, die, angestoßen von sunnitischen Stämmen, in ihren Gebieten den Kampf gegen al-Qaida aufgenommen hatten. Doch nach einiger Zeit waren vom Iran unterstützte Gruppen wieder auf dem Vormarsch, was zum Teil auch den arabischen Nachbarn des Irak zuzuschreiben ist. Meiner Meinung nach können die arabischen Staaten eine weitere Einmischung des Iran im Irak am besten dadurch verhindern, dass sie sich einschalten und der neuen irakischen Regierung auf die Füße helfen. Andernfalls wird ein Vakuum entstehen, die Iraner werden zurückkehren und ihren kurzzeitig verlorenen Einfluss zurückgewinnen. Der Iran versorgt diverse religiöse Gruppen im Irak mit erheblichen Geldmitteln und lässt Kinder sowohl sunnitischer als auch schiitischer Glaubensrichtung im Iran medizinisch betreuen oder eine Schule besuchen. Der Iran hat seine Grenzen geöffnet und versucht, den Irak unter seinen Einfluss zu bringen. Die unübersichtliche Sicherheitslage im Irak macht es den arabischen Ländern schwer, in Bagdad Konsulate und Botschaften einzurichten und ihre Beziehungen zum Irak zu festigen. Tatsache aber ist: Das Engagement der arabischen Länder ist eine wichtige Voraussetzung dafür, dass sich das Land gegen die expansionistischen und hegemonialen Bestrebungen der iranischen Regierung behauptet.

Inzwischen schrieben wir das Jahr 2008, und ich hielt es für wichtig zu zeigen, dass sich der Irak in die richtige Richtung bewegte und sich die politische Situation dort stabilisierte. Ein Besuch des Landes bot sich an. Dabei stellte die Sicherheit jedoch ein echtes Problem dar, denn weder der Iran noch al Qaida im Irak wollten mich dort sehen. Ich würde der erste arabische Führer seit der Invasion sein, der in den Irak reiste, und damit würde ich ein Zeichen setzen, dass sich die Dinge in dem Land allmählich wieder normalisierten.

Mein Vorhaben wurde jedoch bekannt, und al-Qaida im Irak entsandte ein Mordkommando, das einen Anschlag auf mich verüben sollte. Daraufhin stellte ich die Reise zurück und leitete Schritte ein, die den Terroristen zeigten, dass sie ein gefährliches Spiel spielten. In Zusammenarbeit mit den Irakern stellten wir sicher, dass von dieser Zelle keine Gefahr mehr ausging. Sobald das Sicherheitsproblem gelöst war, traf ich erneut Vorbereitungen für meinen Besuch.

Am 13. August 2008 bestieg ich zusammen mit meinem Bruder Ali und einer kleinen jordanischen Delegation im Osten Ammans eine militärische Transportmaschine des Typs C-17. Wir flogen über die jordanische Wüste in den Irak, eine Reise, die ich zuletzt mit meinem Vater gemacht hatte. Als wir auf Bagdad zusteuerten, legte die Crew Panzerwesten an und spähte ängstlich aus dem Fenster, um nach Zeichen für einen Raketenangriff Ausschau zu halten. Uns bot man diesen Schutz nicht an, aber ich hatte das Glück, in der Kanzel sitzen zu dürfen. Schließlich näherten wir uns dem Flughafen, und die Maschine setzte zum Sturzflug an – ein normales Manöver bei der Landung auf dem Flughafen von Bagdad, um einem eventuellen Raketenangriff zu entgehen. Dann legte sich die schwere Maschine wie ein Kampfjet auf die Seite und raste dröhnend auf das Rollfeld zu. Als wir landeten, dachte ich an meine früheren Besuche in Bagdad zurück. Jetzt war ich wieder da – und der Irak hatte eine völlig andere Regierung.

Kaum auf dem Boden, stiegen wir in einen Hubschrauber um, der sofort abhob und tief über die Straßen und Gebäude Bagdads hinwegflog. Plötzlich sah ich etwas Weißliches in der Luft. Es kam von einem Hubschrauber neben uns, der Leuchtkörper und Düppel ausstieß, damit wir nicht von Raketen angepeilt werden konnten. Wir schwenkten nach links und flogen weiter. Unten sah ich inmitten der Stadt ein Glitzern wie von sonnenbestrahlten Seen und Teichen. Daran konnte ich mich von meinen früheren Reisen nicht erinnern und glaubte, man habe sie vielleicht neu angelegt. Als wir näher kamen, erkannte ich, dass es Kloaken waren, die in den Schlaglöchern vor sich hin faulten. Bagdad war einst ein Juwel des Nahen Ostens gewesen. Es hatte einige der besten Wissenschaftler, Ingenieure und Lehrer unserer Region hervorgebracht – jetzt war dieses großartige Land stolzer und begabter Menschen völlig zerstört. Es deprimierte mich zu sehen, welche Schäden die Stadt erlitten hatte. Auf sämtlichen Straßen war alle fünfzig Meter ein Unterschlupf errichtet, in den die Fußgänger im Falle eines Granatenangriffs springen konnten.

Auf dem Gelände, wo ich mich mit dem irakischen Premierminister Nuri al-Maliki treffen sollte, herrschte einigermaßen Verwirrung, da wir meine Ankunft aus Sicherheitsgründen nicht im Voraus hatten publik machen können. Maliki empfing mich, und wir verstanden uns gut. Der Inhalt des Gesprächs war freilich weniger wichtig als die Tatsache, dass es in Bagdad stattfand.

Als sich die Nachricht von meiner Ankunft verbreitete, versammelten sich immer mehr Iraker auf dem Gelände. Meine Delegation wollte auch mit anderen offiziellen irakischen Vertretern Gespräche führen, was sich jedoch als schwierig erwies. Sie waren nicht über meinen Besuch in Bagdad informiert, sondern erst spät zu einem Treffen mit einem ranghohen Besucher aus dem Ausland eingeladen worden. Nun hatten sie Probleme, zum Aufenthaltsort des mysteriösen Gastes zu gelangen, da sie wegen der Kontrollstellen aufgehalten wurden. Nachdem wir lange vergeblich auf einen der führenden Parlamentarier gewartet hatten, wurde mein Sicherheitschef unruhig, weil wir uns schon so lange an ein und demselben Ort aufhielten. Schließlich sagte er: »So, das war's«, und wir fuhren zurück zum Flughafen. In gedrückter Stimmung bestiegen wir die Maschine, die sofort mit dröhnenden Triebwerken in den Himmel emporschoss, sodass wir in unsere Sitze gepresst wurden. Als wir außer Raketenreichweite waren, blickte ich durch das Fenster zurück.

Wenn ich an das Bagdad dachte, das ich zwanzig Jahre zuvor gesehen hatte, packte mich das blanke Entsetzen. Irgendwann sagte mein Bruder Ali, der Besuch habe ihn sehr deprimiert. »Dich auch?«, erwiderte ich.

Mit der Zeit änderten die USA ihre Irakpolitik und zogen nach und nach ihre Truppen ab. Im November 2009 ratifizierte das irakische Parlament ein »Status of Forces Agreement«, ein Abkommen zum Truppenstatut, wonach die US-Streitkräfte das Land bis Ende 2011 verlassen haben sollten. Ich halte das für ein richtiges Ziel und würde als Erster dafür plädieren, dass alle ausländischen Truppen abziehen. Aber ein politisches Vakuum, das aufgrund eines zu raschen Abzugs entstehen könnte, ist nicht wünschenswert. Das hieße nichts anderes, als dass in ein paar Jahren wieder jemand kommen müsste, um die Situation unter Kontrolle zu bringen. Wenn eine stabile irakische Regierung nur unter der Voraussetzung eines langsameren Abzugs realisierbar ist, dann wäre dieser Preis nicht zu hoch. In Vieraugengesprächen räumen viele irakische Regierungsmitglieder ein, dass sie kein Vakuum wollen. Der Rückzug der USA muss sorgfältig geplant werden, wenn die Sicherheit im Irak nicht gefährdet werden soll.

Am 31. August 2010 hatten die US-Kampftruppen ihren Abzug aus dem Irak abgeschlossen, und Präsident Obama erklärte die amerikanischen Kampfhandlungen im Land für beendet. Doch kaum hatten die irakischen Sicherheitskräfte das Vakuum gefüllt, verschlechterte sich die Sicherheitslage zusehends. Bis Ende 2011 werden rund 50 000 US-Soldaten im Irak bleiben, um die irakische Armee auszubilden und ihr bei der Übernahme ihrer Aufgaben zu helfen. Man hofft, dass sich der Irak bis dahin stabilisiert hat und die irakische Armee vollständig in der Lage ist, für Sicherheit zu sorgen.

# Kapitel 26
## Eine neue Stimme aus Amerika

Im März 2007 wurde mir die seltene Ehre zuteil, als ausländisches Staatsoberhaupt vor dem US-Kongress eine Rede halten zu dürfen. Nach sorgfältigem Nachdenken kam ich zu dem Schluss, dass es nur ein Thema gab, über das ich sprechen konnte: die dringende Notwendigkeit eines Friedens im Nahen Osten.

Die Menschen im Nahen Osten, sagte ich, wünschen sich einen Neubeginn, sie hoffen auf eine Zukunft in Wohlstand und Frieden. Wir haben erfahren, was Gewalt, Hass und Ungerechtigkeit an Gefahren und Zerstörung mit sich bringen. Aber wir haben auch gesehen, was Menschen erreichen können, wenn man ihnen die Gelegenheit dazu gibt, wenn sie Mauern niederreißen und eine Zukunft vor Augen haben. Und wir wissen, dass ein Frieden im Nahen Osten einen weltweiten Neuanfang bedeuten und unserer Region und der ganzen Welt neue Möglichkeiten eröffnen würde. Keinem palästinensischen Vater sollte es schwer fallen, seine Familie zu ernähren und seinen Söhnen und Töchtern eine Existenz zu ermöglichen. Keine israelische Mutter sollte Angst haben, wenn ihr Kind in einen Bus steigt. Es sollte nicht noch eine Generation in dem Glauben aufwachsen, dass Gewalt und Konflikte die Regel sind.

Nach meiner Rede kamen viele amerikanische Freunde auf mich zu und fragten, wie sie helfen könnten, andere waren skeptisch. Manche fragten mich: »Was hat dieser Konflikt mit uns zu tun? Warum sollen wir uns in einen Kampf einmischen, der auf der anderen Seite der Welt stattfindet?«

Meine unmissverständliche Antwort darauf lautet heute wie damals: Die Lösung des arabisch-israelischen Konflikts liegt im nationalen Interesse der Vereinigten Staaten, Europas und der gesamten internationalen Gemeinschaft. Die Palästinenserfrage ist für über eine Milliarde Muslime in der ganzen Welt von höchster Bedeutung, schon deshalb handelt es sich unzweifelhaft um eine globale Angelegenheit. Viele Menschen, für die Gewalt ein legitimes Mittel ist, benutzen die israelische Besetzung arabischer Gebiete und insbesondere Ost-Jerusalems für ihre Hetzparolen. Sie stellen den Westen – und insbesondere Amerika – als den Teil der Welt dar, der Israel blind unterstützt, und geben deshalb dem »Satan USA« und seinen Verbündeten eine Mitschuld an dem Unrecht der israelischen Besetzung. Terroristische Organisationen missbrauchen die verständliche Enttäuschung der Muslime darüber, dass die Okkupation nicht beendet wird, für ihre eigenen illegitimen Ziele und um Unterstützung für ihre antiamerikanischen Reden und Taten zu gewinnen. Wir müssen den palästinensisch-israelischen Konflikt lösen, um diesen Extremisten eine ihrer stärksten Triebkräfte zu nehmen.

Al-Qaida lebt von dem anhaltenden Konflikt. Die Schaffung eines palästinensischen Staates würde die weltweite Anziehungskraft dieses Terrornetzwerks entscheidend mindern. Es würde nur noch eine lokale Gefahr für bestimmte Konfliktgebiete darstellen und könnte die Vereinigten Staaten und den internationalen Frieden nicht mehr im bisherigen Maße bedrohen. Die Vereinigten Staaten, Großbritannien und ihre Verbündeten waren mehr als zehn Jahre lang in zwei Kriege in der muslimischen Welt involviert, und wenn Palästinenser und Israelis nicht zum gemeinsamen Frieden finden, werden wir mit Sicherheit weitere Gewaltkonflikte erleben, die al-Qaida ausnutzen wird, um seinen Aktionsradius auszuweiten. Für Amerikaner mag der Zusammenhang nicht so offensichtlich sein, aber jeder Muslim wird einem bestätigen, dass das Unrecht, das die Palästinenser erdulden müssen, eine schwärende Wunde ist, die junge Männer in der gesamten muslimischen Welt mobilisiert und radikalisiert. Mit der Gründung eines palästinensischen Staates wird al-Qaida nicht verschwinden, aber es wird diesem Terrornetzwerk schwerer fallen, neue Anhänger zu gewinnen und Unterstützung für seine Verbrechen zu finden.

Die Vereinigten Staaten könnten eine ganz entscheidende Funktion wahrnehmen, indem sie ihre Freunde davon überzeugen, Emotionen hintanzustellen und strategisch zu denken. In unserer Region geben sich die Menschen oft dem Zorn über das neueste Unrecht oder über einen Akt der Gewalt hin und verlieren dabei die Gesamtsituation aus den Augen. Manchmal benötigen wir Hilfe, um den Blick nach vorn zu richten und zu überlegen, wo wir in zehn, zwanzig oder dreißig Jahren stehen wollen, und entsprechend zu handeln.

Leider ist Zeit ein Luxus, den wir uns nicht leisten können. All der Stillstand, das Warten und die vielen nicht eingelösten Versprechen haben das Vertrauen der Menschen, dass Frieden überhaupt möglich ist, schwer beschädigt. Sie schwächen die gemäßigten Kräfte und spielen den Extremisten in die Hände. Wenn wir jetzt nicht handeln, verdammen wir den Nahen Osten zu einer Zukunft im permanenten Kriegszustand, der sich weit über seine Grenzen hinaus auswirken wird, zu einer von Terroristen und Extremisten beherrschten Zukunft, in der die gemäßigten Kräfte jede Glaubwürdigkeit verlieren.

Die Elemente eines Friedensabkommens sind evident. Die internationale Gemeinschaft befürwortet einhellig eine Zwei-Staaten-Lösung. Doch auf dem Weg dorthin brauchen wir Unterstützung. In den letzten Jahren ist der Friedensprozess ins Stocken geraten mit dem Ergebnis, dass wir nur noch leere Versprechen, Enttäuschung und Gewalt erleben.

Als am 5. November 2008 Barack Obama mit großer Mehrheit die US-Präsidentschaftswahl gewann, atmeten in Jordanien und im ganzen Nahen Osten viele Menschen auf. Sie hofften, seine

Regierung werde einen neuen Lösungsvorschlag für die Region vorlegen und er werde die historische Herausforderung des Friedensprozesses annehmen, als Mediator, Mittler, ehrlicher Makler – wie immer man es nennen mag. Vielleicht hat es den Anschein, als wären die komplizierten Verhandlungen allein Sache der Israelis und Palästinenser, aber Amerika spielt dabei eine entscheidende Rolle. Die Vereinigten Staaten haben in der Vergangenheit zu oft den Eindruck erweckt, sich kritiklos auf die Seite Israels zu stellen, doch in der Region weiß jeder, dass Amerika das einzige Land ist, auf das Israel hören wird – auch wenn es sich den Empfehlungen häufig widersetzt.

Im Juli 2008 unterbrach Senator Obama seinen Wahlkampf für eine Reise nach Europa und in den Nahen Osten. Nach Besuchen im Irak und in Afghanistan traf er am 22. Juli 2008 in Begleitung der Senatoren Jack Reed und Chuck Hagel in Jordanien ein. Unsere Hauptstadt Amman wurde einst am Fuß von sieben Hügeln erbaut, und Obama wählte die Zitadelle, einen historischen Ort auf einem dieser Hügel, um eine Pressekonferenz abzuhalten. Amman, eine der ältesten Städte der Welt, wurde mehrmals erobert, unter anderem von den Griechen, den Römern und den Umajjaden, die alle ihre Spuren in der Stadt hinterließen. So bildeten die Ruinen eines griechischen Tempels, eine byzantinische Kirche und ein umajjadischer Palast die Kulisse, als Obama über seine Besuche in Afghanistan und im Irak sprach und Fragen der Presseleute beantwortete. Obama betonte die Bedeutung des Friedensprozesses: »Mein Ziel ist«, sagte er, »dass wir von dem Augenblick an, da ich meinen Amtseid leiste, daran arbeiten, einen Durchbruch zu erreichen.«

Nach der Pressekonferenz empfing ich Obama in Beit al-Urdun, meiner Residenz in einem Vorort von Amman. Dort hob ich die Bedeutung eines gerechten und dauerhaften Friedens zwischen Israel und den Palästinensern hervor, der jedoch nicht nur Selbstzweck sei, sondern die Region auch stabilisieren und die Gefahren, die von anderen Brennpunkten in der Region ausgingen, vermindern würde. Aus meiner Sicht, sagte ich, sei eine abgestimmte US-Politik von größter Wichtigkeit. In der Zeit der Regierung Clinton seien etliche Abgesandte hierher gekommen, von Dennis Ross über Martin Indyk bis hin zu Madeleine Albright – jeder mit einer anderen Botschaft. Ich erklärte Obama, das Problem habe sich unter der Bush-Regierung fortgesetzt, und der Präsident habe zu mir gesagt: »Dafür ist Colin Powell zuständig. Er allein hat das Sagen in der Außenpolitik, und er ist von mir bevollmächtigt.« Andere Regierungsmitglieder aber widersprachen Powell und vermittelten gänzlich andere Botschaften.

Ich riet Obama, sich für einen Nahost-Friedensbeauftragten zu entscheiden und bei der betreffenden Person zu bleiben. Obama skizzierte mir seine Vorstellungen hinsichtlich des weiteren Vorgehens. Er wusste genau, wo die Probleme lagen, und am Ende war ich der festen Überzeugung, dass dieser Mann die Sprache des Friedens sprach. Wir beendeten unser Gespräch und begaben uns mit den anderen Senatoren und ihren Beratern zu einem Abendessen in privater Runde.

Danach bot ich Obama, dessen nächste Station Israel war, an, ihn zum Flughafen zu bringen. Ich bin daran gewöhnt, selbst am Steuer zu sitzen, wenn ich mit Staatsgästen unterwegs bin – doch Obamas Leibwächter gerieten durch meinen Vorschlag in Verlegenheit. Manchmal ist es allerdings von Vorteil, König zu sein. Zu Obamas Überraschung sprang ich in einen grauen Mercedes Sedan und forderte ihn auf, auf dem Beifahrersitz Platz zu nehmen. Dann fuhren wir, gefolgt von einem Fahrzeugkonvoi, zum Flughafen. Während der halbstündigen Fahrt unterhielten wir uns über unsere Familien und andere private Themen und lernten uns auf diese Weise näher kennen.

Eine Woche nach den Präsidentschaftswahlen in den USA flog ich nach New York zu einer vom saudischen König Abdullah gesponserten Konferenz der UN-Generalversammlung über interreligiösen Dialog. Dort traf ich auch den früheren Präsidenten Bill Clinton. Er drängte mich, nicht die zweieinhalb Monate bis zur Amtseinführung des neuen Präsidenten zu warten, sondern mich bereits jetzt an dessen Übergangsteam zu wenden. Clintons Frau Hillary war damals noch nicht zur Außenministerin ernannt worden. »Sie müssen den ersten Schritt machen«, sagte er. Clinton, der die beiden Konfliktparteien einer Einigung so nahe gebracht hatte wie kein anderer amerikanischer Präsident, ist jemand, dessen Rat ich sehr schätze, und so nahm ich auf informellem Weg Kontakt zu den Mitgliedern der künftigen Regierung Obama auf.

Am 12. November, noch während meines Aufenthalts in den Vereinigten Staaten, rief ich den zukünftigen Präsidenten des Landes an. Ich gratulierte ihm zu seinem Wahlsieg und sagte, ich freue mich darauf, in Nahost-Fragen mit ihm zusammenzuarbeiten. Natürlich wüsste ich um die Fülle von Problemen, vor denen er bei seiner Regierungsbildung stehe – von der globalen Wirtschaftskrise über das amerikanische Haushaltsdefizit bis zu den Konflikten im Irak und in Afghanistan; ich hoffte dennoch, er werde sich die Zeit nehmen, die Verhandlungen zwischen Israelis und Palästinensern voranzutreiben.

Nach dem Gespräch war ich ausgesprochen optimistisch. Mit Obama, so mein Eindruck, würden wir einen amerikanischen Präsidenten bekommen, der zutiefst verstanden hatte, dass der israelisch-palästinensische Konflikt die eigentliche Ursache für die Instabilität in der Region war und ein gerechter, umfassender und dauerhafter Frieden im nationalen Interesse der USA lag. Das war ein erheblicher Unterschied zu den vergangenen acht Jahren, als die amerikanische Politik darauf zu zielen schien, Israel um jeden Preis zu unterstützen. Doch noch bevor Obama im Januar 2009 sein Amt antrat, sollte sich die Lage radikal verschlechtern.

Nachdem der von Ägypten vermittelte Waffenstillstand zwischen der Hamas und Israel im Dezember 2008 ausgelaufen war, kam es erneut zu gewaltsamen Auseinandersetzungen. Der Waffenstillstand war schon seit November in Gefahr, da Israel sechs Hamas-Aktivisten getötet und die Hamas Raketen auf Israel abgeschossen hatte. Für den Gazastreifen galt bereits seit 2007 eine Wirtschaftsblockade – selbst die Lieferung medizinischer Güter war stark eingeschränkt; das Gebiet war eine tickende Zeitbombe.

In dieser Phase des politischen Übergangs in den USA, in der Zeit der Weihnachts- und Neujahrsfeiertage, wenn die meisten Staatsoberhäupter Urlaub machen, führte Israel unter der Führung von Premierminister Ehud Olmert am 27. Dezember einen Großangriff auf Gaza durch. Einer Woche anhaltender Bombardements aus der Luft folgte Anfang Januar eine groß angelegte Invasion der israelischen Bodentruppen. Eine UN-Untersuchungskommission unter der Leitung des hoch angesehenen südafrikanischen Richters Richard Goldstone, die im April 2009 eingesetzt wurde, berichtete, in drei Wochen heftiger Kämpfe seien etwa 1400 Palästinenser umgekommen, darunter 900 bis 1000 Zivilisten, von denen wiederum 600 Frauen und Kinder waren. Die israelische Armee verzeichnete zehn Opfer, wobei vier Soldaten durch Eigenbeschuss getötet wurden; drei israelische Zivilisten kamen durch Hamas-Raketen um. Außerdem bombardierten israelische Kampfjets das Zentralgefängnis, den Sitz des palästinensischen Legislativrats sowie eine Schule des Hilfswerks der Vereinten Nationen für Palästinaflüchtlinge im Nahen Osten (UNRWA) in Gaza-Stadt, womit Israel laut der Kommission gegen die Genfer Menschenrechtskonventionen verstoßen hatte. Der Goldstone-Bericht, der im September 2009 veröffentlicht wurde, stellte fest, dass die israelischen Streitkräfte gegen international anerkannte militärische Verhaltensregeln im Kriegsfall verstoßen hätten, indem sie in Gaza-Stadt ein Krankenhaus mit Phosphorbomben beschossen und gezielt Zivilisten getötet hätten, unter anderem auch durch den Abschuss einer Rakete auf eine Moschee während des Abendgebets, bei dem 15 Menschen starben.

Die über Satellitenfernsehen verbreiteten Bilder der leidenden Zivilbevölkerung im Gazastreifen lösten Wut und Empörung aus. Überall in der arabischen Welt versammelten sich spontan Menschen und verlangten eine harsche Antwort auf das Vorgehen Israels. Zum ersten Mal unternahm eine Gruppe arabischer Länder einen gemeinsamen Versuch, die Arabische Friedensinitiative zurückzuziehen, und drängte gegen den Widerstand der gemäßigten Kräfte darauf, einem Frieden mit Israel eine Absage zu erteilen. Die gemäßigten arabischen Länder wie Jordanien, Ägypten und Saudi-Arabien sowie die Vereinigten Arabischen Emirate fragten sich, ob es Israel nunmehr gelungen war, den Friedensprozess endgültig zunichtezumachen.

Katar lud für den 16. Januar zu einem Krisengipfel der Arabischen Liga nach Doha. Aus Sorge, dass man damit eine geheime politische Agenda verfolgte, verweigerten Ägypten, Saudi-Arabien, Jordanien und andere ähnlich gesinnte Länder ihre Teilnahme. Schließlich sagten nur 13 arabische Länder ihr Kommen zu. Somit fehlten zwei Länder, um die erforderliche Mindestzahl für ein offizielles Gipfeltreffen der Arabischen Liga zu erreichen. Am Ende erweiterte Katar die Gästeliste um den iranischen Präsidenten Mahmud Ahmadinedschad und den Hamas-Führer Khaled Meschaal, der von seiner Basis in Damaskus nach Doha reiste.

Bei dem Treffen erklärten einige arabische Führer die Arabische Friedensinitiative für »bereits tot« und verlangten, alle Verbindungen zu Israel abzubrechen und die arabischen Botschaften in Israel (also die ägyptische und die jordanische) zu schließen. Da es sich allerdings nicht um ein offizielles Gipfeltreffen handelte, konnte die Arabische Friedensinitiative auch nicht offiziell zurückgenommen werden. Wenn wir der Meinung wären, es würde den Palästinensern zu ihrem Recht verhelfen und der Region Frieden bringen, würden wir auf der Stelle alle Kontakte zu Israel abbrechen. Aber das Gegenteil ist der Fall. Aufgrund unseres Friedensvertrags mit Israel haben uns die Palästinenser schon mehrfach gebeten, ihren Standpunkt vorzutragen und Botschaften zu übermitteln. Und in diesen Wochen, als die Bewohner Gazas bittere Not litten, konnten wir ihnen dank unserer diplomatischen Beziehungen zu Israel helfen.

Wir kritisierten den Krieg in Gaza, konnten ihn jedoch nicht aufhalten. Wir verlangten die Beendigung aller militärischen Operationen in Gaza und erhoben heftigen Protest gegen die Angriffe auf Zivilisten. Außerdem schufen wir einen Versorgungskanal, über den ein Großteil der arabischen, europäischen und internationalen Unterstützung lief. So gelangten Hunderte Tonnen humanitärer und medizinischer Hilfsgüter aus Jordanien und dem Rest der Welt über Jordanien nach Gaza. Außerdem schickten wir ein Feldlazarett nach Gaza, das bis heute in Betrieb ist. Dort wurden gleich nach der Eröffnung täglich über tausend Patienten behandelt. Bis Oktober 2010 wurden in dem Krankenhaus 340 000 Bewohner Gazas medizinisch versorgt.

Am 19. Januar 2009 kamen die arabischen Staatsführer in Kuwait zu einem schon länger geplanten Wirtschaftsgipfel zusammen, der eine Antwort auf die weltweite Wirtschaftskrise finden sollte. Aber wir konnten die anhaltende Krise in Gaza nicht ignorieren. König Abdullah von Saudi-Arabien brachte die Sorge vieler zum Ausdruck, als er sagte: »Die Arabische Initiative wird nicht ewig auf dem Tisch bleiben.«

Der Emir von Kuwait, Scheich Sabah al-Ahmed al-Dschaber al-Sabah, widerstand dem Druck seitens der Länder, die die Aufkündigung der Arabischen Friedensinitiative verlangten, sodass sich das Schlusskommuniqué darauf beschränkte, einen Waffenstillstand für Gaza, den sofortigen Rückzug Israels sowie Untersuchungen zu fordern, um mögliche Kriegsverbrechen der israelischen Armee aufzudecken.

Während am nächsten Tag die israelischen Truppen endlich aus Gaza abzogen, versammelten sich in Washington etwa eine Million Menschen, um der Amtseinführung Barack Obamas als 44. Präsident der Vereinigten Staaten beizuwohnen. Präsident Obama löste sein Wahlkampfversprechen ein: Die Staatsoberhäupter Jordaniens, Ägyptens und Israels sowie der Chef der Palästinensischen Autonomiebehörde waren die Ersten, die er am nächsten Morgen anrief.

Obamas Vorgänger hatten sich – mit einem Auge auf ihren gegenwärtigen, mit dem anderen auf ihren historischen Ruhm schielend – meist erst in der Mitte ihrer zweiten Amtszeit dem israelisch-palästinensischen Konflikt zugewandt. Mit seinem starken Engagement vom ersten Tag an schien Obama hingegen der Region die seltene Gelegenheit zu verschaffen, auf dem Weg zur Lösung dieses höchst schwierigen und hartnäckigen Konflikts Forschritte zu erzielen. Uns allen stellte sich die Frage, ob die Führer der Region in der Lage waren, diese Chance zu ergreifen.

Die Entwicklungen in der israelischen Politik waren nicht ermutigend. Der Geist des Optimismus von Annapolis wehte schon lange nicht mehr. Als die 2007 begonnenen Verhandlungen im Juli 2008 endeten, verkündete Olmert wegen gegen ihn erhobener Korruptionsvorwürfe, er stelle sich nicht zur Wiederwahl als Chef der Kadima-Partei und werde, sobald diese einen Nachfolger gewählt habe, auch von seinem Amt als Premierminister zurücktreten. Im September wurde seine Außenministerin Tzipi Livni zur Parteivorsitzenden gewählt, der es jedoch nicht gelang, eine Koalition zu bilden. So blieb Olmert Premierminister, da nach israelischem Gesetz der Amtsinhaber erst dann zurücktreten darf, wenn ein Nachfolger seinen Eid geleistet hat. Am 10. Februar 2009 fanden Neuwahlen statt. Obwohl die Kadima die meisten Sitze in der Knesset erhielt, gelang es Livni auch diesmal nicht, eine Koalition auf die Beine zu stellen. Daher beauftragte der israelische Präsident Schimon Peres Likud-Chef Benjamin Netanjahu mit der Bildung einer Koalitionsregierung.

Am 16. März unterzeichnete Netanjahu einen Koalitionsvertrag mit der drittgrößten, extrem rechten und nationalistischen Partei Israel Beiteinu (Israel ist unser Zuhause) unter Führung von Avigdor Lieberman, der das Amt des Außenministers übernahm. Wie sehr sich die Haltung der israelischen Öffentlichkeit gewandelt hatte, zeigt sich darin, dass die legendäre, von 1948 bis Ende der siebziger Jahre dominierende Arbeitspartei, aus der der alte Friedenspartner meines Vaters, Jitzhak Rabin, und auch Ehud Barak stammten, jetzt nur noch die viertgrößte Gruppierung hinter Kadima, Likud und Israel Beiteinu war. Dass nach einem Jahrzehnt wieder ein Hardliner an die Macht kam, der so sehr daran gearbeitet hatte, das Oslo-Abkommen zu unterminieren, und der die israelischen Nationalisten in seine Koalitionsregierung holte, verhieß für den Friedensprozess nichts Gutes.

Während Netanjahu seiner Koalition den letzten Schliff gab, bereiteten sich die 22 Mitglieder der Arabischen Liga auf ihren jährlichen Gipfel in Doha vor. In Anbetracht der jüngsten Versuche einiger arabischer Länder, die Arabische Friedensinitiative aufzukündigen, war mir klar, dass die um Frieden bemühten Länder in die Offensive gehen mussten, sollte der Friedensprozess in Gang gehalten werden.

Wenige Tage vor einem Liga-Gipfel kommen stets erst die Außenminister zusammen, um das Treffen ihrer Staatsführer vorzubereiten. Ich wies meinen Außenamtschef Nasser Dschudeh an, seinen Amtskollegen klarzumachen, dass der neue Präsident der Vereinigten Staaten in seinem schon früh bekundeten Interesse am Friedensprozess unterstützt werden müsse. So abscheulich Israels Krieg gegen Gaza auch sei, wir dürften uns nicht von unseren Emotionen hinreißen lassen. Niemand habe etwas von anhaltender Besatzung und Elend. Dschudeh sollte dafür sorgen, dass der arabische Gipfel eine pragmatische Erklärung vorlegte und auf eine gemeinsame Anstrengung zur Wiederbelebung der Friedensgespräche drängte.

Als Dschudeh in Doha eintraf, herrschte großer Unmut. Einige Außenminister argumentierten, angesichts der Unnachgiebigkeit der israelischen Regierung und ihrer kontinuierlichen Weigerung, sich an das Völkerrecht zu halten, habe es keinen Sinn, weiter auf Versöhnung zu setzen. Mehrfach wurde geäußert, die Arabische Friedensinitiative müsse vom Tisch. Da Netanjahu eben erst wiedergewählt worden sei, werde Israel wahrscheinlich weiter nach rechts rücken und sich noch kompromissloser zeigen. Vergesst, sagten sie, jeden Versuch, mit so einer Regierung Frieden zu schließen. Entgegen der allgemein pessimistischen Stimmung hielten unser Außenminister und einige wenige Amtskollegen daran fest, dass man jede noch so geringe Chance nutzen müsse.

Ich selbst wollte auf dem Gipfel die anderen arabischen Führer davon überzeugen, dass wir strategisch denken und einen gemeinsamen Standpunkt vertreten müssten, um der Welt ein für allemal zu zeigen, wer den Weg zum Frieden versperrte. Wegen des Krieges gegen Gaza übten wir alle harsche Kritik an Israel, dennoch drängte ich darauf, in der allgemein düsteren Stimmung nach einem Hoffnungsschimmer zu suchen. Wir müssten Obama eine Chance geben, sagte ich. In seiner erst sechswöchigen Amtszeit habe er bereits viele positive Schritte unternommen. Er hatte den ehemaligen Senator George Mitchell, der erfolgreich in Nordirland verhandelt hatte und mit dem Nahen Osten bestens vertraut war, zum Sonderbeauftragten für den Friedensprozess ernannt und ihn umgehend in die Region entsandt. Obama hatte den israelischen Siedlungsbau für illegal erklärt und gefordert, ihn einzustellen. Seine Außenministerin Hillary Clinton kannte die Region und deren Probleme aus ihrer Zeit als Senatorin und First Lady außergewöhnlich gut. Allen war noch präsent, wie nahe Präsident Clinton einer Lösung schon gekommen war. Wir sollten nun nicht genau das tun, was viele von den Arabern erwarteten, und neue Initiativen nicht von vornherein ablehnen. »Wir müssen besonnen und zurückhaltend auftreten, unser Festhalten an der Arabischen Friedensinitiative bekunden und beobachten, wohin die gegenwärtigen Schritte führen.«

Am Ende trug dieses Argument den Sieg davon, und wir bekräftigten, dass wir uns der Arabischen Friedensinitiative verpflichtet fühlten. Aber die in der ganzen Region zu beobachtenden heftigen emotionalen Reaktionen auf Israels Vorgehen in Gaza wiesen darauf hin, dass jeder weitere Schritt in diese Richtung der Initiative den Todesstoß versetzen würde.

Ich teilte den anderen Staatsführern mit, dass Präsident Obama mich ein paar Tage zuvor nach Washington eingeladen habe, und fragte sie, wie wir diese Reise nutzen könnten, um die Sache des Friedens voranzubringen.

Prinz Saud al-Faisal, der kluge und erfahrene Außenminister Saudi-Arabiens, kam auf mich zu und schlug vor, Präsident Obama eine Botschaft des Gipfels zu übermitteln. So luden wir die Außenminister des Libanon, Katars, der Palästinensischen Autonomiebehörde, Saudi-Arabiens, Syriens und Ägyptens sowie den Generalsekretär der Arabischen Liga nach Jordanien ein, um eine gemeinsame Erklärung der arabischen Staaten auszuarbeiten. Einige von ihnen erhielten zudem in direktem Kontakt Anregungen vom britischen Außenminister David Miliband, der aktiv an den Bemühungen um eine Wiederbelebung des Friedensprozesses beteiligt war.

Mit Ausnahme des syrischen Außenministers, der verhindert war, kam die Runde am 11. April in Amman zusammen. Es wurde diskutiert, welche vertrauensbildenden Maßnahmen zwischen Israel und den arabischen Staaten man den USA vorschlagen könnte für den Fall, dass Israel im Vorfeld erneuter Verhandlungen sein Siedlungsbauprogramm einfrieren würde. Diese Maßnahmen sollten eine Rückkehr zu der Situation vor dem Ausbruch der zweiten Intifada im Jahr 2000 erlauben. Hierzu zählte die Wiederaufnahme von Beziehungen, die nach unserem Friedensvertrag mit Israel im Jahr 1994 zustande gekommen waren. Damals waren in einigen arabischen Ländern Handelsbüros eingerichtet worden, Auslandsreisen und Warenverkehr hatten zugenommen, und israelische Besucher wurden auch in arabischen Ländern willkommen geheißen, die keine diplomatischen Beziehungen zu Israel unterhielten. Im Jahr 2000 war es damit jedoch weitestgehend wieder vorbei. Die Handelsbüros wurden geschlossen, und zwischen Israel und den arabischen Ländern fand kein Austausch mehr statt – mit Ausnahme von Jordanien und Ägypten, deren Beziehungen zu Israel jedoch ebenfalls litten, trotz bestehender Friedensverträge. Was wir jetzt anboten, war keine Normalisierung, sondern ein Maßnahmenkatalog, der ein günstiges Klima für Verhandlungen schaffen sollte.

Ich erklärte mich bereit, dem neuen US-Präsidenten diese Vorschläge zu unterbreiten.

Ende April besuchte ich als erster arabischer Staatsführer den neuen Präsidenten im Weißen Haus in Washington und traf ihn zu einem Vieraugengespräch. Wir saßen im Esszimmer des Präsidenten unmittelbar neben dem Oval Office, und die Atmosphäre war erfrischend entspannt. Obama besitzt fundierte Kenntnisse über die Welt jenseits der Grenzen seines Landes und ist besonnen in seinem Vorgehen. Zudem ist er ein warmherziger, sympathischer Mensch, der einem den Eindruck vermittelt, man wäre ein alter Freund. Im Nahen Osten, erklärte er mir, erwarteten ihn zahlreiche Herausforderungen, doch bevor wir darauf zu sprechen kämen, wolle er hören, was ich zu sagen hätte.

Ich äußerte meine Überzeugung, dass wir die Verhandlungen zwischen Israel und den Palästinensern so schnell wie möglich wieder in Gang bringen müssten und kein Weg an einer Zwei-Staaten-Lösung vorbeiführe, da die wachsende Feindseligkeit zwischen Israel und den Palästinensern die Aussicht auf ein Abkommen infrage stellte. Außerdem gerate die Situation durch das Krebsgeschwür der israelischen Siedlungen, die sich immer weiter in den besetzten Gebieten ausbreiteten, in eine Schieflage.

Ich schilderte, dass man in manchen arabischen Ländern bereits sehr pessimistisch sei, was einen möglichen Frieden angehe, und wies darauf hin, dass nach dem Gazakrieg manche sogar darauf gedrängt hätten, die Arabische Friedensinitiative zurückzuziehen. Andere arabische Länder hätten aber die Hoffnung noch nicht aufgegeben, insbesondere angesichts der Tatsache, dass sich seine, Obamas, Regierung schon so früh für den Friedensprozess engagiert habe. Sollte die israelische Regierung einen mutigen Schritt unternehmen – beispielsweise den schon lange erhobenen Forderungen der Palästinenser, der Araber und eines Großteils der internationalen Gemeinschaft folgen und das Siedlungsbauprogramm einfrieren –, wären die arabischen Länder bereit, zu dem vor der zweiten Intifada bestehenden Status quo zurückzukehren, und würden konkrete vertrauensbildende Maßnahmen vorschlagen, um eine Grundlage für die Wiederaufnahme von Friedensgesprächen zu schaffen.

Angesichts meiner jüngsten Erfahrungen sprach ich mit Obama auch offen über den neuen israelischen Premierminister, der wenige Wochen später Washington besuchen sollte: »Herr Präsident«, sagte ich, »Netanjahu wird mit vier Themen an Sie herantreten: Iran, Iran, Iran und seine fehlenden Verhandlungspartner auf palästinensischer Seite.« Ich gab meiner Überzeugung Ausdruck, dass es ein Fehler sei, sich auf den Iran zu konzentrieren. Um die großen Probleme angehen zu können, sei es meines Erachtens das Beste, den israelisch-palästinensischen Konflikt zu lösen. Und was den palästinensischen Partner angehe, so habe der ein Verhandlungsmandat, sobald sich die Israelis ernsthaft um Frieden bemühten. Genau genommen hätten die Palästinenser seit Scharons Wahl im Jahr 2001 keinen israelischen Friedenspartner mehr.

Darauf erwiderte der Präsident, er werde vor dem Treffen mit Netanjahu, dem er einen Vertrauensvorschuss gewähre, keine voreiligen Schlüsse ziehen. Aber, so fügte er hinzu, in der Frage der Siedlungen werde er hart bleiben. Ich erinnerte den Präsidenten an meine Erfahrungen mit Netanjahu und bat ihn eindringlich, sich nicht auf Versprechen des israelischen Premiers zu verlassen; Netanjahu habe schon öfter sein Wort gebrochen. Schließlich meinte der Präsident, er werde energisch an einer Zwei-Staaten-Lösung arbeiten.

Damit war unser Gespräch unter vier Augen beendet, und wir brachen zu einer Sitzung mit unseren Mitarbeitern auf. Anschließend folgte eine Pressekonferenz, bei der Obama auf eine Frage hin Folgendes sagte:

> Ich setze mich energisch für eine Zwei-Staaten-Lösung ein … Wir stehen am Abgrund und müssen einen neuen Weg einschlagen. Das heißt, es besteht immer noch die Aussicht auf Frieden, so schwierig es auch sein mag, ihn zu erreichen; allerdings sind harte Entscheidungen seitens aller Beteiligten nötig, und wir müssen uns für alle Parteien konkrete Schritte zur Umsetzung dieser Entscheidungen überlegen. Die Vereinigten Staaten werden sich intensiv an diesem Prozess beteiligen. Wir werden sehen, ob wir auf diese Weise Fortschritte erzielen.

Ich fühlte mich ermutigt und zu der Hoffnung veranlasst, dass wir bald wieder ernsthaft in Verhandlungen eintreten würden. Es sei jetzt unsere Aufgabe, sagte ich, in den kommenden zwei Monaten einen Ablauf festzulegen, damit sich Israelis und Palästinenser sowie Israelis und Araber an einen Tisch setzen und diesen Prozess weiter vorantreiben könnten.

Danach traf ich mich im Außenministerium mit Hillary Clinton. Wir hatten uns schon Jahre zuvor in einem ganz anderen Zusammenhang kennengelernt, und ich empfand diese Begegnung unter Freunden im Rahmen einer offiziellen Mission als wohltuend. Wir sprachen darüber, wie man die Lage der Palästinenser verbessern und die Bedingungen für erfolgreiche Verhandlungen schaffen könnte. Zur Frage des palästinensischen Gesprächspartners erklärte ich Clinton, dass ich die Autonomiebehörde für zuverlässig halte und wir mit anderen arabischen Ländern zusammenarbeiten würden, um die Regierung des palästinensischen Premierministers Salam Fajad zu unterstützen, der beim palästinensischen Präsidenten seinen Rücktritt eingereicht hatte, um den Weg für die Bildung einer Einheitsregierung mit der Hamas frei zu machen. Aber die Verhandlungen mit der Hamas hatten zu nichts geführt. Wenige Wochen nach unserer Rückkehr aus den Vereinigten Staaten leitete Abbas dann Schritte zu einer Regierungsbildung unter Ausschluss der

Hamas ein, und Fajad wurde am 19. Mai als Premierminister vereidigt. Seine Regierung, die von den meisten arabischen Staaten unterstützt wurde, würde ein engagierter und kompetenter Partner im Friedensprozess sein. Fajad fühlt sich einvernehmlichen Verhandlungen zur Lösung des Konflikts mit Israel auf der Basis der Zwei-Staaten-Lösung verpflichtet. Während seiner ersten Amtszeit, die im Juni 2007 begann, nachdem die Hamas Gaza übernommen hatte, erwarb er sich bei den arabischen und westlichen Regierungen Respekt für seine Bemühungen um den Aufbau von Institutionen und eine gute Regierungsführung in den Palästinensergebieten.

Obwohl die ganze Region im Januar unter dem brutalen Krieg in Gaza gelitten hatte, war die Aussicht auf Frieden in vielerlei Hinsicht so gut wie seit zehn Jahren nicht mehr. Wir hatten einen neuen amerikanischen Präsidenten, der gleich nach seinem Amtsantritt ernsthafte Schritte zur Fortsetzung des Friedensprozesses unternommen hatte und die Absicht bekundete, auf der Grundlage gegenseitigen Respekts und gemeinsamer Interessen der muslimischen Welt die Hand zu reichen. Wir hatten eine palästinensische Führung, die unsere Anstrengungen unterstützte und bereit war, für den Frieden Opfer zu bringen. Und wir hatten die massive Rückenstärkung der übrigen arabischen Welt, die ihren Wunsch zum Ausdruck gebracht hatte, die Beziehungen zu Israel zu normalisieren und das Land auf der Grundlage der Arabischen Friedensinitiative voll und ganz in die arabische Welt zu integrieren.

Die einzige Unbekannte war der neu gewählte israelische Premierminister Benjamin Netanjahu. Während seiner früheren Amtszeit hatte er sich den Ruf eines aggressiven Hardliners erworben, der zu keinerlei Kompromissen bereit war. Als ich auf dem Rückweg nach Amman war, fragte ich mich, ob er sich in den letzten zehn Jahren wohl verändert hatte. Nun, ich würde es bald erfahren.

Am 14. Mai flog Netanjahu nach Amman. Ich war nicht besonders optimistisch, da unser voriger Gedankenaustausch nicht gerade produktiv gewesen war. Zunächst führten wir ein Gespräch unter vier Augen. Netanjahu schien sich ein wenig unbehaglich zu fühlen, vielleicht dachte auch er an unsere letzte Begegnung.

»Herr Premierminister«, sagte ich in der Hoffnung, das Eis brechen zu können, »meinen Glückwunsch zu Ihrer Wahl.« Er lächelte zurückhaltend, und ich beschloss, gleich zur Sache zu kommen. »Ich weiß, dass für Sie das Leben jedes Israeli heilig ist. Aber ich glaube, Sie schützen Ihre Bürger am besten, wenn Sie sich mit den Palästinensern einigen und einen gerechten und dauerhaften Frieden schließen, und zwar auf der Basis eines zu gründenden palästinensischen Staates.« Ich erklärte ihm, mein Ziel sei es, zu einem Frieden zwischen Israel und den Arabern beizutragen. Viele arabische Länder wollten einen umfassenden Frieden, der Israel vollumfängliche, normale Beziehungen mit arabischen und muslimischen Ländern ermögliche, und nicht nur, dass Botschaften eingerichtet und eisige Blicke ausgetauscht würden. Friedliche Beziehungen zwischen Israel und den arabischen Nachbarn, erklärte ich, würden die Sicherheit in unserer Region gewährleisten und allen ökonomische Vorteile bringen. Ich wies ihn auf die Vorteile arabischer Investitionen für die israelische Wirtschaft und die Möglichkeit israelischer Investitionen in der arabischen Welt hin.

Sobald Netanjahu merkte, dass ich trotz unserer Differenzen einen gemeinsamen Nenner suchte, wurde er zugänglicher. Er sei, erzählte er mir, mit seinen 59 Jahren fast so alt wie der Staat Israel. Und dies sei das erste Mal in seinem Leben, dass Israel und die Araber vor einer gemeinsamen Bedrohung stünden. Ich hatte Präsident Obama gewarnt, Netanjahu werde höchstwahrscheinlich das Gespräch auf den Iran lenken. Genau das versuchte er jetzt in der Unterredung mit mir.

»Wenn Sie wollen, dass wir den Iran als gemeinsame Bedrohung betrachten«, erwiderte ich, »müssen wir zuerst das Problem lösen, das der Hauptgrund für das Leid in unserer Region ist, und das ist der arabisch-israelische Konflikt. Das ist die zentrale Frage für uns, und hier können Sie am ehesten etwas bewirken.« Ich drängte ihn, ernsthafte Schritte zu unternehmen, um zu einer Einigung mit den Palästinensern zu kommen, und sagte ihm, er müsse den Siedlungsbau im Westjordanland und in Ost-Jerusalem einstellen, denn er verschlinge Land, das Teil des zukünftigen palästinensischen Staates sein solle, und gefährde damit die Zwei-Staaten-Lösung. Außerdem betonte ich, Israel müsse anerkennen, dass Jerusalem allen Muslimen heilig sei, und seine einseitige Vorgehensweise in der Heiligen Stadt beenden.

Netanjahu erklärte mir, er könne manches aufgrund innenpolitischen Drucks nicht öffentlich sagen. Über die Notwendigkeit einer Zwei-Staaten-Lösung und das Einfrieren des Siedlungsbaus zu sprechen sei für ihn nicht leicht. Aber er wolle sich vorwärtsbewegen und sehe auch, wie wichtig ein Friede sei.

»Wenn Sie wirklich Frieden wollen«, entgegnete ich, »können Sie ein paar wichtige Signale an die arabische Welt aussenden. Überzeugen Sie uns in den kommenden Monaten, dass Sie sich ernsthaft um Bewegung im festgefahrenen Friedensprozess bemühen. Andernfalls werden mehr und mehr arabische Staaten, auch Saudi-Arabien, von ihrer Friedensinitiative Abstand nehmen.«

Im Großen und Ganzen verlief unser Gespräch viel besser, als ich erwartet hatte. Netanjahu wirkte anders als der Mann, den ich zehn Jahre zuvor kennengelernt hatte. Er verwarf nicht gleich alles, was ich vortrug. Ich hatte den Eindruck, dass er sehr an Fortschritten interessiert war, aber ich wusste, dass den Beweis dafür nur sein zukünftiges Handeln liefern konnte.

Nach diesem vierzigminütigen Gespräch begaben wir uns zu einer Sitzung mit unseren Mitarbeiterstäben. Wir hatten gerade begonnen, die Einzelheiten des Friedensprozesses zu diskutieren, als Netanjahu sagte, er wolle den Schwerpunkt auf Wirtschaftsfragen legen.

Ich entgegnete, ökonomische Stärkung könne keine Alternative zur politischen Unabhängigkeit der Palästinenser sein. »Wie wäre es mit einer politischen Agenda?«, fragte ich. »Angesichts Ihrer Geschichte befürchten die Araber genau das, nämlich dass Sie sich auf Kosten der Friedensgespräche auf Wirtschafts- und Sicherheitsfragen konzentrieren.«

Netanjahu schienen meine Äußerungen nicht sonderlich zu beeindrucken. Vielleicht, so meinte er, sollte er tatsächlich mit der politischen Agenda beginnen, aber er gab keinerlei konkrete Hinweise, was er sich vorstellte.

»Das wäre sehr vernünftig«, sagte ich, um meine Botschaft noch einmal zu betonen.

Als er abgereist war, überlegte ich, wo wir standen. Netanjahu war durch und durch ein Rechter, dennoch hoffte ich, wir könnten zusammenarbeiten, um der Region dauerhaften Frieden zu bringen. Wir hatten die Arabische Friedensinitiative. Wir hatten einen engagierten US-Präsidenten. War es übertrieben zu hoffen, dass wir auch einen pragmatischen israelischen Premierminister hatten, der als Friedensstifter in die Geschichte eingehen wollte?

# Kapitel 27
# Festung Israel oder eine 57-Staaten-Lösung?

Im Frühjahr und Frühsommer 2009 war ich optimistisch und glaubte, dass wir bald einen Durchbruch erzielen könnten. Vieles sprach dafür, dass die Amerikaner in Kürze ihren Friedensplan auf den Tisch legen würden. Am 4. Juni, drei Wochen nach Netanjahus Besuch in Amman, reiste Präsident Obama nach Kairo und hielt dort eine wichtige Rede, die an die arabische und muslimische Welt gerichtet war. Er sprach über die Dringlichkeit des Friedens:

> Wenn wir diesen Konflikt allerdings nur von der einen oder der anderen Seite betrachten, erkennen wir die Wahrheit nicht: Die einzige Lösung besteht darin, dass die Wünsche beider Seiten durch zwei Staaten erfüllt werden, in denen Israelis und Palästinenser jeweils in Frieden und Sicherheit leben. Das ist im Interesse Israels, im Interesse Palästinas, im Interesse der Vereinigten Staaten und im Interesse der Welt. Deshalb will ich mich mit aller erforderlichen Geduld und Hingabe persönlich für dieses Ziel einsetzen.

Doch als es Juli und schließlich August wurde, schien der Durchbruch, auf den wir alle ein paar Monate zuvor gehofft hatten, in weite Ferne gerückt. Die Israelis weigerten sich, den Siedlungsbau komplett einzufrieren, was für die arabische Welt eine unverzichtbare vertrauensbildende Maßnahme war, um ernsthafte Gespräche aufzunehmen. Die israelische Position stand in scharfem Kontrast zu den konkreten Forderungen

Präsident Obamas, der Europäischen Union und der gesamten internationalen Gemeinschaft. Die fast einhellige Meinung aller Länder brachte Netanjahu allerdings in seiner Haltung kaum ins Wanken; trotz Aufbietung aller Überredungskünste und einer öffentlichen Konfrontation seitens der USA ging er am 25. November 2009 nur so weit, ein zehnmonatiges, partielles Moratorium für die Errichtung neuer Siedlungen im Westjordanland zu verkünden. Ausgenommen von diesem Moratorium waren Ost-Jerusalem sowie 2900 Gebäude, die sich bereits im Bau befanden.

Die Friedensbemühungen schienen einen toten Punkt erreicht zu haben, und die Hoffnung auf einen Durchbruch schwand dahin. Die Glaubwürdigkeit Obamas und der gemäßigten arabischen Führer erlitt einen schweren Schlag. Wir agierten nicht in einem Vakuum, und die Unkenrufer in der Region beeilten sich, den ganzen Friedensprozess als Irrweg zu kritisieren. Wieder einmal habe sich gezeigt, dass er nicht geeignet sei, die Besetzung zu beenden.

Irgendwann gab es Anzeichen, dass die Amerikaner bei der UN-Generalversammlung Ende September einen Friedensplan vorlegen würden. Staatsführer aus der ganzen Welt, darunter auch der israelische Premierminister Netanjahu und Palästinenserpräsident Abbas, versammelten sich in New York. Auf Drängen Obamas trafen sich Netanjahu und Abbas erstmals nach Netanjahus Wahl sechs Monate zuvor zu einem Gespräch. Aber die Begegnung brachte keine Ergebnisse. Die israelische Regierung war nicht bereit, die für eine Wiederaufnahme der Friedensverhandlungen notwendigen Schritte zu unternehmen. Abgesehen von der Aussetzung des Siedlungsbaus verlangten die Palästinenser von der israelischen Regierung auch die Bestätigung früherer Vereinbarungen. Außerdem forderten sie eine eindeutige israelische Zusage für die Errichtung eines unabhängigen palästinensischen Staates in den 1967 eroberten Gebieten mit dem notwendigen, noch auszuhandelnden Gebietsaustausch.

Netanjahu blieb hartnäckig bei seiner Haltung bezüglich der Siedlungen und wollte sich nicht auf frühere Vereinbarungen oder Eckpunkte für Verhandlungen verpflichten lassen.

Seit der Besetzung des Westjordanlands und Ost-Jerusalems im Jahr 1967 hat jede israelische Regierung den Bau von Siedlungen auf palästinensischem Territorium gebilligt. Inzwischen gibt es etwa 120 solcher Siedlungen und rund hundert »Außenposten«, israelische Gemeinden, die ohne offizielle israelische Genehmigung von Siedlern im Westjordanland errichtet wurden, sowie über zwanzig Siedlungen in Jerusalem – insgesamt beherbergen sie über eine halbe Million Siedler, von denen mehr als 200 000 in Jerusalem leben. Nach dem Völkerrecht sind diese Siedlungen illegal, da sie in einem Gebiet errichtet wurden, aus dem sich Israel laut wiederholten Aufforderung der Vereinten Nationen zurückzuziehen hat. Ein Baustopp war daher auch ein wesentliches Element der Roadmap von 2003. Seither vertritt die palästinensische Seite die Position, dass die Beendigung des Siedlungsbaus wie der Expansion eine unabdingbare Voraussetzung für erfolgreiche Friedensgespräche ist. Die eigentliche Gefahr besteht darin, dass die Siedlungen die Existenz eines souveränen palästinensischen Staates untergraben. Israel stellt den Baustopp gern als großes Zugeständnis dar (zu dem es bislang nicht bereit war), tatsächlich würde es damit aber lediglich dem Völkerrecht entsprechen.

In den Wochen vor der UN-Generalversammlung im September 2009 weigerte sich Netanjahu trotz intensiven Drucks seitens der Amerikaner, einem völligen Baustopp zuzustimmen, ja, es wurden sogar neue Siedlungen genehmigt. Welche Probleme die Palästinenser und ihre arabischen Unterstützer mit diesen Siedlungen hatten, war offensichtlich. Wie sollten die Palästinenser mit einem Partner Friedensgespräche führen, der täglich neue Fakten schuf und damit die Demografie und Geografie der besetzten Gebiete auf eine Weise verändern wollte, die die Schaffung eines lebensfähigen palästinensischen Staates unmöglich machte? Warum hielt die israelische Regierung, wenn sie wirklich an einer Zwei-Staaten-Lösung interessiert war, am Siedlungsbau in den besetzten Gebieten fest, die das Territorium des zukünftigen palästinensischen Staates bilden sollten? Dass sie kostenlose Unterkünfte für die Palästinenser errichtete, war eher unwahrscheinlich. Ihre Weigerung, die Siedlungsaktivitäten zu stoppen, ließ berechtigte Zweifel daran aufkommen, dass sie sich wirklich auf die Gründung eines Palästinenserstaates festlegte.

Am 23. September hielt Präsident Obama erneut eine wichtige Rede. Vor der UN-Vollversammlung sagte er:

> Wir rufen die Palästinenser weiterhin dazu auf, die Aggression gegen Israel zu beenden, und betonen, dass die Vereinigten Staaten die Legitimität der fortgesetzten israelischen Besiedlung nicht anerkennen werden.
> Es ist an der Zeit, die Verhandlungen über die den endgültigen Status betreffenden Punkte ohne Vorbedingungen erneut aufzunehmen: Sicherheit für Israelis und Palästinenser, Grenzen, Flüchtlinge und Jerusalem. Das Ziel ist klar: zwei Staaten, die Seite an Seite in Frieden und Sicherheit existieren – ein jüdischer Staat Israel mit wirklicher Sicherheit für alle Israelis und ein lebensfähiger, unabhängiger palästinensischer Staat mit einem zusammenhängenden Gebiet, mit dem die Besetzung, die 1967 begann, beendet und das Potenzial der Palästinenser genutzt wird.

In dieser Rede skizzierte Obama ebenso wie im Juni 2009 die US-Politik in klaren Worten. In Jordanien bezeichnen wir dieses Konzept als »Obamas Eckpunkte« für Verhandlungen über einen gerechten und dauerhaften Frieden, der im Interesse Israels, Palästinas, Amerikas und der Welt liegt.

Während sich im Herbst die noch im Frühjahr gehegte Hoffnung in Enttäuschung verwandelte, war die amerikanische

Regierung mit einer Flut dringlicher Probleme beschäftigt: Afghanistan und Pakistan, neue Entwicklungen im iranischen Atomprogramm, die Gesundheitsreform im eigenen Land und die anhaltende weltweite Wirtschaftskrise. Diese alles andere überlagernden Sorgen, die in den ersten Monaten des Jahres 2010 noch immer im Vordergrund standen, verhinderten, dass die Regierung dem Friedensprozess ihre ungeteilte Aufmerksamkeit widmete. Damit aber geriet dieser in eine enorme Krise. So ermutigend Obamas Worte gewesen waren, an der konkreten Wirklichkeit hatten sie kaum etwas verändert.

Wenn dieses Buch in Druck geht, sind es nur noch wenige Monate bis zum zwanzigsten Jahrestag eines Friedensprozesses, der im Oktober 1991 in Madrid begann. Aber der Gegensatz zwischen damals und heute könnte nicht größer sein. Die Zeiten sind weitaus düsterer als vor knapp zwanzig Jahren. Damals standen sich Palästinenser und Israelis von Angesicht zu Angesicht gegenüber, um über eine gemeinsame Zukunft zu verhandeln. Beide Seiten blickten dieser Zukunft erwartungsvoll entgegen. Wenn jetzt nicht mehr von direkten Verhandlungen, sondern von »Annäherungsgesprächen« mit einem Vermittler (den Vereinigten Staaten) die Rede ist, der zwischen Israelis und Palästinensern hin und her pendelt, kann man das nur als enormen Rückschritt bezeichnen.

Die Initiative zu Annäherungsgesprächen kam Anfang 2010, nachdem der US-Sonderbeauftragte für den Nahen Osten, George Mitchell, ein Jahr lang vergeblich versucht hatte, direkte Verhandlungen in Gang zu setzen. Netanjahu bleibt im Grunde bei seiner kompromisslosen Haltung zur Frage des Siedlungsbaus im Westjordanland und in Ost-Jerusalem und weigert sich weiterhin, Verhandlungen auf der Grundlage dessen aufzunehmen, was die Palästinenser mit vorherigen israelischen Regierungen bereits vereinbart haben.

Sämtliche arabischen Staaten haben sich für die Teilnahme der palästinensischen Führung an diesen Annäherungsgesprächen ausgesprochen, da sonst überhaupt keine Gespräche stattfänden, und sie hofften, auf diese Weise würde es bald zu direkten und ernsthaften Verhandlungen kommen. Aber wir wussten, dass wir uns an einen Strohhalm klammerten. Die Annäherungsgespräche fanden unsere Unterstützung, weil wir glaubten, dass es nur den Hardlinern zugutekäme, wenn es gar keine Friedensanstrengungen mehr gäbe. Sie würden dieses Vakuum ausnutzen, um das Vertrauen in den Friedensprozess zu zerstören und ihre extremistischen Pläne weiterzuverfolgen. Und Netanjahu würde am meisten profitieren, wenn sich die Palästinenser nicht an Annäherungsgesprächen beteiligten. Da er wegen des fortgesetzten Siedlungsbaus und damit der Verhinderung von Verhandlungen zunehmend unter amerikanischen und internationalen Druck geriet, setzt er alles daran, die Palästinenser und die arabischen Länder zu einem Verzicht auf Friedensgespräche zu provozieren, damit er erneut behaupten konnte, keinen Verhandlungspartner zu haben.

Im April 2010 reiste ich in die Vereinigten Staaten, um mich mit Präsident Obama in Washington zu treffen. Auch diesmal stand der palästinensisch-israelische Konflikt im Mittelpunkt unseres Gesprächs. Wir waren beide enttäuscht und besorgt, weil es im vergangenen Jahr keinen sichtbaren Fortschritt gegeben hatte. Aber wir hofften doch, dass die Annäherungsgespräche bald den Weg für direkte Verhandlungen ebnen würden. Nach diesem Treffen war mir klar, dass die Vereinigten Staaten nicht willens waren, ihren Plan auf den Tisch zu legen und beide Seiten zu einer endgültigen Beilegung des Konflikts zu drängen. Die US-Regierung wollte zunächst die Annäherungsgespräche abwarten und würde sich dann irgendwann einen Eindruck von der Lage verschaffen, bevor sie die eigenen Vorschläge in den Ring warf.

Ich war nach wie vor überzeugt, dass sich der Präsident weiterhin einer Lösung des palästinensisch-israelischen Konflikts verpflichtet fühlte. Aber ich wusste, dass angesichts der Unnachgiebigkeit Netanjahus einige Zeit vergehen würde, ehe wirkliche

Fortschritte erzielt werden konnten. Daher würde es unsere Aufgabe sein, die Hoffnung aufrechtzuerhalten, bis Amerika bereit war, sein ganzes Gewicht in die Waagschale zu werfen und beide Parteien zur Wiederaufnahme ernsthafter Verhandlungen über ein Abkommen zu drängen. Der Nahe Osten konnte es sich nicht leisten, noch einmal die Hoffnung zu verlieren. Das würde Krieg bedeuten.

Im März 2010, als US-Vizepräsident Joe Biden Jerusalem besuchte, verkündeten die Israelis Pläne, im besetzten Ost-Jerusalem 1600 neue Siedlungsbauten zu errichten. Dieser Schritt brachte Biden in Verlegenheit und verärgerte ihn. Und er stellte letztlich die Autorität Amerikas infrage. George Mitchell sagte seinen geplanten Besuch in der Region ab, und Hillary Clinton legte bei Netanjahu offiziell Beschwerde ein. Es folgte ein rauer Schlagabtausch zwischen Washington und Tel Aviv. Der heftige Streit auf diplomatischer Ebene folgte unmittelbar auf die Differenzen zwischen der US-Regierung und Israel über den Baustopp in den besetzten Gebieten im vergangenen Herbst, während gleichzeitig international Vorwürfe laut wurden, Israel lasse den Friedensprozess scheitern. Besonders lautstark und scharf kritisierte die EU die israelische Siedlungspolitik und deren Folgen für die Friedensbemühungen. Während der schwedischen Ratspräsidentschaft brachte die Europäische Union am 8. Dezember 2009 ihre tiefe Sorge über den mangelnden Fortschritt zum Ausdruck und rief »die Parteien zu einer unverzüglichen Wiederaufnahme der Verhandlungen auf, die innerhalb eines vereinbarten Zeitrahmens zu einer Zwei-Staaten-Lösung mit dem Staat Israel und einem unabhängigen, demokratischen, zusammenhängenden und lebensfähigen Staat Palästina führen müssen, der Seite an Seite mit Israel in Frieden und Sicherheit lebt«.

Weiter verlautbarte der Rat, »dass Siedlungen und die Trennmauer auf besetztem Land sowie Zerstörungen von Häusern und Zwangsräumungen gegen das Völkerrecht verstoßen, ein Friedenshindernis darstellen und eine Zwei-Staaten-Lösung unmöglich machen könnten«. Er forderte »die Regierung Israels nachdrücklich auf, die Siedlungsaktivitäten in Ost-Jerusalem und im übrigen Westjordanland wie auch die natürliche Ausdehnung der Siedlungen umgehend zu unterbinden und alle seit März 2001 errichteten Außenposten aufzulösen«. Dies entsprach der ersten Phase der Roadmap von 2003.

Ferner wies der Rat darauf hin, »dass er die Annexion Ost-Jerusalems zu keinem Zeitpunkt anerkannt hat«, und betonte: »Um echten Frieden zu schaffen, muss im Wege von Verhandlungen eine Lösung für den Status Jerusalems als künftiger Hauptstadt zweier Staaten gefunden werden.« In weiteren Erklärungen verurteilte die EU Israels neue Siedlungspläne aufs Schärfste.

Im April 2010 beklagte die ehemalige Außenministerin Tzipi Livni das zunehmend schwindende Ansehen Israels in der internationalen Gemeinschaft. »Heute«, schrieb Livni in einem Artikel, »weiß die Welt bestenfalls nicht, welche Politik die israelische Regierung verfolgt, und schlimmstenfalls traut sie ihren Absichten nicht.«

Kurz vor meiner Reise nach Washington hatte ich am Gipfeltreffen der Arabischen Liga im libyschen Sirte teilgenommen. Dort betonte die Liga noch einmal ihre Unterstützung für die Arabische Friedensinitiative, doch mit jedem Tag, an dem kein Fortschritt erzielt wird, steigt die Gefahr, dass Verhandlungen als Mittel der Konfliktlösung abgelehnt werden. Die Spannungen in der Region nehmen an mehreren Fronten zu. Gaza ist weiterhin praktisch ein Gefängnis, in dem über eine Million Menschen unter hoffnungslosen Bedingungen leben. Jerusalem ist ein Pulverfass, und Israel spielt mit dem Feuer, indem es versucht, den Status der Stadt als heilige Stätte dreier großer Religionen zu zerstören und die christliche und die muslimische Bevölkerung durch den Abbruch von Häusern, Zwangsräumungen und das Bauverbot für Araber zu vertreiben. Hinzu kommen andere Formen des politischen und wirtschaftlichen Drucks, der auf Jerusalemer Bürger ausgeübt wird. Und auch andernorts, an der libanesisch-israelischen Front, droht eine Konfrontation, da Israel nach wie vor libanesisches Territorium im Süden des Landes besetzt hält und die Hisbollah ihr militärisches Potenzial ausbaut. Das alles spielt sich vor dem Hintergrund der Irankrise und ihrer möglichen Folgen für die Sicherheit im Nahen Osten ab.

Nach einer Reihe von Besuchen Mitchells in der Region wurden im Mai offiziell die Annäherungsgespräche aufgenommen. Abbas ging mit der Unterstützung der Arabischen Liga in diese Gespräche. Deren Ministerausschuss für die Arabische Friedensinitiative war am 1. Mai zusammengekommen und hatte ein weiteres Treffen in vier Monaten vereinbart, um dann zu sehen, ob Fortschritte erzielt werden konnten. Die Hoffnung war, dass sich die Teilnehmer der Annäherungsgespräche auf Eckpunkte für direkte Verhandlungen über ein Endstatus-Abkommen einigen würden.

Wir unterstützten diese Gespräche als einzige Alternative zu einem vollständigen Bruch, der ein gefährlicher Schlag gegen unsere jahrzehntelangen Bemühungen um Frieden zwischen Israel und den Palästinensern wäre. Auch wir hofften, dass sich beide Seiten genügend annähern würden, um wieder direkte Verhandlungen aufzunehmen. Im Juli hatte man sich jedoch immer noch nicht auf Eckpunkte für konkrete Verhandlungen einigen können. Jordaniens Haltung war, dass die Gespräche nicht scheitern durften, und so arbeiteten wir weiterhin mit allen Seiten zusammen, um dafür zu sorgen, dass die Dinge vorangingen und sich die beiden Parteien wieder an den Verhandlungstisch setzen könnten.

Unterdessen bemühte sich Senator Mitchell sowohl bei Palästinensern wie Israelis um eine Verständigung auf die Bedingungen zur Wiederaufnahme direkter Verhandlungen. Die Palästinenser wollten, dass in den Annäherungsgesprächen die Frage der Grenzen, der Sicherheit, der Flüchtlinge und Jerusalems sowie weitere komplexe Endstatus-Themen behandelt wurden, und

Abbas legte Mitchell komplett ausgearbeitete Positionspapiere zu all diesen Punkten vor. Er wünsche, erklärte er ihm, dass die Frage der Grenzen und der Sicherheit ganz oben auf die Tagesordnung gesetzt würde, denn eine Einigung über die Grenzen eines zukünftigen palästinensischen Staates würde die Lösung des Siedlungsproblems erleichtern, während Sicherheitsvereinbarungen das wichtigste Anliegen der Israelis seien.

Netanjahu ließ sich auf keinerlei substanzielle Gespräche über diese Themen ein. Er äußerte sich weiterhein nur ganz allgemein über sein Engagement für den Frieden, legte aber keinen einzigen konkreten Vorschlag vor. Dies sei erst in direkten Verhandlungen möglich.

Die Palästinenser und andere in der Region waren mit jedem Tag, an dem kein Fortschritt erzielt wurde, frustrierter. Die Hoffnungen, die US-Regierung würde die Situation retten und eigene Vorschläge präsentieren, um den Prozess in Gang zu bringen, schwanden, als Mitchell und andere US-Vertreter klarmachten, dass Washington keine Empfehlungen geben würde, die eine Partei von vornherein zurückweisen könnte.

Als das Ende des Siedlungsmoratoriums im September näherrückte, vollzog Washington eine, wie viele in der Region meinten, entscheidende Wende, indem es auf einen vollständigen Baustopp als Voraussetzung für direkte Verhandlungen verzichtete. Die Obama-Regierung drängte nun auf eine Wiederaufnahme direkter Verhandlungen unabhängig von einem Baustopp und übte Druck auf Abbas aus. Aber die Palästinenser sahen sich außerstande, sich ohne ein Ende der Siedlungsaktivitäten oder zumindest die Nennung klarer Eckpunkte für die neuerliche Gesprächsrunde mit den Israelis an einen Tisch zu setzen.

Unterdessen waren wir alle, die wir die Annäherungsgespräche unterstützt hatten, der heftigen Kritik derjenigen in der Region ausgesetzt, die solche Bemühungen ohnehin für sinnlos hielten. Insbesondere Abbas wurde vorgeworfen, sich dem Druck der USA zu beugen und die Interessen seines Volkes aufs

Spiel zu setzen. Er selbst hielt es für politischen Selbstmord, ohne eine beiderseitige Festlegung auf das Ziel eines palästinensischen Staates in den Grenzen von 1967 – mit einigen kleineren Korrekturen – in direkte Verhandlungen einzutreten. So verdüsterte sich das Bild erneut. Aber wir wussten, dass wir die Hoffnung aufrechterhalten mussten, um aus dieser Sackgasse wieder herauszukommen. Den Friedensprozess abzubrechen, bevor alle Möglichkeiten ausgeschöpft waren, war für uns keine Option. Damit würde die gesamte Region in Verzweiflung versinken und eine neue grausame Serie von Konflikten und Kriegen erleben.

Am 23. Juli erhielt ich einen Anruf von Barack Obama. Der Präsident war jetzt überzeugt, nur direkte Verhandlungen könnten das Patt beenden. Er sagte noch einmal, dass er sich der Lösung des Konflikts verpflichtet fühle, und betonte seine Bereitschaft, die Parteien auf dem Weg dorthin zu begleiten. Doch wenn die Palästinenser nicht bereit seien, direkt mit den Israelis in einen Dialog zu treten, werde sich seine Regierung aus dem Friedensprozess zurückziehen. Er ließ keinen Zweifel: Entweder die Palästinenser arbeiteten mit ihm an einer Lösung mittels direkter Verhandlungen, wobei sie auf seinen ganzen Einsatz zählen könnten, oder sie gingen eigene Wege und müssten allein mit dem Problem fertigwerden. Der Präsident teilte dies auch anderen Staatschefs in der Region mit.

Es musste also eine Entscheidung getroffen werden. Drei Tage später, am 26. Juli, empfing ich Abbas in Amman. Wir waren uns einig, dass die Voraussetzungen für direkte Verhandlungen keineswegs ideal waren. Netanjahus Weigerung, sich an die früheren Vereinbarungen zu halten und den Siedlungsbau einzustellen, war ebenso entmutigend wie die fehlende Bereitschaft der Vereinigten Staaten, ihre eigenen Vorschläge offenzulegen, um die Verhandlungen zu retten. Aber für eine Absage an Washington würde das palästinensische Volk einen hohen Preis zahlen, und ein eigener Staat würde in weite Ferne rücken. Wir konnten uns nicht einfach für den Ausstieg aus dem Friedensprozess entscheiden. Davon würde vor allem Netanjahu profitieren. Er würde den Palästinensern die Torpedierung der Friedensbemühungen vorwerfen und weiterhin neue Fakten schaffen, die die Gründung eines palästinensischen Staates unmöglich machten. Für die Palästinenser andererseits waren direkte Gespräche so, als wollte man das Rad neu erfinden, und nicht zu rechtfertigen. Sie kamen einer Missachtung der in früheren Verhandlungen seit Madrid – immerhin in einem Zeitraum von zwanzig Jahren – erreichten Fortschritte gleich. Abbas und ich einigten uns darauf, alle möglichen Optionen noch einmal zu prüfen und uns mit den anderen arabischen Führern zu beraten. Darüber hinaus wollten wir weiter mit der amerikanischen Regierung Gespräche über einen Ausweg führen.

Am nächsten Tag empfing ich Netanjahu in Amman. Seit seinem letzten Besuch war mehr als ein Jahr vergangen. Angesichts der aktuellen Situation hielt ich die Zeit für ein weiteres Vieraugengespräch für gekommen. So erklärte ich dem israelischen Premierminister vor dem Treffen mit unseren Mitarbeiterstäben, es bestehe die einmalige Chance, unseren Völkern den Frieden zu geben, nach dem sie sich so sehr sehnten. Sollten wir diese Gelegenheit verpassen, würden Israelis, Palästinenser und alle in der Region mit den verheerenden Folgen weiterer Kriege leben müssen. Netanjahu erging sich erneut in allgemeinen Floskeln über das Interesse seiner Regierung an einer Friedenslösung. Doch zunächst müsse Israel Sicherheitsgarantien erhalten. Daraufhin erklärte ich ihm, ein umfassender Friedensvertrag mit den Palästinensern, der normale Beziehungen mit allen arabischen und muslimischen Ländern sicherstelle, sei die beste Garantie für Israels Sicherheit. Noch einmal drängte ich Netanjahu, den Siedlungsbau zu stoppen, damit ernsthafte Gespräche über die Grenzen und andere entscheidende Fragen aufgenommen werden könnten.

Bei dem anschließenden Mittagessen mit unseren Mitarbeiterstäben ging es um die wirtschaftlichen Perspektiven der gesamten Region im Falle einer Friedensvereinbarung. Netanjahu sprach von Plänen, Eisenbahnstrecken bis zur jordanischen und syrischen Grenze zu bauen, worauf ich erwähnte, auch Jordanien sei dabei, sein Eisenbahnnetz mit einer neuen saudischen Strecke im Südosten und mit Syrien im Norden zu verknüpfen. Wenn Frieden in der Region herrschte, könnte Israel eine Verbindung zu unserem Schienennetz und auf diese Weise zu den arabischen Ländern am Golf und über Syrien nach Europa herstellen. Unter den gegenwärtigen Bedingungen hingegen würde Israels Eisenbahnnetz an seinen Grenzen enden. Außerdem sprachen wir noch über weitere Infrastrukturprojekte, an denen Israel beteiligt werden könnte. Meine Hoffnung war, den israelischen Premierminister zu den notwendigen Schritten für neue Friedensgespräche zu animieren, indem ich die Bereitschaft aller arabischen und muslimischen Länder zu normalen Beziehungen mit Israel betonte und das Augenmerk auf das große Potenzial einer Zusammenarbeit in der Region lenkte. Das Treffen endete mit einer Diskussion über das Wachstumspotenzial, das in bilateralen Wirtschaftskooperationen im öffentlichen wie im privaten Sektor lag, und man ging in optimistischer Stimmung auseinander. Aber hochfliegende Visionen einer zukünftigen wirtschaftlichen Zusammenarbeit waren nicht genug, um uns aus den gegenwärtigen Fesseln zu befreien. Und bisher waren positive Äußerungen nicht in Taten umgesetzt worden. Andererseits stand zu viel auf dem Spiel, und ich war entschlossen, bei meinen Bemühungen um Fortschritte jeden Stein umzudrehen.

Unterdessen nahm der Druck auf Abbas zu. Vor einem Treffen des Implementierungsausschusses der Arabischen Friedensinitiative in Kairo am 29. Juli sprach Abbas über die schwierigen Entscheidungen, vor denen er stehe. »Noch nie in meinem Leben habe ich mich solch einem Druck ausgesetzt gesehen, wie ihn gegenwärtig die Vereinigten Staaten und die Europäische Union auf mich ausüben, die direkten Verhandlungen mit den Israelis wieder aufzunehmen«, bekannte er in einem Interview. Wir befanden uns in einer kritischen Situation, und den arabischen Außenministern, die in Kairo zusammenkamen, war dies bewusst. Nach langen Debatten und zähem Ringen zwischen Jordanien, Ägypten, Saudi-Arabien, den Palästinensern und anderen gemäßigten Ländern stimmten die Außenminister prinzipiell der Wiederaufnahme direkter Verhandlungen zu, überließen es jedoch Abbas, den Zeitpunkt dafür zu bestimmen. Außerdem formulierten sie einen Brief an Obama, in dem die notwendigen Bedingungen dafür skizziert wurden. Hierzu gehörten die Benennung klarer Eckpunkte für die Verhandlungen und der Stopp der Siedlungsaktivitäten. Die Arabische Liga sprach Abbas ihr Vertrauen aus, die Situation selbst einzuschätzen und entsprechend zu entscheiden, ob direkte Gespräche mit den Israelis geführt werden sollten oder nicht.

Am 12. August sprach ich in Kairo mit Präsident Mubarak über die sich rasch wandelnde Situation. Mitchell und andere US-Vertreter hatten vorgeschlagen, dass die ersten Gespräche in Ägypten und Jordanien stattfinden sollten und Außenministerin Clinton dazu eingeladen werden sollte. Wir waren beide der Ansicht, dies reiche nicht. Wenn die Gespräche wieder aufgenommen werden sollten, so nur unter Federführung der Vereinigten Staaten. Präsident Obama musste zeigen, dass er voll hinter dem Prozess stand, nur unter dieser Voraussetzung bestand eine realistische Erfolgschance. Mit anderen Worten, Obama musste zur Wiederaufnahme der Gespräche nach Washington einladen, zumindest aber, sollte der Neustart in Ägypten oder Jordanien stattfinden, selbst anwesend sein. Außerdem würden wir eine Formel finden müssen, die den Palästinensern die Garantie gab, dass bestimmte Eckpunkte für die Verhandlungen festgelegt wurden. Nach dem Gespräch mit Mubarak hatte ich eine Unterredung mit Abbas, der sich ebenfalls zu einem Treffen mit Mubarak in Ägypten aufhielt.

Wir waren uns alle drei im Klaren darüber, dass die USA im Spiel bleiben mussten. Und wir wollten nicht, dass die Palästinenser für ein Ende der Friedensbemühungen verantwortlich gemacht würden. Es waren kreative Ideen gefragt, damit die Verhandlungen nicht zu einer sinnlosen Veranstaltung gerieten, die nur einen weiteren endlosen Prozess auslösen und die Interessen der Palästinenser gefährden würde.

Nach intensiven Gesprächen mit zahlreichen arabischen Staaten, den Palästinensern, den Europäern und den Amerikanern kam man in den folgenden Tagen überein, die Verhandlungen am 2. September in Washington wieder aufzunehmen. Am Tag zuvor sollte ein Abendessen mit Obama als Gastgeber und Mubarak, Abbas, Netanjahu, Tony Blair (als Vertreter des Nahost-Quartetts aus EU, Russland, den USA und den Vereinten Nationen) und mir stattfinden. Das Nahost-Quartett würde im Vorfeld eine Erklärung herausgeben, wonach Ziel der Verhandlungen eine endgültige Einigung auf der Basis einer Zwei-Staaten-Lösung sei.

In dieser Erklärung, die am 20. August veröffentlicht wurde, bekräftigte das Quartett seine Unterstützung »direkter Verhandlungen zwischen Israelis und Palästinensern zur Lösung aller Endstatus-Fragen«. Das Papier griff bereits früher geäußerte Positionen wieder auf, insbesondere die Stellungnahmen vom 19. März 2010 in Moskau. Darin wurde betont, dass die Gespräche »zu einer zwischen den Parteien ausgehandelten Einigung führen [sollten], die die 1967 begonnene Besatzung beendet und zu einem unabhängigen, demokratischen und lebensfähigen palästinensischen Staat führt, der Seite an Seite mit Israel und seinen anderen Nachbarn existiert«.

Ferner forderte das Quartett nun Palästinenser und Israelis auf, am 2. September in Washington wieder in direkte Verhandlungen einzutreten. Es gab seiner »Entschlossenheit [Ausdruck], die Parteien während der gesamten Verhandlungen zu unterstützen, die innerhalb eines Jahres abgeschlossen werden könnten«, und drängte beide Seiten, auf Akte der Provokation und Hetzreden zu verzichten. In den Augen der Palästinenser waren die Äußerungen des Quartetts die Eckpunkte für Verhandlungen.

Noch am selben Tag lud Außenministerin Clinton zu den Auftaktgesprächen ein. In ihren Schreiben an die Israelis und Palästinenser betonte Clinton das Engagement der US-Regierung für einen umfassenden Frieden im Nahen Osten: »Wenn wir nun Schritte nach vorn unternehmen, ist es wichtig, dass alle Seiten aktiv unsere Bemühungen unterstützen und nicht behindern. Es hat in der Vergangenheit Schwierigkeiten gegeben, es werden Schwierigkeiten vor uns liegen. Zweifellos werden wir auf weitere Hürden stoßen. Die Feinde eines Friedens werden weiterhin versuchen, uns zu besiegen und diese Gespräche zum Scheitern zu bringen. Aber ich rufe alle Beteiligten auf, durchzuhalten und sich auch in schwierigen Zeiten vorwärtszubewegen und weiter daran zu arbeiten, einen gerechten und dauerhaften Frieden in der Region zu erreichen.«

Am Nachmittag rief mich Hillary Clinton an, informierte mich über die Vorbereitungen und lud mich ein. In den folgenden Tagen überlegte ich mit anderen arabischen Führern mögliche Maßnahmen, um Fortschritte zu erzielen. Ich traf mich mit König Abdullah von Saudi-Arabien, mit König Scheich Hamad al-Khalifa von Bahrain sowie mit dem Emir von Kuwait, Scheich Sabah al-Ahmad al-Sabah. Telefonisch beriet ich mich mit König Mohammed VI. von Marokko und dem syrischen Präsidenten Baschar al-Assad. Niemand von uns machte sich Illusionen über die Schwierigkeit der Lage, und dennoch vertraten die meisten die Ansicht, dass die Gespräche trotz der Zugeständnisse der Palästinenser – der Eintritt in die Verhandlungen ohne kompletten Siedlungsbaustopp, ohne Eckpunkte und sogar ohne eine Agenda – eine Chance darstellten.

Am 29. August flog ich nach Washington. Doch vor meiner Abreise wollte ich noch der israelischen Öffentlichkeit erklären, wie wichtig es sei, auch kühne Pläne zu unterstützen. In einem Interview mit dem israelischen Fernsehen, das am 28. August ausgestrahlt wurde, sagte ich, wir benötigten mehr denn je Politiker mit Charakterstärke, die bereit seien, schwierige, aber für einen Frieden notwendige Entscheidungen zu fällen. Und da Politiker meist nervös würden, wenn sie mit größeren Problemen oder strittigen Fragen konfrontiert seien, müsse das Volk ihnen den Rücken stärken, damit sie den Mut aufbrächten, nach vorn zu blicken.

Doch leider hatten die Menschen auf beiden Seiten das Vertrauen in den Friedensprozess verloren. Das Scheitern zahlloser Gesprächsrunden hatte die Bereitschaft der Öffentlichkeit, Verhandlungen zu unterstützen, in alarmierendem Maße ausgehöhlt. Seit den Oslo-Abkommen war Israel mehr und mehr nach rechts gerückt und hatte sich zugunsten nationalistischer und religiöser Alternativen von der Arbeitspartei abgewandt. Viele, die nach dem Attentat auf Rabin den Friedensprozess unterstützt hatten, hatten die Hoffnung aufgegeben oder das Land verlassen. Auch in der arabischen Welt war das Vertrauen durch Jahrzehnte der falschen Versprechungen und Rückschläge erschüttert. Die »Sicherheitsmauer«, die Landnahmen und willkürliche Verhaftungen, der Krieg gegen Gaza und die Invasion im Libanon, all das hatte seinen Tribut gefordert – hinzu kam noch das Klima des Misstrauens und der Feindschaft im Zusammenhang mit dem Irakkrieg. Nicht zuletzt aufgrund von Netanjahus Ruf als kompromissloser Hardliner und der verbreiteten Auffassung, die Palästinenser seien dazu gezwungen worden, die essenzielle Forderung nach einem Stopp des Siedlungsbaus aufzugeben, war die Skepsis zu dieser Zeit besonders groß.

Angesichts der vorherrschenden Meinung, dass Verhandlungen nicht viel bringen würden, war mir klar, dass Mubarak, Abbas und ich mit der Befürwortung direkter Verhandlungen innenpolitisch Kapital verspielten. Andererseits war der Preis zu hoch, würden wir diese letzte Chance verstreichen lassen. Einen erneuten Rückzug der USA aus dem Friedensprozess konnten wir uns nicht leisten. Wir hatten einen US-Präsidenten, der persönlich für den Friedensprozess einstand – eine Gelegenheit, die wir nicht ungenutzt lassen durften, wollten wir nicht unseren

Kritikern in die Hände spielen. Im April 2009 hatte ich zu Obama gesagt, diesmal würden die Araber dem US-Präsidenten nicht die schwere Arbeit allein überlassen. Wir befanden uns an einem Scheideweg und mussten zusehen, dass wir die richtige Richtung einschlugen.

Als Obama, Mubarak, Abbas, Netanjahu und ich am Abend des 1. September die Schwelle zu einem Raum im Weißen Haus betraten, waren unzählige Kameras und die Blicke der Welt auf uns gerichtet. Wir hatten uns dort versammelt, um eine Botschaft der Hoffnung auszusenden und zu zeigen, dass ernsthafte Maßnahmen ergriffen wurden, um einen trotz jahrzehntelanger Bemühungen immer noch bestehenden Konflikt zu lösen. Angesichts der in der Region herrschenden Enttäuschung und des Misstrauens war das keine leichte Aufgabe. Die Menschen wollten, dass endlich gehandelt und nicht nur geredet würde, und das hofften wir in den bevorstehenden intensiven Verhandlungen zu erreichen. Präsident Obama sprach von seinem unerschütterlichen Einsatz für eine Lösung des Konflikts. Mubarak machte klar, dass die Araber den Friedensprozess unterstützten, und ich wies auf die Schwierigkeiten hin, die vor uns lagen, und warnte vor den verheerenden Folgen eines Scheiterns. Netanjahu erklärte lang und breit, dass er ein Mann des Friedens sei, und sprach Abbas direkt an, als er sagte, er sei nach Washington gekommen, um an einem historischen Frieden zu arbeiten. Abbas antwortete, er wünsche sich für sein Volk und die Israelis gleichermaßen ein Leben in Würde, Freiheit und Frieden.

Nach den Reden gab der US-Präsident ein Abendessen, bei dem Abbas und Netanjahu nebeneinandersaßen. Obama wies auf die Notwendigkeit hin, dass sich die beiden Staatsmänner gegenseitig zum Erfolg verhalfen, und sagte, er werde sie auf dem schwierigen Weg zum Frieden begleiten. Während des gesamten Dinners unterhielten sich Abbas und Netanjahu intensiv miteinander. Würden diese beiden Männer einen Friedensvertrag zustande bringen, der unsere Region endlich von der ständigen Kriegsgefahr befreite? Wir würden abwarten müssen. Der Lackmustest würde bereits in 23 Tagen erfolgen. Am 26. September lief das Siedlungsbaumoratorium aus, das Netanjahu im November des vergangenen Jahres verkündet hatte. Verhandlungen würden davon abhängen, ob er dieses Moratorium verlängerte oder nicht.

Am nächsten Morgen trafen sich Abbas und Netanjahu im amerikanischen Außenministerium zum Auftaktgespräch. Doch zunächst fand eine erweiterte Unterredung mit Mitgliedern der palästinensischen, der israelischen und der amerikanischen Delegation statt. Dann trafen sich Netanjahu, Abbas, Clinton und Mitchell zu einer kleineren Runde. Die Parteien kamen überein, auf eine öffentliche Stellungnahme zu verzichten, um jedwede Provokation zu vermeiden, die den Prozess gefährden könnte. Nur Senator Mitchell trat vor die Presse.

Mitchell bezeichnete die Gespräche als »ausführlich und produktiv« und gab erneut seiner Überzeugung Ausdruck, die Verhandlungen könnten binnen eines Jahres abgeschlossen werden. Abbas und Netanjahu seien guten Willens und sähen sich dem »Ziel zweier Staaten für zwei Völker und einer Lösung des Konflikts in der Weise [verpflichtet], dass alle Probleme beseitigt, alle Ansprüche beendet werden und ein stabiler palästinensischer Staat entsteht, der neben einem in Sicherheit lebenden Israel existiert«.

Die Parteien beschlossen, zunächst eine Rahmenvereinbarung für einen Vertrag über den endgültigen Status zu treffen. Abbas und Netanjahu würden sich alle zwei Wochen treffen, das nächste Mal am 14. und 15. September. Diese zweite Gesprächsrunde begann in Scharm El Scheich in Anwesenheit von Hillary Clinton und wurde am folgenden Tag in Jerusalem fortgesetzt – überschattet von dem baldigen Ende des Siedlungsbaumoratoriums. Auch diesmal berichtete Mitchell als Einziger der Presse und sagte, die beiden Politiker hätten ihre Haltung bekräftigt und ihr Gespräch mit den Kernfragen begonnen. Die Vereinigten Staaten stünden den Parteien weiterhin als ernsthafter Partner zur Seite. Mitchell versuchte zwar Optimismus zu verbreiten, doch in der Region waren alle besorgt, dass die Gespräche abgebrochen werden könnten, weil alles darauf hindeutete, dass Israel am 26. September den Siedlungsbau wieder aufnehmen würde.

Als Abbas und Netanjahu dann auf Details zu sprechen kamen, wurden die Probleme deutlicher. Abbas wollte in den Endstatus-Fragen weiterkommen und präsentierte dem israelischen Premierminister die palästinensischen Positionen dazu. Erneut schlug er vor, mit der Frage der Grenzen und der Sicherheit zu beginnen. Aber das Gespräch endete ergebnislos, als Netanjahu betonte, jede Sicherheitsvereinbarung müsse eine fortgesetzte israelische Präsenz an den östlichen und westlichen Grenzen des zukünftigen palästinensischen Staates gewährleisten, um Israel vor potenziellen Bedrohungen zu schützen, woraufhin Abbas erwiderte, er sei mit der Implementierung von Sicherheitsregelungen einverstanden, etwa der Stationierung internationaler Truppen, könne aber die Präsenz israelischer Soldaten auf palästinensischem Boden nicht akzeptieren.

In den folgenden Tagen verschlechterte sich die Lage noch weiter, da israelische Politiker öffentlich Brandreden hielten und erklärten, unmittelbar nach dem Ende des Moratoriums werde der Siedlungsbau fortgesetzt. Die Palästinenser wiederum drohten mit dem Abbruch der Verhandlungen, wenn Israel das Moratorium nicht verlängere. Eine Krise schien unabwendbar.

Wie wir alle war auch Obama in Sorge, dass die viele Mühe, die man aufgewendet hatte, um die beiden Seiten wieder an den Verhandlungstisch zu bringen, umsonst gewesen sein könnte, wenn wir keinen Weg aus dem Moratorium-Dilemma fanden. Daher nutzte er eine Zusammenkunft der UN-Generalversammlung in New York, um eine klare Botschaft an die beiden Parteien zu richten: »Wir sind der Auffassung, dass das Moratorium verlängert werden sollte«, sagte er. »Wir sind ebenfalls davon überzeugt, dass die Gespräche so lange fortgesetzt werden sollten, bis alle Fragen gelöst sind.« Und er forderte die versammelten Staatsoberhäupter und Diplomaten auf: »Dieses Mal sollten wir das Beste aus uns herausholen. Wenn wir das tun, können wir hier im nächsten Jahr ein Abkommen vorlegen, das den Vereinten Nationen ein neues Mitglied bringen wird – einen unabhängigen, souveränen Staat Palästina, der mit Israel in Frieden lebt.«

Doch leider beherzigte die israelische Regierung nicht den Rat des US-Präsidenten, der internationalen Gemeinschaft und von uns allen in der Region. Kaum war das Moratorium abgelaufen, kündigte Israel den Bau von über 840 neuen Wohneinheiten im Westjordanland und in Ost-Jerusalem an. Daraufhin erklärten die Palästinenser die sofortige Aussetzung der Verhandlungen, stellten aber eine offizielle Entscheidung, die Gespräche ganz abzubrechen, zurück, um den Bemühungen um einen Weg aus der Sackgasse noch eine Chance zu geben.

Am 3. Oktober, sechs Tage vor einer für den 9. Oktober geplanten Konferenz der Arabischen Liga in Libyen, traf ich mich mit Abbas. Er war enttäuscht darüber, dass Israel den Baustopp nicht einmal für einen begrenzten Zeitraum von zwei oder drei Monaten verlängert hatte, um die Grenzfragen zu klären. Wir suchten nach kreativen Möglichkeiten, der Diplomatie eine neue Chance zu eröffnen. Es ging darum, die Tür für einen Durchbruch offenzuhalten. Doch der Ball lag bei den Israelis. Vor der Begegnung mit Abbas hatte ich Senator Mitchell empfangen, der soeben mehrere Gesprächsrunden mit israelischen Politikern hinter sich hatte und nach unserem Gespräch Abbas in Amman treffen würde. Wir alle suchten nach einem Ausweg aus dem Patt. Ich erklärte Mitchell, Abbas sehe sich außerstande, weiterzuverhandeln, solange das Siedlungsproblem nicht gelöst sei. Mitchell versprach, seine Bemühungen fortzusetzen.

Am 8. Oktober teilte Abbas dem Ausschuss der Arabischen Liga mit, er werde sich aus den Verhandlungen zurückziehen, wenn die israelische Regierung das Siedlungsmoratorium nicht erneuere. Dann würden die Palästinenser andere Optionen in

Betracht ziehen. Als Erstes würden sie die USA zu einer unilateralen Anerkennung des palästinensischen Staates auffordern. Sollten die USA dies verweigern, werde er die Arabische Liga bitten, die Anerkennung des Palästinenserstaates durch den UN-Sicherheitsrat zu verlangen. Im Falle eines Vetos der USA werde er dann eine Resolution der Generalversammlung der Vereinten Nationen anstreben, um die besetzten Gebiete unter UN-Mandat zu stellen. »Wir haben alle Möglichkeiten ausgeschöpft«, sagte Abbas. Der Ausschuss der Arabischen Liga billigte Abbas' Entscheidung, gab den USA aber noch einen Monat Zeit, die Verhandlungen zu retten.

Wenn dieses Buch in Druck geht, stehen die direkten Verhandlungen kurz vor dem Abbruch. Es sind nur noch zwei Wochen bis zum Ende der einmonatigen Frist, die die Arabische Liga den Vereinigten Staaten eingeräumt hat, um die Verhandlungen wieder in Gang zu bringen. Netanjahu zeigt sich kompromisslos und erklärt, seine Koalitionspartner würden einem weiteren Moratorium nicht zustimmen, und es wäre das Ende seiner Regierung, wenn er auf eine solche Entscheidung dränge. Er müsse genügend Anreize für sie haben, um sie von einem weiteren Baustopp überzeugen zu können – Anreize in Form eines neuen Pakets finanzieller und militärischer Hilfe. In eilig geführten Geheimverhandlungen haben die Vereinigten Staaten Israel umfangreiche Angebote gemacht, um einen Baustopp auch nur für drei Monate zu erwirken, doch erstaunlicherweise hat Israel darüber nur die Nase gerümpft.

Die Vereinigten Staaten unternehmen weiterhin große diplomatische Anstrengungen, um aus der Sackgasse herauszukommen, aber die Erfolgschancen nehmen mit jedem Tag weiter ab. In der arabischen Welt befürchten viele, dass aufgrund der Regierungsumbildungen, die nach den Zwischenwahlen in den USA erwartet werden, der gegenwärtige Sonderberater Obamas, Dennis Ross, eine größere Rolle im Friedensprozess spielen könnte. Er gilt als Hardliner, der bislang keinerlei Fortschritte zu erzielen vermochte, und würde im Falle, dass er mehr Gewicht erhielte, die Lage womöglich noch komplizierter machen.

Es ist erstaunlich, dass ein Friedensvertrag, der Israel normale Beziehungen zu all seinen Nachbarn ermöglichen würde, für die israelische Regierung nicht Anreiz genug war, den Friedensgesprächen eine Chance zu geben und den Siedlungsbau auch nur für eine begrenzte Zeit einzustellen. Damit sendet sie ein ausgesprochen negatives Signal an die arabische Welt und an alle Mitglieder der internationalen Gemeinschaft aus, die den Frieden im Nahen Osten als eine Säule der globalen Stabilität sehen. Es ist eine Botschaft, die nur denjenigen Auftrieb gibt, die immer schon auf unser Scheitern gesetzt haben. Und es ist ein schwerer Angriff auf alle gemäßigten Kräfte in der Region, insbesondere auf Abbas. Wenn die israelische Regierung auseinanderbricht, werden die Israelis neu wählen. Doch wenn Abbas bei seinen Leuten an Glaubwürdigkeit verliert oder so zermürbt wird, dass er zurücktritt, verliert die ganze Welt einen vertrauenswürdigen Partner für den Frieden, der nicht so ohne Weiteres zu ersetzen ist.

Abbas hat mir persönlich und auch öffentlich erklärt, er werde für den Frieden alle notwendigen Opfer bringen. Doch dazu braucht er Unterstützung. Die Behauptungen mancher in Israel, er könne nichts versprechen, weil die Hamas seine Autorität untergrabe, sind lediglich Ausflüchte, um keine Kompromisse einzugehen. Abbas braucht eine glaubwürdige Vereinbarung, die er seinem Volk vorlegen und über die er es in einem Referendum abstimmen lassen kann. Dann kann niemand mehr dem palästinensischen Volk sein Recht auf Freiheit und einen eigenen Staat streitig machen. Doch ohne eine solche Übereinkunft mit Israel müssen wir alle damit rechnen, dass der Friedensprozess überhaupt keine öffentliche Unterstützung mehr erfährt, dass jeder gemäßigten Politik der Boden entzogen wird und dass die Extremisten das Feld übernehmen.

Als ich dieses Buch begann, hatte ich gehofft, wir könnten heute die Lösung des palästinensisch-israelischen Konflikts feiern und in eine neue Ära des umfassenden Friedens im Nahen Osten eintreten. Stattdessen fürchten in der Region alle, dass wir bald einen weiteren verheerenden Krieg erleben werden. Diese düstere Realität ist in erster Linie Israel und seiner Politik zuzuschreiben.

Daher möchte ich dem Volk Israels sagen: Lasst nicht zu, dass eure Politiker die Sicherheit eures Landes durch blindes und gedankenloses Handeln gefährden und euer Land immer weiter in die Isolation treiben. Fast ein Drittel der Länder dieser Welt unterhält keine normalen Beziehungen zu Israel. Selbst Nordkorea genießt in der internationalen Gemeinschaft mehr Ansehen. Eine Zwei-Staaten-Lösung wäre im Grunde eine 57-Staaten-Lösung, denn sie würde Israel normale Beziehungen zu 57 arabischen und muslimischen Staaten verschaffen, die die Arabische Friedensinitiative unterstützen. Auch wenn eure Politiker weiterhin Konflikte und Krieg vorziehen, kann sich jeder Einzelne von euch für den Frieden entscheiden. Denn am Ende kann nur ein gerechter Friede mit euren Nachbarn Israel die Sicherheit garantieren, die es anstrebt.

Wir brauchen nicht allzu weit in die Zukunft zu schauen, um die Probleme zu erkennen, die an Israels Horizont lauern. In den nächsten zehn Jahren wird sich aufgrund der demografischen Entwicklung die Zusammensetzung der israelischen Gesellschaft verändern. Gegenwärtig beläuft sich der Anteil der arabischen Israelis auf etwa 20 Prozent. Wenn es keinen Frieden gibt und Israel weiterhin die Kontrolle über das Westjordanland ausübt, werden die Araber die Mehrheit stellen. Wie wird die israelische Regierung damit umgehen? Wenn wir uns nicht einigen und eine Zwei-Staaten-Lösung erarbeiten, die Frieden und Sicherheit für alle Seiten verspricht, bleibt nur noch die Ein-Staaten-Lösung. Diese würde bedeuten, dass die israelische Regierung den Palästinensern vollumfänglich ihre Staatsbürgerrechte gewähren müsste, was wiederum den jüdischen Charakter des Landes aushöhlen würde. Eine weitere Option besteht darin, dass Israel weiterhin einen großen Teil seiner Bevölkerung seiner Rechte beraubt, die Palästinenser unter militärischer Besatzung hält und ihnen die Gleichberechtigung als Staatsbürger verweigert. Damit aber würde ein neues Apartheidregime entstehen und die gesamte Region zu einem Brandherd werden, in dem ständig Kriegsgefahr herrscht.

Andere Alternativen gibt es nicht. In Israel ist allerdings noch von der »jordanischen Option« die Rede, wonach Jordanien die Palästinenser aufnehmen würde. Das aber wird schlicht und einfach nicht geschehen. Wir werden es nicht zulassen, die Palästinenser wollen es nicht, und Israel kann es nicht erzwingen, denn jeder Versuch in dieser Richtung würde Krieg und die Ausweitung des Konflikts bedeuten. Jordanien wird auch keine Sicherheitsaufgaben im Westjordanland übernehmen. Wir werden die israelischen Panzer nicht durch jordanische ersetzen. Die einzige Rolle, die wir spielen werden, besteht darin, dass wir weiterhin für den Frieden in der Region arbeiten und die Palästinenser in ihrem Bemühen unterstützen, einen lebensfähigen, unabhängigen Staat zu schaffen, der friedlich Seite an Seite mit einem in Sicherheit lebenden israelischen Staat existiert.

Israel hat die klare Wahl. Möchte es weiter eine Festung sein, die von zunehmend feindlichen und aggressiven Nachbarn umringt ist, oder möchte es die Hand des Friedens ergreifen, die ihm 57 muslimische Staaten entgegenstrecken, und sich endlich in die Region integrieren, von den anderen Nationen akzeptiert werden und umgekehrt auch sie akzeptieren?

Mein Vater hat sich über vierzig Jahre lang um einen dauerhaften Frieden zwischen Israel und den Palästinensern und um einen umfassenden Frieden in der Region bemüht. Er kämpfte bis zum Tag seines Todes dafür, und es war ihm nicht vergönnt, diesen Frieden selbst zu erleben. Mein Urgroßvater Abdullah I. wurde in Jerusalem ermordet und zahlte damit den höchsten Preis dafür, dass er sich in einer Atmosphäre des Krieges für den

Frieden einsetzte. Wir alle hoffen, dass dieser Konflikt nicht weitere Opfer unter mutigen Politikern fordert und nicht auch die zukünftigen Generationen darunter leiden müssen.

Im Jahr 2009 habe ich meinen ältesten Sohn Hussein gemäß unserer Verfassung zum Kronprinzen ernannt; dort heißt es, dass »der königliche Titel vom Thronhalter auf seinen ältesten Sohn übergehen« soll, der König jedoch das Recht hat, einen seiner Brüder zum voraussichtlichen Thronerben zu bestimmen. Es war eine schwierige Entscheidung. Ich hätte meinem Sohn gern die zusätzlichen Prüfungen erspart, die mit dieser Position verbunden sind, und ihm das Glück zwangloser Jugendjahre gegönnt, wie ich sie erleben durfte. Am Ende aber glaubte ich, es sei das Beste für das Land – und für meinen Sohn –, Klarheit darüber zu haben, wohin meiner Ansicht nach das Schicksal das Haschemitische Königreich Jordanien führen sollte. Hussein ist jetzt 16 Jahre alt. Meine inständigste Hoffnung ist, dass er, wenn für ihn die Zeit gekommen ist, seine Aufgaben zu übernehmen, nicht mit demselben Konflikt zu kämpfen haben wird, der zum Mord an seinem Ururgroßvater geführt hat.

Vor über zehn Jahren erhob sich mein Vater in den letzten Monaten seines Lebens aus dem Krankenbett, um anlässlich des Wye-Abkommens zwischen Jassir Arafat und Benjamin Netanjahu eine Ansprache zu halten. Er wusste, wie fragil der Traum vom Frieden sein konnte, und machte sich keine Illusionen über die Schwierigkeiten, die vor uns lagen. Damals sagte er: »Ich denke, ein Schritt wie der, der heute unternommen wurde, wird unweigerlich diejenigen auf den Plan rufen, die Leben zerstören, Hoffnungen zunichtemachen und Angst in die Herzen und Köpfe der Menschen pflanzen und die niedrigsten Instinkte in ihnen wecken wollen. Sie werden dem Anschein nach als Kritiker auftreten, aber wann und wo immer es ihnen möglich ist, werden sie Schaden anrichten, welcher Seite sie auch angehören mögen.«

Damals war das Vertrauen zwischen Israelis und Palästinensern groß, und viele hofften, die Politiker beider Seiten würden, auf dieser Vertrauensgrundlage aufbauend, einen dauerhaften Frieden schaffen. In den letzten zehn Jahren aber haben Vertrauen und Hoffnung einen neuen Tiefpunkt erreicht, sodass die Kräfte der Zerstörung gestärkt wurden.

Alle Familien, ob in Ost-Jerusalem oder in Tel Aviv, in Ramallah oder in Jaffa, wollen letztlich nur eines: ein Leben in Frieden und Würde, die Möglichkeit, ihr Potenzial auszuschöpfen und ihren Kindern eine bessere Zukunft zu garantieren. Das Gute in uns zwingt uns dazu, stets dem Licht entgegenzublicken. Ich kann nicht glauben, dass die Menschen in Israel und Palästina weiter töten und getötet werden wollen. Wir alle müssen dafür beten, dass ihre politischen Führer ihnen die Chance geben, in Frieden und Würde zu leben.

Ich fürchte, wenn wir im kommenden Jahr nicht einen positiven Durchbruch erleben, werden wir für die Dauer einer ganzen Generation unsere letzte Chance auf Frieden verspielt haben und unsere Region zu einer weiteren Spirale von Gewalt, Krieg und Tod verdammen. Meine Angst ist, dass dann Finsternis herrscht. Aber so muss es nicht kommen, das muss nicht die Zukunft unserer Region sein. Unsere Völker wollen Frieden. Es liegt in unserer Verantwortung als ihre Führer, diesen mittlerweile so beschädigten Traum doch noch Wirklichkeit werden zu lassen.

# Dank

Vor nicht allzu langer Zeit erwähnte ich gegenüber einigen Freunden, wie erstaunlich ich es finde, dass seit meinem Amtsantritt als König schon mehr als zehn Jahre vergangen sind. Wir sprachen über die außergewöhnlichen Entwicklungen in Jordanien, im Nahen Osten und auf der ganzen Welt in dieser Dekade, aber auch über meine Hoffnung, all unseren Bürgern im nächsten Jahrzehnt mehr Sicherheit, Wohlstand und Chancen bieten zu können. Am meisten beschäftigte uns jedoch meine Einschätzung, dass die Welt gegenwärtig an einem Scheideweg stehe. Anfang 2009 schien es noch, als sei uns das Schicksal gewogen und eine Lösung des palästinensisch-israelischen Konflikts in greifbare Nähe gerückt, sodass unsere Region zu dem Frieden finden könnte, der vergangenen Generationen verwehrt geblieben war. Ich versicherte ihnen, auch weiterhin alles in meiner Macht Stehende zu tun, um dieses Ziel zu verwirklichen.

Während unseres Gesprächs schlug einer meiner Freunde vor, diesen Zeitpunkt zu nutzen und ein Buch zu schreiben, in dem ich nicht nur von meinen Erfahrungen und Erlebnissen der Vergangenheit berichten würde, sondern auch von meinen Träumen für die Zukunft.

Ich hatte mich nie mit dem Gedanken befasst, ein Buch zu schreiben. Durch meine militärische Ausbildung neige ich eher zu Abläufen mit zeitigeren Ergebnissen als zu Projekten, deren Erfolg sich erst in ferner Zukunft einstellt. Außerdem, so dachte ich, war ich noch jung und stand, wenn es Gott gefiel, erst am Anfang meiner Laufbahn als König Jordaniens. Dann wies man mich jedoch darauf hin, dass mein Vater sein Buch *Mein gefährliches Leben* 1962 – im Jahr meiner Geburt – veröffentlicht hatte und darin die ersten zehn Jahre seiner Amtszeit schilderte. Da es sich stets als klug erwiesen hatte, dem Beispiel meines Vaters zu folgen, begann ich, das Buchprojekt ernsthaft in Erwägung zu ziehen.

Zunächst musste ich mir einen Verlag suchen, der bereit war, meine Geschichte einem größeren Publikum vorzustellen. Andrew Wylie und Scott Moyers von Wylie & Company, einer der angesehensten Literaturagenturen der Vereinigten Staaten, halfen mir, durch die schwierigen Gewässer des internationalen Verlagswesens zu navigieren. Sie brachten mich mit Clare Ferraro und Joy de Menil von Viking Publishing zusammen. Clare war sogleich überzeugt, dass die Geschichte, die ich erzählen wollte, für eine breite Leserschaft interessant wäre, und wir begannen ein Buchkonzept auszuarbeiten. Joy wurde meine Lektorin und war mir mit ihrem messerscharfen Verstand, ihren breit gefächerten Kenntnissen in Politik und Geschichte und ihrem Talent, komplexe Materie in einfacher Form darzustellen, eine große Hilfe. Dadurch wurde es mir überhaupt erst möglich, die wechselvollen Ereignisse in meinem Leben in eine zusammenhängende Erzählung zu fassen. Unschätzbar war bei dieser Arbeit auch die Hilfe ihres Assistenten Chris Russell.

Ohne Zweifel sollte man sich beim Schreiben seiner Memoiren nicht allein auf das Gedächtnis verlassen. Ich habe zahllose Menschen zurate gezogen, um meine Erinnerungen aufzufrischen und sie besser einzuordnen. Außerdem stützte ich mich auf viele Dokumente und Aufzeichnungen aus unseren Archiven, um Zusammenhänge herzustellen und meine Schilderung klarer und bunter zu gestalten, wenn das Gedächtnis versagte. Ich habe mich bemüht, in meiner Darstellung möglichst nah an den Fakten zu bleiben, bin mir jedoch bewusst, dass andere Beteiligte unter Umständen zu abweichenden Einschätzungen der Ereignisse kommen können, vor allem bei der Rekonstruktion so komplexer und bedeutender Diskussionen zu Themen wie dem Nahen Osten. Ich kann also nur sagen, dass ich mein Bestes gegeben habe, um den Leser an meinen Erinnerungen, Eindrücken und Ansichten teilhaben zu lassen.

Unzählige Menschen haben in hohem Maße daran mitgewirkt, dass dieses Projekt verwirklicht werden konnte. Ich kann hier nur einigen von ihnen namentlich danken – bin jedoch auch all den vielen anderen, deren wesentlicher Beitrag hier unerwähnt bleibt, in tiefstem Dank verbunden.

Zunächst möchte ich mehrere Angehörige meines Stabs am Königshof erwähnen. Eiman Safadi, mein Berater und der verantwortliche Projektbetreuer, verhalf diesem Buch mit seiner unermüdlichen Arbeit und Energie, seiner Sorgfalt und seiner Hartnäckigkeit zu einer besseren Qualität. Er machte es überhaupt erst möglich, denn ohne seine Mitarbeit wäre es nie beendet worden. Mohammed Abu Thaleb, der königliche Schatzmeister, erwies sich als entschlossener, zuversichtlicher und begeisterter Mitarbeiter, der dieses komplexe Unterfangen mit geschickter Hand zum Abschluss führte. Für die Aufgabe, bei allen Beteiligten auf Einhaltung ihrer Termine zu achten und sie zum Durchhalten zu bewegen, hätte ich keinen Besseren finden können. Nadine Khamis, Projektleiterin in der königlichen Kämmerei, leistete einen wertvollen Beitrag beim Umgang mit den komplizierten juristischen Details, die mit der Publikation eines Buches in vielen verschiedenen Ländern und Sprachen verbunden sind. Meine Privatsekretärin Shereen Schuwaihat vollbrachte Fantastisches beim Transkribieren der stundenlangen Gesprächsprotokolle, die als Grundlage dieses Manuskripts dienten. Außerdem half sie mir bei der Suche nach Dokumenten und Quellenmaterial und bewahrte den Überblick über die vielen Entwürfe zu den verschiedenen in Arbeit befindlichen Kapiteln, um dafür zu sorgen, dass meine Sicht der Dinge klar und deutlich Ausdruck fand.

Ohne den Protokollchef des Königshofs, Amer al-Fajes, und seine Mitarbeiter, insbesondere Seeta Talhouni Mirsa, wäre es mir nicht möglich gewesen, die unzähligen Gesprächstermine mit amtierenden und ehemaligen Amtsträgern zu vereinbaren, durch die ich sicherstellen wollte, dass in diesem Buch die Ansicht jener zum Ausdruck kommt, die im Hinblick auf die geschilderten Ereignisse über den besten Kenntnisstand verfügen. Widad Maria Salah und Shasa Moghrabi von der Abteilung Medien und Öffentlichkeitsarbeit am Königshof leisteten Hervorragendes bei der Suche nach und Durchsicht des Materials. Außerdem gilt mein Dank Dr. Jafar Hassan, einstmals Leiter der Abteilung für Auslandsbeziehungen des königlichen Hofes und seit dem 14. Dezember 2009 Minister für Planung und internationale Kooperation, der mir beim Auffinden unzähliger wichtiger Dokumente in den Archiven des Königshofs behilflich war. Gedankt werden soll auch Haron Hassan für seinen Beitrag beim Erstellen einer Website für dieses Buch.

Viele Freunde, Familienangehörige und amtierende sowie einstige jordanische Amtsträger haben mit ihren Erinnerungen dazu beigetragen, mir die Ereignisse der Vergangenheit wieder lebendig vor Augen zu führen. Zu ihnen gehören unter anderem: Ihre Majestät Königin Rania, Ihre Königliche Hoheit Prinzessin Muna, Seine Königliche Hoheit Prinz Faisal, Seine Königliche Hoheit Prinz Ali, Seine Königliche Hoheit Prinz Ghazi, Seine Hoheit Prinz Zeid, Said Rifai, Feldmarschall Abdul Hafis Kaabneh, Dr. Samir Mutawi, General Ahmed Sarhan, Dr. Marwan Muascher, Nasser Dschudeh, Samir Rifai, Karim Kawar, Dr. Bassim Awadullah, Brigadegeneral Ali Jaradatz, Oberstleutnant Nathem Rawaschdeh, Dr. Mutaijam al-O'ran, Dr. Eric Widmer und Robert Richer.

Mein besonderer Dank gilt Drosten Fisher für seine wertvolle Hilfe beim Verfassen dieses Manuskripts, aus dem jetzt *Unsere letzte Chance* geworden ist. Drosten, ein Absolvent der Universitäten Oxford und Georgetown, ist des Arabischen mächtig, besitzt fundiertes Wissen über den Nahen Osten und ließ sich freundlicherweise von seinem Posten bei einer Beraterfirma beurlauben, um mir bei der Verwirklichung dieses Projekts zur Seite zu stehen. Er half mir, meine Gedanken zusammenzufassen, zu formulieren und zu Papier zu bringen, und erwies sich als die beste Wahl.

Wie in allem anderen bin ich auch bei diesem Projekt meiner weitläufigen Familie zu Dank verpflichtet. Die Leser dieses Buches wissen bereits, dass meine sieben Schwestern, vier Brüder und meine zahlreichen Tanten, Onkel, Cousinen und Cousins entscheidend dazu beigetragen haben, mich zu dem zu machen, der ich bin, und das zu erreichen, was ich an Gutem bisher vollbracht habe. Mein verstorbener Vater, Seine Majestät König Hussein, und meine Mutter, Ihre Königliche Hoheit Prinzessin Muna, ermöglichten mir ein außergewöhnliches Leben mit Erfahrungen, wie sie nur wenige machen dürfen, und gaben mir die Gelegenheit, mich mit all meinen Kräften für das Volk von Jordanien einzusetzen.

Gott hat mich reich beschenkt. Die kostbarsten Gaben aber sind meine Frau Rania, deren Gatte ich sein darf, und meine vier Kinder Hussein, Iman, Salma und Haschem. Sie sind das Licht meines Lebens.

# Register